ISTVÁN

DIE ÖSTERREICHISCHE KÜCHE NACH ROKITANSKY

DIE ÖSTERREICHISCHE KÜCHE

... nach Rokitansky

ERICH M. ISTVÁN

DIE ABGEBILDETEN SPEISEN WURDEN VOM FOTOSTUDIO TEUBNER, FÜSSEN, AUFGENOMMEN. DAS FOTO DER WEINTRAUBE AUF DEM ÜBERZUG STAMMT AUS DEM STUDIO PETER OBERLEITHNER

Gesamtherstellung G+G Hollabrunn
ISBN 3-7004-3647-5

INHALT

DIE GEBRÄUCHLICHSTEN FACHAUSDRÜCKE

abfetten
Oberfläche von Suppen und Soßen von Fett befreien

abfrischen
siehe „abschrecken“

ablöschen
mit wenig Flüssigkeit, wie Wasser, Wein, Essig oder Suppe, wird röstendes oder bratendes Kochgut übergossen.
Bei Braten wird so der Bratenrückstand für den Bratensaft gelöst

abschmalzen
eine Speise wird in heißem Schmalz oder sonstigem Fett geschwenkt, z. B. Nockerln abschmalzen

abschrecken
Übergießen von noch heißen, gekochten Gemüsen oder Teigwaren mit kaltem Wasser

absengen (flambieren)
bei Geflügel und Wildgeflügel über offenem Feuer die Flaum- und Federreste abbrennen

abziehen
Stärke wird mit Flüssigkeit wie Milch oder Wein angerührt, und die Speisen werden damit gebunden

anlaufen lassen (schwitzen)
Speck, Zwiebeln, Wurzeln, Gemüse oder Mehl in Fett – ohne Farbe zu nehmen – erhitzen

ansteifen
Fleisch wird in wenig Fett, bei geringer Hitze und ohne Farbe zu nehmen angebraten, damit sich die Poren schließen

Aspik
Gelee, Sulz – zum Überziehen von kalten Speisen

bardieren
Fleisch wird mit Speck umwickelt oder belegt, um ein Austrocknen beim Braten zu verhindern

beizen (marinieren)
Fleisch, Wild, Fisch oder Geflügel wird mit gewürzter Flüssigkeit übergossen oder in Öl eingelegt. Beizen soll das Kochgut mürbmachen und den Geschmack verbessern

binden
Suppen oder Soßen werden mit Mehl oder Stärkemehl eingedickt
blanchieren
ist ein Überbrühen oder Überkochen von Lebensmitteln vor ihrer Weiterverarbeitung
chemisieren
Auskleiden von Formen mit Aspik, Gelee oder Speiseeis
Concasser
geschälte, entkernte und gehackte Paradeiser
Court-Bouillon
Sud, der mit Gewürzen und Kräutern versehen wurde, zum Kochen von Fischen
Dampfl
Gärprobe für Germteig
dressieren
Form geben beim Anrichten oder Binden von Geflügel und Fleisch
Dressiersack
Sack mit Lochtüllen zum Dressieren von Pürees, Massen, Schlagobers usw.
Einbrenn
Anlaufenlassen von Mehl in heißem Fett, welches von Gelb bis Dunkelbraun durchgeführt werden kann. Lichte Einbrenn für helles Fleisch und Gemüse, dunkle für Rindfleisch und Wild
einputzen
Zugeben von Zwiebeln, Wurzeln, Gewürzen und Kräutern in Suppen, Fonds oder Soßen
Eistreich
versprudeltes Ei, Eidotter oder Eiklar zum Bestreichen von Teigen vor dem Backen
englisch Braten
das Bratgut soll innen blutig belassen werden
Farce
eine Fülle aus feingehacktem Fleisch, Schinken, Leber, Fisch oder Geflügel mit Gewürzen und Obers
filetieren
Herauslösen von Filets bei Fisch oder Fleisch
Fritüre
Geschirr, in welchem man Lebensmittel in Fett schwimmend bäckt. Man bezeichnet jedoch auch das Backfett, in dem gebacken wird, als Fritürefett
garnieren
angerichtete Speisen mit verschiedenen passenden Beigaben belegen oder ausschmücken

Garnitur
Zutaten, mit denen garniert wird
Gewürzsäckchen
Leinensäckchen mit den benötigten Gewürzen
glasieren
Überglänzen einer Speise, z. B. Gemüse mit Butter und Zucker. Butter und Zucker werden mit dem Gemüsesaft eingekocht, bis das Gemüse überglänzt ist. Fleisch wird mit dem Eigensaft und Butter beim Braten übergossen, bis die Oberfläche braun glänzt
gratinieren
überkrusten oder überbacken
hohl auslösen
Knochen herausnehmen, ohne das Fleisch aufzuschneiden oder zu beschädigen
Jus
brauner Fleisch- oder Bratensaft, auch Fruchtsaft
klären
trübe Suppen klärt man, indem man Eiweiß mit etwas kaltem Wasser zersprudelt und zur kalten Suppe gibt. Alles zusammen nochmals aufkochen, danach durch ein grobes Leinentuch (Passiertuch) fließen lassen
Kräutersträußchen
bestehend aus Petersilie, Porree, Zellergrün, Thymian, Lorbeerblatt, eventuell Knoblauch
legieren
nicht mehr kochende fertige Suppen oder Soßen mit Obers und darin verrührtem Eidotter verschlagen
marinieren
in Marinade oder Beize einlegen
montieren
nicht mehr kochende, fertige Suppen oder Soßen mit Obers und frischer Butter verschlagen
Nadelprobe
Anstechen des Bratgutes mit einer Nadel. Tritt klarer Saft aus, ist das Fleisch durchgebraten.
Bei Mehlspeisen: Backgut anstechen, klebt bei langsamem Herausziehen kein Teig an der Nadel, ist das Backgut fertig
panieren
das Eintauchen von Fleisch, Fisch, Geflügel oder Gemüse in Mehl, Ei und Semmelbröseln vor dem Backen
parieren
eine Sache zurechtschneiden, z. B. Häute und Sehnen wegschneiden

Pariser Löffel
kugelförmiger Ausstecher für Gemüse und Erdäpfel
Parüren
Abschnitte von Fleisch oder anderem Kochgut, die beim Parieren entstehen
Reduktion
eine Flüssigkeit durch Einkochen verringern oder eindicken
sämig
dickflüssig
spicken
Fleisch, Geflügel oder Fisch mit Speckstreifen, Zungenstreifen oder Gemüsestücken mit einer Spicknadel oder einem Messer durchziehen
stauben
gedünstetes Fleisch, Gemüse, nachdem alle Feuchtigkeit eingegangen ist, mit Mehl überstauben, um das Fett zu binden
tournieren
formen
Wasserbad
in ein großes mit etwas Wasser gefülltes Geschirr wird ein kleineres Geschirr mit dem Kochgut gesetzt
Wurzelwerk
Wurzelgemüse bestehen aus einer Karotte, Petersilienwurzel, Zellerknolle, gelber Rübe und eventuell Zwiebel oder Porree
zerschleichen
Fett, z. B. bei geringer Hitze zerfließen lassen

KLEINES KÜCHENWÖRTERBUCH

ÖSTERREICH	DEUTSCHLAND	SCHWEIZ
Auberginen (Melanzani)	Eierfrüchte	Aubergi
Backwerk	Kleingebäck	Guetzli
Beuschel	Lunge	Lunge
Biskotten	Löffelbiskuit	Löffelbiskuit
Blätterteig	Blätterteig	Blätterteig
Blunze	Blutwurst	Blutwurst
Brathuhn	Brathuhn	Poulet
Brösel, Semmelbrösel	Paniermehl (Weckmehl)	Paniermehl
Dampfl	Vorteig (Gärprobe)	Hefevorteig
Eidotter	Eigelb	Eigelb
Eierschwammerl	Pfifferlinge	Eierschwämme
Eiklar	Eiweiß	Eiweiß
Einbrenn (Einmach)	Mehlschwitze	lichte Mehlschwitze
Erbsen	Erbsen	Erbsli
Erdäpfel	Kartoffeln	Kartoffeln
Erdäpfel in der Schale	Pellkartoffeln	Gschwellti
Eiscreme, Gefrorenes	Eiscreme	Glace
Extrawurst	Fleischwurst	Cervelat
Faschiertes	Hackfleisch	Hackfleisch
Fleischlaibchen	Frikadellen (Buletten)	Frikadellen
Frittaten	Suppeneierkuchen	Flädli
Germ	Hefe	Hefe
Grammeln	Grieben	Grieben
Grüne Fisolen	Grüne Bohnen	Grüne Bohnen
Gugelhupf	Napfkuchen	Gugelhupf
Hasenjunges	Hasenpfeffer	Hasenklein
Häuptelsalat	Kopfsalat	Kopfsalat
Heidelbeeren	Blaubeeren	Heidelbeeri
Hendl	Hähnchen	Güggeli
Holler	Holunder	Holunder
Indian	Truthahn (Puter)	Truthahn
Kalbsbries	Kalbsmilch	Kalbsmilke
Karfiol	Blumenkohl	Blumenkohl
Karotten	Möhren (Mohrrübe)	Ruebli
Knödel	Klöße	Knödel (Klöße)
Koch	Brei	Brei
Kochsalat	Lattich	Lattich
Kohl	Wirsing	Kohl
Kohlsprossen	Rosenkohl	Rosenkohl
Kren	Meerrettich	Meerrettich
Kukuruz	Mais	Mais
Kutteln (Fleck)	Kaldaunen	Kutteln

Lungenbraten	Filet (Lende)	Filet
Marillen	Aprikosen	Aprikosen
Maroni	Edelkastanien	Kastanien
Nockerln	Klößchen, Spätzle	Spätzli, Knöpfli
Nudelwalker	Rollholz	
Obers	Sahne, süß	Nidel
Orangen	Apfelsinen	Orangen
Palatschinken	Pfannkuchen	Pfannkuchen
Paradeiser	Tomaten	Tomaten
Porree	Lauch	Lauch
Powidl	Pflaumenmus	Pflaumenmus
Reibeisen	Reibe	Raffel
Ribisel	Johannisbeeren	Johannisbeeren
Ringlotten	Reineclauden	
Ripplertes	Schweinerippchen	Rippli
Rollgerste	Graupen	Graupen
Rote Rüben	Rote Beete	Rande
Rotkraut	Rotkohl	Rotkabis
Sauerrahm	Saure Sahne	Saurer Rahm
Schale	Tasse	Tasse
Schlagobers	Schlagsahne	geschwungenes Nidel
Schlegel (Schlögel)	Keule	Mocken (Stotzen)
Schöpflöffel	Schöpfkelle	Schopfkelle
Schöpsenfleisch	Hammelfleisch	Schaffleisch
Schwammerl	Pilz	Pilz, Schwammerl
Selchkarree	Kasseler Rippchen	Geräucherte Rippli
Selchspeck	Räucherspeck	Räucherspeck
Semmel	Brötchen	Weckli
Sieb	Durchschlag	Sieb
Staubzucker	Puderzucker	Puder- od. Mehlzucker
Stelze, gepökelt	Eisbein	Dickbein
Suppe	Brühe	Suppe
Suppenwürfel	Brühwürfel	Suppenwürfel
Tafelspitz	Tafelstück	Huft, Culotte
Topfen	Quark	Quark
Vogerlsalat	Feldsalat (Rapunzelsalat)	Nüßlisalat
Walnüsse (Nüsse)	Walnüsse	
Weichseln	Sauerkirschen	Weichseln
Weißkraut	Weißkohl	Chabin
Wurzelwerk (Grünes)	Suppengrün	Suppengrün
Zander, Schill	Zander	
Zeller	Sellerie	Sellerie
Zwetschken, getrocknet	Pflaumen, getrocknet	Dörrpflaumen
Zwetschkenröster	Pflaumenröster	Pflaumenröster
Zwiebel	Zwiebel	Böllen
Zuckererbsen	Zuckererbsen	Erbsli

ÜBER MASSE UND MENGEN

Bei Abfassung dieses Kochbuches sind die für vier bis fünf Personen notwendigen Mengen als Grundlage genommen worden. Bei der Verschiedenheit der einzelnen Gerichte werden hie und da genaue Portionsangaben nicht möglich sein, vor allem wenn es sich um ganze Fleischstücke, wie etwa Roastbeef, Lammkeule, Rehrücken oder ganzes Geflügel handelt. Ebenso werden die Mengen etwas kleiner zu berechnen sein, wenn es sich um ein Mahl mit mehreren Gerichten oder ein Menü handelt.
Zur leichteren Übersicht sollen hier die wichtigsten Mengenangaben und Maße pro Portion angegeben werden.

Man berechnet für

SUPPEN UND EINLAGEN
pro Portion:

Suppen als Vorspeise	1/4 Liter
Suppen als Hauptgericht	1/2 Liter
Mehl für Bindung von Einmachsuppen	10 g
Mehl für Frittaten, Suppennudeln, Backerbsen	20 g
Hülsenfrüchte für Püreesuppen	20–25 g
Grieß, Rollgerste, Reis	20 g
Erdäpfel	100 g
Semmel für Knödel	20 g (1/2 Semmel)
Leber für Knödel, Nockerl oder Reis	30 g
Milz für Schnitten oder Schöberl	30 g
Knochen für Einmachsuppen	50 g
Butter für Einmach	10 g

SOSSEN

Selbständige Soßen	1/8 Liter
Soßen als Beilage	1/10 Liter
Soßen für Ragouts, Gulasch u. a. Soßengerichte	1/4 bis 3/8 Liter
zur Bindung pro Liter	80 g Mehl
pro Liter	80 g Butter (Fett)
Bratensaft	1/16 Liter

FISCHE

Fische im ganzen	200–300 g
Fischfilets ohne Gräten	150–200 g

HAUPTGERICHTE

Rohes Fleisch mit Knochen	180–250 g
Rohes Fleisch ohne Knochen	150–200 g
Selchfleisch, roh	150–180 g
Selchfleisch, gekocht	100–120 g
Wild mit Knochen	250–300 g
Geflügel im ganzen	300–400 g

BEILAGEN

Erdäpfel	200–300 g
Reis	40– 60 g
Teigwaren	40– 50 g
Mehl für Nockerln	40– 50 g
Grüngemüse	200–250 g
Hülsenfrüchte	40– 60 g
Wurzelgemüse	100–150 g
Kompotte, rohe Früchte	200–250 g
Kompotte, gekochte Früchte	100–150 g

MASSE

Angaben wie „ein Teelöffel, ein Eßlöffel, eine Tasse“ usw. liegen folgende Maße zugrunde:

1 TEELÖFFEL, gestrichen	
Backpulver	3 g
Fett	5 g
Grieß	4 g
Öl	4 g
Salz	4 g
Stärkemehl	5 g
Kakao	3 g

1 ESSLÖFFEL	gestrichen:	gehäuft:
Butter	15 g	—
Salz	10 g	—
Reis	15 g	20 g
Mehl	10 g	25 g
Zucker	15 g	20 g

Grieß	12 g	20 g
Essig (Wasser, Milch, Obers)	20 g	—
Kakao	5 g	—
Stärkemehl	10 g	—
Schmalz	16 g	—

FLÜSSIGKEITEN

4 Eßlöffel	$^1/_{16}$ Liter
8 Eßlöffel	$^1/_8$ Liter
1 Tasse	$^1/_4$ Liter

DIE WICHTIGSTEN ZUBEREITUNGSARTEN

Für ein gutes Gelingen jeder Speise ist die Kenntnis der richtigen Zubereitungsart (Garmachungsart), passend zum jeweiligen Nahrungsmittel, von großer Bedeutung. Nicht jede Garmachungsart ist für jedes Nahrungsmittel gleich gut geeignet. Darum wird sich die Kenntnis der Grundzubereitungsarten auch auf die Güte der fertigen Speisen erheblich auswirken.
Verschiedene Nahrungsmittel werden überhaupt erst durch ihre Zubereitung für den menschlichen Organismus genießbar. Die sorgfältige Ausführung der einzelnen Arbeitsgänge wird sich durch ein zufriedenstellendes Endergebnis in jedem Falle bezahlt machen.

Kochen oder Sieden

ist eine Zubereitungsart in viel wallender Flüssigkeit. Bei dieser Garmachungsart gehen nahezu alle Nähr- und Geschmacksstoffe in den Kochsud über. Diese Art wird meist dann verwendet, wenn man den erhaltenen Kochsud zur Herstellung einer Suppe oder einer Soße benötigt. Man kocht Fleisch, Fisch, Geflügel, Gemüse, Teigwaren usw.

Überkochen oder Blanchieren

Ein kurzes, meist vorbereitendes Kochverfahren. Das Kochgut wird in viel kochendem Wasser aufgekocht. Es hat den Zweck, Aussehen und Geschmack zu verbessern, zum Bespiel bei verschiedenen Grüngemüsen, um die Farbe zu erhalten. Es wird auch verwendet, um bestimmten Gemüsesorten das Bittere zu nehmen oder um Fleisch weiß zu machen.

CHAMPIGNONSUPPE NACH LINZER ART

200 g frische Champignons oder auch andere Pilze, 30 g Butter, 1 Zwiebel, gewürfelt, 2 Eßlöffel gehackte Petersilie, 40 g Butter, 4 Eßlöffel Mehl, 1 l gut gewürzte Suppe (auch Hühnersuppe), Salz, Pfeffer aus der Mühle, 1/8 l Obers.

Die frischen Champignons waschen, putzen und blättrig schneiden. Die Butter zerlassen, die Zwiebel und die Champignons darin andünsten. Die Petersilie dazugeben. In einem Topf nochmals Butter zerlassen, das Mehl darin anlaufen lassen, anschließend die Suppe daraufgießen. Mit Salz und Pfeffer würzen. Die Champignons hineingeben. Mit dem Obers verfeinern und alles gut verrühren. Abschmecken. Mit gehackter Petersilie bestreut servieren.

Garziehen oder Pochieren

Hiebei wird das Kochgut an der Grenze des Siedepunktes gargemacht. Diese Zubereitungsart wird benötigt, um ein Hart- oder Zähwerden verschiedener Speisen zu verhindern; es wird gekocht, ohne zu kochen. Gargezogen werden z. B. Fische, Eier, verschiedene Puddings und Farcen.

Dämpfen

Dabei handelt es sich um eine Zubereitung im Wasserdampf, das heißt, das Kochgut kommt mit der Flüssigkeit nicht in Berührung. Man benötigt dazu ein Geschirr mit Sieb oder Gittereinsatz und gutschließendem Deckel. Gedämpft werden Erdäpfel, bestimmte Gemüsesorten, eventuell Fische, Schinken u. a.

Dünsten

ist ein Garen in wenig Flüssigkeit, und zwar im eigenen Saft oder unter Zugabe von Fett und wenig Flüssigkeit:
Man unterscheidet:
1. das *Braundünsten* oder Schmoren, das heißt, das Kochgut wird angebraten
2. das *Naturdünsten,* hier kommt das Fleisch, ohne anzubraten, in einen Zwiebelansatz, wie z. B. bei Gulasch, oder in eine fertige Soße
3. das *Kurzdünsten,* das Fleisch wird angebraten und im eigenen Saft oder in Soße gargezogen (geröstete Leber, Nierndl, Hühner).

Glasieren

Beim Glasieren wird das Kochgut gleichzeitig mit dem Garen mit einer Glasur überzogen. Bei Fleisch geschieht dies unter Beigabe von Butter und braunem Fond im Rohr, gebraten und häufig übergossen entsteht eine Glasur. Gemüse wird glasiert, indem man Zucker in Butter schmilzt, so daß sich während des Dünstens ein sirupartiger Überzug bildet.

Braten

ist eine Zubereitung bei trockener Hitze, bei der keine Flüssigkeit zugesetzt werden soll. Geschmack und Nährstoffe bleiben vollkommen erhalten. Durch die sich an der Bratenoberfläche bildenden Röststoffe entsteht ein angenehmer Geschmack. Gebraten wird das Fleisch junger Tiere, Fische sowie verschiedene Gemüse.
Man unterscheidet:

1. *Braten am Herd* (Sautieren):
Für Portionsgerichte, kleine zarte Fleischstücke, Fische oder Gemüse. In einer Pfanne wird Fett stark erhitzt und ohne jede Flüssig-

keitszugabe gebraten. Bratensaft wird durch Ablöschen des Bratensatzes mit Suppe oder Wasser gewonnen.
2. *Braten am Rost* (Grillen):
Portionierte, zarte Fleischstücke, Fisch, Innereien oder Gemüsestücke werden gewürzt und geölt auf heißen Grillstäbchen oder auf einer Grillplatte beidseitig gegart. Es entsteht kein Saft.
3. *Braten im Rohr:*
Große Fleischstücke von zarten jungen Schlachttieren sowie junges Geflügel, Wild und Wildgeflügel eignen sich für diese Zubereitungsart.
Die Zubereitung erfolgt in trockener Hitze, manchmal auf einer Knochenunterlage, dann darf etwas Flüssigkeit zugegeben werden.
4. *Braten am Spieß:*
Junge, ganze Tiere werden auf einen Bratspieß gesteckt und unter ständigem Drehen einer starken Hitzebestrahlung ausgesetzt.

Backen

Backen in heißem Fett bedeutet, daß das Backgut im heißen Fett schwimmt. Das Backgut wird zerkleinert in einer Hülle aus Mehl, Ei und Semmelbröseln oder aus Backteig oder aus Mehl und Ei eingeschlossen und bei einer Temperatur von 160° bis 180° C gebacken.
Backen im Rohr wird für Teig und Massen angewendet, und zwar für Gebäck, Torten, Kuchen oder ähnliches. Durch verdunsten der Flüssigkeit im Backgut findet eine Lockerung und ein Aufgehen des Teiges statt.

SUPPEN

Speziell in der österreichischen Küche nehmen die Suppen einen großen Raum ein. Es gibt kaum ein Mahl, dem nicht eine Suppe vorausgeht.
Die berühmteste ist wohl die Rindsuppe, die – klar und mit Fettaugen – herausfordernd auf uns blickt und mit ihren zahllosen Einlagen – wie Schöberln, Knödel, Schnitten, Nockerln, Strudeln, Eingetropftem, Rouladen und so fort – zu einer wahren Köstlichkeit wird.
Der Rindsuppe auf den Fuß folgen die gebundenen Suppen und die Püreesuppen, deren Vielfalt nichts zu wünschen übrig läßt.
Da gibt es die gebundenen Fleischsuppen, Wildsuppen, Gemüsesuppen, Kartoffelsuppen, Einbrennsuppen, Wein- und Biersuppen, die alle von ihren regionalen Eigenheiten geprägt sind.

Zu den gebundenen Suppen zählen dann auch noch zahlreiche Fischsuppen und solche aus Krustentieren.
Einen nicht unbedeutenden Platz nimmt dann auch noch der Suppentopf ein, der meist aus einer klaren Rind- oder Geflügelsuppe mit Gemüse- oder Fleischeinlage und Suppeneinlagen besteht, und der schon eher einem kompletten Essen denn einer appetitanregenden Suppe gleicht.
Trotz unserer schnellebigen Zeit sollte man nicht darauf verzichten, sich für die Zubereitung der Suppe die nötige Zeit und Sorgfalt zu nehmen.

Klare Suppen und Suppeneinlagen

KLARE RINDSUPPE (BOUILLON) (8–10 Portionen)

1 kg Rindfleisch, 1/2 kg Rindsknochen, 100 g Wurzelwerk (Karotten, Zeller, Petersilienwurzel, gelbe Rüben), 1/2 Stange Porree, 1/2 Zwiebel, 1 aufgerissener Paradeiser, 5 Pfefferkörner, 1/2 Lorbeerblatt, 150 g Rindsleber, 100 g Rindsmilz, Salz.

Die kleingehackten Rindsknochen werden mit etwas Wasser aufgekocht (blanchiert), dann mit reichlich kaltem Wasser geschwemmt und in einem Topf mit 3 Liter kaltem Wasser zum Kochen gebracht. Das Fleisch kurz waschen (nicht im Wasser liegen lassen, da es sonst Geschmack und Nährstoffe verliert) und in den Topf dazugeben. Das geputzte Wurzelwerk klein schneiden (blättrig) und in die kochende Suppe einlegen, ebenso den Porree, die halbe an der Schnittfläche dunkelbraun gebrannte Zwiebel (auf der Herdplatte oder trockener Pfanne) und den Paradeiser. Noch einmal aufkochen lassen, den sich auf der Oberfläche bildenden Schaum nicht abschöpfen. Pfefferkörner, Lorbeerblatt und Salz zugeben. Bei kleiner Hitze läßt man die Suppe 3–4 Stunden kochen (je nach Qualität des Fleisches). Nach der halben Garzeit – ca. 1 1/2 Stunden – Milz und Leber der kochenden Suppe zugeben. Wenn die Suppe richtig langsam gekocht wird, muß sie vollkommen klar sein.
Das Fleisch herausnehmen und in einem passenden Geschirr warm stellen. Ein Austrocknen und Auskühlen soll verhindert werden. Die Suppe durch ein Sieb oder (und) ein Seihtuch langsam Löffel für Löffel abseihen, dann abschmecken und eventuell mit Suppenwürze verbessern. Noch einmal aufkochen lassen und mit oder ohne Suppeneinlage servieren. Auf einer Rindsuppe (Bouillon) sollen die sogenannten Fettaugen erhalten bleiben. Sollte in der Suppe zuviel Fett sein, schöpft man etwas Fett ab.

Rindsuppe kann auch ohne Fleisch bereitet werden, es empfiehlt sich aber dann eine größere Menge Blutknochen vom Rind zu verwenden, um eine kräftige Rindsknochensuppe zu erhalten.

NUDELSUPPE (4–5 Portionen)

1 l Rindsuppe (Bouillon), 100 g Mehl, 1 Ei, Salz.

Man häuft das Mehl auf ein Brett, macht in der Mitte eine Grube, schlägt das Ei hinein, salzt, vermengt das Ganze mit einem Messer und knetet dann mit beiden Händen einen glatten Teig. Nach etwas Rastzeit wird der Teig ganz dünn ausgerollt, wobei so wenig wie möglich mit Mehl gestaubt werden soll. Man legt den Teigflecken auf ein Tuch zum Übertrocknen. Sodann den Teigflecken in ca. 3–4 Finger breite Streifen teilen und diese in sehr feine, dünne Nudeln schneiden. Die Nudeln mit Mehl bestäuben und mit den Fingern auflockern, damit sie nicht zusammenkleben.
Die Nudeln in kochendes Salzwasser einlegen, mit einem Kochlöffel aufrühren und ca. 6–8 Minuten kochen, sodann abseihen, mit kaltem Wasser überspülen und abtropfen lassen. Die Nudeln in die geseihte, heiße Rindsuppe geben, einmal aufwallen lassen und mit feingeschnittenem Schnittlauch bestreut zu Tisch bringen.
Man kann aber auch fertig gekaufte Suppennudeln verwenden.

FRITTATENSUPPE (4–5 Portionen)

1 l Rindsuppe, 100 g Mehl, 1 Ei, ca. 1/8 l Milch, 1 Teelöffel gehackte Petersilie, Salz, Muskat, Schnittlauch.

Aus Mehl, Ei, Salz, Muskat, Petersilie und etwa 1/8 l Milch bereitet man einen dünnen Teig und läßt diesen etwa 15–20 Minuten rasten. In einer gefetteten, sehr heißen Omelettenpfanne zu dünnen Palatschinken backen. Nach dem Überkühlen zusammenrollen und in dünne Streifen (Nudeln) schneiden.
In Suppentassen oder Teller anrichten, mit heißer Rindsuppe übergießen und mit feingeschnittenem Schnittlauch zu Tisch bringen.

BUTTERNOCKERLSUPPE (4–5 Portionen)

1 l Rindsuppe, 70 g Butter, 4 Semmeln, 100 g Mehl, 2 Eier, Salz, Muskat, Schnittlauch.

Die Semmeln werden abgerindet und in etwas Milch oder Wasser eingeweicht, ausgedrückt und passiert. Butter mit Salz und Muskat

schaumig rühren, die passierten Semmeln und 2 Eidotter nach und nach einrühren und das Mehl dazugeben. Zum Schluß wird steifer Schnee von 2 Eiklar untergezogen. Vor dem Kochen ein Probenokkerl in kochendes Salzwasser einlegen, wenn dieses zu weich wird, zu der Masse noch etwas Mehl dazugeben, ist es zu fest, wird etwas Butter untergemengt. Die mit einem Löffel in kochendes Salzwasser eingelegten Nockerln 8–10 Minuten auf kleiner Flamme mehr ziehen als kochen lassen.
Die fertigen Nockerln in heiße Suppe legen und mit feingeschnittenem Schnittlauch bestreut auftragen.

GRIESSNOCKERLSUPPE (4–5 Portionen)

1 l Rindsuppe, 60 g Butter, 1 Ei, 120 g Grieß, Muskat, Salz, Schnittlauch.

Man rührt die Butter mit etwas Salz und Muskat schaumig, fügt das Ei bei und rührt so lange weiter, bis sich das Ei mit der Butter verbunden hat, zum Schluß fügt man groben Grieß dazu und läßt die Masse einige Zeit anziehen. Mit einem Kaffeelöffel Nockerln formen. Auf einen gefetteten oder mit Wasser benetzten Teller legen und 5 Minuten im Kühlschrank ruhen lassen, anschließend in kochendem Salzwasser 10 Minuten langsam, zugedeckt kochen. Mit $^1/_8$ Liter kaltem Wasser abschrecken und weitere 10 Minuten, ebenfalls zugedeckt, ziehen lassen. In die heiße Rindsuppe legen und mit feingeschnittenem Schnittlauch bestreuen.

KAISERNOCKERLSUPPE (4–5 Portionen)

1 l Rindsuppe, 140 g Butter, 2 Eier, 2 Dotter, 4 Semmeln, Petersilie, 2 Eßlöffel Brösel, Schnittlauch.

Die Butter gut schaumig rühren, nach und nach die ganzen Eier und die Dotter einrühren. Die abgerindeten, eingeweichten, gut ausgedrückten und passierten Semmeln dazugeben. Mit Salz, feingehackter Petersilie und Semmelbröseln vermischen. Mit einem Kaffeelöffel Nockerln formen und in kochendes Salzwasser einlegen. 8–10 Minuten mehr ziehen als kochen lassen.
Mit einigen Eßlöffeln kaltem Wasser abschrecken. Die fertigen Nokkerln in die heiße Rindsuppe einlegen, mit feingeschnittenem Schnittlauch bestreut servieren.

BRÖSELKNÖDERLSUPPE (4–5 Portionen)

1 l Rindsuppe oder Einmachsuppe, 20 g Butter, 1 Ei, Semmelbrösel, Petersilie, Salz.

Die Butter wird mit dem Ei gut abgetrieben, gesalzen, mit feingehackter Petersilie und so viel Semmelbröseln vermischt, daß eine dicke Masse entsteht, die man sofort zu ganz kleinen Knöderln formt und entweder in Rindsuppe oder Einmachsuppe einkocht.

LEBERKNÖDELSUPPE (4–5 Portionen)

1 l Rindsuppe, 150 g Rindsleber, 40 g Fett, 2 Schneidesemmeln, 1 Teelöffel Semmelbrösel, Zwiebel, Petersilie, 1 Ei, Salz, Pfeffer, Knoblauch, gestoßener Majoran.

Etwas Zwiebel fein hacken und in Fett anlaufen lassen. 1 Teelöffel feingehacktes Petersiliengrün dazugeben. Die Semmeln etwas abrinden und einweichen, ausdrücken und passieren. Die feinstfaschierte Leber in eine Schüssel geben, mit der gerösteten Zwiebel, den passierten Semmeln, dem ganzen Ei, Salz, Pfeffer, zerdrücktem Knoblauch, Majoran und etwas Semmelbröseln gut vermengen und eine Viertelstunde im Kühlschrank rasten lassen. Kleine Knöderln formen und in kochendem Salzwasser 10–12 Minuten kochen. Dann in die fertige Rindsuppe geben.
Man kann die Leberknödel auch 8–10 Minuten schwimmend in heißem Öl backen, gut abtropfen lassen und in der Rindsuppe auftragen.

MARKKNÖDERLSUPPE (4–5 Portionen)

1 l Rindsuppe, 100 g Rindermark, 1 Ei, 3 Schneidesemmeln, Semmelbrösel, Petersilie, Salz, Muskat.

Das von Knochensplittern befreite, kleingeschnittene Rindermark stellt man in einer Schüssel warm, rührt es mit Ei, Salz und Muskat sehr schaumig, gibt gehackte Petersilie, die abgerindeten in Milch geweichten, ausgedrückten und passierten Semmeln dazu, rührt soviel Semmelbrösel ein, daß sich kleine Knöderln formen lassen. Dann kocht man ein Knöderl in leicht kochendem Salzwasser zur Probe ein. Sollte es zu weich sein, gibt man noch Brösel dazu, ist es zu fest, einige Tropfen Milch oder zerlassene Butter beifügen. Ist die Masse in Ordnung, kocht man die Knöderln langsam 6–8 Minuten.
Sie können sowohl für Rindsuppe wie auch für Einmachsuppe als Einlage gegeben werden.

POLENTAKNÖDERLSUPPE (4–5 Portionen)

1 l Rindsuppe, 40 g Speck, $^1/_8$ l Milch, 100 g Maisgrieß, 1 Ei, Salz.

Den Speck kleinwürfelig schneiden und in einem kleinen Reindel

goldgelb rösten, mit Milch aufgießen und aufkochen lassen. Den Maisgrieß beifügen und unter stetigem Rühren so lange kochen, bis sich der Grieß von Löffel und Geschirr löst.
Vom Herd nehmen, erkalten lassen, mit Ei und Salz gut vermengen und kleine Knöderln formen. Sollten sich keine Knöderln formen lassen, 1–2 Löffel heißes Wasser in die Masse geben.
In leicht kochendem Salzwasser 5 Minuten zugedeckt kochen lassen, unmittelbar vor dem Servieren in die fertige Rindsuppe geben.

SEMMELKNÖDELSUPPE (4–5 Portionen)
1 l Rindsuppe, 4 Schneidesemmeln, 1 Eßlöffel feingehackte Zwiebel, 1 Teelöffel feingehacktes Petersiliengrün, 50 g Fett, ca. 1/8 l Milch, 1 Ei, 100 g Mehl, Salz.
Semmeln werden kleinwürfelig geschnitten. Feingehackte Zwiebel und Petersiliengrün in Fett leicht rösten und über die Semmelwürfel gießen. Das Ei mit der Milch versprudeln, leicht salzen und mit den Semmeln verrühren. Etwa eine Viertelstunde stehen lassen und von Zeit zu Zeit locker durchmischen, dann das Mehl dazugeben und durcharbeiten. Mit bemehlten Händen 8–10 Knödel formen und in siedendem Salzwasser einkochen.
Die Knödel 10–12 Minuten kochen und in die fertige Rindsuppe als Einlage geben.

TIROLER-KNÖDEL-SUPPE (4–5 Portionen)
1 l Rindsuppe, 4 Semmeln, Zwiebel, Petersilie, 50 g Fett, 1/8 l Milch, 1 Ei, 100 g Mehl, 140 g Selchfleisch, Salz.
Die Zubereitung der Tiroler Knödel ist genauso wie die der Semmelknödel, jedoch ist unter die Masse noch feinwürfelig geschnittenes Selchfleisch zu mengen.

SCHINKENKNÖDELSUPPE (4–5 Portionen)
1 l Rindsuppe, 60 g Butter, 2 Dotter, Petersilie, Salz, Pfeffer, 80 g Schinken, 2 Eiklar, 70 g Semmelbrösel, 20 g Mehl.
Die Butter treibt man schaumig ab, rührt nach und nach die Dotter dazu, fügt feingehacktes Petersiliengrün, Salz, Pfeffer und feingehackten Schinken bei. Danach schlägt man die Eiklar zu festem Schnee und zieht diesen mit den Semmelbröseln und dem Mehl unter die Masse.
Man formt einen Probeknödel, legt ihn in kochendes Salzwasser ein und läßt ihn 8–10 Minuten mehr ziehen als kochen. Sollte er zu weich sein, noch etwas Mehl dazugeben. Alle Knödel ausformen, kochen und in die fertige Rindsuppe legen.

BISKUITSCHÖBERLSUPPE (4–5 Portionen)

1 l Rindsuppe, 2 Eier, 40 g Mehl, Butter, Mehl zum Stauben, Salz.

2 Eiklar werden mit etwas Salz zu festem Schnee geschlagen, 2 Eidotter und das Mehl leicht einmischen, jedoch so, daß der Schnee nicht verrührt wird. Man streicht die Masse fingerhoch auf ein leicht gefettetes und mit Mehl bestäubtes Blech und backt das Schöberl in mäßig heißem Rohr goldbraun.
Das Schöberl wird sodann gestürzt und in gleichmäßige Würfel oder Rhomboide geschnitten. Die Schöberl werden erst in die fertig angerichtete Suppe gegeben.

LEBERSCHÖBERLSUPPE (4–5 Portionen)

1 l Rindsuppe, Biskuitschöberlmasse, 80 g passierte Leber, 1 Teelöffel gehackte Petersilie, Pfeffer.

Biskuitschöberlmasse herstellen. Die Eidotter vorher mit der passierten Leber, gehackter Petersilie und frisch gemahlenem Pfeffer verrühren. Vollendung wie bei Biskuitschöberl.

KAISERSCHÖBERLSUPPE (4–5 Portionen)

1 l Rindsuppe, Biskuitschöberlmasse, 20 g Butter, 1 Eßlöffel geriebener Parmesan.

In die bereits beschriebene Biskuitschöberlmasse rührt man zerlassene Butter und geriebenen Parmesan, backt und serviert die Schöberl wie vorher beschrieben.

MARKSCHÖBERLSUPPE (4–5 Portionen)

1 l Rindsuppe, Biskuitschöberlmasse, 120 g Rindermark, Schnittlauch.

Man bereitet die beschriebene Biskuitschöberlmasse zu. In diese mengt man zusätzlich noch kleinwürfelig geschnittenes Rindermark sowie feinst geschnittenen Schnittlauch. Diese Masse wird ebenso wie Biskuitschöberl gebacken und angerichtet.

SCHINKENSCHÖBERLSUPPE (4–5 Portionen)

1 l Rindsuppe, Biskuitschöberlmasse, 80 g Schinken.

In eine fertige Biskuitschöberlmasse wird der feingehackte Schinken vorsichtig untergezogen und wie bereits beschrieben vollendet.

GRIESS-STRUDELSUPPE (4–5 Portionen)

1 l Rindsuppe. Strudelteig: *120 g glattes Mehl, 1 Prise Salz, 1 Eßlöffel Öl, ca. 1/16 l lauwarmes Wasser.* Fülle: *60 g Butter, Salz, Muskat, 2 Eidotter, 100 g Grieß, 2 Eiklar.*

Aus Mehl, Salz, Öl und Wasser einen seidigen, glatten Strudelteig bereiten und zu einer Kugel formen. Diese auf einen mit Öl bestrichenen Teller legen, leicht mit Öl bestreichen, mit einer leicht angewärmten Schüssel bedeckt 20 Minuten rasten lassen. Dann auf einem bemehlten Tuch mit dem Nudelholz etwas auswalken, mit bemehlten Händen papierdünn ausziehen, bis der Teig durchsichtig ist. Den dick gebliebenen Rand schneidet man weg, streicht sodann die Fülle auf zwei Drittel des Teiges, nimmt das Tuch auf der mit der Fülle bestrichenen Seite, hebt es hoch und rollt so den Strudel zusammen. Teilt ihn mit einem bemehlten Kochlöffel in ca. 5 cm lange Stücke, die man mit einem Teigrad oder Messerrücken durchschneidet und in siedendes Salzwasser legt – ca. 15 Min. nicht zugedeckt garziehen lassen.
Fülle:
Butter mit Salz, geriebenem Muskat und Eidotter gut schaumig rühren, Grieß daruntermengen und zum Schluß den steifen Schnee von 2 Eiklar unter die Masse heben.
Grießstrudel kann auch als Beilage z. B. zum Kalbsbeuschel serviert werden.

LUNGENSTRUDELSUPPE (4–5 Portionen)

1 l Rindsuppe, Strudelteig wie bei Grießstrudelsuppe. Fülle: *250 g Kalbs- oder Schweinslunge, 1/2 l Wasser, Salz, Pfefferkörner, 20 g Schweineschmalz, 1/2 Zwiebel, Petersiliengrün, 1 Ei, 50 g Semmelbrösel, Pfeffer, Majoran, Thymian, Schnittlauch.*

Die Lunge wird gewaschen und in Salzwasser mit Zwiebel und Pfefferkörnern weich gekocht (ca. 40 Minuten). Auskühlen lassen und fein hacken oder faschieren. Die Zwiebel und die Petersilie fein schneiden und in heißem Schweineschmalz anrösten, die Lunge dazugeben und weiterrösten. Vom Feuer nehmen, mit Ei, Semmelbrösel, Salz, Pfeffer, Majoran und Thymian vermengen und abschmecken. Eventuell etwas Kochsud oder Lunge beigeben, um eine streichfähige Konsistenz zu erzielen. Nach dem Erkalten streicht man die Masse auf zwei Drittel eines auf einem bemehlten Tuch dünn ausgezogenen Strudelteiges, rollt diesen ein, teilt ihn mittels eines bemehlten Kochlöffels in 5 cm lange Stücke, die man mit einem Messerrücken oder einer Teigkarte durchschneidet, drückt die Teigenden gut zusammen, damit keine Fülle herausquillt, und kocht die einzelnen Strudelstücke in siedendem Salzwasser 12–15 Minuten.

Der Strudel kann auch ungeteilt statt gekocht auf einem befetteten Blech im mittelheißen Rohr ca. 15 Minuten gebacken werden und dann in 3–4 cm breite Stücke geteilt als Suppeneinlage verwendet werden.
Wenn man das in der Rindsuppe gekochte Fleisch anstatt der Lunge verwendet, erhält man einen Fleischstrudel.

SCHLICKKRAPFENSUPPE (4–5 Portionen)

1 l Rindsuppe, Nudelteig, Eiklar. Fülle: *150 g Braten oder Fleischreste, 30 g Fett, Zwiebel, Petersilie, Salz, Pfeffer, Majoran, 1 Eßlöffel Semmelbrösel, 1 Ei.*

Den Nudelteig etwas weicher zubereiten und nach dem Rasten zu dünnen Flecken ausrollen, in ca. 4 Zentimenter große Vierecke schneiden, auf die Mitte der Teigflecke die vorbereitete Fülle mittels Teelöffel aufsetzen. Die Teigränder mit Eiklar bestreichen, dreieckig zusammenschlagen und die Teigränder fest zusammendrücken. In kochendes Salzwasser legen und 12–15 Minuten leicht kochen lassen. Aus dem Wasser heben und in die fertige heiße Rindsuppe einlegen.
Fülle:
Braten oder Fleischreste faschieren, mit feingeschnittener Zwiebel und Petersilie in Fett rösten, mit Salz, Pfeffer und Majoran würzen. Die Semmelbrösel und das Ei einrühren, auskühlen lassen und die vorbereiteten Teigstücke füllen.

BACKERBSENSUPPE (4–5 Portionen)

1 l Rindsuppe, 1 Ei, $^{1}/_{16}$ l Milch, Mehl, Salz, Fett zum Backen.

Man macht einen glatten, tropffähigen Teig aus Ei, Milch, Mehl und Salz. Den Teig läßt man eine Viertelstunde rasten. Danach den Teig noch einmal durchrühren, durch ein umgedrehtes Reibeisen, welches man kurz zuvor in heißes Fett getaucht hat, in ca. 2 fingerhohes, heißes Fett einfließen lassen. Man bäckt die so entstehenden Teigerbsen goldgelb, schöpft sie mit einem Schaumlöffel ab, läßt sie gut abtropfen und gibt sie in die fertig angerichtete Rindsuppe.

LEBERREISSUPPE (4–5 Portionen)

1 l Rindsuppe, 100 g Rindsleber, 50 g Rindsmilz, 40 g Fett, Zwiebel, Petersilie, 2 Schneidesemmeln, 1 Ei, Mehl, Salz, Pfeffer, Knoblauch, Majoran, Schnittlauch.

Feingehackte Zwiebel in Fett anlaufen lassen, ebenfalls feingehacktes Petersiliengrün dazugeben. Rindsleber faschieren, Milz gut ausschaben, eingeweichte, ausgedrückte und passierte Semmeln beigeben. Salz, Pfeffer, zerdrückten Knoblauch und Majoran dazugeben und sämtliche Zutaten gut vermischen. Zum Schluß das Ei und etwas Mehl einrühren. Die fertige Rindsuppe zum Kochen bringen und die Lebermasse durch ein verkehrt gehaltenes Reibeisen in die Suppe streichen. 4–6 Minuten langsam kochen, mit feingehacktem Schnittlauch bestreuen und servieren.

KÄSEEINTROPFSUPPE (4–5 Portionen)

1 l Rindsuppe, 80 g Mehl, 1 Ei, Salz, Schnittlauch, 1 Eßlöffel geriebener Parmesan.

Das Mehl mit Ei und Salz sowie dem geriebenen Parmesan zu einem Teig verrühren und in die fertige, leicht kochende Suppe in einem dünnen Strahl einfließen lassen. 2–3 Minuten kochen lassen, mit feingeschnittenem Schnittlauch bestreuen und auftragen.

KLARE OCHSENSCHLEPPSUPPE (6–8 Portionen)

1 kg Ochsenschlepp, 500 g Rindsknochen, 200 g Wurzelwerk, 1 Paradeiser, 1/2 Zwiebel, 1/2 Stange Porree, 6 Pfefferkörner, 5 Neugewürzkörner, 1 Lorbeerblatt, 1 Zweig Thymian, Salz, 100 g fettfreies Rindfleisch, 2 Eiklar, 1/16 l Madeira.

Der Ochsenschlepp wird an den Gelenken in Stücke geteilt und mit den kleingehackten Rindsknochen in einer genügend großen Bratpfanne im Rohr, ohne Fettzugabe, unter wiederholtem Rühren braun geröstet.
Danach fügt man das geputzte, in grobe Würfel geschnittene Wurzelwerk und die Zwiebel dazu und röstet so lange, bis das Wurzelwerk eine kräftige braune Farbe angenommen hat, dann gibt man einen aufgerissenen Paradeiser, den Porree und die Gewürze dazu, gießt mit 3 Liter Wasser auf, läßt das Fleisch und die Knochen 3–4 Stunden langsam kochen, wobei der sich bildende Schaum und das Fett sorgfältig abgeschöpft werden sollen.
Wenn der Ochsenschlepp weich ist, wird er aus der Suppe herausgehoben, das Fleisch von den Knochen gelöst, in kleine Würfel geschnitten und warm gestellt.
Die Suppe seihen, das Fett abschöpfen (sie soll absolut fettfrei sein) und klären. Die geklärte durch ein Tuch geseihte Ochsenschleppsuppe wird mit Madeira abgeschmeckt und mit dem geschnittenen,

warm gestellten Fleisch vom Ochsenschlepp als Einlage in Suppentassen serviert.
Man kann als Einlage noch zusätzlich in kleine Würfel geschnittenen, separat gekochten Zeller oder in Streifen geschnittenen Porree geben.

HELLE KNOCHENSUPPE (4 Portionen)

500 g Kalbs- oder Rindsknochen, 200 g Wurzelwerk, 1/2 Zwiebel, Salz, 5 Pfefferkörner.

Man hackt die Knochen in nußgroße Stücke, gibt sie in kochendes Wasser und läßt sie einmal aufkochen. Das Wasser gießt man ab, schwemmt die Knochen einmal mit kaltem Wasser und stellt sie mit 2 Liter kaltem Wasser zu, gibt das gewaschene, geputzte Wurzelwerk, Zwiebel, Pfefferkörner und etwas Salz dazu und läßt die Suppe rasch aufkochen. Bei kleinem Feuer die Suppe dann 2 Stunden langsam kochen lassen, damit sie klar bleibt.

KLARE HÜHNERSUPPE (4–5 Portionen)

1 Suppenhuhn, 1 Petersilienwurzel, 1 Karotte, 1/4 Zeller, 2 l Wasser, Salz, Schnittlauch.

Ein Suppenhuhn wird zugerichtet, mit dem Wurzelwerk und Salz in kaltem Wasser zugesetzt und weich gekocht. Man seiht die Suppe durch ein Sieb, läßt sie etwas auskühlen und klärt sie eventuell mit 2 Eiklar.
Als Einlage gibt man den gut geputzten, feingeschnittenen Magen und die würfelig geschnittene, geröstete Hühnerleber, das geteilte, in gefällige Stücke geschnittene Hühnerfleisch, Gemüse und Suppennudeln.
Mit feingeschnittenem Schnittlauch bestreut servieren.

GEMÜSEKRAFTSUPPE (4–5 Portionen)

1 Petersilienwurzel, 1 Karotte, 1/4 Zeller, 2 Kohlblätter, 1/2 Zwiebel, 10 g Fett, 1 1/2 l Wasser, Salz, 4 Neugewürzkörner, 6 Pfefferkörner.

Die Gewürze werden geputzt, gewaschen, blättrig geschnitten. Die geschälte Zwiebel wird in Scheiben geschnitten. Das Fett wird in einem Topf erhitzt, das Gemüse und die Zwiebel angeröstet, bis sie eine goldgelbe Farbe annehmen, mit Wasser aufgießen, die Gewürze beigeben, langsam bei kleinem Feuer ungefähr 1 Stunde kochen, durch ein Sieb oder Tuch seihen und anstatt Rindsuppe für Kranke oder zum Aufgießen für gebundene Suppen verwenden.

Gebundene Suppen

EINMACHSUPPE (4–5 Portionen)
$1^1/_4$ l Kalbsknochensuppe, 200 g Kalbfleischabschnitzel, 50 g Butter, 40 g Mehl, Salz, Pfeffer, Muskat, 100 g Karfiol, 100 g Champignons, 10 g Butter, $^1/_{16}$ l Obers, 1 Eidotter. Einlage: *Bröselknöderl, Petersiliengrün.*

Aus Butter, Mehl und einer kräftigen Kalbsknochensuppe, in welcher man die Kalbfleischabschnitzel mitgekocht hat, bereitet man eine lichte Einmachsuppe.
Karfiol wird zu kleinen Röschen zerpflückt und mit Wasser bedeckt weich gekocht. Man schneidet die Champignons in kleine Würfel und dünstet sie in Butter weich. Sodann gibt man den Karfiol mit dem Kochwasser in die Suppe, fügt auch die Champignons bei und schmeckt mit Salz, Pfeffer und Muskat ab. Man läßt die Suppe noch einige Minuten kochen, nimmt sie dann vom Feuer und legiert sie mit Obers und Eidotter.
Als Einlage werden Mark- oder Bröselknöderl gereicht. Vor dem Servieren mit gehackter Petersilie bestreuen.

KALBSRAGOUTSUPPE (4–5 Portionen)
$1^1/_4$ l Knochensuppe, 250 g Kalbfleisch, 50 g Butter, 40 g Mehl, $^1/_4$ Karfiol, 50 g grüne Erbsen, 4–5 Champignons, Salz, weißer Pfeffer, Muskat, Petersilie.

Eine lichte Einmach wird mit Knochensuppe und dem Gemüsewasser aufgegossen, gut verkocht und gewürzt. Als Einlage gibt man in Salzwasser gekochten, in Röschen geteilten Karfiol, gekochte Erbsen, in Viertel geschnittene, in Butter gedünstete Champignons und gekochtes, in Würfel geschnittenes Kalbfleisch.
Beim Anrichten mit gehacktem Petersiliengrün bestreuen.

KALBSPÜREESUPPE (4–5 Portionen)
$1^1/_4$ l Kalbsknochensuppe oder Wasser, 250 g Kalbsschulter, 100 g gemischtes Wurzelwerk, 50 g Butter, 40 g Mehl, $^1/_2$ Zwiebel, Petersiliengrün, $^1/_8$ l Obers, 2 Eidotter.

Das Kalbfleisch mit dem geputzten, grob geschnittenen Wurzelwerk in Knochensuppe oder leicht gesalzenem Wasser weich kochen. Sobald das Kalbfleisch weich ist, die Suppe abseihen und das Fleisch fein faschieren.

Aus Butter, feinstgehackter Zwiebel, Petersilie und Mehl eine lichte Einbrenn bereiten und mit der Suppe aufgießen. 20 Minuten kochen lassen, das faschierte Kalbfleisch dazugeben und noch einmal kräftig aufkochen lassen. Vom Feuer nehmen, mit Obers und Eidotter legieren.
Angerichtet mit gehacktem Petersiliengrün bestreuen.
Man kann auch noch Bröselknöderl als Einlage geben.

KALBSKOPFSUPPE (4–5 Portionen)

500 g Kalbskopf, 2 l Wasser, 100 g Wurzelwerk, Salz, 50 g Butter, 40 g Mehl, 1/2 Zwiebel, 100 g Champignons, gestoßener, weißer Pfeffer, Muskat, 1/16 l trockener Sherry, Petersiliengrün, Bröselknöderl.

Der geputzte Kalbskopf wird mit 2 Liter Wasser, Wurzelwerk und Salz zum Kochen gebracht und weich gekocht. In heißer Butter läßt man die feinstgehackte Zwiebel anlaufen, staubt mit Mehl, gießt mit dem geseihten Kalbskopfsud auf und läßt das Ganze gut verkochen. Mit Salz, weißem Pfeffer und Muskat abschmecken, den gekochten, von den Knochen gelösten und in kleine Würfel geschnittenen Kalbskopf als Einlage geben, kurz aufkochen lassen, vom Feuer nehmen und die Suppe mit trockenem Sherry vollenden.
Bröselknöderl und gehackte Petersilie in die fertige Suppe geben.

KALBSHIRNSUPPE (4–5 Portionen)

1 l Kalbsknochensuppe, 250 g Kalbshirn, 1/2 Zwiebel, 80 g Butter, 40 g Mehl, Salz, weißer Pfeffer, Muskat, 1/16 l Obers, 1 Eidotter. Einlage: *geröstete Semmelschnitten.*

Das Hirn wird mit kochendem Wasser übergossen, abgeseiht, abgehäutet, grob gehackt und mit feingehackter Zwiebel und Petersilie in 30 g Butter geröstet.
Aus 50 g Butter und Mehl eine lichte Einbrenn herstellen und mit Knochensuppe aufgießen, gut verkochen, salzen, pfeffern, das Hirn hinzufügen und noch kurze Zeit mitkochen. Mit Muskat würzen und die Suppe passieren, mit Obers und Eidotter legieren.
Als Einlage werden gebähte Semmelschnitten separat gereicht.

HÜHNEREINMACHSUPPE (4–5 Portionen)

Hühnerjunges von 1–2 Hühnern, 1/2 Petersilienwurzel, 1/2 Karotte, 1/4 Zellerknolle, 1/2 Zwiebel, 80 g Butter, 40 g Mehl, 100 g Champignons, 1/4 Karfiol, Salz, Pfefferkörner. Einlage: *Markknöderl, Petersiliengrün.*

Das geputzte Hühnerklein (ohne Hühnerleber) wird nebst Wurzel-

werk, Zwiebel und Pfefferkörnern in $1^1/_2$ Liter Salzwasser weich gekocht.
Aus Butter und Mehl bereitet man eine lichte Einbrenn, gießt mit der geseihten Hühnersuppe auf, läßt sie gut verkochen, gibt als Einlage den feingeschnittenen Magen, das von den Knochen gelöste Hühnerfleisch und die in Butter gebratene, würfelig geschnittene Hühnerleber.
In die Suppe die blättrig geschnittenen, in 10 g Butter gedünsteten Champignons und in Salzwasser gekochte Karfiolröschen dazugeben.
In die Suppenschüssel die Markknöderl legen, mit der heißen Suppe übergießen und mit gehackter Petersilie bestreut zu Tisch bringen.

ENTEN- ODER GANSSUPPE (4 Portionen)

Enten- oder Gansjunges (Kopf, Flügel, Hals, Füße, Magen, Herz), $1^1/_2$ l Kalbsknochensuppe, 200 g Wurzelwerk, $^1/_2$ Lorbeerblatt, 5 Pfefferkörner, 2 Gewürznelken, 50 g Butter, 40 g Mehl, 100 g Champignons, Salz, weißer Pfeffer, Muskat, $^1/_8$ l Obers, 2 Eidotter, 1 Eßlöffel gehackte Petersilie.

Das geputzte, gewaschene Enten- oder Gansjunge in kochendem Wasser blanchieren, abschrecken und mit Kalbsknochensuppe oder Wasser, dem geputzten Wurzelwerk, Lorbeerblatt, Pfefferkörnern, Gewürznelken zustellen und weich kochen. Das gekochte Fleisch herausnehmen und von Haut und Knochen befreien, in kleine Würfel schneiden, ebenso das Wurzelwerk. Aus Butter und Mehl eine lichte Einbrenn bereiten und die geviertelten Champignons kurz darin rösten und mit der abgeseihten Enten- oder Ganssuppe aufgießen; 20 Minuten verkochen lassen. Das Fleisch und Gemüse beigeben, mit Salz, Pfeffer, Muskat würzen, mit Obers und Eidotter legieren. Die Suppen mit Markknöderln und gehacktem Petersiliengrün servieren.

BOHNENSUPPE (4–5 Portionen)

1 l Kalbsknochen- oder Selchsuppe, 150 g weiße Bohnen, 100 g Selchfleisch, 100 g Wurzelwerk, 50 g Fett, 20 g Mehl, $^1/_2$ Zwiebel, Petersilie, Salz, Pfeffer, 1 Lorbeerblatt, geröstete Semmelschnitten.

Die über Nacht in $^3/_4$ Liter Wasser eingeweichten Bohnen läßt man mit der Suppe, Lorbeerblatt, Wurzelwerk und dem Selchfleisch weich kochen. Inzwischen röstet man etwas feingehackte Zwiebel und Petersilie in Fett an, stäubt mit Mehl, gießt mit den gekochten Bohnen auf und läßt alles zusammen gut verkochen. Man passiert die Suppe durch ein Sieb, salzt, pfeffert und gibt das in kleine Würfel geschnittene Selchfleisch als Einlage. Nach Wunsch kann man auch geröstete Semmelschnitten noch als Einlage geben.

ERBSENSUPPE (4–5 Portionen)

$1^{1}/_{4}$ l Kalbsknochen oder Selchsuppe, 200 g getrocknete grüne Erbsen, $^{1}/_{2}$ Karotte, $^{1}/_{2}$ Petersilienwurzel, $^{1}/_{4}$ Zellerknolle, 1 Zweig Thymian, $^{1}/_{2}$ Lorbeerblatt, 100 g Selchspeck, 20 g Mehl, Salz, Pfeffer, 20 g Butter, Petersiliengrün, 50 g Selchspeck, 1 Zwiebel.

Die über Nacht in $1^{1}/_{2}$ Liter Wasser vorgeweichten Erbsen in der Suppe mit Wurzeln, Lorbeerblatt und Thymian weich kochen. In der Zwischenzeit röstet man in Würfel geschnittenen Selchspeck an, gibt die feingeschnittene Zwiebel dazu, staubt mit Mehl und röstet alles gut durch. Danach gießt man mit der Erbsensuppe auf und läßt alles zusammen noch 12–15 Minuten kochen und passiert es durch ein Sieb. Nachdem man die Suppe mit Salz, Pfeffer, Petersiliengrün und einem Stück frischer Butter vollendet hat, wird in Würfel geschnittener gerösteter Selchspeck darübergestreut.

GEMÜSEPÜREESUPPE (4 Portionen)

$1^{1}/_{4}$ l Kalbsknochensuppe, 500 g Gemüse nach Wahl und Jahreszeit, 1 Zwiebel, 80 g Butter, 30 g Mehl, Salz, Pfeffer, Muskat, $^{1}/_{16}$ l Obers, 20 g frische Butter.

Das Gemüse reinigen, kleinblättrig bzw. würfelig schneiden und in heißer Butter mit der kleingeschnittenen Zwiebel anrösten, mit Mehl stauben und mit Knochensuppe aufgießen, gut verkochen und mit den Gewürzen abschmecken.
Sobald das Gemüse gar ist, die Suppe durch ein Sieb passieren, würzen und mit Obers und frischer Butter vollenden.
Beilage: geröstete Semmelschnitten.

KARFIOLSUPPE (4–5 Portionen)

1 Karfiol, $^{1}/_{2}$ l Wasser, $^{1}/_{2}$ l Kalbsknochensuppe, 50 g Butter, 40 g Mehl, Salz, weißer, gemahlener Pfeffer, Muskat, Petersiliengrün, geröstete Semmelschnitten.

Der Karfiol wird in Salzwasser nicht allzu weich gekocht und dann in kleine Röschen geteilt. Die schönen Stücke werden in kaltem Wasser aufbewahrt, die minder schönen und der Strunk fein gehackt.

FORELLE BLAU MIT FRISCHER BUTTER

4 frische Forellen, 1 Tasse heißer Essig, 1 l Wasser, 1 Teelöffel Salz, 1 Lorbeerblatt, 2 Wacholderbeeren, 1 Zwiebel, 1 Zitrone, Dille, Petersilie, frische Butter.

Forellen ausnehmen, unter kaltem Wasser abspülen und innen leicht salzen. Unterkiefer und Schwanzende mit einem Faden zusammenbinden und verknoten. Dann auf eine große Platte legen und mit heißem Essig begießen, damit sie blau werden. Anschließend in einem großen Topf Wasser mit Salz, Lorbeerblatt, Wacholderbeeren und Zwiebel aufkochen und die Fische hineingeben. Kurz vor dem Kochen auf kleinste Hitze zurückschalten und die Fische ca. 10 Minuten gar ziehen lassen, Fäden entfernen und auf einer warmen Platte anrichten. Mit Dille, Petersilie und Zitronenscheiben garnieren. Mit frischer Butter und Salzerdäpfeln servieren.

Aus Butter und Mehl bereitet man eine lichte Einbrenn, gießt mit dem Karfiolwasser und der Suppe auf, gibt die Karfiolstückchen dazu und läßt das ganze 20 Minuten kochen. Die Suppe passieren, mit Salz, Pfeffer und Muskat abschmecken, die schönen Karfiolröschen dazugeben und noch 5 Minuten kochen lassen.
Mit Petersilie bestreuen und mit separat gereichten, gerösteten Semmelschnitten servieren.

KOHLRABIPÜREESUPPE (4–5 Portionen)

1 l Kalbsknochensuppe, 2 große Kohlrabi (Kohlrüben), 1/2 Zwiebel, 60 g Butter, 40 g Mehl, Salz, Pfeffer, Muskat, Petersilie, geröstete Weißbrotschnitten.

In zerlassener Butter läßt man die feingeschnittene Zwiebel und die geschälten, klein geschnittenen Kohlrabi anlaufen, stäubt mit Mehl und gießt mit der Knochensuppe auf. Mit Salz und Pfeffer würzen und alles gut weich kochen lassen. Durch ein Sieb passieren oder im Mixer pürieren, mit Muskat abschmecken und mit Petersilie bestreut zu Tisch bringen.
Dazu stellt man geröstete Weißbrotschnitten. Wenn es sich um junge, zarte Kohlrüben handelt, kann man auch von diesen die zarten, grünen Blätter fein hacken und über die Suppe streuen.

KRAUTSUPPE (4–5 Portionen)

1 l Rindsknochensuppe, 1 kleiner Krautkopf, 1/2 Zwiebel, 50 g Schweineschmalz, 150 g Schweinefleisch, 20 g Mehl, 3 gekochte Erdäpfel, Salz, Pfeffer, 2 Schneidesemmeln.

Man schneidet den Krautkopf fein würfelig und kocht ihn in Salzwasser fast weich. Inzwischen läßt man in einem Reindel die feingehackte Zwiebel in Schmalz anlaufen, gibt würfelig geschnittenes Schweinefleisch dazu und läßt es rösten, mit Mehl stauben und leicht Farbe nehmen lassen. Die gekochten Erdäpfel passieren, mit der Suppe verrühren und über das Geröstete gießen. Zuletzt gibt man das gekochte Kraut, ohne Kochwasser, dazu und läßt alles gut aufkochen. Mit Salz und Pfeffer abschmecken.
Die Suppe mit gerösteten Semmelschnitten servieren.

LINSENPÜREESUPPE (4–5 Portionen)

1 l Knochensuppe oder Selchsuppe, 200 g Linsen, 50 g Selchspeck, 1 Zwiebel, 1 Lorbeerblatt, 1 Zweig Thymian, Schale einer halben Zitrone, Petersilie, 20 g Mehl, Salz, Pfeffer, Essig, Zucker. Einlage: *geröstete Semmelwürfel, 50 g geröstete Selchspeckwürfel.*

Die am Vortag eingeweichten Linsen werden abgeseiht und mit Kalbsknochen- oder Selchsuppe aufgegossen. Mit Lorbeerblatt, Thymian, Zitronenschale und Petersilie weich gekocht.
In kleinwürfelig geschnittenem Selchspeck die feingehackte Zwiebel anschwitzen, mit Mehl stauben und goldbraun rösten.
Mit der Linsensuppe aufgießen, würzen und 30 Minuten kochen lassen, mit Essig, Zitronensaft und einer Prise Zucker abschmecken, passieren. Mit gerösteten Semmel- und gebratenen Selchspeckwürfeln überstreut servieren.

PARADEISSUPPE (4–5 Portionen)

1 1/4 l Kalbsknochensuppe, 1/2 Zwiebel, 1/2 Karotte, 1/2 Petersilienwurzel, 1/4 Zellerknolle, 500 g Paradeiser, 4 Pfefferkörner, 1/2 Lorbeerblatt, 50 g Butter, 40 g Mehl, 1 Teelöffel Zucker, 1/2 Zitrone, Salz, 40 g gekochten Reis oder 40 g gebrochene, gekochte Makkaroni.

Man röstet das blättrig geschnittene Wurzelwerk sowie die feingeschnittene Zwiebel in Fett an, gibt gewaschene, aufgerissene Paradeiser dazu, fügt leicht zerdrückte Pfefferkörner und etwas zerriebenes Lorbeerblatt bei, läßt alles weich dünsten und passiert es.
Hierauf macht man aus Butter und Mehl eine lichte Einbrenn, gibt das Passierte hinein, gießt mit Knochensuppe auf und läßt verkochen.
Dann fügt man Salz, etwas Zucker und Zitronensaft hinzu.
Als Einlage verwendet man gekochten Reis oder in Salzwasser gekochte Makkaroni.
Man kann die Suppe in Ermangelung frischer Paradeiser auch mit der entsprechenden Menge Paradeismark herstellen.

PORREESUPPE (4 Portionen)

1 1/4 l Kalbsknochensuppe, 3 Stangen Porree, 100 g Wurzelwerk, 1 Zwiebel, 80 g Butter, 20 g Mehl, 100 g geschälte, rohe Erdäpfel, Salz, Pfeffer, Muskat, 1/16 l Obers, 1 Eidotter.

Die Porreestangen werden der Länge nach halbiert und gut gewaschen. Die schönen Stücke in feine Streifen geschnitten, in 30 g erhitzter Butter weich gedünstet und als Einlage beiseite gestellt.
Aus 50 g Butter, blättrig geschnittenem Wurzelwerk, feingehackter Zwiebel und Mehl bereitet man eine lichte Einbrenn und gießt mit Knochensuppe auf. Man gibt die rohen, in Scheiben geschnittenen Erdäpfel und die Porreereste dazu, läßt das Ganze weich kochen. Die Suppe wird passiert und mit Salz, Pfeffer und Muskat gewürzt, den gedünsteten Porree beigeben und aufkochen.
Mit Obers und Eidotter legieren, mit gehackter Petersilie bestreuen, servieren.

SCHWAMMERLSUPPE (4–5 Portionen)

$1^{1}/_{4}$ l Kalbsknochensuppe, 200 g Champignons oder 150 g Herrenpilze oder Eierschwammerln, $^{1}/_{2}$ Zwiebel, Petersiliengrün, 60 g Butter, 40 g Mehl, Salz, Pfeffer, Zitronensaft, $^{1}/_{16}$ l Obers.

Feinblättrig geschnittene Champignons, Herrenpilze oder Eierschwammerln dämpft man in Butter (20 g), in der man früher die feingeschnittene Zwiebel und Petersilie anrösten ließ. Dann bereitet man aus 40 g Butter und dem Mehl eine lichte Einmach, gießt die Suppe darauf, salzt, pfeffert und läßt sie gut verkochen. Danach gibt man die Pilze in die Suppe und läßt sie noch 10 Minuten weiterkochen. Zum Schluß würzt man mit Zitronensaft und vollendet mit Obers.
Die fertige Suppe bestreut man mit gehackter Petersilie.
Als Einlage kann man Bröselknöderln reichen.

SPARGELCREMESUPPE (4 Portionen)

$^{3}/_{4}$ l Kalbsknochensuppe, 500 g Suppenspargel, $^{1}/_{2}$ l Wasser, Salz, Prise Zucker, 50 g Butter, 40 g Mehl, $^{1}/_{16}$ l Obers, 1 Eidotter, Petersilie.
Den Spargel waschen, putzen, schneiden und die holzigen Enden weggeben, in Wasser mit etwas Zucker und Salz weich kochen. Dann den Spargel abseihen und als Einlage beiseite stellen. Aus Butter und Mehl eine lichte Einbrenn bereiten, mit dem Spargelwasser und der Kalbsknochensuppe aufgießen und gut verkochen lassen. Die Spargelstücke als Einlage in die Suppe geben und mit Obers und Eidotter legieren.
Mit feingehackter Petersilie bestreut servieren.

SPINATSUPPE (4 Portionen)

$1^{1}/_{4}$ l Kalbsknochensuppe, 500 g Spinat, 50 g Butter, 40 g Mehl, $^{1}/_{2}$ Zwiebel, Salz, Pfeffer, Muskat, $^{1}/_{16}$ l Obers, 1 Eidotter, 2 Semmeln.

Den gut geputzten, gewaschenen Spinat kurz in wenig Salzwasser kochen (3–4 Minuten), abfrischen, abseihen und fein passieren oder hacken. Aus Butter, Mehl und feingehackter Zwiebel eine lichte Einbrenn bereiten, mit der Kalbsknochensuppe aufgießen, gut verkochen und passieren, dann den Spinat beigeben und mit den Gewürzen abschmecken. Mit Obers und Eidotter legieren.
Wenn es sich um jungen Spinat handelt, kann man einen Teil des Spinats roh in feine Streifen schneiden und die fertige Suppe damit bestreuen.
Mit gebähten Semmelwürfeln servieren.

ZELLERSUPPE (4–5 Portionen)

1/2 l Kalbsknochensuppe, 1 größere Zellerknolle, 1/2 l Wasser, 50 g Butter, 30 g Mehl.

Die Zellerknolle wird geschält; die Hälfte davon in kleine Würfel schneiden und in Salzwasser mit einem Spritzer Zitronensaft weich kochen.
Die restlichen Zellerstücke werden in Butter angeschwitzt, mit Mehl gestaubt und mit Kalbsknochensuppe und einem Teil des Zellerkochwassers aufgegossen und verkocht.
Nachdem die Suppe gut verkocht ist, wird sie fein passiert, die gekochten Zellerwürfel kommen mit dem restlichen Kochwasser in die passierte Suppe. Mit Salz, Zucker, Pfeffer und Muskat würzen und einmal durchkochen lassen. Mit feingehacktem Petersilien- oder Zellergrün bestreuen.

BROTSUPPE (4–5 Portionen)

1 1/2 l Rindsuppe, 150 g Schwarzbrot, 1/2 Zwiebel, Petersiliengrün, 50 g Fett, Salz, gestoßener Kümmel, Pfeffer, 1 Ei, 100 g Selchspeck, Schnittlauch.

Das Fett in einem Topf heiß werden lassen, die feingeschnittene Zwiebel hell rösten, das kleinwürfelig geschnittene Schwarzbrot beigeben und mitrösten, gehacktes Petersiliengrün dazugeben und mit heißer Suppe aufgießen, mit Salz, Kümmel und Pfeffer würzen.
Während des Kochens die Suppe mit einer Schneerute kräftig schlagen, so daß sich das Brot zu einem Brei auflöst. Abschmecken und das versprudelte Ei dazugeben, nochmals aufkochen lassen.
Mit kleinwürfelig geschnittenen, gerösteten Speckwürfeln und mit feingeschnittenem Schnittlauch bestreut servieren.

PANADELSUPPE (4–5 Portionen)

1 l Rindsuppe, 4 Schneidesemmeln, Salz, Pfeffer, Muskat, 2 Eier, 20 g Butter, Schnittlauch.

Die Schneidesemmeln werden abgerindet, blättrig geschnitten und mit der siedenden Rindsuppe verkocht. Mit einer Schneerute sprudelt man sie gut ab, so daß sich die Semmeln vollkommen auflösen. Würzen mit Salz, Pfeffer und Muskat. Zum Schluß die zwei gut verrührten Eier mit der Schneerute in die kochende Suppe einrühren, vom Feuer nehmen, die frische Butter dazugeben, mit feingeschnittenem Schnittlauch bestreuen und servieren.

ULMER GERSTELSUPPE (Rollgerstelsuppe) (4 Port.)

1 l Kalbsknochen- oder Selchsuppe, 80 g Rollgerste, 50 g Butter, 30 g Mehl, Salz, Pfeffer, Muskat, Zitronensaft, Schnittlauch.

Die Rollgerste in kaltem Wasser vorweichen und in reichlich Wasser weich kochen und abseihen. Inzwischen bereitet man aus Butter, Mehl und Suppe eine Einmachsuppe, gibt die gekochte Rollgerste dazu und läßt das Ganze noch 8–10 Minuten kochen, sollte die Suppe zu dick werden, noch etwas Flüssigkeit (Suppe) nachgießen. Mit Salz, Pfeffer, Muskat und einem Spritzer Zitronensaft abschmecken. Die Suppe mit feingeschnittenem Schnittlauch bestreut servieren.
Man kann auch feingeschnittenen Schinken oder Selchfleisch als Einlage beifügen.

LEGIERTE GRIESS-SUPPE (4–5 Portionen)

1 1/4 l Kalbsknochensuppe, 80 g Weizengrieß, 50 g Butter, 100 g Wurzelgemüse, Salz, Pfeffer, Muskat, 1/8 l Obers, 2 Eidotter.

Den Grieß in heißer Butter hell rösten, das geputzte, feinwürfelig geschnittene Wurzelwerk dazugeben, kurz mitrösten und mit Knochensuppe aufgießen. Ca. 30 Minuten bei kleinem Feuer langsam kochen. Mit Salz, Pfeffer und Muskat abschmecken, vom Feuer nehmen und mit Obers und Eidotter legieren.

KRÄUTERCREMESUPPE (4–5 Portionen)

1 l Gemüsekraftsuppe oder Kalbsknochensuppe, je 1 Teelöffel Petersilie, Dillkraut, Schnittlauch, Kresse, 1/2 Zwiebel, 50 g Butter, 40 g Mehl, Salz, Pfeffer, Zitronensaft, 1/16 l Sauerrahm, 1 Eidotter, geröstete Semmelwürfel.

Die Kräuter werden geputzt und gewaschen. Petersilie und Dillkraut hacken, Schnittlauch fein schneiden und die Kresse zupfen. Man läßt Butter heiß werden und röstet darin die feinstgeschnittene Zwiebel, ohne daß diese Farbe annimmt, staubt mit Mehl, röstet kurz durch und gießt mit Gemüsekraft- oder Kalbsknochensuppe auf. Nachdem man die Kräuter dazugegeben hat, läßt man die Suppe 12–15 Minuten langsam kochen, würzt mit Salz, Pfeffer und etwas Zitronensaft, nimmt die Suppe vom Feuer und legiert sie mit Sauerrahm und Eidotter. Sofort auftragen und mit gerösteten Semmelwürfeln reichen.

WIENER ERDÄPFELSUPPE (4–5 Portionen)

1 1/2 l Knochensuppe, 500 g Erdäpfel, 100 g Selchspeck, 50 g Fett, 1 Zwiebel, 1/2 Karotte, 1/2 Petersilienwurzel, 1/4 Zellerknolle, 100 g Eierschwammerln, (Champignons oder getrocknete Pilze), 1 Knoblauch-

zehe, 1/2 Lorbeerblatt, Salz, Pfeffer, Kümmel, Majoran, 1/16 l Sauerrahm, Petersiliengrün, Zellergrün.

Man röstet den kleinwürfelig geschnittenen Selchspeck in Fett glasig, gibt die geputzten kleinwürfelig geschnittenen Wurzeln und die kleingeschnittene Zwiebel dazu, röstet gut durch, staubt mit Mehl und gießt mit Suppe auf. Danach würzt man mit Salz, Pfeffer, Kümmel, Majoran und einer zerdrückten Knoblauchzehe. Man fügt die geschälten rohen, in kleine Würfel geschnittenen Erdäpfel und die blättrig geschnittenen Eierschwammerln dazu und kocht alles weich. Zum Schluß wird der abgesprudelte Sauerrahm eingerührt und mit gehackter Petersilie und Zellergrün die Suppe bestreut.
Wenn getrocknete Schwammerln verwendet werden, ist es notwendig, diese vorher mindestens 1 Stunde in kaltem Wasser einzuweichen.

KLACHELSUPPE (4 Portionen)

250 g Schweinskopf, 1 Schweinsfuß, Salz, 1/2 Zwiebel, 1 Zweig Thymian, 1 Lorbeerblatt, Essig, 40 g Mehl, 1/8 l Wasser, 1/8 l Sauerrahm, geröstete Schwarzbrotschnitten.

Man hackt den Schweinskopf und den Schweinsfuß in Stücke und stellt sie mit 1 1/2 Liter Wasser, Salz, Thymian, Lorbeerblatt und etwas Essig aufs Feuer und kocht das Fleisch weich. Man sprudelt Mehl mit Wasser ab und rührt es – nachdem man das Fleisch herausgenommen und die Suppe geseiht hat – in diese ein und läßt sie 10 Minuten verkochen. Vor dem Anrichten gibt man die zerkleinerten Fleischstückchen in die Suppe und vollendet mit glattgerührtem Sauerrahm.
Dazu reicht man geröstete Schwarzbrotschnitten.

SAURE-MILCH- ODER RAHMSUPPE (4–5 Portionen)

1 l Wasser, Salz, 1 Eßlöffel Kümmel, 1/2 l Sauerrahm oder saure Milch, 30 g Mehl, 1 Spritzer Essig, Schwarzbrot.

In Sauerrahm oder saurer Milch wird das Mehl fein versprudelt, langsam in 1 Liter gesalzenes, mit 1 Eßlöffel Kümmel versetztes, kochendes Wasser einrühren und 10–12 Minuten kochen lassen. Mit einem Spritzer Essig abschmecken und mit dünnblättrig geschnittenem Schwarzbrot anrichten.

GULASCHSUPPE (4–5 Portionen)

100 g Speck, 40 g Fett, 2 Zwiebeln, 1 gestrichener Eßlöffel Paprika, 1 Teelöffel Paradeismark, 200 g Rindfleisch, gestoßener Majoran, 1 Knoblauchzehe, gestoßener Kümmel, Salz, 2–3 Erdäpfel.

Kleinwürfelig geschnittenen Speck in Fett anlaufen lassen, die feingeschnittenen Zwiebeln dazugeben und goldgelb rösten, Paradeismark und Paprika dazugeben und sofort mit 1/4 Liter Wasser ablöschen. Das in kleine Würfel geschnittene Rindfleisch beigeben, mit Salz, Majoran, Kümmel und zerdrücktem Knoblauch würzen und alles zusammen langsam weich dünsten, mit 3/4 Liter Wasser aufgießen, die inzwischen geschälten und in kleine Würfel geschnittenen Erdäpfel beigeben und fertigkochen. Abschmecken und mit Gebäck auftragen.

BORSCHTSCH (4–5 Portionen)

1 l Rindsknochensuppe, 4 rote Rüben, 1 Karotte, 1/2 Zeller, 1/2 Stange Porree, 1 Zwiebel, 1/2 Krautkopf, 60 g Butter, 250 g fettes Schweinefleisch, Salz, Essig, 1/4 l Sauerrahm, Dillkraut.

Man schneidet zwei gewaschene und geputzte rote Rüben, die Karotte, Zeller, Porree und Zwiebel in große Streifen und dünstet alles in Butter. Gießt mit der Suppe auf, gibt das Schweinefleisch dazu und läßt die Suppe so lange kochen, bis das Fleisch weich ist. Inzwischen reibt man die restlichen zwei gewaschenen, geputzten roten Rüben auf dem Reibeisen in eine Schüssel, fügt einige Spritzer Essig dazu und läßt sie stehen, so daß der rote Saft austritt. Wenn das Fleisch in der Suppe weich ist, nimmt man es heraus, schneidet es in gefällige Stücke und legt es in eine Suppenschüssel. in die Suppe seiht man den gewonnenen Rote-Rüben-Saft, schmeckt mit Essig und Salz ab und gießt die heiße Suppe über das Fleisch, gibt obenauf den sauren Rahm und bestreut das Ganze mit frischem, gehacktem Dillkraut.

WILDSUPPE (4–5 Portionen)

500 g Hasenjunges mit Knochen oder Fleisch vom Reh oder Hirsch mit Knochen, eventuell auch Wildgeflügel, 200 g Wurzelwerk, 1 Zwiebel, 2 Paradeiser, 60 g Fett, 40 g Mehl, 1 Zweig Thymian, 6 Pfefferkörner, 6 Wacholderbeeren, 1 Lorbeerblatt, 5 Neugewürzkörner, gestoßener Ingwer, 1/2 Zitrone (Schale und Saft), Salz, Muskat, 1/8 l Rotwein, 2 Eßlöffel Preiselbeeren.

Das zerkleinerte Wildfleisch und die zerkleinerten Knochen werden in Fett mit Wurzelwerk braun angebraten, Zwiebel, aufgerissene Paradeiser, Pfefferkörner, Wacholderbeeren, Lorbeerblatt und Neugewürze beigeben, mit Mehl stauben und nochmals gut durchrösten. Mit 1 1/2 Liter Wasser aufgießen, zum Kochen bringen, Zitronenschale, Salz, Ingwer und Thymian dazugeben und so lange kochen, bis das Fleisch weich ist. Das Fleisch aus der Suppe nehmen und von den Knochen lösen, klein würfelig schneiden und als Einlage warm stellen. Die Suppe passieren; Rotwein mit Preiselbeeren abrühren und der Suppe beigeben. Mit Zitronensaft, Salz, Pfeffer und Muskat abschmecken. Das Fleisch als Einlage in die fertige Suppe geben.

WILDPÜREESUPPE (4–5 Portionen)

Zutaten wie bei Wildsuppe, zusätzlich noch 120 g Linsen, $^1/_{16}$ l Madeira oder Kognak, $^1/_8$ l Sauerrahm.

Die Zubereitung der Wildpüreesuppe erfolgt wie bei der Wildsuppe. Es werden jedoch statt 40 g Mehl nur 20 g Mehl verwendet und gekochte Linsen zur Bindung der Suppe zusammen mit dem Wildfleisch fein faschiert und in die passierte fertige Suppe gegeben. Mit Madeira oder Kognak abschmecken und mit Sauerrahm vollenden.

FISCHBEUSCHELSUPPE (4–5 Portionen)

Kopf, Schwanz und Rogen eines mittleren Karpfens, $1^1/_2$ l Wasser, Salz, 1 Lorbeerblatt, 5 Pfefferkörner, Thymian, 1 Teelöffel Essig, 40 g Butter, 1 Petersilienwurzel, 1 Karotte, $^1/_4$ Zeller, 1 Zwiebel, 40 g Mehl, $^1/_{16}$ l Rotwein, $^1/_8$ l Sauerrahm. Einlage: *geröstete Semmelwürfel.*

Kopf und Schwanzstück eines Karpfens werden gewaschen und in $1^1/_2$ Liter kaltem Wasser mit Salz, Pfefferkörnern, Essig, Lorbeerblatt, Zwiebel und etwas Thymian eine Stunde auf kleinem Feuer gekocht. Der Karpfenrogen wird mit etwas Salz und einem Spritzer Essig in $^1/_4$ Liter Wasser separat gekocht.
Inzwischen bereitet man aus Butter und Mehl eine lichte Einbrenn, gibt die geputzten und geriebenen Wurzeln dazu, röstet kurz weiter, löscht mit Rotwein ab, gießt mit der geseihten Fischsuppe auf und läßt das Ganze ca. 20 Minuten lang kochen.
Zum Schluß gibt man den glattgerührten Sauerrahm und den mit einer Gabel oder Schneerute aufgelösten Karpfenrogen mit dem Kochwasser dazu, schmeckt die Suppe ab, indem man etwas Salz und eventuell Essig oder Zitronensaft dazugibt.
Serviert wird die Suppe mit in Butter gerösteten Semmelwürfeln.

BIERSUPPE (4–5 Portionen)

1 l Bier (hell), 4 Eidotter, 30 g Zucker, 1 Prise Zucker, 1 Prise Zimt, 3 Gewürznelken.

$^3/_4$ Liter Bier mit Zimt, Gewürznelken und Zucker zum Kochen bringen, vom Feuer nehmen und die mit $^1/_4$ Liter Bier versprudelten Eidotter mittels einer Schneerute einschlagen. Im Wasserbad warm stellen.

Suppentöpfe

ALTWIENER SUPPENTOPF (4–6 Portionen)

500 g Rindsknochen, 500 g Rindfleisch, 1 Huhn (ca. 1 kg), 1 Zwiebel, 2 Karotten, Gewürze wie bei klarer Rindsuppe, 1 Petersilienwurzel, 1/2 Zeller, 20 g Butter, 1/2 Porree, 100 g Champignons, 100 g Suppennudeln, 100 g Rindermark, Schnittlauch, Salz.

Man bereitet aus den blanchierten Rindsknochen, Rindfleisch, Huhn, 2 Liter Wasser, Zwiebel, den geputzten, geschälten, unzerschnittenen Wurzeln und den nötigen Gewürzen eine klare Suppe.
Wenn die einzelnen Stücke weich sind, nimmt man sie aus der Suppe und schneidet sie. Das Fleisch in Scheiben, das Huhn vierteln und die Wurzeln blättrig schneiden. Alles in einen Suppentopf legen.
In der Zwischenzeit gibt man in feine Streifen geschnittenen Porree und in Scheiben geschnittene, in Butter weichgedämpfte Champignons sowie gekochte Suppennudeln und rohe Markscheiben ebenfalls in den Suppentopf.
Mit abgeseihter, abgeschmeckter, kochender Rindsuppe übergießen, mit feingeschnittenem Schnittlauch bestreuen und den Suppentopf sofort servieren.

SUPPENHUHN (4–5 Portionen)

1 Suppenhuhn, 1 Zwiebel, Petersiliengrün, Zellergrün, 5 Pfefferkörner, 4 Neugewürzkörner, 1/2 Lorbeerblatt, 1 Zweig Thymian, 2 Karotten, 1 Petersilienwurzel, 1/2 Zeller, 1/2 Porreestange, 100 g Champignons, 100 g junge Erbsen, Salz, Muskat, Schnittlauch, Markknöderln.

Das Suppenhuhn putzen, ausnehmen, waschen und mit dem Magen, Herz und Leber in 2 1/2 Liter kaltem Wasser zustellen und zum Kochen bringen. Schaum abschöpfen, Zwiebel, Petersilie, Sellerie und Gewürze dazugeben und die Suppe langsam etwa 1 Stunde kochen.
Etwas Suppe abseihen und darin das in gefällige Stücke geschnittene Wurzelwerk, die halbierte, gewaschene und in nicht zu dünne Streifen geschnittene Porreestange, geviertelte Champignons und frische, junge Erbsen kochen.
Wenn das Huhn weich ist, mit der restlichen Suppe auf ca. 1–1 1/2 Liter auffüllen. Das Huhn enthäuten, in kleinere Stücke zerteilen und mit dem zerkleinerten Magen, dem Herz und der Leber in eine Suppenschüssel geben. Die mit Salz und Muskat abgeschmeckte Suppe mit dem Gemüse darübergießen.

Markknöderln als Einlage geben und mit feingeschnittenem Schnittlauch bestreuen.
Sehr heiß servieren!
Sollte das Suppenhuhn zu fett sein, muß man vor dem Aufgießen das überschüssige Fett abschöpfen.

BÄUERLICHER SUPPENTOPF (4–6 Portionen)

750 g Rindfleisch, Salz, 1/2 Lorbeerblatt, 5 Pfefferkörner, 3 Neugewürzkörner, 1 Zweig Thymian, 200 g Karotten, 500 g Kohlrabi, 200 g Zeller, 100 g Fisolen, weißer Pfeffer, Petersilie.

1 1/2 Liter Wasser mit Salz, Lorbeerblatt, Pfeffer- und Neugewürzkörner und 1 Zweig Thymian aufkochen. Das Fleisch hineinlegen und 1 1/2 Stunden schwach kochen lassen.
Inzwischen Karotten, Kohlrabi und Zeller putzen und waschen. Karotten in Scheiben, Kohlrabi und Zeller in Streifen schneiden. Geputzte von eventuell vorhandenen Fäden befreite Fisolen in 2 cm lange Stücke schneiden. Das Gemüse 30 Minuten mit dem Fleisch garen, mit Pfeffer würzen. Fleisch herausnehmen, in Streifen schneiden und wieder in den Topf geben. Alles mit gehackter Petersilie bestreut servieren.

UNGARISCHE FISCHSUPPE (HALASZLE) (4 Portionen)

800 g Schill- oder Zanderfilets, 200 g Zwiebel, 50 g Speck, 80 g Öl, 1 Eßlöffel Paprika edelsüß, 2 grüne Paprikaschoten, 4 Paradeiser, 2 Knoblauchzehen, Salz, Zitronensaft, 1/8 l Weißwein, 100 g Tarhonya, Salzwasser.

Die Fischfilets in gröbere Würfel schneiden, salzen, mit Zitronensaft beträufeln und kalt stellen. In heißem Fett würfelig geschnittenen Speck und die feingeschnittenen Zwiebeln goldgelb rösten, paprizieren, mit Weißwein ablöschen, mit ca. 1 1/2 Liter kaltem Wasser oder Fischknochensuppe aufgießen und 10 Minuten verkochen, dann die kleinwürfelig geschnittenen Paprikaschoten, die geschälten, entkernten und würfelig geschnittenen Paradeiser und zerdrückten Knoblauch beigeben. Alles zum Kochen bringen, dann zugedeckt langsam und gleichmäßig gut 1/2 Stunde kochen.
Die marinierten Fischstücke beigeben, einmal aufkochen lassen, dann 15 Minuten am Herdrand ziehen lassen, bis die Fischstücke gar sind.
Die gekochte Tarhonya (Reibteig) dazugeben und in einer Schüssel anrichten.

KALTE VORSPEISEN

Die Vorspeisen sollen als Überleitung zwischen den einzelnen Gängen in einer Speisenfolge gedacht sein. Sie sollen aus diesem Grund nur eine appetitanregende, aber keine sättigende Aufgabe erfüllen. Die Vorspeisen sollen möglichst leicht gehalten sein, nicht zu scharf im Geschmack und appetitlich angerichtet sein. Kalte Vorspeisen werden prinzipiell *vor* der Suppe serviert! Bei der Auswahl muß man darauf bedacht sein, daß nicht die gleichen Nahrungsmittel und nicht gleiche Farben in den nachfolgenden Speisen verwendet werden, ebenso sollte man eine andere Zubereitungsart wählen.

Aspik und Mayonnaise

ASPIK ODER GELEE

1/4 l Wasser, Suppenwürze, 1/8 l Weißwein, 1 Eßlöffel Essig, 6 Blätter Gelatine, Salz, Worcestershiresoße.

1/4 Liter Wasser mit Suppenwürze, 1/8 Liter Weißwein und Essig aufkochen lassen. In der Zwischenzeit die Gelatineblätter in kaltem Wasser einige Minuten einweichen, aus dem Wasser nehmen und gut ausdrücken, in der heißen Brühe auflösen, mit Salz, Worcestershiresoße abschmecken, durch ein Tuch seihen und kalt stellen. Das Gelee muß vollkommen fettfrei sein.
Mit Zusatz von einigen Tropfen Madeirawein erhalten Sie Madeiragelee.
Man kann Aspik oder Gelee auch aus handelsfertigem Aspikpulver herstellen, wobei man sich bei der Herstellung am besten nach der Anleitung des Herstellers richtet. Aspik ist außerdem schon fix und fertig, in Gläser gefüllt, im Handel erhältlich.

MAYONNAISE (4 Portionen)

4 Eidotter, Salz, 1 Eßlöffel Essig, Zitronensaft, 1 Teelöffel Senf, weißer Pfeffer, Zucker, Worcestershiresoße, ca. 1/2 l Öl.

In einer Glas- oder Porzellanschüssel werden die Eidotter, welche Küchentemperatur aufweisen sollen, mit Salz, Essig, einigen Tropfen Zitronensaft, Senf, weißem Pfeffer und einer Prise Zucker mit der Schneerute glatt verrührt. Dann unter ständigem Rühren tropfenweise küchenwarmes Öl einrühren, bis die gewünschte Festigkeit erreicht ist. Die Aufnahmefähigkeit ist etwa 1/8 Liter Öl pro Eidotter.

Sollte die Mayonnaise gerinnen – zum Beispiel weil das Öl zu kalt war oder zu schnell eingerührt wurde –, gibt man in eine zweite Schüssel 1–2 Eßlöffel heißen Essig, rührt ihn mit 2–3 Eßlöffel der geronnenen Mayonnaise glatt und gibt die restliche geronnene Masse unter fortwährendem Rühren mit der Schneerute löffelweise dazu.
Die fertige Mayonnaise mit leicht geöltem Pergamentpapier abdecken und kühl stellen. Wenn man eine dünnere Mayonnaise benötigt, kann man die Masse mit Essiggurkenwasser verdünnen.

ASPIK-MAYONNAISE

2 Drittel Mayonnaise, 1 Drittel Aspik.

Aspik wird leicht erwärmt, bis es wieder flüssig ist; dann auf Eiswasser bis kurz vor dem Stocken – unter Rühren – abkühlen und mit der Mayonnaise verrühren.
Man verwendet Aspik-Mayonnaise zum Überziehen von kaltem Fisch, Eiern oder zum Auskleiden von Formen.

UNGARISCHES REBHUHN (4–6 Portionen)

2 Schweinsfüße, 250 g Rindswadschinken, 2 Kalbsfüße, 3 l Wasser, 2 Eßlöffel Essig, Salz, 1 Zwiebel, 1 Knoblauchzehe, 6 Pfefferkörner, 1 Zweig Thymian, 2 hartgekochte Eier, 4 Sardellen, Zwiebel, Essig, Öl, Salz, Pfeffer.

Gut geputzte, gewaschene Schweinsfüße und Kalbsfüße stellt man mit dem Rindfleisch in kaltem Wasser auf den Herd, läßt es aufkochen und schöpft den Schaum von der Oberfläche. Danach Essig, Salz, Zwiebel, Knoblauch, Pfefferkörner und einen Zweig Thymian beifügen und ganz langsam kochen (3–4 Stunden). Wenn das Fleisch weich ist, nimmt man es heraus, löst alles von den Knochen und schneidet es in Streifen oder Würfel. Das geschnittene Fleisch in eine rechteckige Schüssel oder hohe Pfanne füllen, in Sechstel geteilte, hartgekochte Eier und in Streifen geschnittene Sardellen dazugeben. Den Kochsud vorsichtig abseihen und soviel davon über das Fleisch leeren, daß dieses bedeckt ist. Beim Abseihen darauf achten, daß die abgesetzten Trübstoffe nicht aufgerührt werden. Mit Salz und Pfeffer sowie Essig abschmecken.
Im Kühlschrank über Nacht stocken lassen. In halbzentimeterdicke rechteckige oder quadratische Schnitten teilen, mit rohen Zwiebelringen garnieren, und auf einem Teller anrichten. Mit Essig, Öl, Salz und Pfeffer servieren.

HIRN IN ASPIK (4 Portionen)

1/4 l Aspik, 1 Kalbshirn, Petersilie, 20 g Schinken, Aspik-Mayonnaise, grüner Salat, 2 hartgekochte Eier.

Eine Form mit Aspik auskleiden (chemisieren). Mit in flüssiges Aspik getauchten Petersilienblättern und Schinkenstreifen garnieren, gut kühlen. In Wasser mit etwas Zitronensaft das vorher abgehäutete Hirn blanchieren, erkaltet in Stücke schneiden, mit Aspik-Mayonnaise vermischen und bis 2 cm unter den Rand der ausgekleideten Form einfüllen. Mit flüssigem, kaltgerührtem Aspik verschließen. Am besten über Nacht kühlen und danach auf eine Platte stürzen. Zum Stürzen taucht man die Form kurz in kochendes Wasser. Mit Salatstreifen und Eischeiben, welche mariniert wurden, garnieren.

Buttermischungen

Die Buttermischungen finden sowohl in der kalten wie auch in der warmen Küche Verwendung, sei es als Aufstrich bei Toasts, belegten Brötchen oder Canapés. Zur Verfeinerung von Soßen, welche man statt mit reiner Butter mit Buttermischungen montiert. Aber auch zu gegrillten Fisch- und Fleischgerichten – zur Abrundung des Geschmacks. Bei der Herstellung von Buttermischungen empfiehlt es sich, küchenwarme – also nicht direkt aus dem Kühlschrank kommende – Butter zu verwenden, da sich diese besser verarbeiten läßt.

GEWÜRZBUTTER

125 g Butter, Zitronensaft einer 1/2 Zitrone, Cayennepfeffer, 1/2 zerdrückte Knoblauchzehe, gestoßenes Neugewürz, Salz, Pfeffer.

Schaumig gerührte Butter mit allen Gewürzen vermischen.
Als Brotaufstrich für Toasts oder Canapés.

HOFMEISTERBUTTER

125 g Butter, weißer Pfeffer, Salz, Saft einer 1/2 Zitrone, 1 Eßlöffel feingehackte Petersilie.

Die frische Butter in einer Schüssel mit Salz, Pfeffer, Zitronensaft und Petersilie gut verrühren.
Mit dem Spritzsack und einer Sterntülle auf ein Stück Alu-Folie dressieren und kalt stellen.
Zu gegrilltem Fleisch- und Fischgerichten.

FEINE KRÄUTERBUTTER

125 g Butter, Salz, Pfeffer, 1 Teelöffel gehackte Schalotten, je 1/2 Teelöffel feingehackte Petersilie, Kerbel, Estragon, Essiggurken.

Die schaumig gerührte Butter wird mit den feinstgehackten Schalotten, Kräutern und Gewürzen verrührt, beliebig geformt und kalt gestellt.

GRÜNE BUTTER

125 g Butter, 50 g Spinat, 2 gekochte Eidotter, Salz, Pfeffer.

Frische Butter verrührt man mit 2 gekochten, passierten Eidottern und würzt mit Salz und Pfeffer. Frischen Spinat in einem Tuch fest ausdrücken und den Spinatsaft der Butter beifügen. Auf ein mit Wasser benetztes Pergamentpapier streichen, zu einer etwa schillingdicken Rolle formen und im Kühlschrank durchkühlen lassen.

SENFBUTTER

125 g Butter, 1 Eßlöffel französischer Senf, Salz, Pfeffer.

Die Butter schaumig rühren, zuerst Salz und Pfeffer und danach den Senf unterrühren. Auf mit Wasser benetztem Pergamentpapier dressieren und kalt stellen. Zu Grillgerichten.

KRENBUTTER

125 g Butter, 2 Eßlöffel Kren, Zucker, Salz, Pfeffer.

Die schaumig gerührte Butter mit dem frischgeriebenen Kren, Salz, Pfeffer und einer Spur Zucker vermengen. Auf die Alu-Folie streichen und kalt stellen.

PAPRIKABUTTER

125 g Butter, Salz, Cayennepfeffer, 1/2 Teelöffel Rosenpaprika, 1 Teelöffel feingehackte, rote Paprikaschoten.

Die Butter schaumig rühren, mit den Gewürzen und den feingehackten Paprikaschoten vermischen, mit Pergamentpapier zur Rolle formen und kalt stellen. Zu gegrillten Fisch- und Fleischgerichten.

CURRYBUTTER

125 g Butter, 1 Teelöffel Curry, 1 Teelöffel Mango-Chutney, Salz, Zucker.

Die schaumig gerührte Butter mit allen Zutaten gut verrühren, passieren, beliebig formen. Gut zu gegrilltem Geflügel oder als Brotaufstrich.

PARADEISBUTTER

125 g Butter, 1 Eßlöffel Paradeismark, Salz, Pfeffer, Zucker, Cayennepfeffer.

Unter die schaumig gerührte Butter nach und nach das Paradeismark und die Gewürze rühren. Diese Paradeisbutter $2^1/_2$ cm dick auf Alu-Folie streichen und im Kühlschrank erstarren lassen. Mit dem Buntmesser in Scheiben teilen.

HASELNUSSBUTTER

125 g Butter, 10 Haselnüsse.

Schaumig gerührte Butter vermischt man mit gerösteten, geschälten und feingehackten Haselnüssen. Formt die Masse zu einer Rolle und kühlt sie.
Zu gegrillten Fisch- und Fleischgerichten sowie als Brotaufstrich, ergänzt mit Honig.

SARDELLENBUTTER

100 g Butter, 1 Eßlöffel Zitronensaft, 3 Sardellenfilets.

Die gerührte Butter mit Zitronensaft mischen, die feingehackten Sardellenfilets zugeben, passieren, auf Alu-Folie streichen, zur Rolle formen und kalt stellen.
Bei Bedarf in ein Zentimeter dicke Scheiben schneiden.
Zu gegrillten Fisch- und Fleischgerichten.

KREBSBUTTER

200 g Butter, Schalen von 20 Krebsen, ca. $^1/_2$ l Wasser.

Die Schalen der gekochten, ausgelösten, von den Innereien befreiten Krebse stößt man im Mörser sehr fein, gibt sie mit der Butter in ein Reindel und läßt alles zusammen einmal aufschäumen. Nun gießt man etwa $^1/_2$ Liter Wasser dazu und verkocht alles eine Stunde lang.
Kalt stellen, wenn die Butterschicht an der Oberfläche erstarrt ist, herunterheben und vorsichtig – am besten im Wasserbad – auflösen.
Durch ein feines Sieb seihen und entweder sofort verwenden oder aber im Kühlschrank aufbewahren.
Die Butter soll eine gelbrote, klare Farbe aufweisen.

Vorspeisencocktails

Cocktails haben mit den gleichnamigen Getränken nur eines gemeinsam, und zwar daß sie meist in sogenannten Cocktailschalen angerichtet werden. Vorspeisencocktails werden vor der Suppe gereicht und können aus Früchten, Feingemüse, Fischen und Schalentieren oder auch aus Fleisch bestehen. Die Zutaten werden mit verschiedenen Cocktailsoßen versetzt. Sie werden meist halbflüssig in Stielgläsern, gut gekühlt, serviert.

COCKTAILSOSSEN

Nr. 1

4 Eßlöffel Mayonnaise, 2 Eßlöffel Tomaten-Ketchup, 1 Eßlöffel gerissener Kren, Zitronensaft, Zucker, Salz, Pfeffer, 1 Eßlöffel Kognak.

Alle Zutaten gut mitsammen verrühren.

Nr. 2

4 Eßlöffel Mayonnaise, 2 Eßlöffel Tomaten-Ketchup, $^{1}/_{2}$ Zwiebel, 1 Teelöffel Kapern, 1 Essiggurke, Paprika, Salz, Pfeffer, Zucker, Worcestershiresoße.

Mayonnaise mit Ketchup, fein geschnittener Zwiebel, gehackten Kapern und gehackter Essiggurke verrühren und abschmecken.

Nr. 3

4 Eßlöffel Mayonnaise, 1 Teelöffel Currypulver, 2 Eßlöffel Mango-Chutney, $^{1}/_{2}$ Zitrone, 2 Eßlöffel geschlagenes Obers, Pfeffer, Salz.

Mayonnaise mit Currypulver, Mango-Chutney, Zitronensaft, etwas Pfeffer und Salz vermischen und zum Schluß das steifgeschlagene Obers unterziehen.

Nr. 4

$^{1}/_{8}$ l Sauerrahm, 0,2 l Kognak, $^{1}/_{2}$ Zitrone, 1 Orange, 1 Eßlöffel grüner Pfeffer, 1 Eßlöffel Tomaten-Ketchup, 1 Teelöffel Senf, Salz, Pfeffer, $^{1}/_{2}$ Teelöffel Worcestershiresoße.

Sauerrahm gut aufschlagen, mit Kognak, Zitronensaft, Orangensaft, etwas zerdrücktem grünem Pfeffer, Ketchup, Senf, Salz, Pfeffer und Worcestershiresoße vermischen.

Nr. 5

$^{1}/_{8}$ l Joghurt, 1 Eßlöffel Preiselbeeren, 1 Eßlöffel Ribiselgelee, 1 Eßlöffel Kognak, 1 Teelöffel englisches Senfpulver, $^{1}/_{2}$ Zitrone, 1 Messerspitze Ingwerpulver, 1 Messerspitze Cayennepfeffer.

Joghurt mit dem Schneebesen gut aufschlagen, mit passierten Preiselbeeren,Ribiselgelee, Kognak, Senfpulver, Zitronensaft, Ingwer und Cayennepfeffer gut verschlagen.

Nr. 6

$^{1}/_{8}$ l Joghurt, 1 Prise Salz, 1 Prise Cayennepfeffer, 3 Tropfen Tabasco, 0,2 l Portwein.

Joghurt aufschlagen, mit Salz, Cayennepfeffer, Tabasco und Portwein mischen.

HÜHNERCOCKTAIL (4 Portionen)

4 Hühnerbrüste, 2 Orangen, Cocktailsoße Nr. 4, Salatblätter, Petersilie.

Gekochte oder gebratene Hühnerbrüste von Haut und Knochen befreien, die innenliegenden Filets herauslösen und beiseite stellen, restliches Fleisch würfeln, Orangen schälen, mit einem scharfen Messer die Filets ausschneiden, entkernen und mit den Hühnerstücken vermischen. Cocktailglas mit Salatstreifen auslegen, Hühnerfleisch mit Orangen einfüllen, mit Cocktailsoße Nr. 4 übergießen, mit Hühnerfiletstücken belegen und mit Petersilie bestreuen.

GRAPEFRUITCOCKTAIL (4 Portionen)

4 große Grapefruits, Cocktailsoße Nr. 5 oder 6, 4 Maraschinokirschen.

Grapefruits halbieren, mit Grapefruitmesser Fruchtfleisch herauslösen, mit Cocktailsoße Nr. 5 oder 6 vermischen, in Schalen anrichten, mit Maraschinokirschen belegen und eisgekühlt servieren.

FRUCHTCOCKTAIL

400 g gemischte Kompottfrüchte, 1 Teelöffel gehackte Pfefferminze, Cocktailsoße Nr. 6.

Früchte klein schneiden, mit gehackter Pfefferminze und Cocktailsoße Nr. 6 verrühren.

SPARGELCOCKTAIL (4 Portionen)

500 g frischer Spargel, 1/2 Zitrone, Cocktailsoße Nr. 2, 4 Salatblätter.

Spargel wie gewohnt putzen und kochen. In etwa 3 cm lange Stücke schneiden, mit Zitronensaft marinieren, in – mit Salatblättern ausgelegte – Stielgläser verteilen, mit Cocktailsoße Nr. 2 überziehen.

PARADEISCOCKTAIL (4 Portionen)

8 reife Paradeiser, 4 Eßlöffel Tomaten-Ketchup, 1 Teelöffel gehackte Estragonblätter, frischgemahlener Pfeffer, Zitronensaft, Salz.

Paradeiser enthäuten, halbieren, in kleine Würfel schneiden, mit gehackten Estragonblättern, Tomaten-Ketchup, Zitronensaft, Salz und frisch gemahlenem Pfeffer abschmecken.

FISCHCOCKTAIL

400 g gekochte Seefischfilets, 2 hartgekochte Eier, Cocktailsoße Nr. 3, 4 Salatblätter, Salz, Zitronensaft, 8 Spargelspitzen.

Die Seefischfilets kochen, von Haut und Gräten befreien und in kleine Stücke zerpflücken. Mit Salz und Zitronensaft marinieren. Cocktailgläser mit feingeschnittenen Salatstreifen auslegen, den marinierten Fisch darauf verteilen, mit gehackten Eiern bestreuen, mit Cocktailsoße Nr. 3 übergießen und mit Spargelspitzen garnieren.

KREVETTENCOCKTAIL

300 g gekochte, ausgelöste Krevetten, 4 Eßlöffel Kresse, Cocktailsoße Nr. 1, 1 Zitrone, 1 Ei.

Stielgläser mit Brunnenkresse auslegen, die Krevettenschwänze darauflegen, mit Cocktailsoße Nr. 1 überziehen, mit Eischeiben belegen und eine Zitronenspalte an den Glasrand stecken.

HERINGSCOCKTAIL (4 Portionen)

4 Matjesheringsfilets, Milch, 1 Apfel, 4 Schalotten, 2 Ananasscheiben. Soße: *1/8 l Sauerrahm, 5 Tropfen Tabasco, 1/2 Zitrone, 1 Eßlöffel Ananassaft, 4 Salatblätter, Dill.*

Die Heringsfilets in Milch einlegen und eine Stunde stehen lassen, herausheben, abtupfen und in 1–2 Zentimeter große Stücke schneiden. Apfel schälen, vierteln, entkernen und in dünne Scheiben schneiden. Schalotten fein hacken, eine Ananasscheibe groß hacken und alle Zutaten vermischen.

Stielgläser mit Salatblättern auslegen, das Gemisch einfüllen. Sauerrahm mit Tabasco, Zitronensaft und Ananassaft verrühren. Die Soße über die Fische leeren und mit Ananasscheiben und Dillzweigen garnieren.

Kalte Eiergerichte

GEFÜLLTE EIER

4 hartgekochte Eier, 80 g Butter, 3 Sardellenfilets, 1/2 Teelöffel Senf, Salz, Pfeffer, Aspik, 250 g französischer Salat, beliebiger Blattsalat.

Die hartgekochten Eier werden geschält, an den Spitzen abgeflacht und der Breite nach halbiert.
Die Dotter aus dem Eiweiß herausnehmen, passieren, mit schaumig gerührter Butter, passierten Sardellen und Senf vermischen. Mit Salz und Pfeffer würzen.
Die Masse mit dem Spritzsack auf die Eihälften verteilen. Mit beliebigem Dekor, wie Sardellenringe, Kapern, Lachs, Kaviar, Oliven, Shrimps usw., verzieren.
Mit Aspik dünn überziehen und auf einem Sockel von französischem Salat gefällig anrichten.
Mit marinierten Blattsalatstreifen umkränzen.

KRENEIER (4 Portionen)

4 frische Eier, 1 Eßlöffel Essig, 1 Eßlöffel Öl, 1 Eßlöffel gerissener Kren, Pfeffer, Salz.

Eier werden in siedendem Salzwasser 5 Minuten lang weich gekocht. In kaltes Wasser legen, auskühlen lassen, schälen, vierteln. Mit verrührtem Essig, Öl, Salz und Pfeffer übergießen und mit frisch gerissenem Kren bestreuen.

ESSIGKRÄUTEREIER (4 Portionen)

4 verlorene Eier, Essigkräutersoße, 50 g Schinken, Estragonblätter.

An den Rändern zugeschnittene, verlorene Eier in einer Glasschüssel anrichten, mit Essigkräutersoße (Soße Vinaigrette) übergießen, mit Schinkenstreifen und Estragonblättern garnieren.

RUSSISCHE EIER (4 Portionen)

4 Eier, Tatarensoße, 4 Teelöffel Kaviar, 1/4 l französischer Salat, grüner Salat.

Die Eier werden hart gekocht, in kaltem Wasser geschält, der Länge nach halbiert. Je zwei Hälften, mit der Schnittfläche nach oben, auf

einem Sockel französischen Salats anrichten, mit Tatarensoße überziehen und mit einem Löffel Kaviar verzieren.
Den Tellerrand mit in feine Streifen geschnittenem Salat garnieren.

VERLORENE EIER MIT TIROLER SOSSE

4 (pochierte) verlorene Eier, 4 Weißbrotscheiben, Tiroler Soße, grüne Soße.

Weißbrotscheiben toasten oder in Butter beidseitig backen. Jede Scheibe mit einem schön zugeschnittenen verlorenen Ei belegen, mit Tiroler Soße überziehen und mit marinierten Salatstreifen umkränzen.

Salatvorspeisen

FRANZÖSISCHER SALAT

250 g gekochte Erdäpfel, 50 g Zeller, 100 g Karotten, 50 g Petersilienwurzeln, 2 Äpfel, 100 g Erbsen 2 Essiggurken, Mayonnaise, Salz, Pfeffer, Zucker, Zitronensaft.

Kleinwürfelig (erbsengroß) geschnittener Zeller, Karotten und Petersilienwurzeln in wenig Salzwasser weich kochen und nach dem Erkalten abtropfen lassen. In der Zwischenzeit gekochte, geschälte Erdäpfel, geschälte Äpfel und Essiggurken ebenfalls kleinwürfelig schneiden und alles mit den Wurzeln, den gekochten Erbsen, Mayonnaise, Salz, Pfeffer und Zucker zu einem kompakten Salat mischen, mit Zitronensaft abschmecken.

WALDORFSALAT (4 Portionen)

250 g Zeller, 2 große Äpfel, 1 Zitrone, 100 g Nußkerne, Mayonnaise, Obers, Zucker, Worcestershiresoße, Salz, weißer Pfeffer. Garnitur: *Nußkerne.*

Die Zellerknolle waschen, schälen, in dünne Scheiben schneiden und – um ein Schwarzwerden zu verhindern – sofort mit Zitronensaft marinieren. Äpfel schälen, entkernen und ebenfalls in feine Streifen schneiden und mit der marinierten Sellerie vermengen. Von den Nußkernen die Haut abziehen (kurz im kochenden Wasser überbrühen, abseihen und die Haut entfernen) und klein hacken.
Mayonnaise mit etwas Obers verdünnen, mit Zucker, Worcestershiresoße, Salz und Pfeffer abschmecken. In einer Schüssel alle Zutaten miteinander vermischen und zugedeckt kalt stellen.
Angerichtet mit Nußkernen verzieren.

FENCHELSALAT (4 Portionen)

2 große Fenchelknollen, 2 mittelgroße Äpfel, 2 Eßlöffel Weinessig, 4 Eßlöffel Öl, Salz, Pfeffer, 100 g Krevetten, 1/8 l Joghurt, Salatblätter.

Fenchel waschen, gut putzen, von den Außenblättern befreien, halbieren und in hauchdünne Streifen schneiden. Äpfel schälen, in dünne Streifen schneiden, mit Essig, Öl, Salz und Pfeffer marinieren, die Marinade gut einziehen lassen. Krevetten mit Joghurt vermischen, mit dem Fenchel-Apfel-Gemisch vermengen und in eine mit Salatblättern ausgelegte Schüssel geben, mit gezupftem Fenchelgrün bestreuen und gekühlt servieren.

PORREESALAT (4 Portionen)

4 Stangen Porree, 100 g Schinken, 2 hartgekochte Eier, 2 Paradeiser, Zitronensaft, Salz, Pfeffer, Zucker, 2 Eßlöffel Mayonnaise, 2 Eßlöffel Schlagobers, Petersilie.

Das Grüne vom Porree wird weggeschnitten, die Stengel der Länge nach eingeschnitten und sehr gut gewaschen. Sodann in dünne Ringe schneiden. Den Schinken in feine Streifen, die gekochten Eier und die abgezogenen, entkernten Paradeiser in kleine Würfel schneiden und alles zusammen in einer Schüssel mit Salz, Pfeffer, Zucker und Zitronensaft marinieren. Mit Mayonnaise, die mit steifgeschlagenem Obers vermischt wurde, vermengen und mit gehackter Petersilie bestreut anrichten.

CHAMPIGNONSALAT (4 Portionen)

500 g Champignons, 1/8 l Weißwein, 1/2 Zitrone, 1/4 l Joghurt, 1 Bund Dill, Salz, Pfeffer, Thymian.

Frische, geschlossene Champignons putzen, waschen und in nicht zu dicke Scheiben schneiden. Mit Weißwein, Zitronensaft und einem Zweig Thymian dünsten, erkalten lassen. Joghurt mit gehacktem Dill, Salz und Pfeffer verrühren und mit den Champignons vermischen. Gut kühlen und vor dem Anrichten mit gezupften Dillspitzen garnieren.

RINDFLEISCHSALAT (4 Portionen)

400 g gekochtes Rindfleisch, 1 Zwiebel, Schnittlauch, Essig, 4 Eßlöffel Öl, Salz, Pfeffer. Garnitur: *1 hartgekochtes Ei, grüner Salat.*

Gekochtes, kaltes Rindfleisch in dünne Streifen schneiden. Zwiebel feinnudelig schneiden und mit dem Rindfleisch vermegen. Ver-

dünnter Essig, Salz, Pfeffer, Öl und Schnittlauch wird gut verrührt und über den Salat gegossen.
Auf flachen Glasschalen anrichten, mit einem Eiviertel garnieren und mit Salatstreifen umkränzen.

WILDSALAT (4 Portionen)

750 g gebratener Hasenrücken oder 500 g gebratenes Wild, 2 Orangen, 2 Eßlöffel Mayonnaise, 1/8 l Joghurt, 4 Wacholderbeeren, Pfeffer, Zitronensaft, 0,2 l Weinbrand (Kognak), frischer Majoran, 1/2 Häuptel grüner Salat, Salz, Essig.

Vom gebratenen Hasenrücken die Filets ablösen und schräg in dünne Scheiben schneiden. Grüne Salatblätter mit Essig, Salz und Pfeffer marinieren. Eine flache Schüssel mit dem Salat auslegen. Orangen mit dem Messer schälen, die weiße innere Haut dabei mit entfernen, und in dünne Scheiben schneiden. Auf die Salatblätter schichtenweise Filetscheiben und Orangenscheiben legen. Mayonnaise und Joghurt mit feinstgehackten Wacholderbeeren, etwas Pfeffer, Zitronensaft und Weinbrand verrühren und über das Fleisch und die Orangen gießen. Mit gezupften Majoranblättern garnieren.

HERINGSALAT (4 Portionen)

2 Heringe, Milch, 100 g gekochte Kipflererdäpfel, 1/2 gekochte Zellerknolle, 1 Apfel, 1 kleine Zwiebel, 1/8 l Sauerrahm, Estragonessig, Senf, Öl, 1 Teelöffel gehackte Kapern, 2 Eßlöffel Mayonnaise, Salz, Pfeffer.

Heringe werden über Nacht in Milch gelegt. Am nächsten Tag der Länge nach halbieren, entgräten und in kleine Stückchen schneiden. Erdäpfel, Zeller und geschälten Apfel in Würfel schneiden und mit dem Hering vermengen. Die Heringsmilch wird mit Sauerrahm, Senf, kleingeschnittener Zwiebel, Essig, Öl, gehackten Kapern, Mayonnaise, Salz und Pfeffer verrührt und über den Salat gegossen. Gut vermengen und kalt stellen.
In Glasschalen servieren.

FISCHSALAT (4 Portionen)

500 g Seefischfilet. Sud: *1/4 l Wasser, Weißwein, 1 Eßlöffel Essig, Salz, 3 Pfefferkörner, 1/2 Lorbeerblatt, Petersilienstengel, Remouladensoße II.* Garnitur: *1 Häuptelsalat, 2 Paradeiser, 2 harte Eier, Kapern.*

Wasser mit etwas Weißwein, Essig, Salz, Pfefferkörnern, Lorbeerblatt und Petersilienstengel zum Kochen bringen, den Fisch einlegen und – ohne weiterzukochen – etwa 10 Minuten auf kleinem Feuer ziehen lassen. Im Sud erkalten lassen, abseihen und entgräten, in nicht zu kleine Stücke zerpflücken und mit Remouladensoße II vermischen. In einer flachen Schüssel anrichten. Mit marinierten Salatherzen und Paradeisscheiben umlegen. Mit Eischeiben und Kapern garnieren.

Gemüsevorspeisen

ARTISCHOCKEN MIT KRABBENSALAT
(4 Portionen)

4 große Artischocken, 2 Zitronen, 1/4 l Sauerrahm, Salz, Pfeffer, Senf, Zitronensaft, Knoblauch, 1 Bund Dill, 200 g Krabben, 1 gekochtes Ei.

Von den Artischocken die äußeren Blätter entfernen, den Stiel abschneiden und die Spitzen wegschneiden. Von den Blättern am besten mit einer Schere das obere Drittel wegschneiden. In gesalzenem Zitronenwasser weich kochen und im Kochsud auskühlen lassen. Herausheben, abtropfen, die Mittelblätter mit 2 Fingern herausziehen und mit einem Teelöffel das in der Artischocke liegende Heu restlos entfernen.
Sauerrahm, Salz, Pfeffer, Senf, Zitronensaft, zerdrückten Knoblauch und gezupfte Dillspitzen verrühren, mit den Krabben vermischen und in die Artischocken einfüllen. Mit einem Eiviertel und einem Dillzweig garnieren.
Die Artischocken auf einen Glasteller setzen und mit marinierten Salatherzen umlegen.

ARTISCHOCKEN VINAIGRETTE (MIT ESSIGKRÄUTERSOSSE)
(4 Portionen)

4 große Artischocken, 2 Zitronen, Salz, 8 Eßlöffel Essigkräutersoße, 4 Salatblätter.

Die Artischocken werden, wie beim vorigen Rezept beschrieben, gekocht und hergerichtet. Mit dick gehaltener Essigkräutersoße füllen und auf je einem Salatblatt als Unterlage anrichten.

GEFÜLLTE GURKEN (4 Portionen)

2 Salatgurken, 50 g Räucherlachs, 100 g Räucherhering, 2 Eier, Salz, Pfeffer, Zitronensaft, Worcestershiresoße, 4 Eßlöffel Oberskren.

Die Gurken gut waschen, die Enden abschneiden und die Gurken – mit der Schale – in 3–4 cm große Stücke schneiden. Mit einem Löffel die Kerne herausheben und die ausgehöhlten Gurken innen leicht salzen.
Räucherlachs und Räucherhering mit den hartgekochten Eiern in kleine Würfel schneiden, mit Zitronensaft, Pfeffer und Worcestershiresoße leicht marinieren.
In die ausgehöhlten Gurken füllen und mit einer Rosette Oberskren bedecken.

SCHWARZWURZELN IN ESSIGKRÄUTERSOSSE
(4 Portionen)

800 g Schwarzwurzeln, Salz, 1 Eßlöffel Weinessig, 1/4 l Essigkräutersoße (Soße Vinaigrette).

Schwarzwurzeln werden gut gewaschen, geschält, in ca. 3–4 cm lange Stücke geschnitten, in Wasser mit Salz und Essig weich gekocht. Im Kochsud erkalten lassen und abgetropft mit Essigkräutersoße übergießen.

GEFÜLLTE PARADEISER (4 Portionen)

4 große, feste Paradeiser, 2 Eßlöffel Mayonnaise, 200 g Thunfisch, 1 hartgekochtes Ei, 1 Teelöffel Kapern, Petersilie, 1 Eßlöffel gekochte Zuckererbsen, Zitronensaft, Salat für Garnitur.

Paradeiser waschen, abtrocknen und mit einem scharfen Messer den Deckel abschneiden. Mit einem Löffel vorsichtig aushöhlen. Innen mit Salz und Pfeffer leicht würzen. Thunfisch zerpflücken, mit gehacktem Ei, gehackten Kapern, gehackter Petersilie, gekochten Zuckererbsen und verdünnter Mayonnaise vermischen, mit Zitronensaft abschmecken, in die Paradeiser füllen und mit dem Deckel schließen. Auf Glasteller marinierte Salatstreifen arrangieren und die Paradeiser daraufsetzen.

PAPRIKASCHOTEN, MARINIERT (4 Portionen)

4 grüne Paprikaschoten, Öl, 2 Eßlöffel Salatöl, 2 Eßlöffel Weinessig, 2 Knoblauchzehen, 1 Teelöffel Worcestershiresoße, Salz, Pfeffer, 1 Prise Zucker.

Die Paprikaschoten waschen, gut abtrocknen und in sehr heißem Öl rundherum so lange braten, bis sie weich sind. Aus dem Öl nehmen und – noch heiß – die Haut abziehen und in eine Porzellanschüssel legen. Salz, Pfeffer, Zucker, zerdrückten Knoblauch, Weinessig, Worcestershiresoße und Salatöl innig verrühren und über die Paprika leeren. Die Paprika in dieser Mischung, unter mehrmaligem Wenden, mindestens 2 Stunden marinieren.

Fischvorspeisen

GEFÜLLTER KARPFEN (6–8 Personen)

1 mittlerer Karpfen (Milchner), 2 Zwiebeln, Butter, 2 Semmeln, Milch, Petersilie, Salz, Pfeffer, Zucker, 2 Eier.
Fischfond: *Essig, Pfefferkörner, Lorbeerblatt, Petersilienstengel, Salz.*

Der Karpfen wird geschuppt und der Kopf abgeschnitten. Vom Kopf her, ohne den Fisch aufzuschneiden, ausnehmen und gut waschen. Nun teilt man das Mittelstück des Karpfens in etwa daumendicke Scheiben und nimmt einen Teil des Fleisches heraus, achtet aber darauf, daß die Form der Scheiben erhalten bleibt. Die Scheiben beiseite stellen. Das herausgelöste Fleisch und das Schwanzstück von den Gräten befreien, die von der Galle befreite Leber und die Karpfenmilch mit in Milch geweichten und ausgedrückten Semmeln faschieren und mit feingeschnittenen, in Butter gerösteten Zwiebeln, Salz, Pfeffer, etwas Zucker, gehackter Petersilie und den Eiern gut vermischen und kalt stellen.
Der Fischkopf, die Gräten und der Schwanz werden kalt gewaschen und mit 1½ Liter Wasser, Salz, Essig, Pfefferkörnern, Lorbeerblatt und Petersilienstengel 1 Stunde lang auf kleiner Flamme gekocht. In der Zwischenzeit werden die Löcher der Karpfenscheiben mit der Fischmasse gefüllt und in eine große, mit Butter ausgestrichene Rein geschichtet.
Mit dem vorbereiteten, kochenden, geseihten Karpfensud bedecken und noch etwa ½ Stunde langsam kochen.
Vom Feuer nehmen, die Fischscheiben mit einer Schaufel herausheben, auf einer tiefen Platte anrichten und mit der Fischsoße übergießen. Im Kühlschrank gelieren lassen. Mit Rote-Rüben-Kren servieren.

FORELLE IN GELEE (4 Portionen)

4 kleine Forellen, ½ Zwiebel, 4 Eßlöffel Essig, Pfefferkörner, 6 Gelatineblätter, ⅛ l Weißwein, Salz, Pfeffer, Worcestershiresoße, 1 Zitrone, Kapern, 2 Eier, Petersilie.

Frische Forellen werden ausgenommen, unter fließendem Wasser innen gewaschen (Vorsicht! Die Fischschleimhaut nicht verletzen) und in reichlich siedendem Wasser mit Salz, Essig, etwas Zwiebel und Pfefferkörnern eingelegt. Etwa 8 Minuten – ohne zu kochen – ziehen lassen. Herausheben, abtropfen und in eine tiefe Platte oder Schüssel legen. In 1/4 Liter geseihten Fischsud die vorher in kaltem Wasser geweichten und wieder ausgedrückten Gelatineblätter auflösen, mit Weißwein verrühren und mit Salz, Pfeffer und Worcestershiresoße abschmecken. Etwas überkühlen und über die angerichteten Fischfilets gießen. Gut erkalten lassen.
Mit Zitronenscheiben, Kapern, Eischeiben und Petersilienblättern garnieren.

WARME VORSPEISEN

Unter warmen Vorspeisen werden kleine zarte Gerichte verstanden, die man nach der Suppe, jedoch vor dem Fisch- oder Hauptgericht reicht. Ersetzen sie die Suppe, dürfen es etwas kompaktere Gerichte sein, auf keinen Fall dürfen sie aber zu sättigend wirken.
Vorsicht bei warmen Gerichten mit Teigwaren!
Die warmen Vorspeisen sollen – so wie die kalten Vorspeisen – in Farbe, Grundmaterial und Zubereitungsart auf die folgenden Speisen abgestimmt sein und können aus fast allen Lebensmitteln hergestellt werden.

Gemüsevorspeisen

GEBACKENE CHAMPIGNONS (4 Portionen)

400 g Champignons, 1 1/2 Zitronen, Salz, weißer Pfeffer, Mehl, Ei, Semmelbrösel, Backfett.

Die Champignons putzen und gut waschen. Die großen Champignons halbieren, die kleinen ganz lassen.
Mit Salz, ganz wenig Pfeffer und dem Saft einer halben Zitrone marinieren. In Mehl, Ei und Semmelbröseln panieren und in heißem Fett backen.
Mit Zitronenspalten garnieren und Tatarensoße separat dazu reichen.

GEFÜLLTE EIERFRÜCHTE (4 Portionen)

4 Eierfrüchte (Melanzani), Öl, 200 g gebratenes Lammfleisch, 1 Zwiebel, Petersilie, 2 Knoblauchzehen, 50 g gekochter Reis, Salz, Pfeffer, 2 Eßlöffel Reibkäse, Butter.

Eierfrüchte werden ungeschält der Länge nach halbiert, an der Schnittfläche kreuzweise eingeschnitten und in heißem Öl gebraten. Mit einem Löffel aushöhlen.
Das ausgehöhlte Fleisch der Eierfrüchte wird fein gehackt. Gebratenes Lammfleisch faschieren, mit kleingehackter Zwiebel in Butter anrösten, feingehackte Petersilie, zerdrückten Knoblauch und feingehacktes Fruchtfleisch der Eierfrüchte zugeben, kurz durchdünsten und mit gekochtem Reis vermischen. Salzen, pfeffern. Eierfrüchte mit der Masse füllen, mit Reibkäse bestreuen, mit zerlassener Butter überträufeln und im Rohr überkrusten.

ÜBERBACKENER KARFIOL (4 Portionen)

1 Rose Karfiol, 1/4 l Kalbseinmachsoße, 100 g Champignons, 100 g Schinken, Butter, 2 Eidotter, 1/2 Zitrone, Salz, Pfeffer, Muskat, 2 Eßlöffel Reibkäse, 1 Eßlöffel Semmelbrösel.

Karfiol putzen, in nicht zu kleine Röschen zerteilen und gut waschen. In Salzwasser nicht zu weich kochen, herausheben, abtropfen lassen. In eine dickgehaltene Kalbseinmachsoße geviertelte, in Butter hell angeschwitzte Champignons und Schinkenwürfel mischen, mit Salz, weißem Pfeffer, Muskat und Zitronensaft abschmecken und mit 2 Eidottern verrühren. Der abgetropfte Karfiol wird in eine feuerfeste, leicht ausgebutterte Form gesetzt, mit der Soße überzogen, mit Reibkäse und Semmelbröseln bestreut, mit flüssiger Butter beträufelt und in heißem Rohr – bei starker Oberhitze – überbacken.

KARFIOL MIT BUTTER UND BRÖSELN (4 Portionen)

1 große oder 2 kleine Karfiolrosen, Salz, 80 g Butter, 50 g Semmelbrösel, 1 hartgekochtes Ei, Petersiliengrün.

Karfiol von Strunk und Blättern befreien und gut waschen. Mit kaltem Salzwasser bedeckt zustellen und weich kochen. Etwas abtropfen und sehr heiß anrichten. Mit Butterbröseln (Polonaise) übergießen. Mit einem gehackten Ei, das mit Petersiliengrün vermischt wird, bestreuen.

Butterbrösel (Polonaise)
Man läßt die Butter einmal aufschäumen und röstet darin die Semmelbrösel hellbraun, würzt mit Salz und gießt die Brösel sofort über den Karfiol.

GEBACKENER KARFIOL (4 Portionen)

1 Karfiolrose, Salz, 1/2 Zitrone, Muskat, Petersilie. Weinteig: *120 g Mehl, 1/8 l Weißwein, 1 Teelöffel Öl, 1 Eidotter, 2 Eiklar, Salz.*

Eine große Karfiolrose in nicht zu kleine Röschen teilen und diese 10 Minuten in Salzwasser mit etwas Zitronensaft kochen, abseihen und gut abtropfen lassen.
Abgetropft mit Salz, Zitronensaft, Muskat und gehackter Petersilie marinieren.
Durch den Weinteig ziehen und in heißem Fett backen.
Mit Tatarensoße servieren.

Weinteig:
Das Mehl mit Weißwein, Öl, Salz und Eidotter verrühren und zuletzt den steifen Schnee von 2 Eiklar darunterziehen. 10–15 Minunten rasten lassen.

GEFÜLLTE KOHLRABI (4 Portionen)

4 junge mittelgroße Kohlrabi, 300 g Kalbfleisch, 1/2 Zwiebel, Petersilie, 80 g Butter, 1 Semmel, Milch, 1 Ei, Salz, Pfeffer, 1/2 Zitrone, Muskat.

Die Kohlrabi schälen, die obere Kappe abschneiden und mit einem Pariser Löffel aushöhlen. Die ausgehöhlten Kohlrabi und das ausgestochene Innere werden in Salzwasser, knapp bedeckt, nicht zu weich gekocht.
Feingeschnittene Zwiebel, gehackte Petersilie und gehackte junge Kohlrabiblätter in 30 g Butter rösten. Ausgekühlt mit dem feinst faschierten Kalbfleisch, gekochten, gehackten Kohlrabischnitten und einer in Milch eingeweichten ausgedrückten Semmel sowie dem Ei gut vermischen. Mit Salz, Pfeffer, Zitronensaft, geriebener Zitronenschale und Muskat würzen.
Die abgetropften, ausgehöhlten Kohlrabi mit der Fleischmasse füllen. Die restliche Masse in eine gebutterte feuerfeste Form geben, die gefüllten Kohlrabi darauf schlichten, mit etwas Kochsud übergießen, mit Butterflocken belegen und zugedeckt im heißen Rohr 12–15 Minuten backen und im Kochgeschirr servieren.

GEFÜLLTE PARADEISER MIT HOLLÄNDISCHER SOSSE (4 Portionen)

4 große, fleischige Paradeiser, 1/2 Zwiebel, 60 g Butter, 100 g Champignons, 200 g Schinken, Petersilie, Salz, Pfeffer, Oregano, Rosmarin, 1 Ei, holländische Soße.

Die Paradeiser waschen und die Deckel abschneiden. Das Fruchtfleisch mit einem Pariser Löffel oder einem Teelöffel vorsichtig herauslösen. Die Paradeiser innen leicht salzen. Feingeschnittene Zwiebel in Butter leicht anlaufen lassen, feingehackte Champignons dazugeben und weiterrösten. Gehackte Petersilie dazugeben und das Ganze vom Feuer nehmen. Den Schinken klein würfeln und mit den Champignons vermischen. Mit Salz, Pfeffer, Oregano und Rosmarin würzen, mit einem Ei binden, die Paradeiser mit dieser Masse füllen und den Deckel aufsetzen.
Eine feuerfeste Form ausbuttern und die Paradeiser nebeneinander einsetzen, mit Butterflocken belegen und in heißem Backrohr 10–12 Minuten backen. Herausnehmen, mit holländischer Soße überziehen und kurz mit sehr starker Oberhitze überbacken. Sofort im Kochgeschirr servieren.

GEFÜLLTE PAPRIKASCHOTEN (4 Portionen)

4 Paprikaschoten rot, gelb oder grün, Öl, 50 g Butter, 50 g Zwiebel, 100 g gebratenes Kalbfleisch, 50 g Schinken, 100 g gekochter Reis, Petersilie, Salz, Pfeffer, Rosmarin, 1 Eßlöffel Parmesan, 1/8 l Weißwein, Butter.

Die gewaschenen Paprikaschoten in heißem Öl rundherum anbraten, herausnehmen und – noch heiß – die Haut abziehen.
Sodann rund um den Fruchtknoten ausschneiden, die Kerne entfernen und mit folgender Fülle füllen:
In einer Rein Butter erhitzen, die kleingeschnittene Zwiebel anrösten, feingehacktes, gebratenes Kalbfleisch und Schinken zugeben und mitrösten. Mit Petersilie, Salz, Pfeffer und Rosmarin würzen und mit gekochtem Reis und Parmesan vermischen.
Paprikaschoten damit füllen und – mit der Öffnung nach oben – in eine gebutterte, feuerfeste Form stellen, mit Weißwein übergießen, mit Butterflocken belegen und im Rohr etwa 12–15 Minuten dünsten.

PORREE MIT SCHINKEN (4 Portionen)

2 große oder 4 kleine Porreestangen, 1 Zwiebel, 1 Karotte, 80 g Butter, 8 Schinkenscheiben, 1/4 l Mornaysoße, 2 Eßlöffel Reibkäse.

Von den Porreestangen die Wurzeln und die dunkelkgrünen Blätter abschneiden, in etwa 8 Zentimeter lange Stücke schneiden, gut waschen. Die Stücke mit Bindfaden zu Portionen bündeln und in kochendem Salzwasser 10 Minuten lang kochen, herausheben und abtropfen lassen. Kleingeschnittene Zwiebel und kleinwürfelig geschnittene Karotte in Butter licht anrösten, mit 4 Eßlöffel Porreekochfond aufgießen und weich dünsten. Eine feuerfeste Platte leicht buttern, mit dem Zwiebel-Karotten-Gemisch bestreuen, Lauchstücke mit Schinkenscheiben umwickeln und in die Form setzen, mit Mornaysoße überziehen, mit Reibkäse bestreuen, mit flüssiger Butter beträufeln und mit starker Oberhitze goldbraun überbacken.

SCHWARZWURZELN MIT BUTTER UND BRÖSELN (4 Portionen)

1 kg Schwarzwurzeln, Wasser, Milch, Salz, Prise Zucker, 80 g Butter, 50 g Semmelbrösel, 100 g Schinken, Petersilie.

Die Schwarzwurzeln waschen, schälen und in etwa 5 Zentimeter lange Stücke schneiden.
In halb Milch und halb Wasser mit Salz und einer Prise Zucker kochen und wie Spargel mit Butter und Bröseln fertigstellen.

SPARGEL MIT BUTTER UND BRÖSELN (4 Portionen)

1 kg frischer Spargel, Salz, 80 g Butter, 50 g Semmelbrösel, Muskat, 100 g Schinken, Petersilie.

Frischen Spargel schälen, die holzigen Enden abschneiden und den Spargel mit Spagat zu Portionsbündeln binden. Sofort in – mit einer Prise Zucker versetzten – kochendem Salzwasser ca. 20 Minuten lang kochen. Herausheben, abtropfen lassen, Spagat entfernen und auf einer vorgewärmten Platte anrichten. Mit in Butter hellbraun gerösteten, mit Salz und Muskat abgeschmeckten Semmelbröseln übergießen. Mit gehacktem Schinken und Petersilie bestreuen.

GEBACKENE SCHWARZWURZELN (4 Portionen)

500 g Schwarzwurzeln, Wasser, Milch, Salz, Mehl, Ei, Semmelbrösel, Backfett.

Schwarzwurzeln waschen, schälen und in 5 cm lange Stücke schneiden. In gesalzenem Milchwasser weich kochen. Abtropfen, salzen, mit Mehl, Ei und Semmelbröseln panieren und in heißem Backfett schwimmend backen.

GEBACKENER ZELLER (4 Portionen)

2 mittlere Zellerknollen, Salz, 1/2 Zitrone, Prise Zucker, Mehl, Ei, Brösel, Öl zum Backen, Petersilienblätter.

Die Zellerknollen schälen, in etwa fingerdicke Scheiben schneiden. Wasser mit Salz, Zitronensaft und etwas Zucker aufkochen und die Zellerscheiben darin halbweich kochen. Abgetropft in Mehl, Ei und Brösel tauchen und in heißem Öl schwimmend backen.
Angerichtet mit gebackener Petersilie verzieren und mit Tatarensoße reichen.
Gebackene Petersilie:
Die Blätter von den Stengeln zupfen, waschen, gut abtropfen lassen (auf ein reines Küchenhandtuch oder eine Küchenrolle legen) und in heißem Öl etwa 10 Sekunden backen. Herausheben, gut abtropfen und salzen.

Pastetchen

BLÄTTERTEIGPASTETCHEN

Blätter- oder Butterteig, 1 Ei.

Blätter- oder Butterteig etwa 3–4 Millimeter dick ausrollen. Die Hälfte des Teiges mit einem runden, glatten Ausstecher (8 cm Durchmesser) ausstechen.
Die zweite Teighälfte mit einem ebenso großen, runden, gezackten Ausstecher ausstechen. Bei diesen Scheiben die Mitte rund ausstechen (4 cm Durchmesser), so daß Ringe entstehen.
Die Böden werden auf ein mit Wasser bespritztes Blech gesetzt, mit Wasser bestrichen und die Ringe daraufgesetzt. Die ausgestochenen Deckel werden ebenfalls auf das Blech gesetzt. Mit versprudeltem Ei vorsichtig den oberen Rand bestreichen, etwas rasten lassen und dann zuerst im heißen Rohr – bei etwa 220° anbacken. Hitze zurücknehmen und bei etwa 150° ausbacken. Mit verschiedenen Ragouts oder Haschees füllen.

KALBFLEISCHHASCHEE-PASTETCHEN
(4 Portionen)

4 gebackene Pastetchen, 200 g Kalbsbratenreste, 20 g Butter, 20 g Zwiebel, Petersilie, 50 g Champignons, 1/8 l Kalbseinmachsoße, Salz, Pfeffer, 1 Eidotter.

Kalbsbratenreste feinst hacken oder faschieren. Zwiebel in Butter an-

rösten, Petersilie, feingehackte Champignons und das Kalbfleisch dazugeben. Mit Kalbseinmachsoße aufgießen und gut verkochen.
Mit Salz und Pfeffer würzen und mit einem Eidotter vollenden. In die Pastetchen füllen.

HÜHNERRAGOUTPASTETCHEN (4 Portionen)

4 gebackene Pastetchen, 1/2 Huhn, 50 g Wurzelwerk, 40 g Butter, 30 g Mehl, 100 g Champignons, 2 Eßlöffel gekochte grüne Erbsen, Salz, Pfeffer, Muskat, Zitronensaft, 1/16 l Obers, 1 Eidotter.

Das halbe Huhn in kochendes Wasser legen, mit Salz und Wurzelwerk weich kochen, herausheben und die Haut abziehen. Das Fleisch von den Knochen lösen und in kleine Würfel schneiden.
30 g Butter aufschäumen lassen, Mehl dazugeben und kurz durchrösten. Mit 1/4 Liter Hühnersuppe aufgießen und gut verkochen.
In der Zwischenzeit Champignons putzen, in Würfel schneiden und in 10 g Butter weich dünsten. Die Champignons, das Hühnerfleisch und die gekochten Erbsen in die Soße geben, kurz durchkochen, mit Salz, weißem Pfeffer, Muskat und Zitronensaft abschmecken, vom Feuer nehmen, mit in Obers verrührtem Eidotter legieren.
Die Pastetchen erwärmen, auf einer Platte anrichten, mit dem Hühnerragout füllen, den Teigdeckel aufsetzen und servieren.

BUTTERTEIGPASTETCHEN MIT CHAMPIGNONS (4 Portionen)

4 gebackene Pastetchen, 100 g Schalotten, 50 g Butter, 200 g Champignons, 1/4 l Kalbseinmachsoße, Salz, Muskat, Zitonensaft, Petersilie.

Die Pastetchen diesmal nicht rund, sondern in Form eines großen Champignons ausschneiden und wie üblich backen. Mit dem Ragout füllen.
Ragout:
Kleingeschnittene Schalotten in Butter anlaufen lassen, die in Scheiben geschnittenen Champignons dazugeben und – ohne Farbe zu nehmen – durchrösten. Mit Kalbseinmachsoße aufgießen und weich dünsten.
Mit Salz, Muskat, Zitronensaft und gehackter Petersilie abschmecken. Vom Feuer nehmen, mit Obers und Eidotter legieren, die Pastetchen damit füllen und mit gehackter Petersilie bestreuen.

HÜHNERLEBERPASTETCHEN (4 Portionen)

4 gebackene Pastetchen, 50 g Butter, 1/2 Zwiebel, 200 g Hühnerleber, 1 Teelöffel Mehl, Salz, Pfeffer, Majoran, 2 Eßlöffel Madeira, 1/8 l Bratensaft, 1 Zwiebel für Zwiebelringe, Öl.

GEFÜLLTER KARPFEN

1 küchenfertiger Karpfen von ca. 1500 g, Salz, schwarzer Pfeffer, 1 Zwiebel, 250 g Champignongs, 6 Eßlöffel Butter, 2 Eßlöffel Mehl, 1 Bund Petersilie, 1/8 l Weißwein.

Den Karpfen schuppen, waschen, die Flossen abschneiden und trokkentupfen. Innen und außen salzen und pfeffern. Zwiebel schälen und würfeln. Die Champignons putzen und blättrig schneiden. Beides in 1 Eßlöffel Butter andünsten. Mit Salz und Pfeffer abschmecken und in den Karpfen füllen. Mit Holzspießchen zustecken und einen dicken Zwirn in Zickzacklinien um die Holzspießchen schlingen. Mit Mehl bestäuben. Eine längliche, feuerfeste Form einfetten und den Karpfen hineinlegen. 4 Eßlöffel Butter schmelzen und darüberträufeln. Im vorgeheizten Backofen bei 200 Grad von jeder Seite 20 Minuten braten. Die Petersilie hacken und in der restlichen Butter andünsten. Mit dem Wein aufgießen, kurz aufkochen lassen und mit Salz und Pfeffer abschmecken. Den Karpfen ab und zu damit begießen. Zwirn und Holzspießchen entfernen. Den Karpfen mit Zitronenscheiben und Petersilie garnieren. Dazu Petersilerdäpfel und gemischten Salat servieren.

So wird's gemacht:
1) Vom Karpfen die Flossen abschneiden;
2) mit den Champignons füllen;
3) mit Holzspießchen zustecken und einen dicken Zwirn in Zickzacklinien um die Holzspießchen schlingen;
4) mit der geschmolzenen Butter beträufeln;
5) ab und zu mit dem Weinsud begießen.

Kleingeschnittene Zwiebel in Butter goldgelb anrösten, die in Würfel geschnittene Hühnerleber dazugeben und bei starker Hitze rasch durchrösten. Mit Mehl stauben, mit Salz, Pfeffer und Majoran würzen, mit Madeira ablöschen, mit Bratensaft aufgießen und etwas ziehen lassen.
Das Hühnerleberragout in die vorgewärmten Pastetchen füllen und mit gebackenen Zwiebelringen garnieren.

PASTETCHEN MIT WEISSEM BRIESRAGOUT

(4 Portionen)

4 gebackene Pastetchen, 250 g Kalbsbries, 40 g Butter, 30 g Mehl, 3/8 l Kalbsknochensuppe, 50 g Champignons, Salz, weißer Pfeffer, Muskat, Zitronensaft, 2 Eßlöffel holländische Soße.

Das ausgewässerte Bries kalt zustellen, einmal aufkochen, Wasser abgießen. Noch einmal kalt zustellen und langsam weich kochen. In kaltes Salzwasser legen. Aus Butter und Mehl eine lichte Einbrenn bereiten, mit Kalbsknochensuppe aufgießen und zu einer dicken Soße einkochen. Würfelig geschnittene, in Butter gedünstete Champignons und das in Würfel geschnittene Bries dazugeben, mit Salz, weißem Pfeffer, Muskat und Zitronensaft abschmecken, vom Feuer nehmen und mit holländischer Soße legieren.
In die vorgewärmten Pastetchen füllen.

PASTETCHEN, GEFÜLLT MIT ZUNGENRAGOUT (4 Portionen)

4 gebackene Pastetchen, 200 g geräucherte, gekochte Zunge, 1/4 l Madeirasoße, 100 g Champignons, 4 gekochte, geputzte Hahnenkämme.

Madeirasoße mit würfelig geschnittener Räucherzunge und gewürfelten Champignons aufkochen.
In die Pastetchen füllen.
Angerichtet mit gekochten Hahnenkämmen garnieren.

WILDHASCHEE IN BLÄTTERTEIGPASTETE

(4 Portionen)

4 gebackene Pastetchen, 200 g gebratenes Wildfleisch, 20 g Zwiebel, 30 g Fett, 50 g Champignons, 1/16 l Sauerrahm, 1 Teelöffel Kapern, 1/8 l Wildsoße, Salz, Pfeffer.

Gebratene Wildfleischreste werden feinst gehackt. Feinst geschnittene Zwiebel in Fett anrösten, mit feingehackten Champignons, dem Wildfleisch, Sauerrahm, gehackten Kapern, Salz und Pfeffer vermengen, mit brauner Wildsoße aufgießen und gut verkochen.
In Blätterteigpastetchen füllen und servieren.

CHAMPIGNONAUFLAUF (4 Portionen)

250 g Champignons, Butter, 3/8 l Milch, Zwiebel, Petersilie, 40 g Butter, 30 g Mehl, 2 Eier, 1 Eßlöffel Parmesan, Salz, 1/4 Lorbeerblatt, 3 Pfefferkörner.

Die Milch mit Zwiebel, Petersilienstengel, Salz, 1/4 Lorbeerblatt und 3 Pfefferkörnern eine Viertelstunde kochen lassen. Inzwischen aus Butter und Mehl eine lichte Einbrenn bereiten, mit der geseihten Milch aufgießen und zu einer dicken Milcheinmachsoße verkochen. Ausgekühlt 2 Eidotter dazurühren.
Die Champignons putzen und waschen. Die Stiele fein hacken und die Köpfe in kleine Würfel schneiden. In Butter, mit etwas feingehackter Petersilie kurz dünsten, auskühlen lassen und mit der dicken Milcheinmachsoße vermischen. Steifgeschlagenen Schnee von 2 Eiklar und Parmesan unterziehen.
Eine feuerfeste Form oder Schüssel ausbuttern, die Masse einfüllen und etwa 30 Minuten im mittelheißen Rohr backen.
In der Schüssel auftragen. Champignonsoße extra reichen.

BROCCOLIAUFLAUF (4 Portionen)

300 g gekochte Broccoli, 80 g Butter, 4 Eier, 3 Eßlöffel feingeriebene Weißbrotbrösel, 1 Eßlöffel Parmesan, Salz, Pfeffer, Muskat.

Die Butter mit 4 Eidottern gut schaumig rühren, die Semmelbrösel, sowie die in kleine Stücke zerteilten Broccoli und den Parmesan einrühren.
Mit Salz, weißem Pfeffer und Muskat würzen. Zum Schluß den mit etwas Salz steifgeschlagenen Schnee von 4 Eiklar unter die Masse heben. In eine mit Butter bestrichene Auflaufform füllen und im mittelheißen Rohr 20 Minunten backen.
Sofort servieren und heiße Butter separat reichen.

KÄSEAUFLAUF (4 Portionen)

150 g geriebener Emmentaler, 50 g Butter, 60 g Mehl, 1/4 l Milch, Petersilienstengel, 4 Pfefferkörner, 1/4 Lorbeerblatt, 5 Eier, 1 Eßlöffel Stärkemehl, Salz, Muskat, weißer Pfeffer, Cayennepfeffer.

Die Masse mit Petersilienstengel, Pfefferkörnern und Lorbeerblatt zustellen und 10 Minuten bei kleinem Feuer ziehen lassen. Aus der Butter und dem Mehl eine lichte Einbrenn bereiten und mit der ge-

seihten Milch aufgießen. Glattrühren, mit Salz, Muskat, weißem Pfeffer und einer Spur Cayennepfeffer würzen.
Unter die leicht gekühlte Masse 5 Eidotter und den geriebenen Käse mischen.
Das Eiklar zu einem festen Schnee schlagen, mit Stärkemehl vermischen und unter die Masse ziehen.
In eine gut gebutterte, mit Mehl bestaubte Auflaufform füllen und im Wasserbad 20 Minuten vorpochieren.
Sodann bei gleichmäßiger Hitze (etwa 15 Minuten) im Rohr langsam goldbraun backen und sofort auftragen.

MAKKARONIAUFLAUF (4 Portionen)

200 g Makkaroni, Olivenöl, 60 g Butter, 2 Eier, Salz, Muskat, 1/16 l Sauerrahm, 1 Eßlöffel geriebener Parmesan, Semmelbrösel und Butter für die Form.

2 Liter Wasser werden mit Salz und 2 Eßlöffel Olivenöl zum Kochen gebracht.
Die Makkaroni darin kernig weich kochen, abseihen, mit kaltem Wasser abschrecken und abtropfen lassen.
In der Zwischenzeit wird die Butter mit Eidotter, Salz, Muskat schaumig gerührt, mit Sauerrahm, geriebenem Parmesan und den gekochten Makkaroni vermischt.
Das Eiklar steif ausschlagen, wenig salzen und den Schnee unter die Nudeln ziehen. Das Ganze in eine feuerfeste Form, die mit Butter ausgestrichen und mit Semmelbröseln ausgestreut wurde, füllen und etwa eine Stunde im heißen Rohr backen.
In der Form oder auf eine Platte gestürzt anrichten.
Heiße Butter und geriebenen Parmesan extra reichen.

ÜBERBACKENE GRÜNE NUDELN (4 Portionen)

Grüne Nudeln: 250 g Mehl, 2 Eier, 2 Eßlöffel Spinat, feinst passiert, Salz, Öl.
100 g Schinken, 1 Eßlöffel Parmesan, 3/8 l Milcheinmachsoße, 2 Eßlöffel Reibkäse, Butter.

Aus Mehl, Eiern, passiertem Spinat und Salz, ohne Wasserzugabe, einen festen Nudelteig bereiten und mit Öl bestreichen.
20 Minuten zum Rasten stellen. Danach dünn ausrollen, in etwa 10 Zentimeter breite Streifen teilen. Diese wieder in etwa 1/2 cm breite Nudeln teilen und übertrocknen lassen.
In kochendem Salzwasser, dem etwas Olivenöl zugefügt wurde, die

Nudeln kernig weich kochen. Abseihen, abtropfen, mit in Streifen geschnittenem Schinken, Parmesan und der Milcheinmachsoße vermischen.
Sodann in eine gebutterte, feuerfeste Schüssel geben, mit Reibkäse bestreuen, mit zerlassener Butter beträufeln und im Rohr – bei starker Oberhitze – goldbraun überbacken.

Warme Eiergerichte

Warme Eierspeisen werden meistens als Vorspeisen oder Zwischengerichte gereicht. In manchen Fällen dienen sie auch als Garnitur für Fleisch- oder Gemüsegerichte. Unter dem Begriff „Ei" versteht man ausschließlich Hühnereier. Alle anderen Eier müssen besonders gekennzeichnet sein.
Für Eierspeisen sollen nur vollfrische Eier verwendet werden, welche ein Alter von höchstens zwei Wochen aufweisen.
Eier haben sehr viele Nähr- und Wirkstoffe, welche vom menschlichen Körper in hohem Maße verwertet werden können.
Hartgekochte Eier sind schwer verdaulich, zu lange gekochte Eier verlieren an Geschmack und der Eidotter weist eine graugrüne Verfärbung auf.
Weichgekochte Eier, Rühreier, Eierspeisen und Omeletten – wenn sie cremig gehalten werden – sind dagegen leichter verdaulich.
Um ein tadelloses Eiergericht zu erhalten, ist vor allem besondere Sorgfalt bei der Zubereitung erforderlich.

GEKOCHTE EIER

Frische, saubere und unverletzte Eier werden in leicht wallendes, kochendes Wasser mittels eines Löffels eingelegt und – je nach Verwendungszweck – kürzer oder länger gekocht. Nach Beendigung der Kochzeit *sofort* mit kaltem Wasser abschrecken!

1. KERNWEICHE EIER

Eier in kochendes Wasser einlegen, drei Minuten kochen lassen, abschrecken und in Eierbechern servieren.

2. EI IM GLAS

Ein kernweiches Ei, ohne abzuschrecken, in eine leicht vorgewärmte Glasschale schlagen. Das Eiweiß mit einem Löffel von der Schale lösen, leicht salzen und sofort auftragen.

3. WACHSWEICHE EIER

Die frischen Eier nach dem Einlegen 5 Minuten lang kochen, in kaltem Wasser abschrecken und danach schälen. Mit Garnitur wie „Verlorene Eier" (pochierte Eier) anrichten.

4. HARTGEKOCHTE EIER

Unbeschädigte, frische Eier in kochendes Wasser einlegen und 10 Minuten kochen lassen. In kaltes Wasser legen und erst vor der Weiterverwendung schälen.
Harte Eier nicht über die Zeit kochen, da sich sonst der Dotterrand grau verfärbt!

VERLORENE EIER (POCHIERTE EIER)

Eier, Essig.

Man läßt in einem Reindel Wasser mit Essig – jedoch ohne Salz – sieden. Die frischen Eier einzeln in eine Schale schlagen und von dieser jedes Ei für sich alleine vorsichtig in das siedende Essigwasser gleiten lassen. Dann hüllt man mit einem Löffel das Eiklar über den Eidotter und läßt die Eier ca. 3–4 Minuten im Essigwasser, das am Siedepunkt gehalten wird, ziehen (pochieren). Der Eidotter eines pochierten Eis soll innen weich sein. Hernach legt man die Eier in kaltes Salzwasser. Sollen die Eier warm serviert werden, gibt man sie vor dem Servieren – nachdem man das ausgefranste Eiklar zurechtgeschnitten hat – in warmes Salzwasser.

VERLORENE EIER MIT CHORONSOSSE

4 verlorene Eier, 4 Toastscheiben, Bearnersoße, 1 Eßlöffel Paradeismark.

Toastscheiben werden in Butter goldgelb geröstet, mit je einem erwärmten verlorenen Ei belegt und mit Choronsoße überzogen.
Die Choronsoße bereitet man aus Bearnersoße, welche mit einem Eßlöffel Paradeismark vermischt wird.

ÜBERBACKENE EIER

4 verlorene Eier, 200 g junger Blattspinat, Butter, Salz, Pfeffer, 3/8 l Mornaysoße, 1 Eßlöffel Semmelbrösel, 1 Eßlöffel Parmesan, zerlassene Butter.

Der Blattspinat wird gewaschen, in Streifen geschnitten und kurz in heißer Butter gedämpft.
Mit Salz und Pfeffer würzen. Den Boden einer leicht ausgebutterten

Gratinierschüssel mit dem Spinat bestreuen, darüber die verlorenen (pochierten) Eier legen, mit Mornaysoße übergießen, mit einem Gemisch aus Semmelbröseln und Parmesan bestreuen, mit zerlassener Butter beträufeln und im Rohr bei starker Oberhitze goldbraun überbacken.

RÜHREIER, NATUR

8 frische Eier, 2 Eßlöffel Obers, Salz, Butter.

Die Eier in eine Schüssel schlagen. Mit Obers und etwas Salz gut versprudeln.
In einer Pfanne Butter erhitzen und die versprudelten Eier hineingießen.
Unter beständigem Rühren mit einem Kochlöffel so lange stocken lassen, bis die Eiermasse die gewünschte Festigkeit erreicht hat.

RÜHREIER MIT PARADEISERN

8 frische Rühreier, 4 Paradeiser, 20 g Butter, Salz, Pfeffer, Schnittlauch.

Paradeiser heiß abbrühen, schälen, entkernen und in kleine Würfel schneiden. In heißer Butter schwenken, unter die Rühreier mischen, mit Salz, Pfeffer und feingeschnittenem Schnittlauch würzen.

EIERSPEISE, NATUR

12 Eier, 2 Eßlöffel Obers oder Milch, Salz, Butter.

Eierspeise ist eine typisch österreichische Abart von Rühreiern.
Die Vorbereitung ist dieselbe wie zu Rühreiern, jedoch wird die Eiermasse in der heißen Butter *nicht* gerührt, sondern nur mit einer Gabel etwas aufgelockert.

EIERSPEISE MIT SPECK

12 Eier, Milch, Salz, 100 g Frühstücksspeck, Schnittlauch.

Kleinwürfelig geschnittener Speck wird in einem Eierspeisreindel goldgelb geröstet. Danach gießt man die mit Milch und Salz versprudelten Eier darüber und läßt sie unter leichtem Rühren mit einer Gabel stocken.
Vor dem Anrichten mit feingeschnittenem Schnittlauch bestreuen.

EIERSPEISE MIT GERÖSTETEN SEMMELN

12 Eier, Milch, Salz, 2 Semmeln, Butter, Schnittlauch, frischgemahlener Pfeffer.

Die Semmeln würfelig schneiden, mit wenig heißer Butter in einer Pfanne goldgelb und resch rösten. Die mit Milch und Salz versprudelten Eier darüber gießen und unter mäßigem Rühren stocken lassen.
Vor dem Servieren die angerichtete Eierspeise mit feingeschnittenem Schnittlauch und frisch gemahlenem weißem Pfeffer bestreuen.

SPIEGELEIER, OCHSENAUGEN ODER SETZEIER

Frische Eier, Butter, Salz.

Spiegelpfanne, Dalkenpfanne oder eine feuerfeste Glas- oder Porzellanplatte leicht erhitzen, Butter hineingeben und salzen.
Je ein frisches Ei vorsichtig in jede Vertiefung einschlagen oder in nötigem Abstand voneinander auf die heiße Platte setzen. Der Eidotter darf dabei nicht verletzt werden.
Langsam auf kleinem Feuer das Eiweiß stocken lassen, ohne daß es Farbe nimmt. Das Eiweiß muß weiß und fest, aber nicht hart sein. Der Dotter soll noch weich sein. Die Spiegeleier vorsichtig einzeln aus der Spiegelei- oder Dalkenpfanne heben und auf einem vorgewärmten Teller mit zarter Garnitur servieren. Spiegeleier können auch ihrerseits als Garnitur oder Beilage verwendet werden.

SPECK MIT EIERN

8 frische Eier, 100 g Frühstücksspeck, Salz.

Frühstücksspeck wird in große, nicht zu dünne Scheiben geschnitten. Der Speck wird in einer heißen Pfanne auf einer Seite leicht angebraten und gewendet. Dann läßt man pro Portion 2 rohe Eier darübergleiten und bäckt den Speck mit den Eiern so lange im Rohr, bis das Eiweiß gestockt ist.

EIEROMELETTE

3 frische Eier, 1 Eßlöffel Obers, Salz, Butter.

Pro Portion 3 Eier aufschlagen, mit Obers und Salz gut verquirlen. In eine heiße Omelettenpfanne etwas Butter geben, die Eier darübergießen und unter beständigem Schütteln der Pfanne sowie unter anfänglichem Rühren mit einer Palette die Eier stocken lassen. Die obere Schicht soll noch cremig weich sein.
Die Omelette sodann von beiden Seiten gegen die Mitte einschlagen, auf einen Teller stürzen und sofort auftragen.
Die Omelette in der klassischen Form wird nicht gefüllt.
Es gibt jedoch eine Fülle von Möglichkeiten und Variationen. Wenn

die Omelette gefüllt wird, ist die Fülle immer nur auf der einen Hälfte aufzutragen, die andere Omelettenhälfte wird darübergeklappt.

KRÄUTEROMELETTE

3 frische Eier, 1 Eßlöffel Obers, Salz, 50 g Zwiebel, 50 g Champignons, Petersilie, Kerbelkraut, Butter.

In einer Omelettenpfanne Butter heiß werden lassen und darin feingeschnittene Zwiebel, Champignons, Petersilie und Kerbelkraut rösten.
Die Eiermasse darübergießen und die Omelette fertigbraten, zusammenklappen und auf einen Teller gleiten lassen. Mit etwas Kräutersoße umkränzen.

BAUERNOMELETTE

3 frische Eier, 1 Eßlöffel Obers, Butter, Salz, 40 g Schinkenspeck, 80 g gekochte, geschälte Erdäpfel, weißer Pfeffer, 20 g Zwiebel, Petersilie, 50 g Eierschwammerln oder Herrenpilze.

In einer Omelettenpfanne Butter heiß werden lassen und darin würfelig geschnittenen Speck, kleingeschnittene Zwiebel, würfelig geschnittene Erdäpfel, geputzte und gewaschene Eierschwammerln ca. 5 Minuten lang goldbraun anbraten und mit Salz und Pfeffer würzen. Warm stellen. Eier in einer Schüssel mit Obers und Salz verquirlen, feinstgehackte Petersilie daruntermischen. Butter heiß werden lassen, Eimasse in die Pfanne gießen, wenn die Omelette oben noch weich ist, das vorbereitete Gemisch darüberleeren und stocken lassen. Die Omelette nicht zusammenklappen! Auf einen vorgewärmten Teller gleiten lassen und sofort servieren.

OMELETTE MIT SCHINKEN

3 frische Eier, 1 Eßlöffel Obers, Salz, 50 g Schinken, Butter.

Eine Omelette, wie bereits beschrieben, zubereiten.
Kleingeschnittenen Schinken in Butter leicht anrösten.
Auf die eine Hälfte der Omelette die Fülle verteilen. Die andere Omelettenhälfte darüberklappen. Auf einen vorgewärmten Teller gleiten lassen und servieren.

GEBACKENE EIER

4 frische Eier, Öl, Salz, 4 Weißbrotschnitten, Butter, 1/4 l Paradeissoße.

In einer tiefen Omelettenpfanne wird etwa zweifingerhoch Öl einge-

füllt und stark erhitzt. Jedes Ei einzeln in eine Schale schlagen und aus dieser vorsichtig in das heiße Öl gleiten lassen. Mit einem Holzlöffel das Eiklar über dem Dotter zusammenschlagen und im Öl drehen, so daß das Ei auf allen Seiten gut gebacken ist und eine schöne runde Form bekommt.
Herausheben und sofort salzen. Der Dotter soll innen noch cremig weich sein.
Immer nur ein Ei backen. Auf in Butter geröstete Weißbrotschnitten anrichten. Paradeissoße extra reichen.

EIER IM TÖPFCHEN MIT HIRN

4 frische Eier, 150 g Kalbshirn, 50 g Zwiebel, Butter, Salz, Pfeffer, Petersilie.

Kalbshirn waschen, enthäuten und fein hacken.
Zwiebel feinst schneiden und in etwas Butter mit dem Hirn rösten. Salzen und pfeffern.
In gebutterte Töpfchen verteilen, je 1 Ei darüberschlagen und im Wasserbad bis zum Stocken des Eiklars pochieren.
Mit gehackter Petersilie bestreuen und im Töpfchen servieren.

FISCHE, SCHALEN-, KRUSTEN- UND WEICHTIERE

Man unterscheidet zwei große Gruppen, und zwar *Süßwasserfische* und *Seefische.* Der Nährwert von Fischen ist sehr hoch. Nicht nur, daß Fische vollwertiges Eiweiß liefern, sind sie auch reich an wertvollen Mineralstoffen und Vitaminen. Fische können unsere Nahrung auf das beste ergänzen. Der Fettgehalt ist sehr schwankend, im Durchschnitt aber eher unbedeutend.
Beim Einkauf ist auf die Frische der Fische besonders zu achten. Süßwasserfische sollen nach Möglichkeit lebend oder frisch getötet gekauft werden und nicht länger als 24 Stunden im Kühlschrank gelagert werden. Wo der Einkauf von Frischware nicht möglich ist, kann selbstverständlich auch erstklassiger Tiefkühlfisch verwendet werden.
Seefische werden in unserem Land meist schon getötet auf Eis oder tiefgekühlt geliefert.
Beim Aussuchen von Fischen ist auf den arteigenen, angenehmen Geruch, auf die Klarheit der Augen und auf eine Rot- bzw. Rosafärbung der Kiemen zu achten. Alle diese Punkte können Auskunft über die

Fangfrische geben. Außerdem sollen bei Fingerdruck auf das Fleisch auftretende Druckstellen sofort ausgeglichen werden. Das Fleisch muß fest und elastisch sein, darf sich nur schwer von den Gräten lösen lassen. Wenn der Fisch alle diese Merkmale aufweist, ist er sicher frisch, ansonsten ist Vorsicht geboten.

VORBEREITUNG DER FISCHE

Im allgemeinen läßt man sich den Fisch beim Händler töten und küchenmäßig vorbereiten. Aber wenn frische lebende Fische gekauft oder selbst gefangen werden, müssen diese zuerst durch einen kurzen, nicht zu wuchtig geführten Schlag auf den Kopf, und zwar in Augenhöhe, getötet werden. Hierbei kann man den Fisch mit einem feuchten Tuch niederhalten.
Forellen, Karpfen oder sonstige Fische, die man „blau" kochen will, darf man nur mit der nassen Hand, jedoch niemals mit einem Tuch angreifen, da ansonsten die für das Blaukochen wichtige Schleimhaut verletzt werden könnte.

SCHUPPEN

Schuppenfische werden am Schwanz mit einem Tuch festgehalten und mit dem Fischschupper oder einem flachgehaltenen Messerrücken zum Kopf hin geschuppt.

AUSNEHMEN, REINIGEN UND ABZIEHEN

Die Fische werden an der Bauchseite vom After zum Kopf hin aufgeschnitten und die Eingeweide vorsichtig herausgelöst. Vorsicht auf die Galle, sie darf nicht verletzt werden, da der Fisch sonst einen unangenehmen, bitteren Geschmack bekommt. Soll Rogen (weiblicher Fisch) oder Milch (männlicher Fisch) weiterverwendet werden, so werden diese vorsichtig von den Innereien gelöst und aufgehoben. Die übrigen Innereien wirft man weg. Mit dem Fingernagel oder einem Messer das am inneren Rückgrat befindliche Blut herauskratzen. Die Fische unter fließendem Wasser waschen. Flossen mit einer Schere abschneiden und, wenn die Fische nicht im ganzen verwendet werden, den Kopf mit einem scharfen Messer abtrennen.
Bei Plattfischen wie Seezunge, Scholle oder Steinbutt wird meistens auch die Haut abgezogen. Hierzu schneidet man mit einer Schere die Flossen rund um den Fisch weg, löst die Haut am Schwanzende des Fisches ab und zieht sie vorsichtig mit energischem Ruck zum Kopf hin ab. Man schneidet mit einem scharfen Messer den Kopf ab und nimmt die hinter dem Kopf liegenden Eingeweide durch die entstandene Öffnung aus.

FILETIEREN

Zum Filetieren wird dem geputzten, gereinigten Fisch der Kopf abgetrennt. Mit einem scharfen Messer vom Genick bis zum Schwanz, entlang des Rückgrates, erst auf der einen Seite das Filet abschneiden. Das Filet wegheben und den Fisch umdrehen. Nun schneidet man auf der anderen Seite das zweite Filet ab.
Das Fischfilet kann mit oder ohne Haut verwendet werden.
Große Fische können auch quer, etwa ein- bis zweifingerdick, geschnitten werden. Es ergeben sich so hufeisenförmige Steaks mit Mittelgräte.

Süßwasserfische

Unter dem Begriff „Süßwasserfische" versteht man alle Fluß- oder Seefische. Oft werden auch die sogenannten Wanderfische, welche abwechselnd im Meer und in Flüssen leben, als Süßwasserfische bezeichnet.

AAL

Die Aale werden durch Abtrennen des Rückgrates hinter dem Kopf getötet. Junge Aale werden meist mit der Haut verwendet, ältere Tiere werden gehäutet. Dazu schneidet man zuerst die Flossen ab, hängt den Aal auf einen Haken und schneidet die Haut hinter dem Kopf rundherum ein. Man löst die Haut etwas ab und zieht sie nach unten weg.
Kleine Aale – bis zu einem Kilo – werden gewaschen, ausgenommen und meist im ganzen zubereitet.
Größere Aale werden in etwa 8 Zentimeter lange Stücke geschnitten und die Eingeweide herausgestoßen.

AAL BLAU (4 Portionen)

900–1000 g Aal, 1/4 l Weinessig, 2 l Wasser, Salz, 1 Zwiebel, 1/8 l Weißwein, 1 Lorbeerblatt, 5 Pfefferkörner, 1 Petersilienwurzel, Petersilienstengel, 1 Teelöffel, frische Estragonblätter, Butter, Dillkraut, Zitrone.

Salzwasser mit Zwiebelringen, Essig, Weißwein, Lorbeerblatt, Pfefferkörnern, in Scheiben geschnittener, geputzter Petersilienwurzel, Petersilienstengel und Estragonblättern zum Kochen bringen.
Den ungehäuteten Aal ausnehmen, waschen, mit kochendem Essig übergießen und in den vorbereiteten Sud einlegen. 20–25 Minuten auf kleinem Feuer – ohne zu kochen – ziehen lassen.
Eventuell durch einen Gabeleinstich probieren, ob der Fisch schon durch ist.

Aus dem Sud heben und abgetropft auf eine heiße Platte legen. Mit geklärter oder brauner Butter, Zitronenspalten und mit gezupftem Dill bestreuen.
Mit Salzkartoffeln rasch servieren.

AAL IN DILL (4 Portionen)

800–1000 g Aal, 1 l Wasser, Weißwein, 1 Eßlöffel Weinessig, 1/2 Lorbeerblatt, 5 Pfefferkörner, 50 g Butter, 30 g Mehl, 1/16 l Obers, 1 Eidotter, Dillkraut, Salz.

Den Aal ausnehmen, häuten, in etwa 6–8 Zentimeter lange Stücke schneiden.
In kochendes Salzwasser – dem man etwas Weißwein, Essig, Dillstengel, Lorbeerblatt und Pfefferkörner beigefügt hat – einlegen und etwa 15 Minuten lang ziehen lassen.
Aus Butter und Mehl eine lichte Einbrenn bereiten, mit einem halben Liter Kochfond aufgießen, verkochen lassen, gehacktes Dillkraut zugeben, mit Obers und Eidotter legieren, die Aalstücke ziehen lassen und mit frischer Dille bestreut in der Soße servieren.

BARSCH, GEBRATEN MIT NÜSSEN (4 Portionen)

2 Barsche à 500 g, 1/2 Zitrone, Salz, Öl, Mehl, 30 g Butter, 50 g Nüsse, Petersilie.

Die Barsche schuppen, ausnehmen, säubern, waschen und filetieren. Die Haut abziehen und die Filets mit Zitronensaft und Salz marinieren. Öl in einer Pfanne erhitzen. Die Filets in Mehl wenden und beidseitig goldbraun braten. Auf einer vorgewärmten Platte anrichten. In der Pfanne ein Stück Butter aufschäumen lassen.
Die grobgehackten Nüsse und etwas feingehackte Petersilie in der Butter kurz rösten und das Ganze über die angerichteten Fische leeren.
Beilage: Petersilienerdäpfel.

BARSCH AM ROST (4 Portionen)

4 kleine Portionsbarsche à 250 g, 1/2 Zitrone, Salz, Pfeffer, Petersilie, Dillkraut, Estragon, Öl. Garnitur: *1 Zitrone, Senfbutter.*

Die geschuppten Barsche ausnehmen, säubern und waschen.
Entlang des Rückgrates beidseitig die Haut einschneiden, mit Zitronensaft, Salz und Pfeffer marinieren. Petersilie, Dill und Estragon von den Stengeln zupfen, die Barsche damit füllen.

Die Fische mit Öl bestreichen und beidseitig langsam auf dem Rost braten.
Anrichten und mit Zitronenscheiben und Senfbutter garnieren.
Beilage: Petersilienerdäpfel.

BLAUFELCHEN

Ein dem Lachs verwandter, wohlschmeckender Fisch, welcher im Bodensee und im Traunsee zu finden ist. Die Zubereitung erfolgt wie bei der Forelle.

RHEINANKE

Die Rheinanke ist ebenfalls eine Blaufelchenart und, wie diese, sehr wohlschmeckend. Leider ist dieser Fisch nicht überall erhältlich, da er frisch nach dem Fangen verwendet werden soll. Als Zubereitung empfehlen sich ebenfalls alle Forellenrezepte.

RHEINANKE AUF MÜLLERIN ART (4 Portionen)

4 Rheinanken à 200–250 g, 2 Zitronen, Mehl, Öl, Salz, Pfeffer, 60 g frische Butter, Petersilie.

Die Rheinanken küchenfertig vorrichten. Entlang des Rückgrates die Haut etwa 2 Millimeter tief einschneiden. Mit Salz, Pfeffer und dem Saft einer Zitrone würzen, in Mehl wenden und in heißem Öl auf beiden Seiten langsam goldbraun braten.
Die gebratenen Fische aus der Pfanne heben und auf einer vorgewärmten Platte anrichten. Mit gehackter Petersilie bestreuen, mit geschälten Zitronenscheiben belegen und warm stellen.
Das überschüssige Öl aus der Pfanne ableeren und durch frische Butter ersetzen, diese aufschäumen lassen und die angerichteten Rheinanken damit übergießen.
Beilage: Salz- oder Petersilienerdäpfel.

SAIBLING

Der Saibling ist ein in Gebirgsseen lebender Lachsfisch, der ein Gewicht von etwa 300 bis 500 g haben soll. Man kann alle Forellenzubereitungsarten anwenden, am besten ist er jedoch in Butter gebraten oder blau gekocht.

FORELLE

Ein sehr schmackhafter, dem Lachs verwandter, Raubfisch. Am feinsten ist die Bachforelle, welche am besten lebend gekauft und erst kurz vor der Zubereitung getötet werden soll. Die häufigsten im Handel erhältlichen Forellen sind Zuchtfische, die entweder lebend oder aber in ausgezeichneter Qualität tiefgekühlt auf den Markt kommen. Die tiefgekühlten Forellen können blau gekocht wie frische Forellen zubereitet werden.

FORELLE BLAU (4 Portionen)

4 frische Forellen à 200–250 g, Essig, Salz, Pfefferkörner, Petersilienstengel, 60 g Butter.

Die lebenden Forellen am besten erst kurz vor dem Kochen töten. Ausnehmen und darauf achten, daß der am Fisch haftende Schleim nicht verletzt wird, da dieser dem Fisch die schöne blaue Farbe verleiht.
Den Fisch so wenig wie möglich und nur mit nassen Händen angreifen. Nur innen vorsichtig waschen und auf einen Teller legen, mit Essig übergießen.
In einer Rein Wasser mit Salz, Pfefferkörnern und Petersilienstengeln aufkochen, die Fische mit dem im Teller befindlichen Essig in das Wasser gleiten lassen und sofort die Hitze zurückdrehen. Das Fischwasser darf nicht mehr kochen. Etwa 15 Minuten gar ziehen lassen.
Vorsichtig aus dem Wasser heben, mit dem Bauch nach unten abtropfen und portionsweise auf vorgewärmte Teller legen. Mit zerlassener frischer Butter und Salzerdäpfeln sofort servieren.

FORELLE GEBACKEN (4 Portionen)

4 Forellen à 200 g, 2 Zitronen, Salz, Pfeffer, Mehl, Ei, Semmelbrösel, Öl zum Backen, Petersilie.

Die Forellen küchenfertig herrichten. Am Rückgrat einschneiden, mit Salz, Pfeffer und Zitronensaft marinieren. In Mehl, Ei und Semmelbröseln panieren und in heißem Fett schwimmend etwa 10 Minuten langsam backen. Herausheben, abtropfen und auf einer heißen Platte – auf einer Serviette oder Spitzenpapier – anrichten. Mit Petersilie und Zitronenspalten garnieren.
Beilage: Blattsalate, Petersilienerdäpfel.

FORELLENFILET IN KREBSENSOSSE (4 Portionen)

4 Forellen à 250 g, 1/2 Zitrone, Salz, Mehl, 80 g Butter, 1/2 l Krebsensoße.

Die Forellen werden filetiert, enthäutet, mit Zitronensaft und Salz ge-

würzt, in Mehl gewendet und beidseitig rasch, in mäßig heißer Butter gebraten. Anrichten und mit Krebsensoße übergießen.
Beilage: Reis.

HECHT

Der Hecht ist ein räuberischer Süßwasserfisch, der etwa zweijährig das beste und zarteste Fleisch aufweist und dann zwei bis zweieinhalb Kilogramm wiegt. Der geschuppte, ausgenommene und gewaschene Hecht wird entweder filetiert oder bei größeren Fischen quer zum Rückgrat in fingerdicke, hufeisenförmige Schnitten geteilt.
Junge Hechte bis zum ersten Lebensjahr werden als Grashechte bezeichnet und meist im ganzen zubereitet.

HECHT IM BIERTEIG (4 Portionen)

1 Hecht ca. 2 kg, Zitrone, Salz, Pfeffer, Bierteig, Öl zum Backen, Remouladensoße I. Bierteig: *100 g Mehl, etwa 1/8 l Bier, 1 Eßlöffel Öl, 1 Ei, Salz, 1 Prise Zucker.*

Vom küchenfertig geputzten Hecht werden die Filets abgetrennt, mit Zitronensaft, Salz und Pfeffer mariniert und 15–20 Minuten stehen gelassen.
Danach werden die Hechtfilets durch den Bierteig gezogen und in heißem Öl schwimmend gebacken. Auf einer vorgewärmten Platte, auf Spitzenpapier angerichtet und mit extra gereichter Remouladensoße I serviert.
Bierteig: Aus Mehl, Bier, Öl, Eidotter, Salz und Zucker wird ein glatter Teig gerührt. Nach 20 Minuten Rastzeit wird der aus dem Eiklar mit etwas Salz geschlagene steife Schnee daruntergezogen.

HECHT AUF WIENER ART (4 Portionen)

4 Hechtfilets à 150 g, 4 Sardellen, Salz, Pfeffer, Zitronensaft, Mehl, 50 g Butter, 1/4 l Sauerrahm.

Die Hechtfilets mit Sardellenstreifen spicken, indem man mit einem spitzen, kleinen Messer Einstiche macht und die Sardellenstreifen hineinsteckt. Mit Salz, Pfeffer und etwas Zitronensaft marinieren.
In Mehl wenden und in heißer Butter auf beiden Seiten kurz anbraten. In eine feuerfeste Schüssel legen, mit versprudeltem Sauerrahm übergießen und im heißen Rohr fertigdünsten.
Beilage: Petersilienerdäpfel.

HECHTNOCKERLN (4 Portionen)

600 g reines Hechtfleisch, Salz, Pfeffer, Muskat, Zitronensaft, 2 Eiklar, 1/8 l Obers, 1/2 l Fischknochensuppe (aus den Hechtabschnitten oder sonstigen Fischresten). 30 g Butter, 20 g Schalotten, 20 g Mehl, 1/8 l trockener Weißwein, Cayennepfeffer, 1/8 l Obers, 2 Eidotter.

Das ausgelöste, von allen Gräten befreite Hechtfleisch wird fein faschiert und danach durch ein feines Sieb in eine Schüssel gestrichen. Mit Salz, Pfeffer, etwas geriebener Muskatnuß und wenig Zitronensaft würzen und eine halbe Stunde gut kühlen. Danach mit einem Holzlöffel die Eiklar und das Obers nach und nach einrühren und wieder 30 Minuten lang kalt stellen. In der Zwischenzeit die Fischknochensuppe zubereiten, abseihen (in eine flache Rein) und bei mäßiger Hitze am Siedepunkt halten.
Die Hechtfarce nun mit einem Suppenlöffel zu Nocken formen und in der Fischknochensuppe 10–12 Minuten lang garziehen lassen. In der Zwischenzeit aus 30 g Butter, in der man feinstgehackte Schalotten anlaufen ließ, und Mehl eine lichte Einbrenn bereiten. Mit 1/4 Liter Hechtfond und 1/8 Liter Weißwein aufgießen. Die Soße bis zu einer sämig molligen Konsistenz einkochen lassen, mit Salz, Pfeffer, Zitronensaft und einer Spur Cayennepfeffer abschmecken. Zum Schluß legiert man die vom Feuer genommene Soße mit 1/8 Liter Obers, in das 2 Eidotter versprudelt wurden. In die fertige Soße legt man die Hechtnockerln und läßt sie vor dem Servieren noch 5 Minuten ziehen.
Dazu reicht man Blätterteighalbmonde (Fleurons) und Blattsalat.

KARPFEN

Beim Karpfen unterscheidet man drei Hauptgruppen: den Schuppenkarpfen, den Spiegelkarpfen – der mit nur wenig Schuppen behaftet ist und das geschmackvollste Fleisch liefert – und den Lederkarpfen. Am schmackhaftesten ist der Karpfen in den Monaten von September bis April und mit einem Gewicht von 1 1/2 bis 3 Kilogramm.

KARPFEN, GEKOCHT (4 Portionen)

1 1/2 kg Karpfen, 1 Zwiebel, 50 g Wurzelwerk, 10 Pfefferkörner, 5 Gewürzkörner, 1 Zweig Thymian, 1/2 Lorbeerblatt, Salz, 2 Eßlöffel Essig, 80 g Butter.

Zwiebel in Streifen, Wurzelwerk blättrig schneiden, mit Pfefferkörnern, Gewürzkörnern, Thymian und Lorbeerblatt in kaltem Wasser zustellen, salzen und Essig zugeben, aufkochen lassen.

KALBSNIERENBRATEN

1,5 kg Kalbsnierenbraten, Salz, weißer Pfeffer, 2 Bund Wurzelwerk, 1 Zwiebel, 60 g Margarine, $^{3}/_{8}$ l heiße Würfelsuppe, 1 Paradeiser, 1 Lorbeerblatt, 1 Prise edelsüßes Paprikapulver, je 150 g Maiskörner und Erbsen aus der Dose, 1 Eßlöffel Butter, 4 Paradeiser, 1 gehäufter Teelöffel Speisestärke.

Das Fleisch trockentupfen und rundum mit Salz und Pfeffer einreiben. Das Wurzelwerk putzen und grob zerkleinern. Die Zwiebel schälen und grob hacken. Das Fleisch in der erhitzten Margarine rundum anbraten, das Wurzelwerk und die Zwiebel dazugeben und mit anbraten. Mit der Hälfte der Suppe aufgießen. Die Paradeiser waschen, vierteln und mit dem Lorberblatt und dem Paprika dazugeben. Zugedeckt im vorgeheizten Backofen bei 220 grad ca. 90 Minuten garen. Nach und nach die restliche Suppe zugießen und den Braten ab und zu mit Fond beschöpfen. Die Maiskörner und die Erbsen abtropfen lassen, in der erhitzten Butter schwenken und mit Salz und Pfeffer abschmecken. Die Paradeiser waschen, abtrocknen, einen Deckel abschneiden, aushöhlen und mit dem Gemüse füllen. In eine leicht gefettete, feuerfeste Form geben und im Backofen ca. 10 Minuten garen. Den fertigen Braten herausnehmen und warm stellen. Den Fond loskochen, durch ein Sieb gießen, mit der angerührten Speisestärke binden und abschmecken.

SPARGEL MIT SOSSE MOUSSELINE

1 kg frischer Spargel, 1 l Wasser, 1 gestrichener Eßlöffel Salz, $^{1}/_{2}$ Teelöffel Zucker, Saft von 1 Zitrone, 1 Teelöffel Butter.

Soße Mousseline: *125 g Butter, 2 kleine Eidotter, je 1 Eßlöffel Wasser und Zitronensaft, Salz, weißer Pfeffer, 1 Prise Zucker, 6 Eßlöffel Obers.*

Den Spargel von den Köpfen abwärts großzügig schälen und die holzigen Enden abschneiden. Die Spargelstangen mit einem Baumwollfaden portionsweise zusammenbinden. Das Wasser mit dem Salz, dem Zucker, dem Zitronensaft und der Butter zum Kochen bringen. Den Spargel hineingeben und zugedeckt bei mittlerer Hitze je nach Stärke 20–30 Minuten kochen. Inzwischen die Soße zubereiten. Die Butter schmelzen. Die Eidotter mit dem Wasser, dem Zitronensaft und Salz in einem Topf verquirlen und in heißem Wasserbad mit einem Schneebesen cremig schlagen. Aus dem Wasserbad nehmen un die Butter erst tropfenweise, dann teelöffelweise und zum Schluß eßlöffelweise unterrühren. Mit Salz, Pfeffer und Zucker abschmecken. Das Obers steifschlagen und kurz vor dem Servieren unterheben. Den Spargel aus dem Sud nehmen, abtropfen lassen, den Faden entfernen und auf einer vorgewärmten Platte anrichten.

In der Zwischenzeit wird ein frisch abgeschlagener, geschuppter, ausgenommener, gewaschener und filetierter Karpfen in etwa 5 cm dicke Schnitten geteilt. Die Fischschnitten in den kochenden Sud einlegen und bei mäßiger Hitze etwa 15 Minuten garen.
Die Fischstücke herausheben, abtropfen und auf einer vorgewärmten Platte anrichten. Mit geklärter, heißer Butter übergießen.
Beilage: Salzerdäpfel.

KARPFEN, GEBACKEN (4 Portionen)

1 Karpfen ca. 1 1/2 kg, Zwiebelringe, Salz, Petersilie, Zitronensaft, Mehl, Eier, Milch, Semmelbrösel, Öl zum Backen, Zitronenspalten.

Den Karpfen schuppen, ausnehmen, waschen und filetieren.
Die Filets in zweifingerbreite Stücke schneiden.
Mit Salz, Zwiebelringen, Petersilienblättern und Zitronensaft marinieren und etwa 1 Stunde lang stehen lassen. Danach die marinierten Filets in Mehl wenden, durch mit etwas Milch verschlagene Eier ziehen und in Semmelbröseln wenden.
In heißem Öl schwimmend auf beiden Seiten je 8–10 Minuten lang schön goldbraun backen.
Abgetropft auf einer vorgewärmten, mit Plattenpapier belegten Platte anrichten und mit Zitronenspalten und Petersiliengrün verzieren.
Beilage: Kipflersalat, Vogerlsalat, Zellersalat, grüner Salat.

KARPFEN AUF BÖHMISCHE ART (SCHWARZFISCH) (4–6 Portionen)

1,2–1,5 kg Karpfen, Salz, 4 Gewürznelken, 4 Neugewürzkörner, 1 Lorbeerblatt, 1 Zweig Thymian, 1/2 Zitrone, 50 g Butter, 1 Teelöffel Zucker, 100 g Karotten, 100 g Petersilienwurzeln, 1/2 Zwiebel, 1 Eßlöffel Weinessig, 1/8 l Bier, 20 g Mandeln, 50 g Dörrzwetschken, 50 g Lebkuchen.

Den Karpfen töten, entschuppen, ausnehmen. Beim Öffnen des Fisches das Blut auffangen und beiseite stellen.
Den Fisch waschen, halbieren und in Portionsstücke teilen. Aus dem Kopf und den Gräten mit 3/4 Liter Wasser, Salz, Gewürznelken, Neugewürzkörnern, Lorbeerblatt, Thymian und der Schale einer halben Zitrone einen kräftigen Sud kochen. In einer Rein läßt man die Butter aufschäumen, gibt den Zucker hinein und läßt ihn braun werden. Hierauf fügt man die in feine Streifen geschnittenen Karotten, Petersilienwurzeln und die ebenso geschnittene Zwiebel bei, röstet alles gut durch, löscht mit 1 Eßlöffel Weinessig ab, gießt mit 1/2 Liter des

Fischsudes auf, gibt $^{1}/_{8}$ Liter Bier, das Karpfenblut, geschälte, gestiftelte Mandeln, kleingeschnittene Dörrzwetschken und feingeriebenen Lebkuchen dazu und läßt alles zusammen aufkochen. Die Karpfenstücke in diese Soße einlegen und 20 Minuten bei kleiner Flamme zugedeckt dünsten. Die Karpfenstücke herausheben, auf einer vorgewärmten Platte anrichten und mit der Soße (wenn zu dick, mit Bier verdünnen) übergießen.
Beilage: Serviettenknödel.

PÖRKÖLTKARPFEN (4–6 Portionen)

1,2–1,5 kg Karpfen. Sud: *$^{3}/_{4}$ l Wasser, 100 g Wurzelwerk, $^{1}/_{2}$ Zwiebel, Salz, 5 Pfefferkörner, 1 Lorbeerblatt, Petersilienstengel, 1 Teelöffel Essig, 1 Teelöffel Zucker.* Soße: *150 g Selchspeck, 1 Zwiebel, 2 grüne Paprikaschoten, 1 Teelöffel Essig, 1 Eßlöffel Paradeismark, 1 Teelöffel Rosenpaprika, $^{1}/_{16}$ l Weißwein, 2 Paradeiser.*

Den küchenfertig vorbereiteten Karpfen filetieren und in Portionsstücke teilen. Aus dem Fischkopf und den Gräten mit Wurzeln und Gewürzen einen kräftigen Sud bereiten.
In einer Rein kleinwürfelig geschnittenen Selchspeck glasig rösten, feingehackte Zwiebel beigeben und ebenfalls glasig rösten. Kleinwürfelig geschnittene grüne Paprikaschoten zugeben und mitrösten, mit Essig ablöschen, mit Paradeismark und Paprika abschmecken, Weißwein zufügen und mit $^{1}/_{2}$ Liter Fischsud aufgießen. 15 Minuten gut verkochen, sodann abgezogene, entkernte, in Würfel geschnittene Paradeiser hineingeben, die Fischstücke einschlichten und im vorgeheizten Rohr, zugedeckt, 20 Minuten dünsten.
Beilage: Tarhonya.

LACHS

Der Lachs oder Salm zählt zu den sogenannten Wanderfischen. Er ist einer der feinsten, begehrtesten und wohlschmeckendsten Fische. Er wird bis zu $1^{1}/_{2}$ m lang und bis zu 50 kg schwer.
Seine beste Fangzeit ist zu Beginn der Laichzeit, bevor der Fisch beginnt, die Flüsse aufwärts zu ziehen. Zu dieser Zeit hat er bereits seine typische silbrige Färbung und das Fleisch ist lachsrot und fett.
Bei uns kommt der Lachs meist nur tiefgekühlt oder in geräucherter Form auf den Markt.
Der Lachs wird nach dem Schuppen und Ausnehmen gewaschen und entweder quer zum Rücken in Scheiben (hufeisenförmig) geschnitten oder aber der Länge nach halbiert und wie Koteletts geschnitten. Für kalte Gerichte wird der Lachs oft im ganzen oder filetiert verwendet.

LACHS, GEKOCHT (4 Portionen)

4 Lachsscheiben 800 g, $^{1}/_{2}$ l Wasser, $^{1}/_{4}$ l Weißwein, $^{1}/_{2}$ Zwiebel, 1 Karotte, 1 Bund Dillkraut, 1 Lorbeerblatt, 5 Pfefferkörner, Salz, Zitrone.

In einer passenden Rein kaltes Wasser, Weißwein, Zwiebelringe, Karottenscheiben, Dillstengel, Lorbeerblatt, Pfefferkörner und Salz zum Kochen bringen.
Die Lachsscheiben einlegen und bei kleiner Hitze, nicht mehr kochend, ca. 20 Minuten ziehen lassen. Aus dem Sud heben, abtropfen und auf einer vorgewärmten Platte anrichten. Mit gezupftem Dill und Zitronenscheiben garnieren. Dazu serviert man zerlassene Butter, holländische Soße, Mayonnaisesoßen und Salzerdäpfel.

LACHS, GEDÄMPFT (4 Portionen)

4 Lachsscheiben 800 g, 60 g feingeschnittenen Selchspeck, 250 g Schalotten, 200 g Champignons, Weißwein, 1 Zitrone, Salz, Pfeffer.

Die geschälten Schalotten fein hacken, mit geputzten, gewaschenen, blättrig geschnittenen Champignons in Speck rösten. Die Lachsschnitten daraufschlichten, mit Weißwein und dem Saft einer Zitrone übergießen, mit Salz und Pfeffer würzen und zugedeckt 20 Minuten bei kleinem Feuer dämpfen.
Angerichtet mit der Soße übergießen.

LACHS IN DILLSOSSE (4 Portionen)

1 kg Lachs, $^{3}/_{4}$ l Wasser, 100 g Wurzelwerk, 1 Zwiebel, Salz, $^{1}/_{8}$ l Weißwein, 5 Pfefferkörner, 1 Lorbeerblatt, 1 Bund Dillkraut, 30 g Butter, 20 g Mehl, Zitronensaft, Pfeffer, 4 Eßlöffel holländische Soße.

Aus Wasser, blättrig geschnittenen Wurzeln, Zwiebelringen, Salz, Weißwein, Pfefferkörnern, Lorbeerblatt und Dillstengel einen kräftigen Sud kochen.
Die vorbereiteten Lachsstücke darin 20 Minuten ziehen lassen, herausheben und warm stellen. Aus 30 g Butter und 20 g Mehl eine lichte Einbrenn bereiten, mit $^{1}/_{2}$ Liter des Kochsudes aufgießen, gut verkochen und sodann passieren. Mit viel feingehackten Dillspitzen, Zitronensaft, Salz und weißem Pfeffer abschmecken, mit 4 Eßlöffel holländischer Soße legieren und über den angerichteten Lachs leeren.

HUCHEN

Ein zur Lachsfamilie gehörender, bis zu $1^{1}/_{2}$ m langer und etwa 50 kg schwerer Fisch, welcher in der Donau und ihren Nebenflüssen beheimatet ist. In der Küche verwendet man 2 bis höchstens 3 kg schwere Exemplare, die man am besten ausgenommen und leicht eingesalzen ein paar Tage im Kühlschrank liegen läßt. Der Fisch erhält dadurch ein zarteres, mürbes Fleisch.

HUCHEN, GEBACKEN (4 Portionen)

800 g Huchen, Salz, Mehl, 2 Eier, Milch, Semmelbrösel, Öl.

Der küchenfertig vorbereitete Huchen wird in fingerdicke Scheiben geschnitten. Man kann den Fisch auch halbieren und in Schnitzelgröße teilen. Eventuell noch salzen. In Mehl, mit in etwas Milch versprudeltem Ei und Semmelbröseln panieren und in heißem Fett schwimmend backen.
Beilage: Salate.

SCHLEIEN

Zur Karpfenfamilie gehörend, erreichen die Schleien eine Größe von rund einem halben Meter und werden ungefähr 1 kg schwer. Die Schleien leben unter denselben Bedingungen wie Karpfen und haben ein sehr wohlschmeckendes Fleisch. Sie werden meist im ganzen zubereitet, nachdem man die Fische von ihren zahlreichen, kleinen Schuppen befreit hat. Es sind alle beim Karpfen angegebenen Zubereitungsarten möglich.

SCHLEIEN IN DER FOLIE (4 Portionen)

4 Schleien à 250 g, Salz, Pfeffer, Zitronensaft, Petersilie, Dillkraut, Butter, Alu-Folie, Sardellenbutter.

Die Schleien werden geschuppt, die Flossen mit einer Schere abgetrennt, ausgenommen, gewaschen und mit Salz, Pfeffer, Zitronensaft, gehackter Petersilie und Dillkraut mariniert.
Alu-Folien werden auf der glänzenden Seite mit Butter bestrichen, die marinierten Fische darauflegen und einschlagen.
Auf einem Backblech im Rohr oder auf dem Grill 20–25 Minuten bei starker Hitze braten. In der Folie anrichten und zu Tisch bringen. Sardellenbutter und Petersilienerdäpfel dazu reichen.

WELS ODER WALLER

Der Wels, Waller oder auch Schaide genannt, ist der größte Fisch der europäischen Binnengewässer. Er wird bis zu 3 Meter lang und über 200 kg schwer. In erster Linie werden kleine Welse zum Kochen verwendet. Ihr Fleisch ist zart und schmackhaft.

SCHAIDENSCHNITZEL (4 Portionen)

800 g Wels, Salz, Pfeffer, 50 g Zwiebel, 1 Zitrone, Mehl, Öl.

Küchenfertig vorbereitete, zweifingerbreite Stücke (aus dem Mittelteil des Fisches) werden eingesalzen, mit Peffer, Zwiebelringen und Zitronenschale und -saft mariniert. Mindestens 2 Stunden lang zugedeckt liegen lassen. Sodann die Marinade entfernen, die gut abgetropften Fischstücke in Mehl tauchen und in Öl herausbacken.
Beilage: Tatarensoße, Erdäpfelsalat.

FOGOSCH, SCHILL UND ZANDER

Zur Familie der Barsche gehörende Fische, deren verschiedene Namen den Herkunftsort der Fische anzeigen. Der vom Plattensee stammende Fogosch wurde früher nur mit amtlicher Plombe im Kiemendeckel versandt. Der Zander stammt aus den nordeuropäischen Flüssen. Der aus Österreich stammende Fisch wird Schill oder auch Donauschill genannt, da seine Fanggebiete hauptsächlich an der Donau liegen.
Die Fische sind mit dem Gewicht von 1½ bis 3 kg geschmacklich am besten und werden meist filetiert verarbeitet.

ZANDER AUF BURGENLÄNDISCHE ART
(4 Portionen)

4 Zanderfilets à 200 g, 4 Sardellen, 1 Zitrone, Paprika, Salz, Mehl, 4 Eiklar, Öl, Butter, 50 g Speck, 1 Zwiebel, 1 roter Paprika, 1 grüner Paprika, 2 geschälte Paradeiser, 1 Knoblauchzehe, ⅛ l Sauerrahm.

Die Zanderfilets werden mit Sardellenfilets gespickt, mit Zitronensaft, Salz und Paprikapulver etwa 20 Minuten lang mariniert. Danach in Mehl wenden, durch zerschlagenes Eiklar ziehen und in heißem Öl auf beiden Seiten rasch goldgelb backen.
Herausheben, abtropfen und in eine leicht gebutterte, feuerfeste Schüssel schlichten. Das Öl aus der Pfanne bis auf einen kleinen Rest ableeren, ein Stück Butter zugeben und darin Speckstreifen glasig anlaufen lassen. In Streifen geschnittene Zwiebel, rote und grüne Paprikaschoten mitrösten und zum Schluß in Streifen geschnittene, geschälte Paradeiser zugeben, mit Salz, Knoblauch und Paprika würzen und über die Fische verteilen.
Versprudelten Sauerrahm darüberleeren und etwa 10 Minuten im Rohr dünsten.

ZANDERFILETS IN ROTWEINSOSSE (4 Portionen)

4 Zanderfilets à 160-180 g, Salz, Pfeffer, 1 Knoblauchzehe, 1 Zitrone,

Butter, 100 g Schalotten, Rotwein, 1 Teelöffel Stärkemehl, 2 Eidotter, 4 Eßlöffel Obers, Petersilie.

Die Zanderfilets werden enthäutet, mit Salz, Pfeffer, Knoblauch und Zitronensaft mariniert.
Eine flache Pfanne wird ausgebuttert, mit feingehackten Schalotten ausgestreut, die marinierten Fischstücke darauf schlichten, mit halb Rotwein und halb Wasser untergießen, mit gebutterter Folie zudecken, einmal aufkochen und bei kleiner Hitze gar werden lassen. Nach dem Aufkochen soll der Fisch nicht weiterkochen. Die Fischstücke herausnehmen und warm stellen. Die Flüssigkeit wird nun auf etwa $^1/_8$ Liter eingekocht, mit in einem Eßlöffel Rotwein angerührtem Stärkemehl gebunden, abgeschmeckt und das mit den Eidottern vermischte Obers in die nicht mehr kochende Soße eingeschlagen. Über die Zanderfilets gießen und mit Petersilie bestreuen.

PAPRIKAFOGOSCH (4 Portionen)

1 Fogosch oder Zander 1 kg schwer, Salz, Paprika, Zwiebel, 2 Knoblauchzehen, $^3/_8$ l Sauerrahm, 400 g kleine gebratene Erdäpfel, Öl.

Den küchenfertigen Fogosch (Zander) filetieren, enthäuten, mit Salz, Paprika und Knoblauch würzen. In einer Pfanne in etwas Öl die kleingehackte Zwiebel anlaufen lassen, die gewürzten Fischfilets dazugeben und im heißen Rohr braten. Danach mit versprudeltem Sauerrahm begießen, mit Paprika bestreuen und alles zusammen noch kurz sehr heiß werden lassen.
Man serviert den Fisch im Kochgeschirr und gibt kleine, gebratene Erdäpfel als Garnitur.

SEEFISCHE (SALZWASSERFISCHE)

SCHELLFISCH

Der Schellfisch ist leicht an seiner dunklen Seitenlinie und einem schwarzen Fleck oberhalb der Brustflosse zu erkennen.
Der Schellfisch hat ein zartes, lockeres, weißes und sehr wohlschmeckendes Fleisch. Im Aussehen ist das Fleisch dem Seelachs ähnlich, im Geschmack jedoch mehr dem Kabeljau.
Um das Fleisch zu festigen und einen eventuell vorhandenen Seefischgeruch zu neutralisieren, kann man es eine Stunde vor der Zubereitung mit Zitronensaft beträufeln.

KABELJAU

Der Kabeljau ist ein bis zu 50 kg schwerer Raubfisch aus der Familie der Schellfische. Er zählt zu den wirtschaftlich bedeutendsten Fischen. Er wird nicht nur als Frischfisch verwendet, sondern auch getrocknet als Stockfisch, getrocknet und gesalzen als Klippfisch oder in Lake eingelegt als Laberdan gehandelt. Bei uns kommt er sowohl frisch als auch in tiefgekühlter Form auf den Markt.
Der junge Kabeljau wird bis zu seinem fünften Lebensjahr als Dorsch bezeichnet.

DORSCHFILET FLORENTINER ART (4 Portionen)

800 g Dorschfilet, Salz, Pfeffer, Zitronensaft, Mehl, 2 Eßlöffel Öl, 250 g junger Spinat, Butter, 3/8 l Mornaysoße, 2 Eßlöffel Reibkäse.

Dorschfilets kurz waschen, mit Salz, Pfeffer und Zitronensaft etwa 1/2 Stunde marinieren. Sodann in Mehl wenden und rasch in heißem Öl auf beiden Seiten anbraten.
Zarten, jungen Spinat putzen, waschen, in halbzentimeterbreite Streifen schneiden und kurz in heißer Butter schwenken. Salzen, pfeffern und den Boden einer feuerfesten Schüssel damit auslegen. Die Dorschfilets in die feuerfeste Schüssel schlichten, mit einer dicken Mornaysoße überziehen, mit Reibkäse und Butterflocken bestreuen und im sehr heißen Rohr bei starker Oberhitze goldbraun überbacken.

KABELJAU AUF ITALIENISCHE ART (4 Portionen)

800 g Kabeljau, Salz, Pfeffer, Zitronensaft, 8 Knoblauchzehen, 4 Eßlöffel Olivenöl, Mehl, 4 Sardellen, 4 Eßlöffel Parmesan, 2 Eßlöffel Semmelbrösel, Butter.

Kalbejaufilets kalt waschen, abtrocknen und in Portionsstücke teilen. Mit Salz, Pfeffer, Zitronensaft und etwas Knoblauch marinieren.
In einer Rein Olivenöl erhitzen. Fischstücke in Mehl wenden und in die Rein einlegen. Nun streicht man auf jedes Stück feinzerdrückten Knoblauch, feingehackte Sardellen, geriebenen Parmesan und Semmelbrösel, legt kleine Butterflöckchen darauf und läßt den Fisch im Rohr goldbraun backen.

STOCKFISCH MIT SAUREM RAHM (4 Portionen)

600 g Stockfisch, Pfefferkörner, 1 Lorbeerblatt, 1 Zwiebel, 1 Eßlöffel Essig, Butter, 1/2 l Sauerrahm, 2 Eßlöffel geriebener Kren, Petersilie.

Der Stockfisch wird über Nacht gewässert, wobei man ein- bis zweimal das Wasser wechselt.
Am nächsten Tag in warmem Wasser mit Pfefferkörnern, Lorbeerblatt, Zwiebelringen und Essig zustellen und so lange langsam ziehen lassen, bis sich das Fischfleisch blättert. Dann von Häuten und Gräten lösen, salzen und in eine gebutterte Auflaufschüssel einlegen, und zwar eine Schicht Fischfleisch und darüber Sauerrahm, feingeriebenen Kren, feingehackte Petersilie, sodann wieder mit Fisch beginnen. Wenn alles aufgebraucht ist, den Auflauf mit Butter beträufeln und im Rohr etwa 25 Minuten backen.
Dieses Gericht kann auch mit Kabeljau zubereitet werden. Der Fisch wird dann nicht gewässert.

STOCKFISCH MIT BUTTER UND ZWIEBELN
(4 Portionen)

600 g Stockfisch, Salz, Milch, 100 g Butter, 2 Zwiebeln, Pfefferkörner.

Stockfisch wie zuvor beschrieben wässern. Von Gräten und Haut befreien und mit einer Mischung aus kochendem Salzwasser und Milch (halb/halb) übergießen. So lange ziehen lassen, bis sich das Fleisch blättert. Es ist darauf zu achten, daß der Fisch nicht kochen soll. Zum Abtropfen auf ein Sieb legen.
Zwiebeln nudelig schneiden und in einer Rein mit Butter braun rösten. Den Stockfisch einlegen und zugedeckt eine Weile dünsten. Den Fisch mit der Butter und den Zwiebeln anrichten, mit Salz und frisch gemahlenem Pfeffer bestreuen und mit Salzerdäpfeln servieren.

MAKRELE

Die Makrele muß immer ganz frisch verarbeitet werden, da sie sehr rasch verdirbt. Diese Fische noch am Kauftag verbrauchen. Die Makrele kommt bei uns frisch meist in der Größe von Portionsfischen oder als Räucherfisch auf den Markt.

MAKRELE VOM GRILL (4 Portionen)

4 Portionsmakrelen, Salz, Pfeffer, Semmelbrösel, Öl.

Die Makrelen reinigen, innen und außen mit Salz und Pfeffer einreiben, an beiden Seiten zwei querlaufende Einschnitte machen, in Semmelbröseln andrücken, mit Öl bepinseln und auf den heißen Grillstäben beidseitig langsam grillen.
Mit Kräuter- oder Sardellenbutter servieren.

SEEZUNGE

Die Seezunge gehört zu den Plattfischen und ist einer der feinsten Fische überhaupt. Sie wird entweder im ganzen gebraten oder filetiert gebacken oder pochiert. Die Seezunge wird immer ohne Haut zubereitet, und zwar die Haut beidseitig am Schwanz lösen, sodann den Fisch mit einer Hand am Schwanz niederhalten und die Haut mit der anderen Hand in einem Zuge zum Kopf hin abziehen. Umdrehen und auf der anderen Seite ebenso verfahren.
Kopf abschneiden, durch die entstandene Öffnung Eingeweide ausnehmen, mit einer Schere die Flossen rundherum kürzen und den Fisch unter kaltem, fließendem Wasser kurz abspülen.
Zum Filetieren den Fisch an der deutlich zu sehenden Mittellinie einschneiden und die Filets seitlich – vorsichtig durch einen Schnitt von der Mitte nach beiden Seiten – entlang der Gräten ablösen. Man erhält auf diese Weise vier Filets.

SEEZUNGE, GEBACKEN (4 Portionen)

4 kleine Seezungen, Salz, Zitronensaft, Mehl, Eier, Semmelbrösel, Öl, 1 Zitrone, Petersilie.

Die Seezunge wird abgezogen, ausgenommen, der Kopf abgetrennt, die Flossen abgeschnitten, mit Salz und Zitronensaft gewürzt, in Mehl gewendet, durch versprudeltes Ei gezogen und in Semmelbröseln gedrückt. In nicht zu heißem Öl rasch und goldbraun backen. Auf einer vorgewärmten Platte anrichten und mit Zitronenspalten und grüner Petersilie verzieren.

SEEZUNGENFILETS MIT KREBSEN UND CHAMPIGNONRAGOUT (4 Portionen)

12 Seezungenfilets, Salz, 50 g Schalotten, 50 g Champignonabschnitte, weißer Pfeffer, Muskat, 1/4 l Weißwein, Butter, 4 Eidotter, 2 Eßlöffel Obers, 1/2 Zitrone, 1 Teelöffel Krebsenbutter, 8 Champignonköpfe, 1 gekochte Trüffel, 4 Krebsschwänze oder ein kleines Glas Krevetten, 8 Blätterteighalbmonde. Mehlbutter: *1 Teelöffel Butter wird mit 1 Teelöffel Mehl gut verknetet.*

Die Seezungenfilets – wie bereits beschrieben – auslösen, mit der Außenseite nach innen zusammenklappen und leicht salzen.
Eine Rein mit Butter ausstreichen, mit feingehackten Schalotten und Champignonabschnitten ausstreuen, die Seezungenfilets darauf schlichten, mit etwas weißem Pfeffer und Muskat würzen, mit 1/4 Liter Weißwein bedecken und die Rein mit einem mit Butter bestrichenen Pergamentpapier zudecken. Einmal kurz aufkochen und 10 Minuten

im Rohr bei kleiner Hitze langsam dünsten. Die fertigen Filets werden auf eine vorgewärmte Platte gehoben und zugedeckt warm gestellt. Den Saft seihen und etwas einkochen, mit Mehlbutter leicht binden.
Eidotter mit etwas Obers gut verrühren und in die Soße geben. Den Saft einer halben Zitrone in die nicht mehr kochende Soße mit der Schneerute einschlagen und 1 Teelöffel Krebsenbutter zugeben.
Die angerichteten Filets mit Streifen von in Butter leicht gedünsteten Champignons, der Trüffel und Krebsenschwänzen (Krevetten) belegen und mit der Soße überziehen. Mit Blätterteighalbmonden verzieren.

SCHOLLE MIT SPECK (4 Portionen)

4 kleine Schollen, 1/2 Zitrone, Salz, Pfeffer, Mehl, 100 g Selchspeck, 1 Zwiebel, Petersilie.

Die Schollen (Goldbutte) werden genauso zugerichtet und verarbeitet wie die Seezunge.
Kopf, Schwanz und Flossen mit der Schere abschneiden, ausnehmen und waschen. Mit Zitronensaft beträufeln, salzen und pfeffern und 10 Minuten stehen lassen. Abtupfen und in Mehl wenden. Speck in kleine Würfel schneiden, in einer Pfanne anbraten, aus dem Fett nehmen und beiseite stellen.
Zwiebel kleinwürfelig schneiden und im Speckfett goldgelb rösten.
Die Schollen nacheinander im Fett auf jeder Seite braten (je nach Größe 3–4 Minuten). Auf einer vorgewärmten Platte anrichten, Speck und Zwiebel im Bratenfett erhitzen, mit der gehackten Petersilie vermischen und über die Schollen streuen.
Beilage: Petersilienerdäpfel, Salate.

STEINBUTT

Ist der edelste und der wohlschmeckendste zur Familie der Schollen gehörende Plattfisch. Er hat außerdem noch ein äußerst saftiges Fleisch. Seine goldbraune Oberseite ist durch zahlreiche steinartige Gebilde in der Haut gekennzeichnet, daher kommt auch sein Name. Die Unterseite ist weißlich. Der Steinbutt wird der Länge nach halbiert und dann in etwa 250 bis 300 g schwere Portionsstücke geschnitten. Die Haut wird vor der Zubereitung abgezogen.

HEILBUTT

Der Heilbutt ist der größte unter den Plattfischen. Sein Fleisch ist nicht ganz so wohlschmeckend wie das des Steinbuttes. Die Vor- und Zubereitung ist aber nahezu ident.

STEINBUTT MIT SARDELLEN AUF ESTRAGON
(4 Portionen)

4 Steinbuttfilets, 1 Zitrone, 1/4 l Weißwein, Salz, 1 Lorbeerblatt, 8 Pfefferkörner, Estragonstengel, 30 g Butter, 20 g Mehl, 1/4 l Obers (Kaffeeobers), Pfeffer, Muskat, 1 Eßlöffel gehackte, frische Estragonblätter, 8 Sardellenfilets.

Steinbuttfilets waschen, mit Zitronensaft einreiben und etwa 15 Minuten stehen lassen. In wenig Salzwasser mit Weißwein, Salz, Lorbeerblatt, Pfefferkörnern und Estragonstengel bei schwacher Hitze 15–20 Minuten gar ziehen lassen.
Herausheben und auf einer Platte zugedeckt warm stellen.
Fischsud kräftig einkochen. In der Zwischenzeit aus Butter und Mehl eine lichte Einbrenn bereiten, mit 1/4 Liter Obers aufgießen, gut verkochen, mit Salz, Pfeffer, Muskat und Zitronensaft abschmecken und gehackte Estragonblätter zugeben.
Mit der fertigen Soße die Steinbuttfilets überziehen und mit Sardellenstreifen belegen.

HEILBUTT IN BLÄTTERTEIG (4 Portionen)

4 Heilbuttfilets, Salz, Pfeffer, Zitronensaft, 50 g Speck, 100 g Schalotten, 1 Eßlöffel gehacktes Kerbelkraut, 1 Eßlöffel gehackter Estragon, 8 Blätterteigstücke in Fischform, 1 Ei, 100 g Butter.

Heilbuttfilets säubern, waschen, mit Salz, Pfeffer und Zitronensaft einreiben.
Kleinwürfelig geschnittenen Speck glasig rösten, kleingeschnittene Schalotten zugeben und mitrösten, grob gehacktes Kerbelkraut und Estragon beifügen und abkühlen lassen.
8 Stück genügend große Blätterteigstücke – wenn möglich in Fischform – zuschneiden, 4 davon mit dem gerösteten Gemisch bestreuen, je 1 Portion Heilbuttfilet darauflegen und die Teigränder gut mit versprudeltem Ei bestreichen. Das zweite Teigstück darüberlegen, die Ränder gut andrücken und mit einer Messerspitze Kopf, Schwanz und Schuppenmuster in den Teig ritzen. Auf ein Backblech setzen, mit Ei bestreichen und bei 220° im Backrohr anbacken. Wenn sich der Teig abgehoben hat auf 150° zurückschalten und etwa 30 Minuten ausbacken.
Auf Papier anrichten.
Zerlassene Butter extra reichen.

Krusten-, Schalen- und Weichtiere

KREBSE

Bei den Krebsen handelt es sich immer um Süßwasserkrebse, die bei uns wohl in zahlreichen Flüssen und Seen vorkommen, heute aber meist importiert werden. Krebse dürfen nur lebend verkauft werden, oder sie müssen tiefgekühlt bzw. als Konserve auf den Markt kommen.

Die lebenden Krebse werden unter fließendem Wasser mit einer Bürste gut gereinigt und sodann mit dem Kopf zuerst in kochendes Salzwasser oder Sud getaucht. Sie werden dadurch rasch getötet. Dann entweder roh weiterverarbeiten oder im Sud fertigkochen.

Wird Krebsfleisch ausgelöst verarbeitet, so werden die Krebse vorher gekocht, noch heiß die Scheren im Gelenk abgebrochen, mit einem scharfen Messer der Länge nach aufgebrochen, der Chitinstreifen (knorpelähnlicher Streifen) entfernt und das zarte Fleisch vorsichtig herausgehoben.

Der Schwanz wird durch seitliches Drehen abgebrochen, sauber ausgelöst, der Rückenlänge nach eingeschnitten und der Darm herausgezogen.

Meereskrebse, wie Hummer, Langusten, Garnelen usw., werden genauso wie die Krebse vorbehandelt und dann der Zubereitungsart entsprechend weiterverarbeitet.

KREBSE, GEKOCHT (4 Portionen)

24 lebende Krebse oder 12 Solokrebse, Salz, 1/2 Teelöffel Kümmel, 2 Bund Dillkraut.

3–4 Liter Wasser mit Salz, Dillkraut und Kümmel etwa 10 Minuten lang kochen. Die in frischem Wasser gründlich gereinigten, lebenden frischen Krebse in das kochende Wasser geben und den Topf zudecken. Die Krebse werden dabei sofort getötet und bekommen eine schöne rote Farbe.

Die Hitze zurücknehmen und die Krebse 10–12 Minuten in dem Sud ziehen lassen.

In einer heißen Schüssel mit dem geseihten Kochsud anrichten. Mit frischer, gezupfter Dille bestreut servieren.

KREBSE IN RAHM (4 Portionen)

12 Krebse (Solokrebse), Salz, 1/2 Teelöffel Kümmel, 1 Bund Dillkraut, 30 g Butter, 2 Eßlöffel weiße Semmelbrösel, (abgerindete Semmeln), 1 Eßlöffel gehackte Petersilie, 1/4 l Sauerrahm, 1/8 l Weißwein, Salz, Pfeffer, Zitronensaft.

Die großen Krebse wie beschrieben vorbereiten und wie bei „Krebse, gekocht“ kochen. Noch heiß aus den Schalen lösen (siehe Einleitung). Das Krebsfleisch richtet man auf einer Schüssel an und übergießt es mit folgender Soße:
In heißer Butter weiße Semmelbrösel und grüne Petersilie leicht anlaufen lassen, sauren Rahm und Wein zugeben, salzen, pfeffern und mit Zitronensaft abschmecken. Alles gut verkochen lassen.
Aus dem Krebspanzer und den Schalen kann man Krebsbutter bereiten und auf Vorrat tiefkühlen.

KREBSE IN DILLSOSSE (4 Portionen)

12 Krebse, Salz, Pfeffer, 1 Teelöffel Kümmel, 2 Bund Dillkraut, 1/8 l Weißwein, 1/8 l Sauerrahm, Muskat, Zitronensaft.

Lebende Krebse waschen, mit vielen Dillstengeln kochen, Schalen und Schwänze ausbrechen und auslösen. Aus 30 g Butter und 20 g Mehl eine lichte Einbrenn bereiten, mit 1/8 Liter Kochsud, 1/8 Liter Weißwein und 1/8 Liter Sauerrahm aufgießen, verkochen, mit Salz, Pfeffer, Muskat, Zitronensaft und feingehackten Dillspitzen abschmecken, vom Feuer nehmen, die ausgelösten Krebse einlegen und in der Soße etwas ziehen lassen.
Die Krebse in einer vorgewärmten Schüssel zu Tisch bringen.
Beilage: gedünsteter Reis.

SCAMPI, GEBACKEN (4 Portionen)

400 g ausgelöste Scampi oder 600 g Scampi in der Schale, Salz, Zitronensaft, Petersilie. Backteig: *100 g Mehl, 1/8 l Weißwein, 1 Eidotter, Salz, 1 Eßlöffel Öl, 1 Eiklar, Öl zum Backen, 3/8 l Paradeissoße.*

Die Scampi wie Krebse auslösen (oder nach Vorschrift auftauen). Mit Salz, Zitronensaft und etwas Petersilie kurz marinieren.
Mehl wird mit Weißwein und Eidotter, Salz und 1 Eßlöffel Öl zu einem glatten Teig verrührt. Eiklar zu festem Schnee schlagen und unterziehen. Die Scampi nun einzeln durch den Backteig ziehen und in nicht zu heißem Öl schwimmend goldgelb backen.
Anrichten und Paradeissoße extra dazu reichen.

AUSTERN

Die Austern müssen bis zum Gebrauch auf Eis gehalten werden. Die fest verschlossenen Schalen werden mit einer Bürste unter fließendem Kaltwasser gut gewaschen und mit einem Austernmesser an der Rückseite geöffnet. Von selbst geöffnete Austern sind verdorben und müssen sofort weggegeben werden!

AUSTERN, FRISCH

Von den kurz vor dem Genuß geöffneten frischen Austern entfernt man die seichte Schale und gibt die andere Schalenhälfte mit den sich darin befindlichen Austern und ihren Saft auf eine mit einer Serviette bedeckte flache Schüssel und serviert die Muscheln mit Zitronenspalten vor der Suppe. Als Getränk dazu eignet sich Chablis oder ein trockener Sherry.

AUSTERN, GERÖSTET (4 Portionen)

24 Austern, Salz, 4 Dotter, Semmelbrösel, Butter, 8 Weißbrotschnitten, Zitrone, $^1/_4$ l holländische Buttersoße.

Die ausgelösten Austern werden leicht gesalzen, in versprudelten Dottern gerollt und mit feinen Semmelbröseln bestreut. In Butter auf beiden Seiten in einer Pfanne rösten. Man serviert die Austern auf gerösteten Weißbrotschnitten.
Holländische Buttersoße wird mit viel Zitronensaft abgeschmeckt und extra dazu gereicht.

AUSTERNRAGOUT (4 Personen)

24 Austern, Zitronensaft, $^3/_8$ l Weißwein, 20 g Butter, 20 g Mehl, $^1/_8$ l Obers, 2 Eidotter, Salz, Pfeffer, Cayennepfeffer, 20 g Butter.

Die aufgebrochenen Austern aus den Schalen lösen, mit ihrem Wasser, Zitronensaft und Wein kochen.
Butter aufschäumen lassen, Mehl dazugeben und mit dem Kochsud aufgießen. Alles dick einkochen und mit den in Obers verrührten Dottern binden. Die Soße mit Salz, Pfeffer und einer Prise Cayennepfeffer würzen und durch ein feines Sieb passieren. Mit 20 g frischer Butter montieren und die Austern in dieser Soße schwenken.

MUSCHELN IN DER SCHALE GEKOCHT
(4 Portionen)

24 frische Miesmuscheln, Wasser, $^1/_8$ l Weißwein, Salz, Pfefferkörner, 1 Zweig Thymian, 1 Zitrone, Butter.

Die geschlossenen Muscheln unter kaltem Wasser mit einer Bürste gut reinigen. Wasser mit etwas Weißwein, Salz, zerdrückten Pfefferkörnern und einem Thymianzweig aufkochen, die Muscheln einlegen und so lange kochen, bis sich die Schalen öffnen. Herausheben, abtropfen und anrichten.
Zitronenstücke und nußbraune Butter extra reichen.
Man kann beim Essen Muschelfleisch mit einer Gabel aus der Schale lösen oder eine schon geleerte Muschelschale dazu verwenden.

MUSCHELN AUF SEEMANNS ART (4 Portionen)

24 frische Miesmuscheln, 50 g Butter, Petersilie, Schnittlauch, Knoblauch, Pfeffer, 1 Eßlöffel Schwarzbrotbrösel.

Die Muscheln – wie bereits beschrieben – kochen, aus der Schale lösen und in heißer Butter, mit feingehackter Petersilie, Schnittlauch und zerdrücktem Knoblauch, mit schwarzem Pfeffer und Schwarzbrotbröseln vermischen. Sehr heiß servieren!

SCHNECKEN, VORBEREITUNG

24–48 Stück frische Schnecken oder fertige Schnecken aus der Dose. Der kalkhaltige Verschluß der Schnecken wird entfernt. Danach werden sie mehrere Stunden unter fließendem Wasser geschwemmt. In kochendem Salzwasser etwa 5 Minuten lang kochen, mit einer Spicknadel aus dem Gehäuse lösen, Kopf, Darm und Schwanz abschneiden.
Gut mit Salz einreiben und in fließendem Wasser gründlich spülen. Diesen Vorgang so oft wiederholen, bis das Spülwasser klar ist. Die Schnecken nun in Salzwasser mit etwas Weißwein, Zwiebel, Petersilienstengel, Thymianzweig und Lorbeerblatt zirka 3 Stunden kochen. Im Sud erkalten lassen und weiter zubereiten.

SCHNECKEN AUF STEIRISCHE ART (4 Portionen)

24 frische oder 1 Dose große Schnecken, 30 g Butter, 50 g Bauernspeck, 50 g Zwiebel, Petersilie, 1 Semmel, $^{3}/_{8}$ l steirischen Schilcher, Salz, weißer Pfeffer, frischer Thymianzweig, Kerbelkraut.

Frische, gekochte Schnecken oder Dosenschnecken werden gut abgetropft. In einer Rein wird Butter erhitzt, kleinwürfelig geschnittener Bauernspeck, feingehackte Zwiebel und Petersilie darin anlaufen lassen, eine altbackene, entrindete und fein geriebene Semmel dazugeben; die Schnecken beifügen und gut durchrösten. Mit Schilcher aufgießen, mit Salz, weißem Pfeffer, Knoblauch, Kerbelkraut und frischem Thymian würzen. Gut verkochen lassen. Mit frischem Bauernbrot servieren.

SCHNECKEN, GEBACKEN (4 Portionen)

48 Schnecken, Salz, Pfeffer, Cayennepfeffer, Knoblauch, Butter, Backfett. Backteig: *120 g Mehl, etwa $^{1}/_{8}$ l Weißwein, Salz, 2 Eidotter, Schnittlauch, 1 Eßlöffel Öl, 1 Eiklar.*

Gekochte Schnecken mit Salz, Pfeffer, Cayennepfeffer und Knoblauch marinieren, in Butter leicht anbraten, erkalten lassen, durch den Backteig ziehen und in heißem Fett goldgelb backen.
Backteig:
Mehl, Weißwein, Salz, Eidotter, Öl und feingeschnittener Schnittlauch werden zu einem glatten Teig verrührt. Eiklar zu Schnee schlagen und unterziehen.

FROSCHSCHENKEL, GEBACKEN (4 Portionen)

16 Froschschenkel, Zitronensaft, Salz, Pfeffer, Mehl, Ei, Semmelbrösel, Petersilie, Zitronenspalten.

Man beizt die gewaschenen Froschschenkel 1–2 Stunden mit Zitronensaft, Salz und Pfeffer. Abtrocknen und in Mehl wenden, durch mit etwas Öl versprudeltes Ei ziehen und in Semmelbröseln wenden. In heißem Backfett goldbraun backen. Angerichtet mit grüner Petersilie und Zitronenspalten servieren.

FROSCHSCHENKEL MIT KRÄUTERN (4 Portionen)

16 Froschschenkel, Salz, Zitronensaft, Knoblauch, Butter, 2 Eßlöffel feingehackte Schalottenzwiebel, 1 Eßlöffel gehackte Petersilie, 1 Eßlöffel Schnittlauch, 1/2 Teelöffel Kerbel, 1/8 l Weißwein.

Froschschenkel waschen, mit Salz, Zitronensaft und einer zerdrückten Knoblauchzehe würzen. Einige Zeit stehen lassen.
Abtrocknen, in heißer Butter braten und anrichten. Im Bratenfett Schalotten rösten, Petersilie, Schnittlauch und Kerbel dazugeben, mit Weißwein ablöschen und über die Froschschenkel leeren.

KALTE SOSSEN

Mayonnaisesoßen

SOSSE TATARE

250 g Mayonnaise, 1 Essiggurke, 1 Teelöffel Kapern, 1 Teelöffel gehackte Petersilie, 1/2 Zwiebel, Zucker.

Unter die fertige Mayonnaise werden feingehackte Essiggurke, Kapern und Petersilie gerührt und mit verdünntem Essig oder Essiggurkenwasser auf Soßenkonsistenz gerührt und mit Zucker abgeschmeckt.
Ist die Soße tatare für den sofortigen Verbrauch bestimmt, gibt man feinstgeschnittene Zwiebel bei. Macht man die Soße auf Vorrat, so stellt man sie ohne Zwiebel her und gibt diese erst vor dem Verbrauch dazu.
Man reicht die Soße zu gebackenem Gemüse, warmem und kaltem Fisch und Fleisch.

REMOULADENSOSSE

1/4 l Soße tatare, 2 gekochte passierte Eidotter, 1 Teelöffel Estragonsenf, 2 Eßlöffel Kaviar.

Die vorher beschriebene Soße tatare wird mit passiertem Eidotter, Senf und Kaviar gut verrührt.
Zu gebratenem Fisch und Fleisch reichen.

TIROLER SOSSE

250 g Soße tatare, 2 Eßlöffel Paradeismark, 1 Teelöffel geriebener Kren.

Soße tatare wird mit Paradeismark und geriebenem Kren gut verrührt.
Man kann auch halb Ketchup und halb Paradeismark nehmen oder nur Ketchup verwenden.
Für kalte Eiergerichte und Fisch.

RAVIGOTESOSSE

250 g Mayonnaise, Petersilie, Schnittlauch, Kerbel, Sauerampfer, Schalotten, Kapern, Zitronenschale von 1/2 Zitrone, Saft von 1/2 Zitrone.

In die fertige Mayonnaise mengt man die feingehackten Kräuter, abgeriebene Zitronenschale und den Saft einer halben Zitrone.
Diese Soße gibt man zu Fischen und englischem Braten.

SCHWEDISCHE SOSSE

250 g Mayonnaise, 100 g Apfelmus, 1 Teelöffel gerissener Kren.

Unter eine fertige Mayonnaise wird Apfelmus und gerissener Kren gerührt.

Selbständige kalte Soßen

APFELKREN (4 Portionen)

3 große Äpfel, 1 Zitrone, Salz, Zucker, 2 Eßlöffel gerissener Kren.

1. Die Äpfel werden geschält, entkernt, fein gerissen, sofort mit Zitronensaft, Salz, Zucker, und Kren vermischt. Apfelkren erst kurz vor Gebrauch herstellen.
2. Die geschälten und entkernten Äpfel in wenig Zitronenwasser mit Zucker weich dünsten, durch ein Haarsieb drücken und mit Kren vermischen.
3. Apfelmus aus der Dose mit Zitronensaft, einer Prise Salz und Zucker sowie Kren, abschmeckfein gerissen, sofort zu gekochtem Rindfleisch reichen.

ESSIGKREN

100 g Kren, 1/4 l Rindsuppe, Salz, Pfeffer, Zucker, 2 Eßlöffel Öl, Weinessig.

Den gerissenen Kren mit kochender Rindsuppe übergießen. Mit Salz, Pfeffer, Zucker, feinem Öl und einem Spritzer Weinessig würzen. Erkalten lassen und zu gekochtem Rindfleisch reichen.

SCHNITTLAUCHSOSSE

3 hartgekochte Eidotter, 2 Schneidesemmeln, Milch, Salz, weißer Pfeffer, Zucker, 2 Eßlöffel Essig, 2 rohe Eidotter, 1/4 l Öl, Schnittlauch.

Drei hartgekochte Eidotter zusammen mit entrindeten, in Milch eingeweichten, ausgedrückten Semmeln passieren, mit Salz, Pfeffer, Zucker und Essig verrühren. Rohe Eidotter beigeben und mit feinem Öl wie Mayonnaise aufrühren.
Mit gewässertem Essig verdünnen und mit feingehacktem Schnittlauch vollenden.
Zu gekochtem Rindfleisch reichen.

PREISELBEERKREN

300 g passiertes Preiselbeerkompott, 2 Eßlöffel geriebener Kren, Zucker, Zitronensaft, Salz, 1/8 l geschlagenes Obers.

Die passierten Preiselbeeren werden mit – in kochendem Wasser kurz abgebrühtem – geriebenem Kren, Zucker, Zitronensaft und einer Prise Salz verrührt.
Zuletzt das steifgeschlagene Obers vorsichtig unterziehen.

KALTER OBERSKREN

1/8 l Schlagobers, 2 Eßlöffel gerissener Kren, Salz, Zucker, weißer Pfeffer.

Steif geschlagenes Obers wird mit in Essigwasser kurz abgebrühtem Kren, Salz, einer Prise Zucker und weißem Pfeffer vermischt.

ROTE-RÜBEN-KREN

500 g rote Rüben, 2 Eßlöffel gerissener Kren, Essig, Zucker, Pfeffer, Salz.

Rote Rüben gut waschen und kochen. Wenn die Rüben weich sind, abseihen, mit kaltem Wasser übergießen und im Wasser die Haut abziehen. Danach die geschälten Rüben aus dem Wasser nehmen, überkühlen lassen, auf dem Krenreißer fein reißen, mit frisch gerissenem Kren, Salz, Pfeffer, Essig und Zucker pikant abschmecken.

WARME SOSSEN

Braune Soßen

BRAUNE GRUNDSOSSE

1 kg Rinds- und Kalbsknochen, 500 g Rind- und Kalbfleischabschnitte (Parüren), 100 g Selchspeck und Schwarten, 200 g Wurzelwerk, 100 g Zwiebel, 80 g Mehl, 2 Paradeiser, 1 Eßlöffel Paradeismark, 1/4 l Weißwein, 1 Kräutersträußchen, Petersilien- oder Zellergrün, Porree, 1 Zweig Thymian, 1 Lorbeerblatt, 1 Knoblauchzehe, Salz, 10 Pfefferkörner, 5 Gewürzkörner, 3 l Knochensuppe oder Wasser.

In einer entsprechend großen Rein oder rechteckigen Bratpfanne die kleingehackten Knochen mit Selchspeckwürfeln anbraten, die zerkleinerten Parüren und Speckschwarten dazugeben und alles zu-

sammen – am besten im Rohr – braun braten. Ist eine mittlere Bräune erreicht, das in grobe Würfel geschnittene Wurzelwerk beigeben und mitbraten, etwas später die ebenfalls grobwürfelig geschnittene Zwiebel dazugeben, mit Mehl stauben und unter ständigem Rühren – am besten auf der Herdplatte – so lange rösten, bis das Mehl eine braune Farbe angenommen hat. Die aufgerissenen Paradeiser und das Paradeismark zugeben, durchrühren, mit 1/8 Liter Weißwein ablöschen und mit 3 Liter kaltem Wasser oder Knochensuppe auffüllen. Aufkochen, in einen hohen Topf füllen, wieder aufkochen lassen, den sich an der Oberfläche bildenden Schaum abschöpfen, das Kräutersträußchen und die Gewürze beigeben und 3–4 Stunden – unter zeitweiligem Abschöpfen des Schaumes – langsam kochen lassen. Zu starkes Kochen ruft eine Trübung der Soße hervor! Kurz vor Ende der Kochzeit das zweite 1/8 Liter Weißwein zufügen. Durch ein feines Sieb oder Seihtuch passieren, eventuell verbliebenes Fett abschöpfen.
Man kann, so vorhanden, einen Kalbsfuß oder Schweinsschwänzchen in der Soße mitkochen. Das Rezept ergibt – richtig gekocht – etwa 1 1/2 Liter glatte, sämige Soße.

BRAUNE ESTRAGONSOSSE

1/2 l braune Grundsoße, 1/8 l Weißwein, Estragonessig, Estragon, Zucker, 3 Pfefferkörner, 20 g frische Butter.

Die abgezupften Estagonstengel werden mit Weißwein, Estragonessig, einer Prise Zucker und zerdrückten Pfefferkörnern eingekocht, mit brauner Grundsoße aufgefüllt und gut verkocht. Die Soße passieren und mit gehackten Estragonblättern und frischer Butter vollenden.

BURGUNDERSOSSE

1/2 l braune Grundsoße, 100 g gehackte Schalotten, 100 g Champignons, Kräutersträußchen, 1/4 l Rotwein, Cayennepfeffer, 20 g frische Butter.

Schalotten und gehackte Champignons mit Rotwein, in welchem ein Kräutersträußchen mitgekocht wird, auf die Hälfte einkochen und mit brauner Grundsoße auffüllen. Verkochen lassen, passieren, mit Cayennepfeffer abschmecken und mit frischer Butter montieren.

ESSIGGURKENSOSSE

1/2 l braune Grundsoße, 1 mittlere Zwiebel, 20 g Butter, 1/16 l Weißwein, 1 Teelöffel Senf, 100 g Essiggurken.

Zwiebel fein schneiden und in Butter goldgelb rösten, mit Weißwein ablöschen, mit Senf verrühren, mit brauner Grundsoße auffüllen und gut verkochen lassen. Passieren und in feine Streifen geschnittene Essiggurken als Einlage geben.

CHAMPIGNONKRÄUTERSOSSE

1/2 l braune Grundsoße, 20 g Öl, 1 große Zwiebel, 200 g Champignons, Petersilie, 20 g Paradeismark, 1/8 l Weißwein.

Feingeschnittene Zwiebel in Fett goldgelb rösten, gehackte Champignons mitrösten, wenn diese Farbe angenommen haben, gehackte Petersilie beigeben und kurz rösten, Paradeismark hinzufügen und mit Weißwein ablöschen. Mit brauner Grundsoße aufgießen und gut verkochen lassen.

MADEIRASOSSE

1/2 l braune Grundsoße, 1/2 Zwiebel, 150 g Champignons, 1/8 l Rotwein, 1/16 l Madeira, 20 g frische Butter.

Zwiebel und Champignons werden fein gehackt und mit Rotwein eingekocht. Mit brauner Grundsoße auffüllen, 10–15 Minuten verkochen lassen, passieren und mit Madeira und frischer Butter vollenden.

SENFSOSSE

1/2 l braune Grundsoße, 20 g Butter, 100 g Schalotten, 1/16 l Weißwein, 1 Eßlöffel Senf, Zucker.

Die feingehackten Schalotten in heißer Butter anschwitzen lassen, Zucker beigeben und rösten, bis dieser eine hellbraune Farbe aufweist. Mit Weißwein ablöschen, Senf dazurühren, mit brauner Grundsoße auffüllen. 10 Minuten kochen lassen.

RAHMSOSSE

1/2 l braune Grundsoße, 1/8 l Sauerrahm, 20 g Mehl, 1 Teelöffel Senf.

Sauerrahm wird mit Mehl und Senf glattgerührt und die kochende braune Grundsoße damit gebunden.

FLEISCHGLACE

1 kg möglichst fettfreie Rindfleischabschnitte (Parüren), 1/2 kg Rindsknochen (Blutknochen), 20 g Fett, 1 Eßlöffel Paradeismark, 1/4 l Weißwein, 5 Pfefferkörner, 1/2 Lorbeerblatt, 1 Zweig Thymian.

Kleingehackte Knochen und die in kleine Stücke geschnittenen Pa-

rüren in Fett (im Rohr) langsam bräunen. Paradeismark beigeben und so lange weiterrösten, bis diese ebenfalls braun ist, mit Weißwein ablöschen und mit 3 Liter kaltem Wasser aufgießen. Aufkochen, Gewürze zugeben und langsam 3 Stunden kochen lassen. Zwischendurch immer wieder abschäumen. Durch ein feines Sieb oder Tuch seihen. Diese Flüssigkeit soll ganz klar sein. Bei kleinem Feuer auf Sirupdicke einkochen. In ein Glas- oder Porzellangeschirr umfüllen und nach dem Erkalten im Kühlschrank lagern.
Fleischglace kann auf Vorrat hergestellt werden und im Tiefkühler aufbewahrt werden.

Weiße Soßen

WEISSE GRUNDSOSSE

500 g Kalbsknochen, 500 g Kalbfleischabschnitte (Parüren), 200 g Wurzelwerk, 1/2 Zwiebel, 5 Pfefferkörner, Salz, 40 g Butter, 40 g Fett, Muskat.

Die kleingehackten Kalbsknochen und die Parüren mit kochendem Wasser bedeckt einmal aufkochen lassen. Abseihen, die Knochen und Parüren kalt schwemmen, erneut mit 2 Liter kaltem Wasser zustellen, aufkochen lassen, den sich bildenden Schaum abschöpfen. Wurzelwerk, Zwiebel, Pfefferkörner und Salz beigeben und langsam 2 Stunden kochen lassen. Abseihen und die Soße wie folgt bereiten: Butter wird erhitzt, das Mehl darin – ohne Farbe zu nehmen – angeröstet. Mit 1/2 Liter der vorstehenden Aufgußsuppe aufgießen, etwa eine Dreiviertelstunde verkochen, mit Muskat abschmecken und passieren.

KALBSEINMACHSOSSE

1/2 l weiße Grundsoße, 1/16 l Obers, 1 Eidotter.

Die vorher beschriebene weiße Grundsoße wird mit dem in Obers gut verrührten Eidotter legiert.

ESTRAGONSOSSE, WEISS

1/2 l Kalbseinmachsoße, Estragonessig, Estragon, 1/16 l Weißwein.

Verdünnten Estragonessig mit abgezupften Estragonzweigen einkochen. Die so erhaltene Reduktion in die Kalbseinmachsoße seihen. Gehackte Estragonblätter in Weißwein kurz kochen und der fertigen Soße beigeben.
Für gekochtes Geflügel, gekochtes Kalbfleisch oder pochierte Eier.

WARME SCHNITTLAUCHSOSSE

1/2 l Kalbseinmachsoße, 2 Eßlöffel feingeschnittener Schnittlauch.

In eine fertige Kalbseinmachsoße wird feingeschnittener Schnittlauch eingerührt.

KRENSOSSE

1/2 Kalbseinmachsoße, 50 g Kren, Essig.

In die Kalbseinmachsoße wird vor dem Legieren der geriebene Kren und ein Spritzer Essig eingerührt.
Diese Soße eignet sich besonders für gekochtes Rind- oder Lammfleisch.

MILCHEINMACHSOSSE (SOSSE BÉCHAMEL)

3/4 l Milch, 1/2 Zwiebel, Petersilie, 1 Gewürznelke, 3 Pfefferkörner, 1/2 Lorbeerblatt, 40 g Butter, 40 g Mehl, Salz, Muskat.

Man läßt die Milch mit Zwiebel, Petersilie, Gewürznelke, Pfefferkörnern und Lorbeerblatt auf ca. 1/2 Liter einkochen und seiht sie ab. Nun bereitet man aus heißer Butter und Mehl eine lichte Einbrenn, gießt sie mit der Milch auf und läßt das Ganze zu einer glatten Soße verkochen.
Zum Schluß mit Salz und Muskat würzen.

MORNAYSOSSE

1/2 l Milcheinmachsoße, 2 Eidotter, 1 Eßlöffel Parmesan, 20 g Butter.

In die fertige Milcheinmachsoße werden Eidotter, Parmesan und frische Butter eingerührt.
Die Soße wird in erster Linie zum Überbacken (Gratinieren) von Gemüse, Fisch, Fleisch usw. verwendet.

Buttersoßen

HOLLÄNDISCHE BUTTERSOSSE (SOSSE HOLLANDAISE)

3 Eidotter, 3 Eßlöffel Flüssigkeit, (Wasser, Suppe oder Weißwein), Salz, Cayennepfeffer, Zitronensaft, Worcestershiresoße, 250 g Butter.

Die Butter wird langsam aufgekocht und 2–3 Minuten leicht weiter gekocht, dann beiseite stellen, so daß sich die Molke absetzen kann.

3 Eidotter mit Flüssigkeit, Salz, Cayennepfeffer, Worcestershiresoße und Zitronensaft in einem Schneekessel mit dem Schneebesen über Dunst dick aufschlagen. Die Masse darf nicht kochen, da sonst das Ei gerinnt! Vom Dunst nehmen und unter ständigem Schlagen die warme Butter löffelweise beigeben. Die Soße am besten kurz vor dem Anrichten zubereiten. Wenn das nicht möglich ist, kann man sie im lauwarmen Wasserbad warm stellen.
Sollte die Soße gerinnen, gibt man einen Eßlöffel kaltes Wasser dazu und rührt mit dem Schneebesen glatt.

BEARNERSOSSE (SOSSE BEARNAISE)

Gewürzreduktion: *4 Eßlöffel Weißwein, 1 Eßlöffel Essig, Zwiebel, Estragon, 4 zerdrückte Pfefferkörner, 1 Zweig Thymian, 1/2 Lorbeerblatt.* Soße: *3 Eidotter, 3 Eßlöffel Gewürzreduktion, Salz, 250 g Butter, 1 Eßlöffel gehackte Estragonblätter, 1 Teelöffel gehacktes Kerbelkraut, 1 Teelöffel Petersilie, Cayennepfeffer.*

Etwas geschnittene Zwiebel mit Estragon, Pfefferkörnern, Thymian und Lorbeerblatt in Weißwein, Essig und 1/8 Liter Wasser zu einer Gewürzreduktion verkochen, abseihen und überkühlen.
Aus Eidotter, Gewürzreduktion und Butter eine holländische Soße – wie vorher beschrieben – herstellen und mit Kräutern und Cayennepfeffer vollenden.

Selbständige, typisch österreichische Soßen

SEMMELKREN

3 Schneidesemmeln, Rindsuppe, 3 Eßlöffel geriebener Kren, Salz, Pfeffer.

Die abgerindeten Semmeln werden mit kochender Rindsuppe übergossen und unter Rühren mit dem Schneebesen zu einem nicht zu dicken Brei verkocht. Mit Salz und Pfeffer würzen und den geriebenen Kren daruntermischen.
Je nach Geschmack kann auch noch mit einem Eidotter, etwas Obers oder saurem Rahm legiert werden.

MANDELKREN

80 g Mandeln, 80 g Kren, 40 g Butter, 40 g Mehl, 1/4 l Milch, 1/4 l Obers, Salz, Muskat, Zucker.

Man läßt Mehl in heißer Butter anlaufen, gießt mit Milch und Obers auf und läßt das Ganze verkochen. Dann mischt man die geschälten, geriebenen Mandeln, Salz, Muskat, etwas Zucker und zum Schluß den geriebenen Kren dazu.

OBERSKREN

100 g Kren, 40 g Butter, 40 g Mehl, 1/4 l Milch, 1/4 l Obers, Salz, weißer Pfeffer, Muskat, Zucker.

In heißer Butter das Mehl kurz anlaufen lassen, mit Milch und Obers aufgießen und verkochen. Mit Salz, wenig Pfeffer, Muskat und Zucker würzen, den gerissenen Kren darunterrühren, einmal kurz aufkochen und sofort anrichten.

WEISSE SENFSOSSE

40 g Butter, 40 g Mehl, 2 Eßlöffel französischer Senf, 1/2 l Suppe, Salz, Zucker, Zitronensaft, Essig.

Aus Butter und Mehl eine lichte Einbrenn bereiten, mit Suppe aufgießen, Senf einrühren, mit Salz, etwas Zucker, je einem Spritzer Zitronensaft und Essig würzen und gut verkochen lassen.

KAPERNSOSSE

40 g Fett, 40 g Mehl, 1/2 l Suppe, 2 Eßlöffel gehackte Kapern, 1/2 Zwiebel, weißer Pfeffer, Salz, 4 Eßlöffel Sauerrahm.

Man bereitet aus Fett, Mehl, feingehackter Zwiebel und gehackten Kapern eine lichte Einbrenn, gießt mit Suppe auf, würzt und läßt das Ganze gut verkochen, rührt den glattgerührten, sauren Rahm unter die Soße und läßt kurz durchkochen.

DILLSOSSE

1/2 l Knochensuppe, 50 g Butter, 1/2 Zwiebel, 40 g Mehl, 1 Teelöffel Essig, 1 Bund Dillkraut, Salz, weißer Pfeffer, Muskat, Zucker, 1/8 l Sauerrahm.

Butter wird erhitzt, die feingehackte Zwiebel darin angeschwitzt, das Mehl beigegeben und licht geröstet. Mit Knochensuppe aufgießen, mit Essig und den abgezupften Dillstengeln 1/2 Stunde verkochen, passieren, mit Salz, Pfeffer, Muskat sowie einer Spur Zucker abschmecken. Mit feingehackten Dillspitzen versetzen und noch einmal aufkochen.

GURKENSOSSE

1 große Salatgurke, 50 g Butter, 40 g Mehl, $^1/_2$ Zwiebel, Petersilie, $^3/_8$ l Rindssuppe, $^1/_8$ l Sauerrahm, Salz, Pfeffer, Knoblauch, Essig, Dillkraut.

In heißer Butter die feingeschnittene Zwiebel und Petersilie anlaufen lassen, mit Mehl stauben und mit Suppe und Sauerrahm vergießen. Mit Salz, Pfeffer und Knoblauch und einem Spritzer Essig würzen, gut durchkochen lassen. Die geschälte, würfelig geschnittene Salatgurke beigeben und weich kochen. Die fertige Soße mit gehacktem Dillkraut bestreuen. Die Soße kann auch mit eingelegten Essiggurken zubereitet werden.

PARADEISSOSSE

550 g Paradeiser, 50 g Selchspeck, 50 g Wurzelwerk, $^1/_2$ Zwiebel, 30 g Fett, 40 g Mehl, $^1/_2$ l Suppe, 1 Knoblauchzehe, $^1/_2$ Lorbeerblatt, Salz, Pfeffer, Zucker, Essig.

Kleingeschnittenes Wurzelwerk und die Zwiebel wird mit Selchspeck und etwas Fett leicht angeröstet und mit Mehl gestaubt. Die gewaschenen, vom Stielansatz befreiten, zerdrückten Paradeiser dazugeben, mit Suppe oder Wasser aufgießen. Zerdrückten Knoblauch, Salz, Lorbeerblatt, Pfeffer, etwas Zucker und einen Spritzer Essig zugeben und eine gute halbe Stunde kochen lassen, danach passieren. Die Soße kann statt mit frischen Paradeisern auch mit der entsprechenden Menge Paradeismark zubereitet werden.

SARDELLENSOSSE

4–5 Sardellen, 40 g Fett, 40 g Mehl, Zwiebel, Petersilie, $^1/_2$ l Knochensuppe, $^1/_{16}$ l Sauerrahm, $^1/_2$ Zitrone.

Man macht eine lichtbraune Einbrenn mit feingehackten Sardellen, Zwiebel und Petersilie, gießt mit Suppe auf und läßt die Soße gut verkochen. Zum Schluß mit Sauerrahm und Zitronensaft abschmecken.

Wildsoßen

WILDSOSSE

50 g Fett, 1 kg Wildknochen, 500 g Wildabschnitte (Parüren), 100 g Speckabschnitte und Schwarten, 150 g Wurzelwerk, 1 große Zwiebel,

50 g Mehl, 1 Kräutersträußchen (Petersilie und Zellergrün), 1/4 l Rotwein, 1 Lorbeerblatt, 8–10 Wacholderbeeren, 10 Pfefferkörner, 1 Zweig Thymian, 1 Eßlöffel Preiselbeerkompott, Saft einer Orange, Saft einer 1/2 Zitrone, 1 Teelöffel Senf.

Die kleingehackten Wildknochen, die zerschnittenen Parüren und Speckabschnitte wie bei der braunen Grundsoße anbraten.
Wurzelwerk und Zwiebel hinzufügen, mit Mehl stauben und braun rösten, mit 1/8 Liter Rotwein ablöschen und mit 2 Liter Wasser oder Suppe auffüllen. Kräutersträußchen, Lorbeerblatt, Wacholderbeeren, Pfefferkörner und Thymian beifügen und 2 Stunden langsam kochen lassen. Das zweite 1/8 Liter Rotwein mit Preiselbeerkompott, Senf, Orangen- und Zitronensaft glattrühren und zu der Soße geben, noch 10 Minuten kochen lassen, durch ein feines Sieb passieren.
Die Rezeptur ergibt ca. 1 Liter fertige Soße.

PFEFFERSOSSE

1/2 l Wildsoße, 1/16 l Rotwein, 50 g Schalotten oder Zwiebel, 1 Eßlöffel gestoßene Pfefferkörner, 20 g frische Butter.

Rotwein mit feingeschnittenen Schalotten und den gestoßenen Pfefferkörnern einkochen, mit Wildsoße auffüllen, verkochen und passieren.
Eventuell mit frischer Butter montieren.

WACHOLDERSOSSE

1/2 l Wildsoße, 1/16 l Rotwein, 1/2 Zwiebel, 1 Eßlöffel zerdrückte Wacholderbeeren, 5 Pfefferkörner, 1/16 l Obers, 0,2 l Wacholderbrand (Gin).

Rotwein wird mit der kleingeschnittenen Zwiebel, Wacholderbeeren und Pfefferkörnern verkocht und mit Wildsoße aufgegossen. Langsam 10 Minuten weiterkochen, passieren, mit Obers und Wacholderbrand vollenden.

Fischsoßen

FISCHEINMACHSOSSE

1/2 l Fischknochensuppe, 40 g Butter, 40 g Mehl, 1/4 l Weißwein.

Die Butter ausschäumen lassen, das Mehl darin anschwitzen, mit Fischknochensuppe und Weißwein aufgießen und 30 Minuten kochen lassen.

WEISSWEINSOSSE

1/2 l Fischeinmachsoße, 1/8 l Weißwein, Muskat, Zitronensaft, 1/8 l Obers, 3 Eidotter, 30 g frische Butter.

Fischeinmachsoße mit Weißwein, Muskat und Zitronensaft etwas verkochen. Obers mit Eidotter verrühren und die vorher vom Feuer genommene Soße damit legieren, zum Schluß 30 g frische Butter einschlagen.

KREBSENSOSSE

1/2 l Fischeinmachsoße, 1/4 l Obers, 50 g Krebsenbutter, 8 gekochte Krebsenschwänzchen, Kognak.

Einer kräftigen Fischeinmachsoße Obers beifügen und zu einer sämigen Soße einkochen. Vom Feuer nehmen und mit Krebsenbutter montieren. Gekochte, ausgebrochene Krebsenschwänzchen als Einlage geben und mit Kognak abschmecken.

HUMMERSOSSE

Wie Krebsensoße, nur mit Hummerbutter und etwas Hummer- oder Krabbenfleisch herstellen.

Bratensäfte

BRATENSÄFTE, AUCH JUS BENANNT

Die Bratensäfte (Jus) entstehen durch den Bratensatz, der sich beim Braten von Fleisch in Form von Extraktstoffen am Boden des Bratengeschirres ansetzt. Nach eventuellem Stauben mit etwas Mehl und einem danach erfolgten Aufgießen mit Wasser oder Knochensuppe wird dieser Satz losgekocht. Ist aber Bratensaft erforderlich, ohne daß man einen Braten zur Verfügung hat, so kann man diesen auch nach den nachfolgenden Rezepten herstellen.

KALBSBRATENSAFT (4 Portionen)

500 g Kalbsknochen- und Kalbfleischabschnitte (Parüren), Fett, 20 g Butter, 100 g Wurzelwerk, 1/2 Zwiebel, 1/2 Teelöffel Mehl, 1/16 l Weißwein, 1/2 l Knochensuppe.

Die kleingehackten Kalbsknochen und Parüren werden in wenig heißem Fett in einer Pfanne im Rohr, unter zeitweiligem Wenden, goldbraun gebraten. Das Fett wird abgeleert und durch ein nußgroßes

Stück Butter ersetzt. Grobwürfelig geschnittenes Wurzelwerk und Zwiebel zugeben und kurz mitrösten, sodann wird mit Mehl gestaubt, durchgeröstet und mit Weißwein abgelöscht. Mit Knochensuppe oder Wasser aufgießen und gut verkochen. Den Saft seihen, nochmals aufkochen und eventuell an der Oberfläche schwimmendes Fett abschöpfen.

SCHWEINSBRATENSAFT (4 Portionen)

750 g Schweinsknochen, Fett, 100 g Wurzelwerk, 1/2 Zwiebel, 2 Knoblauchzehen, Kümmel, 1/2 Teelöffel Mehl, Salz, 1/2 l Knochensuppe oder Wasser.

Kleingehackte Schweinsknochen wie bei Kalbsbratensaft mit würfelig geschnittenem Wurzelwerk und Zwiebel rösten, mit Mehl stauben, mit zerdrückten Knoblauchzehen und etwas Kümmel würzen, Salz beigeben und mit Knochensuppe (Wasser) aufgießen. Gut verkochen lassen, seihen und nochmals aufkochen, jedoch nicht ganz entfetten.

DAS RINDFLEISCH

Am besten ist das Fleisch von jungen *Mastochsen*. Es ist feinfaserig, hat eine ziegelrote Farbe und ist leicht marmoriert, das heißt, daß zwischen den einzelnen Muskeln Fett abgelagert ist. Man kann aber auch *Stierfleisch* – das etwas grobfaseriger und fettärmer ist – und *Kuhfleisch* – das hellrotes Fleisch und helleres Fett aufweist – verwenden.
Das Fleisch muß abgehangen und reif sein. Die Reifung benötigt 7 bis 14 Tage bei einer Temperatur von + 2° bis + 4°, danach ist das Fleisch weich, mürbe und saftig und weist eine spürbare Elastizität auf.
Das Fleisch soll immer von jungen Tieren stammen, alte Tiere werden zur Wursterzeugung verwendet.
Die Aufteilung des Rindes erfolgt nach gewissen Regeln, welche aber regional etwas voneinander abweichen.
Erwähnenswert ist auch noch das früher einmal sehr beliebte *Beinfleisch* aus der Zwerchried.
Gekochtes Rindfleisch ist eine beliebte Spezialität in Österreich, deren Zubereitung viel Liebe und Sorgfalt entgegengebracht wird.
Rindfleisch, welches zum Kochen verwendet werden soll, muß gut abgelegen sein und, wenn möglich, von Mastochsen stammen. Das gewählte Stück wird von Fett, Häuten und Sehnen befreit, damit es

seine Form behält und saftig bleibt. Gekocht wird es, wie bereits bei der klaren Rindsuppe beschrieben.
Zu beachten ist, daß das Rindfleisch immer in die *kochende* Suppe eingelegt wird und langsam und gleichmäßig gekocht werden soll. Das genügend weich gekochte Rindfleisch wird immer quer zur Fleischfaser in Scheiben geschnitten, auf einer Platte oder Teller angerichtet, mit Rindsuppe übergossen und mit etwas Grobsalz und viel feingeschnittenem Schnittlauch bestreut. Sehr heiß servieren!

TAFELSPITZ, GEKOCHT (10–15 Portionen)

2–3 kg Tafelspitz, 1 Zwiebel, 1 Karotte, 1 gelbe Rübe, 1/2 Petersilienwurzel, 1/4 Zeller, 1/2 Porreestange, 2 Paradeiser, 10 Pfefferkörner, 5 Gewürzkörner, Salz, 200 g Rindermark, Schnittlauch.

Der Tafelspitz wird von überflüssigem Fett, Haut und Sehnen befreit, kalt gewaschen und in 2–2 1/2 Liter kochendem Wasser zugestellt.
Nach einer halben Stunde Kochzeit fügt man die, wie bei der Suppe beschrieben, angebratene Zwiebel, die geschälten, gewaschenen, nicht zerteilten Wurzeln sowie die anderen Zutaten und das Salz bei. Die Suppe soll langsam, ohne daß der sich bildende Schaum abgeschöpft wird, kochen, bis das Fleisch weich ist. Die Kochzeit beträgt, je nach Qualität und Größe des Fleisches, 2 1/2–3 1/2 Stunden.
Der Tafelspitz wird nun aus der Suppe gehoben, quer zur Faser in ca. 1 cm dicke Scheiben geschnitten, mit klarer, kochender Rindsuppe übergossen.
Der Tafelspitz wird mit in wenig Rindsuppe einmal ausgekochten Markscheiben belegt, mit etwas grobem Salz und feingeschnittenem Schnittlauch bestreut und sehr heiß serviert. Das in der Suppe mitgekochte Wurzelgemüse in Scheiben schneiden und ebenfalls als Garnitur reichen.
Die entstandene Suppe wie Rindsuppe weiterverwenden.
Beilage: diverse Erdäpfelgerichte, wie z.B. geröstete und gestürzte Erdäpfel, eingebrannte Gurken-, Majoran- und Dillerdäpfel, eingebrannte Gemüse wie Dillfisolen, Spinat, Kohl, Karotten usw.
Warme Soßen, wie Dillsoße, Paradeissoße, Oberskren, Mandelkren und Semmelkren, sowie die kalten Beilagen, wie Schnittlauchsoße, Apfelkren, Essigkren, Essiggurkerln und rote Rüben.

BEINFLEISCH (4 Portionen)

1,2 kg Beinfleisch, Zutaten wie beim Tafelspitz.

Aus der Zwerchried geschnittenes Beinfleisch wird mit den Knochen

und dem auf der Oberseite liegenden Fett verwendet.
Das Fleisch wird, wie der vorher beschriebene Tafelspitz, zugestellt und langsam weitergekocht, wobei das Rindsfett an der Fleischoberseite gut weich werden soll.
Geschnitten wird das Beinfleisch wieder quer zur Faser, entlang des Knochens und mit diesem angerichtet. Auch Beinfleisch wird mit heißer Suppe übergossen und mit Salz und Schnittlauch bestreut.
Als Beilage können sämtliche Rindfleischgarnituren gereicht werden.

TELLERFLEISCH (4 Portionen)

800 g saftiges Rindfleisch, Wurzelwerk, 50 g Rindermark, Schnittlauch, Salz.

Das Tellerfleisch wird in Wien meist als Gabelfrühstück verzehrt.
Man wählt hierzu saftige Stücke wie Rindskamm oder Kruspelspitz, kocht diese wie bei gekochtem Rindfleisch beschrieben, aber nicht so weich wie gewöhnlich, sondern etwas rescher.
Man richtet je ein Stück Fleisch in einem tiefen Teller an, gießt heiße Suppe darüber, gibt etwas von den mitgekochten Gemüsen und einige Markscheiben dazu und bestreut mit reichlich Schnittlauch.

GEKOCHTE, GEPÖKELTE RINDERBRUST
(4 Portionen)

$1^1/_2$ kg gepökelte Rinderbrust, Wurzelwerk und Gewürze wie beim Tafelspitz.

Gepökelte Rinderbrust wird mit kaltem Wasser zugestellt, zum Kochen gebracht und wie gekochtes Rindfleisch – aber ohne Salz – eingeputzt, dann langsam gekocht, bis es weich ist. Kochzeit je nach Dicke und Fleischqualität 3–5 Stunden.
Das Fleisch soll weich sein, aber dennoch eine gewisse Kernigkeit aufweisen, es darf aber nicht hart oder zäh bleiben. Es erfordert ein gewisses Fingerspitzengefühl, um genau den richtigen Zeitpunkt zu erwischen.
Wenn Rinderbrust richtig zubereitet wird, lohnt sich die Mühe, und das Fleisch weist einen guten Geschmack auf.

Ganze Stücke, gedünstet

RINDSBRATEN (6 Portionen)

1,5 kg hinteres Rindfleisch (Schale, Tafelstück, Zapfen oder Hiefer-

scherzel), 100 g Selchspeck, 40 g Fett, 150 g Wurzelwerk, 1 Zwiebel, 40 g Mehl, 2 Paradeiser, 1 Eßlöffel Paradeismark, 1/8 l Weißwein, 1 Lorbeerblatt, 10 Pfefferkörner, 1 Zweig Thymian, Basilikum, Salz.

Das Rindfleisch wird bratfertig zugeputzt, Sehnen und Häute werden entfernt. Mit einer Spicknadel oder einem kleinen, spitzen Messer mit Selchspeckstücken spicken, mit Salz und Pfeffer gut einreiben. In einer entsprechend großen Rein mit Fett auf allen Seiten gut braun anbraten.
Das grobgeschnittene Wurzelwerk und die Zwiebel dazugeben und mitrösten.
Mit Mehl stauben und durchrösten. Zwei aufgerissene Paradeiser und Paradeismark beigeben, mit Weißwein ablöschen, mit kaltem Wasser oder Rindsuppe aufgießen, die Gewürze beifügen und alles zugedeckt weich dünsten.
Das Fleisch herausheben und warm stellen. Die Soße durch ein feines Sieb passieren, aufkochen und abschmecken.
Das Fleisch – quer zur Faser – in Scheiben schneiden und mit der sämigen Soße übergießen.
Spicken: Selchspeck in ca. 5–6 cm lange und 1/2 cm dicke Streifen schneiden, in Salzwasser legen und 30 Minuten im Kühlschrank stehen lassen. Das von Sehnen und Häuten befreite Fleisch in Richtung Fleischfaser mit der Spicknadel anstechen, einen Speckstreifen in die vorgesehene Halterung stecken und die Nadel wieder herausziehen, wobei man den Speck, bevor er in das Fleisch rutschen kann, festhält.

RAHMRINDSBRATEN (6 Portionen)

1,5 kg Rindsbraten, 1/8 l Sauerrahm, 1 Eßlöffel Senf, 1 Spritzer Worcestershiresoße.

Rindsbraten wird, wie vorstehend beschrieben, hergestellt.
Die Rindsbratensoße wird vor dem Anrichten mit Sauerrahm, in welchem Senf glattgerührt wurde, und einem Spritzer Worcestershiresoße vollendet.
Sollte die Soße zu dünn sein, zieht man sie mit etwas Stärkemehl, das man mit Wasser oder Weißwein angerührt hat, ab.

GEDÜNSTETER TAFELSPITZ (8 Portionen)

2 kg Tafelspitz, 50 g Selchspeck, 1 Karotte, 1/4 Zellerknolle, 1 Essiggurke, 50 g Fett, 200 g Wurzelwerk, 2 Zwiebeln, 1 Knoblauchzehe, 2 Eßlöffel Paradeismark, 80 g Mehl, 1/4 l Rotwein, 8 Pfefferkörner, 1 Lorbeerblatt, 1 Zweig Thymian, Salz, Pfeffer.

KALBSVÖGERL

4 Kalbsschnitzel à 150 g, Salz, weißer Pfeffer, 1 Eßlöffel Senf, 4 Scheiben Lachsschinken, 4 hartgekochte Eier, 30 g Margarine, 1 Zwiebel, $^1/_4$ l heiße Würfelsuppe, 1 Teelöffel Paradeismark, 1 Prise Zucker.

Die Schnitzel trockentupfen, mit Salz und Pfeffer einreiben, eine Seite mit dem Senf bestreichen, je 1 Schinkenscheibe und 1 geschältes Ei darauflegen, aufrollen und mit Garn umwickeln. In der erhitzten Margarine rundum anbraten, die geschälte, gewürfelte Zwiebel zugeben und kurz mit anbraten. Mit der Suppe aufgießen und zugedeckt 25 Minuten dünsten lassen. Die Soße mit dem Paradeismark und den Gewürzen abschmecken. Von den Kalbsvögerln das Garn entfernen. Dazu Reis und Paprika-Paradeiser-Gemüse reichen.

PAPRIKA-PARADEISER-GEMÜSE

1 Zwiebel, 2 große grüne Paprikaschoten, 5 Paradeiser, 2 Eßlöffel Öl, Salz, schwarzer Pfeffer, Thymian.

Die Zwiebel schälen und würfeln. Die Paprikaschoten waschen, abtrocknen, halbieren. Stiel, Kerne und weiße Teile entfernen und in Streifen schneiden. Die Paradeiser kreuzweise einschneiden, kurz mit kochendem Wasser überbrühen, häuten und achteln. Die Zwiebel im erhitzten Öl glasig werden lassen. Paprika und Paradeiser zugeben, würzen, ca. 10 Minuten dünsten und abschmecken.

Den Tafelspitz von den gröbsten Sehnen, Häuten und Fett befreien. Entlang der Fleischfaser mit dem Messer spicken, und zwar abwechselnd mit dicken Streifen von Karotten, Zeller, Essiggurke und Speck. Salzen und pfeffern und in heißem Fett runderherum braun anbraten.
Das Fleisch herausnehmen und beiseite stellen. Im Bratenrückstand die Parüren, Speckreste, würfelig geschnittenes Wurzelwerk, Zwiebeln und Knoblauch rösten (wie bereits beschrieben), mit Mehl stauben und durchrösten. Paradeismark zugeben und mit 1/8 Liter Rotwein ablöschen, mit Wasser oder Suppe aufgießen, die Gewürze zugeben und das Fleisch darin zugedeckt langsam etwa 2–2 1/2 Stunden weich dünsten.
Die Soße passieren, abschmecken, mit dem zweiten 1/8 Liter Rotwein ergänzen und über das in ein Zentimeter dicke Scheiben geschnittene Fleisch geben.
Beilagen: Teigwaren, Erdäpfel, Kroketten, Serviettenknödel.

ALTWIENER LUNGENBRATEN (4 Portionen)

1 kg Lungenbraten, 60 g Selchspeck, 60 g Fett, 150 g Wurzelwerk, 1 Zwiebel, 40 g Mehl, 1/2 l Rindsuppe oder Wasser, 1/2 Zitrone, 1/8 l Rahm, 8 Pfefferkörner, 6 Neugewürzkörner, 1 Lorbeerblatt, 1 Zweig Thymian, Muskat, Salz, Pfeffer.

Der Lungenbraten wird von Fett, Häuten und Sehnen befreit, mit Selchspeckstreifen gespickt, gesalzen, gepfeffert und in einer viereckigen Bratpfanne mit Fett und einer Unterlage von geschnittenen Wurzeln und Zwiebel halbweich gebraten, wobei man das Fleisch öfters mit dem Saft begießt.
Das Fleisch herausnehmen, die Flüssigkeit eingehen lassen, mit Mehl stauben, durchrösten, mit Rindsuppe oder Wasser aufgießen; danach das Fleisch wieder einlegen, Gewürze, Zitronenschalen und Zitronensaft beigeben und im Rohr fertigdünsten.
Wenn das Fleisch weich ist, herausheben, die Soße mit Rahm vermengen, passieren, abschmecken und aufkochen lassen.
Beilagen: Teigwaren, Serviettenknödel, Naturgemüse mit Butter, Preiselbeeren.

OCHSENSCHLEPP, GEDÜNSTET (4 Portionen)

2 1/2 kg Ochsenschlepp, 60 g Fett, 150 g Wurzelwerk, 1 Zwiebel, 1/4 l Weißwein, 1/4 l Suppe, 1/4 l braune Grundsoße, 2 Eßlöffel Paradeismark, 1/2 Teelöffel Pastetengewürz, 1/2 Zitrone, Pfeffer, 1 Eßlöffel gehackte Kapern, Salz.

Den Ochsenschlepp in dünne Stücke hacken und mit Fett in einer passenden Pfanne im Rohr langsam, unter oftmaligem Wenden braun braten.
Blättrig geschnittenes Wurzelwerk und die Zwiebel dazugeben und bis zur Braunfärbung mitrösten, Paradeismark beigeben, mit $^1/_8$ Liter Weißwein, Suppe und brauner Grundsoße aufgießen, Pastetengewürz, abgeriebene Zitronenschale, Zitronensaft und Pfeffer beifügen und alles im Rohr – zugedeckt – weich dünsten. Den Ochsenschlepp herausheben und warm stellen. Die Soße durch ein feines Sieb passieren, mit Salz abschmecken, das zweite $^1/_8$ Liter Weißwein und die gehackten Kapern beifügen. Die Soße über den angerichteten Ochsenschlepp gießen.
Sollte die Soße zu dünn werden, mit etwas Stärkemehl abziehen.

Braten vom Rind

ENGLISCHES ROASTBEEF (BEIRIED), HALB GEBRATEN

2 kg Beiried, Salz, Pfeffer, französischer Senf, Öl.

Ein gut abgelegenes, ausgelöstes Stück Beiried, in einer Mindestgröße von 2 kg, wird mit einem scharfen Messer von der dicken Rükkensehne befreit und die verbleibenden Sehnen quer zur Faser mit kleinen Schnitten versehen, um so ein Aufdrehen des Fleisches zu verhindern. Mit Salz, Pfeffer und französischem Senf gut einreiben, mit etwas Öl bestreichen und ca. 20 Minuten stehen lassen.
In einer passenden, rechteckigen Pfanne mit wenig Öl stark erhitzen. Das Roastbeef mit der Oberseite nach unten in das heiße Fett einlegen und rasch anbraten. Umdrehen und auf der zweiten Seite anbraten.
Das Fleisch in das vorgeheizte, nicht zu heiße Rohr schieben und 25–30 Minuten unter zeitweiligem Begießen mit dem eigenen Saft braten. Das Fleisch soll innen noch blutig, aber nicht mehr kalt sein.
Man kann dies durch Fingerdruck feststellen: wenn die mit dem Finger gedrückte Stelle elastisch zurückfedert, ist das Fleisch soweit. Man kann aber auch mit einer Bratengabel, die man durch das Fleisch sticht und nach 5 Sekunden wieder herauszieht, an der Stelle, die ungefähr in der Mitte des Fleischstückes war, mit den Lippen feststellen, ob das Fleisch innen bereits warm ist. Ist die Gabel noch kalt, muß weitergebraten werden.

Die dritte Möglichkeit ist ein Fleischthermometer, auf dessen Skala man die Fleischinnentemperatur ablesen kann.
Zu stark durchgebratenes Fleisch verliert seine Zartheit und wird leicht trocken.
Das fertiggebratene Roastbeef wird aus der Pfanne gehoben, auf eine Platte gelegt und 10 Minuten im warmen, offenen Rohr zum Rasten gestellt.
Der Bratrückstand in der Pfanne wird mit Wasser oder Suppe losgelöst, aufgekocht, geseiht, entfettet und das in dünne Scheiben quer zur Fleischfaser aufgeschnittene Fleisch damit umkränzt.
Beilage: Pariser Kartoffeln, Strohkartoffeln, englische Bohnen, Blattspinat.

LUNGENBRATEN WELLINGTON (4 Portionen)

800 g Lungenbraten, Butterteil oder Blätterteig, 30 g Butter, 1 große Zwiebel, 150 g Champignons, Petersilie, 1 Eßlöffel Paradeismark, 1/16 l Weißwein, Salz, Pfeffer, 1/4 l Kräutersoße.

Ein schönes, gleichmäßig starkes Stück Lungenbraten enthäuten, entsehnen, salzen und pfeffern, danach in heißem Fett auf allen Seiten gut anbraten, jedoch darauf achten, daß das Fleisch innen noch ganz blutig bleibt. Beiseite stellen. Feingeschnittene Zwiebel in Butter goldgelb anrösten, feingehackte Champignons und viel feingehackte Petersilie beigeben und mitrösten. Paradeismark und Weißwein zugeben, salzen, pfeffern und eindünsten lassen.
Butter- oder Blätterteig messerrückendick auswalken.
Den Lungenbraten mit den Kräutern einstreichen, mit der schönen Seite nach unten auf den ausgewalkten Blätterteig legen, die Teigränder mit verschlagenem Ei bestreichen und das Fleisch einhüllen.
Mit der Naht nach unten auf ein leicht befettetes Blech legen, mit ausgestochenen Blätterteigformen verzieren, wieder mit verschlagenem Ei bestreichen und im vorgeheizten Rohr bei starker Hitze etwa 25–30 Minuten backen. Herausnehmen, etwa 10 Minuten ruhen lassen, in dickere Scheiben schneiden und mit extra gereichter Kräutersoße servieren.

LUNGENBRATEN IN KOHL (RINDSLENDE COLBERT) (4 Portionen)

800 g Lungenbraten, Salz, Pfeffer, Öl, 1 großer Kohlkopf, 30 g Butter, 1 Zwiebel, 150 g Champignons, Petersilie, 1/16 l Weißwein, Speckplatten oder 1/2 Schweinsnetz, 20 g Butter, 3/8 l Rindsuppe.

Der Lungenbraten wird abgehäutet, gesalzen, gepfeffert und in sehr heißem Fett rundherum angebraten.
Ein großer Kohlkopf wird halbiert, der Strunk ausgeschnitten und in siedendem Salzwasser halbweich gekocht. Kalt schwemmen und die großen Blätter lösen. Diese Blätter abtropfen lassen und an den Rippen etwas flachklopfen. Zu einem Rechteck auflegen, welches der Größe des Fleischstückes entsprechen soll. Mit Salz und Pfeffer bestreuen.
In heißer Butter die kleingeschnittene Zwiebel anrösten, feingehackte Champignons, Petersilie, Salz und Pfeffer beigeben, mit Weißwein aufgießen und eindünsten, sodann mit den feingehackten, inneren Teilen des Kohls vermischen. Einen Teil der Kräutermasse auf den ausgelegten, gewürzten Kohl streichen (in der Größe des Lungenbratens), das Fleisch mit der schönen Seite nach unten darauflegen, mit den restlichen Kräutern gut einstreichen und den Kohl darüberschlagen. In dünne Speckplatten oder ein ausgebreitetes Schweinsnetz einhüllen, mit Bindfaden umwickeln und in einer gefetteten rechteckigen Bratpfanne, mit der schöneren Seite nach oben, etwa 25–30 Minuten bei starker Hitze, unter zweitweiligem Begießen im Rohr braten.
Mit 2 Backschaufeln herausheben und etwa 10 Minuten rasten lassen.
Den Bratenrückstand der Pfanne etwas eingehen lassen, Butter zugeben, mit 3/8 Liter Suppe aufgießen und so lange kochen lassen, bis sich der Bratenrückstand in der Pfanne gelöst hat. Das Fleisch in dikkere Scheiben schneiden, anrichten und mit dem Bratensaft umkränzen.

Portionsgerichte vom Rind

Man unterscheidet zwischen *gebratenen Portionsgerichten*, welche aus dem Lungenbraten (Rindslende), der Beiried oder der Rostbratenried geschnitten werden – diese werden immer frisch (à la minute) hergestellt –, und *gedünsteten Portionsgerichten,* für die man Schnitten der Rostbratenried oder hinteres Rindfleisch (meistens vom Knöpfel) verwendet. Hier wird das Fleisch zuerst in heißem Fett angebraten und dann in einer Soße gedünstet (braun gedünstet).

ROSTBRATEN

Für Rostbraten werden aus der ausgelösten Rostbratenried dickere Scheiben geschnitten – Gewicht 150–180 Gramm –, die entweder naturgebraten oder braun gedünstet werden. Man kann aber auch gefüllte, gerollte oder gebackene Rostbraten zubereiten. Die Rostbraten werden leicht geklopft, die Ränder mit einem scharfen Messer leicht eingeschnitten – um ein Zusammenziehen im heißen Fett zu verhindern – und im letzten Moment vor Beginn der Zubereitung gesalzen.

ZWIEBELROSTBRATEN (4 Portionen)

4 Rostbraten aus der Rostbratenried, 200 g Zwiebel, Salz, Pfeffer, 10 g Butter, 1/8 l Rindsuppe oder Wasser, Mehl.

Rostbraten werden geklopft, an den Rändern leicht eingeschnitten – um ein Zusammenziehen des Fleisches im heißen Fett zu verhindern –, gesalzen, gepfeffert und auf einer Seite in Mehl getaucht. Mit der bemehlten Seite zuerst in eine Pfanne, in der Fett erhitzt wurde, einlegen. Rasch auf beiden Seiten braun braten.
Die Rostbraten anrichten und warm stellen. Im Bratenrückstand feingeschnittene Zwiebelringe braun und knusprig braten, Butter dazugeben und mit Rindsuppe oder Wasser aufgießen, aufkochen lassen und über die angerichteten Rostbraten leeren. Sofort servieren.
Beilage: Braterdäpfel.

RUSSISCHER ROSTBRATEN (4 Portionen)

4 Rostbraten aus der Rostbratenried, 1 Teelöffel Senf, Salz, Pfeffer, Mehl, 80 g Fett, Weißwein, 1/8 l Rindsuppe oder Wasser, 100 g geriebener Kren.

Die Rostbraten werden leicht geklopft, an den Rändern eingeschnitten, mit Salz, Pfeffer und auf der einen Seite mit Senf eingerieben.
Mit der Senfseite in Mehl tauchen. In heißes Fett, mit der Mehlseite nach unten, einlegen und beiseitig goldbraun braten. Herausnehmen und auf einer Platte anrichten.
Den Bratenrückstand mit einem Spritzer Weißwein und Rindsuppe oder Wasser ablöschen und aufkochen.
Die angerichteten Rostbraten mit geriebenem Kren bestreuen und mit dem Saft übergießen.
Beilage: Braterdäpfel.

SCHWEDISCHE ROSTBRATEN (4 Portionen)

4 Rostbraten von der Rostbratenried, Salz, Pfeffer, Mehl, 100 g Fett, 1 Zwiebel, 4 Sardellen 1/2 Zitrone, Thymian, 1/8 l Sauerrahm, 1/8 l Rindsuppe.

Die Rostbraten leicht klopfen, an den Rändern einschneiden, salzen, pfeffern, auf einer Seite in Mehl tauchen.
Mit der bemehlten Seite in heißes Fett einlegen und auf beiden Seiten rasch braten. Die Rostbraten aus der Pfanne nehmen und warm stellen.
Im Bratenrückstand feingeschnittene Zwiebel, feingehackte Sardellen und geriebene Zitronenschale rösten, mit Thymian würzen, mit Sauerrahm und Rindsuppe aufgießen und ca. 5 Minuten verkochen lassen. Eventuell noch Suppe oder Wasser zugeben. Die Rostbraten in die Soße zurücklegen, einmal aufkochen lassen und mit der Soße anrichten.

GEROLLTE ROSTBRATEN (4 Portionen)

4 Rostbraten von der Rostbratenried, Salz, Pfeffer, 100 g Selchspeck, 1 große Zwiebel, Petersilie, 2 Eßlöffel Semmelbrösel, 4 Sardellen, 50 g Fett, $^{1}/_{2}$ l braune Grundsoße oder Rindsuppe.

Die Rostbraten, ohne sie zu zerreißen, dünn ausklopfen, etwas salzen und pfeffern.
Kleingeschnittenen Selchspeck in einer Pfanne heiß werden lassen, die kleingeschnittene Zwiebel, gehackte Petersilie, Semmelbrösel und gehackte Sardellen darin rösten.
Diese Fülle auf die Rostbraten streichen. Rostbraten einrollen, mit Spagat zusammenbinden und in einer passenden Rein oder Pfanne in heißem Fett rundherum braun anbraten, mit brauner Grundsoße oder Suppe aufgießen und zugedeckt langsam weich dünsten. Wenn die Soße zu stark einkocht, von Zeit zu Zeit etwas Wasser zugießen.
Beilage: Teigwaren, Erdäpfelrouladen.

VANILLEROSTBRATEN (4 Portionen)

4 Rostbraten von der Rostbratenried, Salz, Pfeffer, 2 Knoblauchzehen, Mehl, Öl, 20 g Butter, Rindsuppe.

Die Rostbraten klopfen, mit Salz, Pfeffer und zerdrücktem Knoblauch einreiben, auf einer Seite in Mehl tauchen und rasch auf beiden Seiten in Öl braten.
Das Öl abgießen, frische Butter in die Pfanne geben und das Fleisch kurz weiterbraten, mit Rindsuppe aufgießen und einmal kräftig aufkochen lassen.

ESTERHÁZYROSTBRATEN (4 Portionen)

4 Rostbraten von der Rostbratenried, Salz, Pfeffer, 60 g Mehl, Fett,

100 g Wurzelwerk, 1/2 Zwiebel, 1 Teelöffel Paradeismark, Suppe oder Wasser, 1 Teelöffel gehackte Kapern, 1/2 Zitrone.
Garnitur: *1 Karotte, 1 Petersilienwurzel, 1/2 Zellerknolle, 1/2 Zwiebel, 30 g Butter.*

Die leicht geklopften Rostbraten an den Rändern einschneiden. Salzen und leicht pfeffern. Auf einer Seite in Mehl tauchen und auf beiden Seiten in heißem Fett anbraten, warm stellen.
Im Bratenrückstand geschnittenes Wurzelwerk und Zwiebel braun rösten, Paradeismark zugeben, mit 30 g Mehl stauben, gut durchrösten.
Mit etwas Suppe oder Wasser aufgießen. Sauerrahm beigeben, 5 Minuten durchkochen lassen, die Rostbraten einlegen und langsam, zugedeckt, weich dünsten. Rostbraten herausheben, die Soße passieren, eventuell mit Suppe auf eine sämige Konsistenz bringen, mit gehackten Kapern und Zitronensaft abschmecken. Über die angerichteten Rostbraten leeren und mit den Wurzeln garnieren.
Garnitur: Karotten, Petersilienwurzel, Zeller und Zwiebel schälen und in nicht zu dünne (zündholzstarke) Streifen schneiden. In einer Rein, bei kleinem Feuer, mit Butter, ohne Farbe nehmen zu lassen, weich dünsten, salzen und über die angerichteten Rostbraten streuen.

PILZLINGROSTBRATEN (4 Portionen)

4 Rostbraten von der Rostbratenried, 50 g Mehl, 50 g Fett, 1 Zwiebel, 1 Teelöffel Paradeismark, 1/16 l Weißwein, 1/8 l Suppe oder Wasser, 1/2 Zitrone, 250 g Herrenpilze oder Champignons, Salz, Pfeffer.

Die Rostbraten leicht klopfen, an den Rändern einschneiden. In einer Pfanne das Fett erhitzen, die Rostbraten in Mehl wenden und auf beiden Seiten anbraten. Herausheben und warm stellen. Im Bratenrückstand der Pfanne die kleingeschnittene Zwiebel goldgelb rösten, mit 20 g Mehl stauben, Paradeismark zugeben, mit Weißwein und Suppe aufgießen, etwas geriebene Zitronenschale und Saft einer halben Zitrone beigeben.
Die Rostbraten einlegen, zugedeckt ca. 20 Minuten dünsten.
Die blättrig geschnittenen Pilze einlegen und wieder zugedeckt auf kleinem Feuer weich dünsten.
Mit Teigwaren, Reis oder Serviettenknödel servieren.

PAPRIKAROSTBRATEN (4 Portionen)

4 Rostbraten von der Rostbratenried, Mehl, 200 g Zwiebel, 60 g Fett, 1 Eßlöffel Edelsüßpaprika, 1 Teelöffel Essig, 1 Eßlöffel Paradeismark, 1/4 l Sauerrahm, 20 g Mehl, Salz, Kümmel.

Rostbraten vorsichtig klopfen, an den Rändern einschneiden, leicht salzen, in Mehl wenden und in einer passenden Rein in heißem Fett beidseitig nicht zu dunkel anbraten. Herausheben und warm stellen. Die feinnudelig geschnittene Zwiebel im Bratenrückstand goldgelb rösten, paprizieren, sofort mit Wasser und Essig ablöschen, Paradeismark zugeben und mit Salz und gestoßenem Kümmel würzen. Rostbraten einlegen und zugedeckt weich dünsten.
Wenn die Rostbraten weich sind, herausheben und auf einer Platte zugedeckt warm stellen. Sauerrahm und Mehl gut verrühren und in die Soße geben, gut verkochen lassen und die Rostbraten vor dem Servieren mit der Soße übergießen.

RINDSCHNITZEL

Rindschnitzel sind etwa 140 bis 150 Gramm schwere Fleischstücke aus Teilen des Knöpfels (Schlegels), die leicht geklopft und, wie die Rostbraten, an den Rändern etwas eingeschnitten werden.
Rindschnitzel werden immer braun gedünstet, das heißt zuerst in Fett angebraten und dann in einer Soße gedünstet.

GEFÜLLTE RINDSCHNITZEL (4 Portionen)

4 Rindschnitzel à 180 g von der Schale, 100 g Wurzelwerk, 50 g Zwiebel, 5 Pfefferkörner, 1/2 Lorbeerblatt, 1 Knoblauchzehe, Salz Pfeffer, Senf, 1/8 l Sauerrahm, 1/8 l Rotwein, 20 g Mehl, Suppe oder Wasser.
Fülle: *2 Essiggurken, 1 Zwiebel, 200 g Schinken, 100 g Speck, Petersilie.*

Rindschnitzel dünn ausklopfen, darauf achten, daß das Fleisch nicht reißt, salzen, pfeffern, mit Senf dünn bestreichen, füllen, einrollen und mit Bindfaden zusammenbinden.
In einer Rein Fett erhitzen, die Rouladen darin auf allen Seiten braun anbraten, Wurzelwerk und Zwiebel dazugeben, mit Suppe oder Wasser aufgießen; Pfefferkörner, Lorbeerblatt und eine angedrückte Knoblauchzehe beigeben und zugedeckt etwa 5/4 Stunden langsam dünsten.
Die Rouladen herausheben und die Soße passieren.
Sauerrahm, Rotwein und Mehl glatt verrühren, die Soße damit binden, aufkochen lassen, die Rouladen wieder einlegen und fertigdünsten.
Mit Teigwaren, Erdäpfeln und englischem Gemüse als Beilage servieren.
Fülle: Essiggurken, Schinken, Zwiebel und Speck in Streifen schneiden, die gewürzten Rindschnitzel damit belegen, mit gehackter Petersilie bestreuen, einrollen und binden.

ZNAIMER RINDSCHNITZEL (4 Portionen)

4 Rindschnitzel von der Rindschale, Salz, Pfeffer, Fett, 20 g Butter, 1 Zwiebel, 1 Eßlöffel Mehl, 1 Eßlöffel Paradeismark, ca. 3/8 l Suppe, 4 Salzgurken, Senf.

Die Rindschnitzel klopfen, die Ränder etwas einschneiden, salzen, pfeffern und in genügend heißem Fett beidseitig rasch anbraten. Die Schnitzel herausheben und warm stellen. Im Bratenrückstand mit 20 g Butter die feingehackte Zwiebel goldgelb rösten, mit Mehl stauben, Paradeismark zugeben und mit Suppe oder Wasser aufgießen. Die Rindschnitzel wieder einlegen und langsam, zugedeckt zu drei Viertel, weich dünsten.
Die geschälten, in feine Streifen geschnittenen Salzgurken, Senf und etwas Gurkenwasser der Soße zugeben und fertigdünsten.
Mit Teigwaren servieren.

GIRARDIRINDSCHNITZEL (4 Portionen)

4 Rindschnitzel vom Schlegel, Salz, Pfeffer, 1 Zwiebel, 1/8 l Weißwein, 1/4 l Suppe, 20 g Butter, 50 g Selchspeck, 100 g Champignons, 1 Teelöffel Kapern, 1 Zitrone, Petersiliengrün, 20 g Mehl, 1/4 l Sauerrahm, Senf.

Die vorbereiteten Rindschnitzel salzen, pfeffern, auf beiden Seiten in heißem Fett gut anbraten. Im Bratenrückstand die feingeschnittene Zwiebel hell anrösten, mit Weißwein ablöschen, mit Suppe oder Wasser aufgießen. Die Schnitzel wieder einlegen und so drei Viertel weich dünsten.
In der Zwischenzeit Speck, Champignons, Kapern, die Schale einer Zitrone und Petersiliengrün gemeinsam fein hacken, in Butter leicht anrösten, mit Mehl stauben, mit 1/8 Liter Rahm gut verrühren und den Rindschnitzeln beigeben; diese mit der Soße fertigdünsten. Zum Schluß mit Senf und etwas Zitronensaft abschmecken.
Jedes angerichtete Rindschnitzel mit einem Eßlöffel Sauerrahm übergießen und mit gehackter Petersilie bestreuen.
Beilage: Serviettenknödel.

LENDENSCHNITTEN ZIGEUNER ART (FILET MIGNONS) (4 Portionen)

12 kleine Schnitten vom Lungenbraten à 50 g, Salz, Pfeffer, Semmelbrösel, 50 g Schinken, 50 g gekochte Pökelzunge, 50 g Champignons, 50 g Butter, 1/16 l Madeira.

Aus der Spitze eines schlanken Lungenbratens werden 12 gleich große, nicht zu dünne Teile geschnitten.

Die Schnittchen werden gesalzen und gepfeffert, auf einer Seite in Semmelbrösel getaucht und in einer Pfanne in heißem Fett – zuerst mit der in Brösel getauchten Seite – beidseitig rasch gebraten. Das Fleisch soll innen noch blutig sein. Herausheben, das Fett ableeren, ein Stück Butter in die Pfanne geben, in feine Streifen geschnittenen Schinken, Pökelzunge und Champignons darin rösten, mit Madeira ablöschen und über die angerichteten Filets gießen. Mit Brat- oder Strohkartoffeln servieren.

BEEFSTEAK (RINDSLENDENSTÜCK) (4 Portionen)

800 g Lungenbraten, Salz, Pfeffer, Bratfett, 20 g Butter, Rindsuppe.

Unter Beefsteak versteht man in Österreich im allgemeinen eine dicke Schnitte Fleisch vom Lungenbraten, also ein Filetsteak. International ist ein Beefsteak lediglich eine gebratene Schnitte Rindfleisch. Beefsteak kann in der Pfanne gebraten oder aber am Grill zubereitet werden.
Ein Lungenbratenmittelstück enthäuten, vollkommen von Fett befreien und in mindestens 2 cm dicke Steaks teilen. Nicht klopfen! Salzen, pfeffern und in einer Pfanne in sehr heißem Fett beidseitig etwa 5–6 Minuten lang englisch braten, warm stellen. Das überschüssige Fett abgießen, durch Butter ersetzen und diese einmal aufschäumen lassen, mit etwas Rindsuppe vergießen, gut durchkochen und um die angerichteten Beefsteaks gießen.
Beilage: gebratene oder gebackene Erdäpfel, verschiedene englische Gemüse.

BEEFSTEAK DÜRNSTEIN (4 Portionen)

4 Lungenbratenschnitten à 160 g, Salz, Pfeffer, Bratfett, Butter, 2 Pfirsiche, $^1/_8$ l Bratensaft, 0,2 l Marillenbrand.

Die Steaks wie bei Beefsteak beschrieben vorbereiten und braten, überschüssiges Fett ableeren und Butter in die Pfanne geben. Abgezogene und halbierte Pfirsiche darin – unter ständiger Bewegung der Bratpfanne – braten, aus der Pfanne heben und auf die Steaks verteilen. Den Bratenrückstand mit etwas Bratensaft aufgießen, verkochen lassen, etwas Marillenbrand zugeben und die Soße über die garnierten Steaks leeren.

BEEFSTEAK AUF WIENER ART (4 Portionen)

4 Lungenbratenschnitten à 160 g, Salz, Pfeffer, Bratfett, 20 g Butter, Rindsuppe, 4 Scheiben Sardellenbutter, Mehl.

Die von Haut und Fett brfreiten Lungenbratenschnitten leicht klopfen, salzen, pfeffern und auf beiden Seiten in Mehl wenden.
In einer Pfanne Fett heiß werden lassen, die Steaks einlegen und auf einer Seite schön braun braten; wenden und auf der zweiten Seite so lange braten, daß das Fleisch Farbe hat und innen nicht mehr blutig ist. Steaks herausheben, auf einer Platte anrichten und warm stellen.
Inzwischen das Fett aus der Pfanne abgießen, Butter beifügen, einmal aufschäumen lassen, mit Rindsuppe aufgießen und eine Minute durchkochen lassen.
Die Soße über die Beefsteaks leeren und jedes Steak mit einer dicken Scheibe Sardellenbutter belegen und sofort auftragen.

RUMPSTEAK

Rumpsteak (Rumpfstück) wird, wie schon der Name sagt, eigentlich vom Rumpf, also von der Rose (Hieferschwanz), geschnitten. Es ist aber allgemein üblich, das Rumpsteak, wie das Entrecôte (Rindsrükkenstück), aus der ausgelösten Beiried zu schneiden.
Rumpsteak wird in der Pfanne oder am Grill gebraten und immer blutig gehalten. Durchgebratene Rumpfstücke werden trocken und zäh. Es können alle Garnituren wie beim Beefsteak oder Entrecôte verwendet werden.

ENTRECÔTE WEINHÄNDLER ART (4 Portionen)

800 g Beiried, Salz, Pfeffer, Bratfett, 8 Schalottenzwiebeln, Petersiliengrün, Thymian, 50 g Rindsmark, 50 g Reibkäse, 20 g Butter, 3/8 l Madeirasoße.

Die ausgelöste, gut abgelegene Beiried wird von Fett befreit und in etwa 180 g bis 200 g schwere daumendicke Schnitten geteilt.
An den Rändern einschneiden, schwach oder gar nicht klopfen.
Mit Öl einreiben und etwa 10 Minuten stehen lassen, salzen, pfeffern und in heißem Fett auf beiden Seiten stark englisch braten und auf einer feuerfesten Platte anrichten. Inzwischen die Schalotten, grüne Petersilie, Thymian und Rindsmark fein schneiden, dieses Gemisch auf die Fleischstücke streichen, mit Reibkäse bestreuen, mit zerlassener Butter beträufeln und gratinieren (überbacken).
Das Gratinieren kann im Rohr mit starker Oberhitze oder im Salamander erfolgen.
Die Fleischstücke mit Madeirasoße umkränzen.

Ragoutgerichte

GULASCH (4 Portionen)

600 g Wadschinken (hinteres Pratzel oder vorderes Pratzel), 300 g Zwiebel, 80 g Fett, 1 Eßlöffel Paprika, edelsüß, 1 Teelöffel Essig, gestoßener Kümmel, Majoran, 1 Knoblauchzehe, 10 g Mehl, Salz, Wasser.

In heißem Fett feinnudelig geschnittene Zwiebel goldgelb rösten, Paprika zugeben und sofort mit Essig und 4 Eßlöffel Wasser ablöschen. Das in Würfel oder dickblättrig geschnittene Rindfleisch, Salz, gestoßenen Kümmel, feinzerriebenen Majoran und zerdrückten Knoblauch dazugeben und unter wiederholter Wasserzugabe – nicht ganz zugedeckt – dünsten. Wenn das Fleisch fast weich ist, soll das Wasser ganz eingekocht sein. Den klaren Saft staubt man mit Mehl, rührt vorsichtig durch und gießt mit so viel kaltem Wasser auf, daß eine sämige, nicht zu dicke Soße entsteht. Vorsichtig fertigdünsten. Darauf achten, daß das Fleisch noch ganz leicht kernig bleibt.
Gulasch soll nicht zu weich gedünstet werden und einen schönen Glanz aufweisen. Um eine schöne Farbe und mehr Schärfe zu erzielen kann man dem fertigen Gulasch noch etwas Paprika zufügen.

WIENER SAFTGULASCH (4 Portionen)

600 g Wadschinken, 500 g Zwiebel, restliche Zutaten wie beim Gulasch, jedoch ohne Mehl.

Saftgulasch wird wie Gulasch zubereitet, es wird lediglich mehr Zwiebel und kein Mehl dazu verwendet.

ZIGEUNERGULASCH (4 Portionen)

100 g Selchspeck, 200 g Rinfleisch (Schulterscherzl), 200 g Schweinsschulter, 200 g Kalbsschulter, 200 g Zwiebel, 1 Eßlöffel Paprika, edelsüß, 1 Teelöffel Essig, gehackter Kümmel, Majoran, 1 Eßlöffel Paradeismark, Salz, 500 g Erdäpfel.

In einer Rein kleinwürfelig geschnittenen Speck anlaufen lassen, feingehackte Zwiebel dazugeben und goldgelb rösten. Das in große Würfel geschnittene Rindfleisch dazugeben und mitrösten, Paprika, Essig, gehackten Kümmel, zerriebenen Majoran und Paradeismark beifügen und zugedeckt im eigenen Saft halbweich dünsten.
Schweinefleisch und Kalbfleisch kurz anrösten, mit 4 Eßlöffel Wasser ablöschen und zu dem Fleisch geben, salzen. Rohe, geschälte, in große Würfel geschnittene Erdäpfel zugeben, zugedeckt fertigdünsten.

KESSELGULASCH (4 Portionen)

600 g Wadschinken, 300 g Zwiebel, 1 Eßlöffel Paprika, edelsüß, 2 Knoblauchzehen, Paradeismark, Salz, 500 g Erdäpfel.

In eine Rein kommt nudelig geschnittene, rohe Zwiebel, darüber das in fingerdicke Scheiben geschnittene rohe Fleisch, Salz, Paprika, zerdrückter Knoblauch, Paradeismark und in große Würfel geschnittene rohe Erdäpfel.
Bis zur Fleischhöhe mit Wasser untergießen und zugedeckt im Rohr weich dünsten.

FIAKERGULASCH (4 Portionen)

Wie Rindsgulasch zubereiten und zusätzlich für die Garnitur: *4 Eier, 2 Paar Frankfurter Würstchen, 4 Fächergurken.*

Rindsgulasch wird angerichtet und mit einem Spiegelei, einem Einspänner – das ist ein einzelnes heißes Frankfurter Würstel – und einem Fächergurkerl garniert und mit Salzerdäpfeln serviert.

HERRENGULASCH (4 Portionen)

Zubereitung wie Wiener Saftgulasch, 4 Gewürzgurkerln.

Jede fertig angerichtete Portion Saftgulasch wird mit einer Fächergurke garniert und mit Braterdäpfeln umkränzt.

ZWIEBELFLEISCH (4 Portionen)

600 g Rindfleisch vom Schlegel oder der Schulter, 250 g Zwiebel, 60 g Fett, 1 Eßlöffel Essig, Salz, Pfeffer, Majoran, 1 Knoblauchzehe, 1 Eßlöffel Mehl, 1/8 l Sauerrahm, 1/2 l Rindsuppe oder Wasser.

Die feingeschnittene Zwiebel wird in einer Rein, in heißem Fett goldgelb geröstet, mit Essig abgelöscht. Das feinblättrig geschnittene Rindfleisch beifügen, mit Salz, Pfeffer, Majoran und Knoblauch würzen und im eigenen Saft zugedeckt weich dünsten.
Sollte zu wenig Flüssigkeit sein, muß man von Zeit zu Zeit Wasser nachgießen.
Wenn das Fleisch fast weich und die Flüssigkeit eingedünstet ist, wird mit Mehl gestaubt, mit Suppe aufgefüllt und mit Sauerrahm vollendet.

KRÄUTERFLEISCH (4 Portionen)

500 g Rindfleisch, 100 g Zwiebel, 60 g Fett, 20 g Butter, 50 g Champignons, Petersilie, Estragon, Kerbel, Kresse, Majoran, 1/2 l weiße Grundsoße, Zitrone.

Zwiebel nudelig schneiden und in heißem Fett goldgelb rösten. Das Rindfleisch von Häuten und Sehnen befreien, würfelig schneiden, die Fleischwürfel zur Zwiebel geben. Salzen, pfeffern, 4 Eßlöffel Wasser dazugeben und zugedeckt etwa 45 Minuten im eigenen Saft dünsten. Inzwischen feingehackte Champignons und Kräuter in Butter anlaufen lassen, mit ½ Liter weißer Grundsoße aufgießen und dem Fleisch beifügen, mit Zitronensaft würzen und alles zusammen fertigdünsten.
Beilage: Teigwaren reichen.

MINUTENFLEISCH (4 Portionen)

600 g Lungenbratenkopf, 50 g Fett, 1 große Zwiebel, 10 g Mehl, Salz, Pfeffer, Majoran, ⅛ l Rindsuppe.

Gut abgelegener, geputzter Lungenbratenkopf wird blättrig geschnitten.
In einer Pfanne Fett heiß machen, nudelig geschnittene Zwiebel und das Fleisch rasch anbraten, mit Salz, Pfeffer und Majoran würzen, mit Mehl stauben, mit Rindsuppe aufgießen, einmal aufkochen und sofort anrichten.
Beilage: Nudeln, Nockerln oder Reis.

LUNGENBRATENGULASCH (4 Portionen)

500–600 g Lungenbraten von der Spitze, 60 g Öl, 100 g Zwiebel, ½ Teelöffel Paprika, 1 Teelöffel Paradeismark, Knoblauch, ⅜ l Gulaschsaft oder Paprikasoße, Salz.

Lungenbraten von Sehnen und Häuten befreien und dünn blättrig schneiden. Zwiebel klein schneiden und mit dem Fleisch in einer Bratpfanne – in sehr heißem Öl schwingend – rösten, mit Salz, Paprika, Paradeismark und etwas Knoblauch würzen, mit Gulaschsaft oder Paprikasoße auffüllen und – ohne zu kochen – 5 Minuten ziehen lassen.

Innereien vom Rind

BRUCKFLEISCH (4 Portionen)

1½ kg Bruckfleisch = Leber, Herz, Herzröhren (Lichteln), Bries, Milz, Kronfleisch (Brustfleisch), 100 g Schmalz, 300 g Zwiebeln, 300 g Wurzelwerk, 1 Eßlöffel Essig, ⅛ l Rotwein, Pfeffer, Majoran, ½ Lorbeerblatt, Salz, Knoblauch, 1 Eßlöffel Mehl, Suppe oder Wasser.

Der Name „Bruckfleisch“ kommt vom Wort Schlachtbrücke, da es direkt vom Schlachthof weg, also nicht abgelagert, verwendet werden soll.
Leber und Herz blättrig schneiden, Herzröhren (Lichteln) in Ringe schneiden, Bries in Scheiben, Milz und Kronfleisch in Streifen schneiden. In heißem Schmalz röstet man die kleingeschnittenen Zwiebeln goldgelb, das geputzte, geriebene Wurzelwerk beigeben und mitrösten, mit Essig ablöschen.
Das geschnittene Fleisch ohne Bries beifügen, mit Salz, Pfeffer, Majoran, Lorbeerblatt und zerdrücktem Knoblauch würzen, Rotwein dazugießen und zugedeckt im eigenen Saft dünsten. Nach etwa einer Stunde das Bries dazugeben und fertigdünsten, mit Mehl stauben, mit Suppe oder Wasser auffüllen, so daß eine mollige Soße entsteht. Noch 1/4 Stunde langsam weiterdünsten.
Beilage: Grießstrudel, Grießknödel, Serviettenknödel.

KUTTELFLECK AUF ITALIENISCHE ART

(4 Portionen)

1 kg Kuttelfleck (Kaldaunen, Löser), 10 Pfefferkörner, 1 Lorbeerblatt, 1 Zweig Thymian, 150 g Wurzelwerk, 100 g Selchspeck, 2 Zwiebeln, 40 g Mehl, 2 Eßlöffel Paradeismark, 1 Knoblauchzehe, Zitrone, Pfeffer, Salz, Petersiliengrün, 2 Eßlöffel geriebener Parmesan.

Den Kuttelfleck tadellos reinigen, mehrere Stunden im Wasser liegen lassen. In frischem Wasser zustellen und etwa eine Stunde kochen. Abseihen und erneut mit frischem Wasser, Salz, Pfefferkörnern, Lorbeerblatt, etwas Thymian und Wurzelwerk zustellen und mehrere Stunden weich kochen.
Die Kochzeit beträgt etwa 5 Stunden. Abseihen und fein nudelig schneiden. Feingeschnittene Zwiebeln werden mit geschnittenem Selchspeck geröstet, mit Mehl bestäubt, mit Paradeismark verrührt und mit 1 Liter geseihtem Kuttelfleckwasser aufgegossen. Mit etwas Knoblauch, Zitronensaft, Salz und Pfeffer würzen und gut verkochen.
Den geschnittenen Kuttelfleck beigeben und noch einmal 10 Minuten kochen lassen.
Mit feingehacktem Petersiliengrün und geriebenem Parmesan abschmecken.
Beilage: römische Grießplätzchen.

RINDSZUNGE

Frische, geräucherte oder gepökelte Zunge wird immer zuerst mit kaltem Wasser zugestellt, aufgekocht und langsam weich gekocht.

In kaltes Wasser legen und abhäuten. In fingerdicke Scheiben schneiden, mit heißem Kochsud erwärmen oder mit einer Soße übergießen. Servieren.

FRISCHE ZUNGE MIT SARDELLENSOSSE
(6–8 Portionen)

1 Rindszunge, 100 g Wurzeln, 1 Wurzelwerk, 10 Pfefferkörner, 1 Lorbeerblatt, 1/2 l Sardellensoße, Petersilie, Salz.

Eine frische, gewaschene Rindszunge in Salzwasser mit Wurzeln, Pfefferkörnern, Lorbeerblatt und Wurzelwerk kochen.
Wenn sie genügend weich ist, die Haut abziehen und in fingerdicke Scheiben schneiden.
Die geschnittene Zunge mit Sardellensoße übergießen und mit gehackter Petersilie bestreuen.
Beilage: Reis oder Erdäpfelpüree.

PÖKELZUNGE

Pökelzunge kocht man in ungesalzenem Wasser, zieht die Haut ab und serviert sie heiß, in kleinfingerdicke, schräge Scheiben geschnitten und auf Erbsen- oder Erdäpfelpüree angerichtet. Geschabter oder gerissener Kren wird extra dazugereicht.

GERÄUCHERTE ZUNGE

Wird wie gepökelte Zunge behandelt, ebenfalls kochend überbrüht und mit Erbsen- oder Erdäpfelpüree, Cremespinat, eingebrannten Erbsen und extra gereichtem frischem Kren serviert.

POLNISCHE RINDSZUNGE (6–8 Portionen)

1 Rindszunge, frisch, 100 g Mandeln, 1 Eßlöffel Rosinen, Eßlöffel Korinthen, 1/4 l Rotwein, 1 Zitrone, 1 Teelöffel Zucker, 1 Eßlöffel Essig, 1/4 l braune Grundsoße, 20 g Butter, Salz.

Man kocht eine frische Rindszunge in Salzwasser sehr weich, legt sie in kaltes Wasser, zieht die Haut ab und schneidet sie in fingerdicke Scheiben. Vor dem Anrichten wird die Zunge mit folgender Soße übergossen:
Geschälte, stiftelig geschnittene Mandeln, groß gehackte Rosinen, Korinthen und feingehackte Zitronenschalen werden mit Rotwein, etwas Zucker und Essig gekocht, mit brauner Grundsoße aufgegossen, verkocht und mit frischer Butter vollendet.

KALBSBRIES AUF BLATTSPINAT

400 g Kalbsbries, Salz, 1 Bund Wurzelwerk, 1 Lorbeerblatt, 3 Pfefferkörner, 1/2 Teelöffel Zitronensaft, 500 g Blattspinat, Salz, Butter, 1 Knoblauchzehe, zerdrückt, Petersilie, gehackt, Salz, Pfeffer aus der Mühle.

Das Kalbsbries unter fließendem kaltem Wasser gut waschen. Auf einem Sieb abtropfen lassen. In einem Topf mit Salzwasser Wurzelwerk, Lorbeerblatt, Pfefferkörner und Zitronensaft zum Kochen bringen. Das Bries hineinlegen und 15 Minuten ziehen lassen. Den Spinat putzen, waschen und ebenfalls in einen Topf mit kochendem Wasser geben. 5 Minuten garen, mit einem Schaumlöffel herausnehmen und mit kaltem Wasser abschrecken. Abtropfen lassen, Butter in einer Pfanne zerlassen, das Bries in Scheiben schneiden und auf jeder Seite 5 Minuten anbraten. In einer separaten Pfanne gehackte Petersilie anschwitzen.

Den abgetropften Blattspinat dazugeben, umrühren und mit Salz und Pfeffer würzen. Den Spinat auf Teller anrichten, die Kalbsbriesscheiben darauf anrichten und mit Petersilie bestreut servieren.

KALBFLEISCH

Kalbfleisch ist von hellrosa Farbe, wasserreich und fettarm. Es hat ein sehr zartes Bindegewebe und ist daher leicht verdaulich.
Das Kalb wird nach dem Schlachten halbiert und anschließend gevierteilt. Wird der Rücken im ganzen benötigt, so wird das Kalb nicht halbiert, sondern zuerst quer durchgeschnitten und sodann in einen vorderen und einen hinteren Stutzen geteilt.

Braten vom Kalb

KALBSBRATEN (4 Portionen)

1 kg Kalbsbraten vom Schlegel, 200 g Kalbsknochen, Butter, Salz, 1 Teelöffel Mehl.

Das Fleisch rundherum mit Salz einreiben und eventuell mit Spagat binden. Eine heiße Pfanne mit kleingehackten Kalbsknochen auslegen, etwas Wasser dazugeben, das Fleisch – mit der schönen Seite nach unten – darauflegen und mit Butter bestreichen. Im heißen Rohr zuerst auf einer Seite halbgar braten, sodann wenden und nun mit der schönen Seite nach oben, unter öfterem Begießen mit dem sich bildenden Saft, fertigbraten. Je nach Bedarf kann auch mit Wasser aufgegossen werden.
Es ist darauf zu achten, daß der Braten eine schöne braune Farbe bekommt, ohne daß seine Oberfläche austrocknet oder verkrustet. Den halbfertigen Kalbsbraten aus der Pfanne heben, mit frischer Butter bestreichen und warm stellen.
Für den Bratensaft (Jus) die Knochen nachrösten, bis die Flüssigkeit in der Pfanne verdunstet ist, ein Stück Butter zugeben und aufschäumen lassen, Mehl einstreuen und gut durchrösten, mit gerade so viel Wasser aufgießen, daß man nach dem Verkochen die gewünschte Bratensaftmenge erhält. Abseihen, noch einmal aufkochen und 10 g frische Butter einrühren. Der Kalbsbraten wird quer zur Faser in dünne Tranchen geschnitten, angerichtet und mit Bratensaft (Jus) umkränzt, jedoch nie übergossen.
Beilage: Risipisi, Champignonreis, feines Gemüse und Salate.

KALBSNIERENBRATEN, GEROLLT (4 Portionen)

1,2 kg Nierenbraten mit Niere und Knochen, Salz, 50 g Butter, 10 g Mehl.

Den Nierenbraten auslösen, auflegen und plattieren. Mit der, der Länge nach geteilten, gut gesalzenen Kalbsniere belegen. Straff rollen und mit einem Bindfaden zu einer festen Rolle binden.
Den gerollten Nierenbraten gut mit Salz einreiben und auf einer Unterlage von kleingehackten Kalbsknochen, mit der schönen Seite nach unten, in eine passende Pfanne legen. Mit Butterflocken bestreuen und ohne Flüssigkeitszugabe im Rohr anbraten, danach mit Wasser untergießen und den Nierenbraten etwa $1^1/_2$ Stunden bei gleichmäßiger Hitze, unter öfterem Begießen mit dem sich bildenden Bratensaft, fertigbraten. Nach der halben Bratzeit den Braten wenden und auch die Oberseite öfters begießen. Sollte der Bratensaft zu stark eingegangen sein, muß man zwischendurch mit etwas Wasser untergießen. Vorsicht, die Knochenunterlage darf nicht zu dunkel werden, da der Bratensaft sonst bitter schmeckt!
Der Nierenbraten ist fertig, wenn bei Einstechen mit einer Bratengabel ein klarer Saft austritt. Der gare Nierenbraten wird nun herausgehoben und warm gestellt.
Die Knochen so lange nachrösten, bis die gesamte Flüssigkeit verdunstet ist. Ein nußgroßes Stück Butter beigeben, aufschäumen lassen, mit Mehl stauben und nochmals kurz durchrösten. Mit $^3/_8$ Liter Wasser aufgießen, gut verkochen lassen und abseihen.
Der Nierenbraten wird nun vom Bindfaden befreit, in kleinfingerdicke Scheiben geschnitten, auf einer Platte angerichtet und mit dem Saft umkränzt.
Beilage: Risipisi, Salat Mimosa.

KALBSSCHULTER, GEDÄMPFT, MIT RAHM
(4–6 Portionen)

1 kg Kalbsschulter, ausgelöst, 50 g Selchspeck, 50 g gekochter Pökelzungenspitz, Salz, weißer Pfeffer, 60 g Butter, 250 g Wurzelwerk, Knochensuppe, 1 Teelöffel Mehl, 1 Teelöffel Paradeismark, $^1/_4$ l Sauerrahm.

Die Kalbsschulter von den gröbsten Häuten befreien, mit Selchspeck- und Pökelzungenstreifen spicken, mit Salz und weißem Pfeffer einreiben und mit Spagat wie einen Rollschinken binden.
In einer Rein Butter aufschäumen und die Kalbsschulter rundherum goldbraun anbraten. In grobe Würfel geschnittenes Wurzelwerk zu-

geben, zudecken und im heißen Rohr im eigenen Saft weich dünsten, von Zeit zu Zeit nachsehen, ob genügend Flüssigkeit vorhanden ist, ansonsten mit etwas Suppe oder Wasser aufgießen. Wenn die Schulter gar ist, soll womöglich die ganze Flüssigkeit eingekocht sein, ohne daß das Wurzelwerk angebrannt ist. Das Fleisch herausheben, die Wurzeln mit Mehl stauben, 1 Teelöffel Paradeismark zugeben und durchrösten, mit $^{1}/_{4}$ Liter Knochensuppe und Sauerrahm aufgießen, gut durchkochen, passieren und die Soße extra zur tranchierten Schulter reichen.

KALBSSTELZE, GEBRATEN (4 Portionen)

2 hintere Kalbsstelzen, 100 g Selchspeck, Salz.

Kalbsstelzen von den gröbsten Häuten befreien, der Länge nach mit dünnen Speckstreifen spicken, mit Salz einreiben und wie „Kalbsbraten" zubereiten.
Beilage: diverse Salate, glacierte Gemüse, Reis.

KALBSRÜCKEN, GEBRATEN, WIENER ART (10 Portionen)

3 bis 3 $^{1}/_{2}$ kg Kalbsrücken, Kalbsknochen, 2 Kalbsnieren, 200 g Wurzelwerk, Salz, Pfeffer, Butter, 1 Teelöffel Mehl.

Den Kalbsrücken von den gröbsten Häuten befreien, mit Salz einreiben und mit den 2 Nieren, welche ebenfalls gesalzen und mit Pfeffer eingerieben werden, auf einer Unterlage von Kalbsknochen und Wurzelwerk wie „Kalbsbraten" zubereiten. Das Fleisch wird öfters mit dem eigenen Saft und wenn notwendig auch mit Wasser begossen.
Vom gebratenen Kalbsrücken werden die beiden Rückenfilets von den Knochen gelöst, in schräge Scheiben geschnitten und abwechselnd mit in ebenso viele dünne Scheiben geschnittenen Kalbsnieren wieder in der ursprünglichen Form auf das Knochengerippe aufgelegt. Aus dem Bratenrückstand wird Bratensaft (Jus) bereitet und extra zum Braten gereicht.
Beilage: in Butter glaciertes Gemüse und Reis.

KALBSBRUST, GEFÜLLT (6–8 Portionen)

1 kleine Kalbsbrust, Kalbsknochen, Salz, Butter, 1 Teelöffel Mehl. Semmelfülle: *3 Semmeln, 60 g Butter, 2 Eier, Milch, Petersilie, Salz, Muskat.* Schinkenfülle: *250 g Schinken, 2 Semmeln, Milch, 60 g Rindermark, $^{1}/_{2}$ Zwiebel, Petersilie, 2 Eier, Salz, Pfeffer.* Leberfülle: *Semmelfülle, $^{1}/_{2}$ Zwiebel, 2 Hühnermägen, Leber und Herz, Pfeffer, Ma-*

joran. Reisfülle: *200 g Reis, Schweineschmalz, Butter, ½ Zwiebel, 50 g Champignons, 2 Eier, Salz.*

Von der Kalbsbrust alle Knochen und Knorpel auslösen, sodann untergreifen, indem man an der Schmalseite die fleischige Oberseite durch Lösen der feinen Häutchen von der knorpeligen Unterseite abhebt, ohne daß die Ränder durchlöchert werden. Die entstandene Höhlung wird mit einer der nachfolgend angegebenen Füllung gefüllt und sodann die Öffnung zugenäht.
Die Brust salzen und auf einer Knochenunterlage wie „Kalbsbraten", jedoch langsamer, unter oftmaligem Begießen braten, damit die Fülle durch wird und die Oberfläche nicht zu stark verkrustet. Vor dem Tranchieren der gefüllten Kalbsbrust den Bindfaden entfernen und sodann mit einem scharfen Messer in etwa fingerdicke Scheiben schneiden, darauf achten, daß die Fülle nicht herausfällt und mit Kalbsbratensaft zu Tisch bringen.
Semmelfülle: Die Butter mit Salz und geriebener Muskatnuß gut schaumig rühren, nach und nach die 2 Eier einrühren. Sodann die entrindeten, kleinwürfelig geschnittenen und mit etwas Milch befeuchteten Semmeln sowie gehackte Petersilie darunterrühren.
Schinkenfülle: Semmeln entrinden, in Milch einweichen, ausdrücken und fein hacken. Würfelig geschnittenes Rindermark erhitzen und fein geschnittene Zwiebel, mit Petersilie vermengt, darin anlaufen lassen. Mit den Semmeln vermengen und die Eier, Salz, Pfeffer und den feingeschnittenen Schinken daruntermischen.
Leberfülle: Unter eine Semmelfülle werden kleinwürfelig geschnittene, gekochte Hühnermägen, gekochtes Herz und kurz überbratene Leber von Geflügel, etwas geröstete Zwiebel, Pfeffer und Majoran gemischt.
Reisfülle: Reis wird mit Schweineschmalz und feingehackter Zwiebel gedünstet und mit würfelig geschnittenen und in Butter gedünsteten Champignons und 2 Eiern vermischt. Die Masse soll vor dem Zugeben der Eier etwas überkühlen.

KALBSBRUST, GLACIERT (4 Portionen)

1 kg Kalbsbrust, Kalbsknochen, 100 g Wurzelwerk, Salz.

Kalbsbrust von Knochen und Knorpeln befreien, salzen und auf einer Unterlage von kleingehackten Kalbsknochen und etwas Wurzelwerk mit ganz wenig Flüssigkeitszugabe wie „Kalbsbraten" langsam zubereiten. Nach dem Wenden mit dem sich bildenden Bratensaft unter öfterem Begießen glacieren. Aus den Knochen wird ein Bratensaft (Jus) bereitet und die aufgeschnittene, angerichtete Kalbsbrust damit umkränzt. *Beilage:* Petersilienerdäpfel, Brokkoli mit Butter.

SPANISCHE KALBSNUSS (8–10 Portionen)

1 ganze Kalbsnuß, etwa $1^1/_2$ kg, Salz, Mehl, Eier, Semmelbrösel. Zum Backen: *50 g Butter und 50 ml Öl vermischen, Zitrone, Petersilie.*

Die von der Haut befreite Kalbsnuß wird rundherum gesalzen, in Mehl, mit etwas Öl versprudelten Eiern und Semmelbröseln paniert und in einer Rein mit heißem Fett unter oftmaligem Begießen, im heißen Rohr etwa $1^1/_4$ Stunden gebraten. Man schneidet das Fleisch vorsichtig in gleichmäßige Stücke und achtet darauf, daß jede Schnitte von der Panier eingerahmt bleibt. Man verziert die Platte mit Zitronenscheiben und Petersilie.
Beilage: Buttererbsen, Petersilienerdäpfel und Salat.

Portionsgerichte vom Kalb, gebacken, gebraten und gedünstet

WIENER SCHNITZEL (4 Portionen)

4 Kalbsschnitzel vom Schlegel je ca. 120–150 g, Salz, Mehl, Ei, Milch, 1 Teelöffel Öl, Semmelbrösel, Fett zum Backen, Zitrone, Petersilie.

Die Kalbschnitzel nicht zu dünn schneiden, leicht klopfen, die Haut an den Rändern mehrmals einschneiden (um ein späteres Zusammenziehen beim Backen zu verhindern). Die Schnitzel erst unmittelbar vor dem Backen salzen, in Mehl wenden, durch mit etwas Milch und einem Teelöffel Öl versprudeltes Ei ziehen und in Semmelbrösel leicht andrücken. In einer Pfanne etwa fingerhoch Fett erhitzen, die Schnitzel einlegen und etwa 2 Minuten – unter leichtem Schütteln der Pfanne – goldbraun backen. Sodann wenden und auf der zweiten Seite fertig backen.
Die Schnitzel dürfen nur einmal gewendet werden, da sich sonst die schon gebackene, resche Seite mit Fett vollsaugt und eventuell abfällt. Abtropfen lassen, auf einer mit Plattenpapier oder einer Serviette ausgelegten Platte anrichten, mit Zitronenscheiben und Petersilie verzieren.
Beilage: diverse Salate oder Kompotte.

NATURSCHNITZEL (4 Portionen)

4 Kalbsschnitzel vom Schlegel (Naturteil) à 150 g, Salz, Mehl, Fett, 20 g Butter, Suppe.

Die Kalbsschnitzel klopfen und an den Rändern leicht einschneiden.

Etwas salzen und auf der schönen Seite in Mehl tauchen. Fett erhitzen und die Schnitzel zuerst auf der bemehlten Seite goldbraun braten, wenden und auf der zweiten Seite fertigbraten. Bratfett abgießen, ein Stück frische Butter zugeben, mit wenig Suppe oder Wasser aufgießen und den Saft über die angerichteten Schnitzel leeren.
Beilage: Reis oder Risipisi, Salate.

KALBSSCHNITZEL MIT EIERSCHWAMMERLN
(4 Portionen)

4 Kalbsschnitzel vom Schlegel à 150 g, Salz, Mehl, Butter, 1/2 Zwiebel, 150 g Eierschwammerln, Petersilie, Kümmel, 1/8 l Sauerrahm, 1/2 Teelöffel Mehl, Suppe.

Kalbsschnitzel wie „Naturschnitzel" vorbereiten und in Butter braten. Herausgeben und zum Bratenfett ein nußgroßes Stück frische Butter geben, feinstgehackte Zwiebel darin anrösten, die gut gereinigten, blättrig geschnittenen Eierschwammerln, gehackte Petersilie und etwas Kümmel zugeben, salzen und weich dünsten. Sauerrahm mit Mehl verrühren, die Schwammerln damit binden, kurz verkochen, eventuell mit etwas Suppe verlängern, die Schnitzel noch bis zu 2 Minuten darin – ohne zu kochen – ziehen lassen.
Anrichten und mit der Schwammerlsoße obenauf servieren.

KAISERSCHNITZEL (4 Portionen)

Kalbsschnitzel wie „Naturschnitzel" vorbereiten, in Butter braten, herausheben.
Im Bratenrückstand feingehackte Zwiebel, geriebene Zitronenschale, gehackte Kapern und Petersilie kurz anrösten, mit Mehl stauben, mit Weißwein, Sauerrahm und etwas Knochensuppe aufgießen und durchkochen. Mit Zitronensaft und Salz abschmecken und über die angerichteten Schnitzel gießen.
Beilage: Nockerln, grüner Salat.

KALBSKOTELETT, GEBACKEN (4 Portionen)

4 Kalbskoteletts à 180–200 g, Salz, Mehl, Ei, Milch, Semmelbrösel, Öl, Zitrone, Petersilie.

Der Kotelettknochen wird am Ende etwa 2–4 cm vom Fleisch befreit, sodann werden die Koteletts geklopft, an den Rändern eingeschnitten und wie „Wiener Schnitzel" paniert und gebacken. Das Backfett muß nur ein klein wenig schwächer erhitzt werden, da die Koteletts am Knochen etwas länger brauchen bis sie gar sind.

KALBSKOTELETT, GEBRATEN, AUF MAILÄNDER ART (4 Portionen)

4 Kalbskoteletts, Butter, 1 Zwiebel, 500 g Paradeiser, Knoblauch, Salbei, Salz, Pfeffer, 200 g Spaghetti, 1 Eßlöffel Olivenöl, Parmesan. Fülle: *Butter, 1 Zwiebel, 100 g Selchspeck, 2 Eßlöffel Parmesan, 1 Ei, 2 Eßlöffel Semmelbrösel, Salz, Pfeffer.*

Die Kalbskoteletts werden von außen zum Knochen hin eingeschnitten, so daß eine Tasche entsteht, dann – ohne sie zu zerreißen – leicht geklopft mit folgender Masse gefüllt:
Kleingeschnittene Zwiebel in Butter rösten, feingeschnittenen Selchspeck, Parmesan, ein Ei, Semmelbrösel, Salz und Pfeffer vermischen. Die gefüllten Fleischtaschen mit einem Zahnstocher schließen. Butter in einer Rein erhitzen, die Kalbskoteletts darin beidseitig anbraten, herausheben.
In der Bratbutter kleingeschnittene Zwiebel anrösten, enthäutete, entkernte, würfelig geschnittene Paradeiser zugeben, mit etwas Knoblauch, Salbei, Pfeffer und Salz würzen, das Fleisch darauflegen und zugedeckt 30 Minuten langsam dünsten. Spaghetti in Salzwasser kochen, abseihen, in Olivenöl schwenken, auf einer vorgewärmten Platte anrichten, die Kalbskoteletts darauflegen und mit der Soße übergießen. Vor dem Servieren mit Parmesan bestreuen.

KALBSSTEAK (4 Portionen)

4 Kalbssteaks à 150–180 g vom Schlegel oder vom Rückenfilet.

Eine dick geschnittene Schnitte von der Kalbsnuß oder vom ausgelösten Rückenfilet wird wie ein „Naturschnitzel“ zubereitet.

KALBSVÖGERL MIT CHAMPIGNONS (4 Portionen)

2 hintere Kalbsstelzen, 50 g Speck, Salz, Butter, 1/2 Zwiebel, Petersilie, Suppe, 200 g Champignons.

Die Kalbsstelzen werden ausgelöst, jede Stelze der Länge nach in zwei gleich große Teile geschnitten, in der Faserrichtung mit Speckstreifen gespickt, mit Salz eingerieben. In einer Rein die Vögerl schön braun anbraten, feingeschnittene Zwiebel und Petersilie kurz mitrösten, etwas Suppe zugeben und zugedeckt weich dünsten. In der Zwischenzeit Champignons putzen, waschen, blättrig schneiden und in Butter kurz dünsten.
Die Vögerl, wenn sie gar sind, quer zur Fleischfaser in Scheiben schneiden, die Soße über die Champignons seihen, kurz aufkochen

und die angerichteten Vögerl damit übergießen.
Mit frischer gehackter Petersilie bestreuen.

Ragout- und Kleingerichte

SERBISCHES REISFLEISCH (4 Portionen)

600 g Kalbsschulter, 70 g Speck, 2 Zwiebeln, 40 g Butter, Salz, 1 Teelöffel Paprika, edelsüß, 1 Teelöffel Paradeismark, 250 g Reis, Suppe, Parmesan.

Speck und Zwiebeln kleinwürfelig schneiden, mit Butter in einer Rein lichtgelb anlaufen lassen. Die in etwa 30 bis 40 g schwere Würfel geschnittene Kalbsschulter dazugeben und salzen, Paprika und Paradeismark beifügen und zugedeckt, womöglich ohne Flüssigkeitszugabe, halbweich dünsten. Dann den Reis hineingeben, mit 3/8 Liter Suppe übergießen, 1 Eßlöffel Parmesan dazugeben und unter Rühren alles einmal aufkochen. Zudecken und 18–20 Minuten im Rohr weich dünsten.
Angerichtet mit geriebenem Parmesan bestreuen.
Beilage: Blattsalate.

KALBSGULASCH (4 Portionen)

750 g Kalbsschulter, 70 g Fett, 2 Zwiebeln, 1 Eßlöffel Paprika, 1 Knoblauchzehe, 1 Zitrone, Salz, 1/8 l Sauerrahm, 1 Eßlöffel Mehl.

In einer Rein feingeschnittene Zwiebel im Fett goldgelb rösten, Paprika dazugeben und sofort mit 1/8 Liter Wasser aufgießen. Mit zerdrückter Knoblauchzehe, Zitronenschale und Salz würzen, 15–20 Minuten zugedeckt dünsten und sodann passieren. Kalbfleisch in etwa 30 bis 40 g schwere Würfel schneiden, in eine andere Rein das Fleisch und die Soße geben und fast weich dünsten. Sauerrahm mit Mehl und etwas Zitronensaft glattrühren, das Kalbsgulasch damit binden, mit der nötigen Wassermenge zu einer sämigen Soße verdünnen und zugedeckt fertig dünsten.
Beilage: Nockerln.

KALBSPÖRKÖLT (4 Portionen)

750 g Kalbsschulter, 50 g Speck, 20 g Butter, 2 Zwiebeln, 1 grüne Paprikaschote, 1 Eßlöffel Paradeismark, 1 Eßlöffel Paprika, Suppe, Salz.

Speck kleinwürfelig schneiden und in Butter glasig rösten. Darin feingeschnittene Zwiebeln goldgelb mitrösten, eine kleinwürfelig geschnittene, grüne Paprikaschote zugeben, mit Paradeismark und Paprika würzen und sofort mit 1/8 Liter Suppe ablöschen.
Die Kalbsschulter in 30 bis 40 g schwere Würfel schneiden und in die Soße geben, salzen und halbweich dünsten. Mit der nötigen Wassermenge aufgießen und zugedeckt langsam fertigdünsten.
Das Pörkölt kann auf Wunsch mit einem Eßlöffel Stärkemehl, welches in Wasser angerührt wurde, gebunden werden.

Innereien

KALBSHIRN VORBEREITEN

Das Kalbshirn ist von einer dünnen Gehirnhaut umgeben, welche abgezogen werden muß. Dazu das Hirn in lauwarmes Wasser legen, so lange, bis kein Blut mehr austritt, und die Haut vorsichtig abziehen, ohne das Hirn dabei zu zerreißen. Von eventuell vorhandenen Knochensplittern befreien und entweder roh oder überkocht (blanchiert) weiterverarbeiten.

KALBSHIRN MIT ZITRONE UND BRAUNER BUTTER (4 Portionen)

2 Kalbshirne, etwa 600 g, Salz, 4 Pfefferkörner, Zwiebelringe, Essig, 50 g Butter, weißer Pfeffer, 1/2 Zitrone, Petersilie.

Das gut gewaschene, enthäutete Hirn wird in ganz wenig Wasser mit Salz, Pfefferkörnern, Zwiebelringen und Essig blanchiert (überkocht). Herausheben und abtropfen lassen. Auf einer vorgewärmten Platte anrichten. In einer Pfanne läßt man Butter zergehen und so lange erwärmen, bis sie anfängt schwarz zu werden. Einen Teelöffel Essig, etwas gestoßenen, weißen Pfeffer, Salz und den Saft einer halben Zitrone beifügen und dieses Buttergemisch über das Hirn gießen. Petersilie darüberstreuen und sofort servieren.

KALBSHIRN, GEBACKEN (4 Portionen)

2 Kalbshirne, etwa 500 g, Salz, Pfeffer, Essig, Mehl, Eier, Semmelbrösel, Backfett.

Ein gewässertes, enthäutetes Kalbshirn in Salzwasser mit etwas Essig bis zum Steifwerden blanchieren. Herausheben, abtropfen, auskühlen und in die Hälfte teilen.

Mit Salz und Pfeffer würzen, in Mehl, versprudeltem Ei und Semmelbröseln panieren und kurz vor dem Auftragen in heißem Fett schwimmend auf beiden Seiten goldbraun backen.

KALBSHIRN MIT EI (4 Portionen)

500 g Kalbshirn, 50 g Butter, 50 g Zwiebel, Salz, Pfeffer, Petersilie, 4 Eiklar, 4 Eidotter.

Das küchenfertig vorbereitete Hirn wird grob gehackt.
In heißer Butter wird feingehackte Zwiebel angeröstet, das Hirn beigegeben und mitgeröstet.
Mit Salz, Pfeffer und feingehackter Petersilie würzen, die Eiklar in das geröstete Hirn einrühren, stocken lassen und anrichten. In jeder Portion in der Mitte eine Vertiefung machen und die rohen, unverletzten Eidotter hineinsetzen.

KALBSBRIES

Das Bries ist die Thymusdrüse (Brustdrüse) des Kalbes, die beim jungen Tier sehr fein und zart im Geschmack ist. Bries wird in kaltem Wasser so lange gewaschen, bis kein Blut mehr austritt. In kaltem Wasser zustellen und einmal aufkochen lassen. Abseihen und noch einmal kalt zusetzen, etwa 20 Minuten in siedendem Wasser ziehen lassen. Herausheben, in kaltes Wasser einlegen, auskühlen lassen. Häute, Äderchen und die innenliegende Röhre entfernen und danach, im ganzen oder in Schnitten geteilt, weiterverarbeiten.

KALBSBRIES, NATUR (4 Portionen)

500 bis 600 g Kalbsbries, Salz, weißer Pfeffer, Mehl, Butter, Suppe.

Vorbereites Kalbsbries wird in etwa zentimeterdicke Scheiben geschnitten, mit Salz und weißem Pfeffer gewürzt und wie „Naturschnitzel“ gebraten.

KALBSBRIES MIT CHAMPIGNONS (4 Portionen)

2 Kalbsbriese (etwa 500 g), Salz, Mehl, 60 g Butter, 200 g Champignons, 1/8 l Knochensuppe, Petersilie.

Das vorbereitete Kalbsbries wird in dickere Scheiben geschnitten, gesalzen, in Mehl gewendet und in Butter – die man vorher aufschäumen läßt – auf beiden Seiten goldbraun gebraten. Herausheben und auf einer vorgewärmten Platte anrichten, warm stellen. Im Bratenrückstand werden blättrig geschnittene Champignons geröstet,

mit Salz und Zitronensaft gewürzt, mit einem Teelöffel Mehl gestaubt, kurz durchgeröstet.
Mit 1/8 Liter Knochensuppe oder Wasser aufgießen und kurz durchkochen lassen. Die Champignons über das angerichtete Bries gießen und mit feingehackter Petersilie bestreuen.
Beilage: Safranreis, Blattsalate.

GESPICKTES KALBSBRIES AUF SAUERAMPFERPÜREE (4 Portionen)

600 g Kalbsbries, 50 g Selchspeck, Salz, Pfeffer, Butter, Suppe, 1 Teelöffel Fleischglace. Sauerampferpüree: *200 g Sauerampferblätter, 100 g Spinatblätter, 1/4 l dicke Milcheinmachsoße, 1/8 l Obers, 2 Eßlöffel Sauerrahm.*

Ein vorbereitetes Bries aus dem Wasser nehmen und zwischen zwei Brettchen liegend beschweren.
Erkalten und trocknen lassen. Hierauf wird es mit dünnen Speckstreifen gespickt, mit Salz und Pfeffer eingerieben und in einer Rein mit Butter und etwas Suppe übergossen im Rohr gedünstet.
Wenn das Bries weich ist, in Scheiben schneiden und auf Sauerampferpüree anrichten.
Wenn vorhanden, mit etwas Fleischglace beträufeln.
Sauerampferpüree: Sauerampfer und Spinatblätter in Butter weich dämpfen, passieren und mit 1/4 Liter dicker Milcheinmachsoße vermischen. Mit 1/8 Liter Obers und 2 Eßlöffel Sauerrahm vermischen und kurz verkochen.

EPIGRAMM VOM KALBSBRIES (4 Portionen)

600 g Kalbsbries, Salz, Pfeffer, Mehl, 2 Eier, Semmelbrösel, Öl, 30 g Selchspeck, Butter, Petersilie. Ragout: *50 g Champignons, 100 g Kalbszunge, gekocht, Briesabschnitte, 1/8 l Kalbseinmachsoße, 8 Blätterteigmonde.*

Epigramm nennt man ein zusammengesetztes Gericht aus verschiedenartig zubereitetem, zartem Fleisch von derselben Art.
Kalbsbries säubern und blanchieren (überkochen).
Die Hälfte davon (ca. 1 Bries) wird in nicht zu große Scheiben geschnitten, mit Salz und Pfeffer gewüzrt, in Mehl, Ei und Semmelbröseln paniert und in heißem Öl gebacken.
Die andere Hälfte mit dünnen Speckstreifen spicken, in ein Reindel legen, mit Butter bestreichen und im Rohr schön glacieren.
Aus einem Gemisch von kleinwürfelig geschnittenen Champignons,

Kalbszunge und Briesabschnitten wird mit Kalbseinmachsoße ein feines Ragout bereitet.
In einer Schüssel anrichten. Rundum abwechselnd das gebackene und das in Scheiben geschnittene, glacierte Bries arrangieren, mit gehackter Petersilie bestreuen und mit Blätterteighalbmonden verzieren.

KALBSHERZ, GESPICKT, IN RAHMSOSSE
(4 Portionen)

600 g Kalbsherz, Salz, 80 g Selchspeck, Fett, 150 g Wurzelwerk, $^1/_2$ Zwiebel, 1 Teelöffel Mehl, Suppe, Zitronenschale, 1 Knoblauchzehe, 1 Lorbeerblatt, 5 Pfefferkörner, 1 Kräutersträußchen aus: Petersilienstengeln, Zellergrün und Lauch, $^1/_8$ l Sauerrahm, 1 Teelöffel Senf, $^1/_{16}$ l Rotwein.

Vom Herz den Herzkranz wegschneiden, halbieren, von Adern, Blut und Haut befreien, gut auswaschen, mit gesalzenen Speckstreifen spicken und rundum in heißem Fett goldbraun anbraten, herausheben. Im Bratenrückstand etwas Speckabschnitte, blättrig geschnittenes Wurzelwerk und Zwiebel anrösten, mit Mehl stauben, hellbraun rösten und mit Suppe aufgießen. Geriebene Zitronenschale, etwas Knoblauch, Lorbeerblatt, Pfefferkörner und ein Kräutersträußchen zugeben, aufkochen und das angebratene Herz einlegen. Zugedeckt weich dünsten. Das Herz in Scheiben schneiden. Die Soße mit Sauerrahm, den man mit etwas Senf und Rotwein glattgerührt hat, vollenden, durch ein feines Sieb streichen und über das angerichtete Herz gießen.

KALBSLEBER

Die Kalbsleber ist besonders zart und liefert uns hochwertiges Eiweiß, Mineralstoffe, Spurenelemente und Vitamine. Kalbsleber soll aus diesem Grund immer nur ganz kurzen Garzeiten unterzogen werden und immer erst im letzten Moment frisch zubereitet werden. Es ist darauf zu achten, daß die Leber innen noch leicht rosig sein soll und nie ganz durchgebraten wird. Vor der weiteren Verwendung wird bei der Kalbsleber die dünne Haut abgezogen, Sehnen und Röhren ausgeschnitten.

KALBSLEBER, GERÖSTET (4 Portionen)

500 g Kalbsleber, Fett, 2 Zwiebeln, Salz, Pfeffer, Majoran, Butter, 4 Eßlöffel Suppe.

Die enthäutete Kalbsleber wird in dünne, kleine Schnittchen geteilt. In einer Pfanne Fett erhitzen und darin feinnudelig geschnittene Zwiebeln anlaufen lassen. Die Leberschnittchen zugeben und diese bei starker Hitze unter fleißigem Rühren rösten. Mit Salz, Pfeffer und Majoran würzen.
Nur so lange rösten, bis kein roter Saft mehr sichtbar ist, ein Stück Butter zugeben, mit 4 Eßlöffel Suppe ablöschen und sofort servieren.
Beilage: Rösterdäpfel.

TIROLER LEBER (4 Portionen)

500 g Kalbsleber, Mehl, Fett, 1 Zwiebel, 1 Eßlöffel Kapern, Suppe, Essig, Zitronenschale, Salz, Sauerrahm.

Kalbsleber enthäuten, in etwa halbzentimeterdicke Scheiben schneiden, auf einer Seite in Mehl drücken, mit der bemehlten Seite zuerst in Fett rasch braten.
Im Bratrückstand feingeschnittene Zwiebel und gehackte Kapern rösten, mit Mehl stauben, noch einmal durchrösten, mit Suppe oder Wasser zu einer kurzen Soße aufgießen, mit einem Spritzer Essig, geriebener Zitronenschale und Salz abschmecken und kurz durchkochen.
Die Leberfilets in der nicht mehr kochenden Soße 2–3 Minuten ziehen lassen, anrichten und mit der Soße übergießen.
Jedes Leberfilet mit etwas Sauerrahm verzieren.

KALBSBEUSCHEL (4–5 Portionen)

750 g Kalbslunge (Beuschel) mit einem halben Kalbsherzen, 1 Zwiebel, 1 Essiggurke, 1 Teelöffel Kapern, Petersiliengrün, 1 Knoblauchzehe, 2 Sardellenfilets, Thymian, 1/2 Zitrone, 60 g Butter, 60 g Mehl, 1 Würfel Zucker, 1/16 l Sauerrahm, 1 Teelöffel Senf. Sud: *1 l Wasser, Salz, 100 g Wurzelwerk, 1 Zwiebel, 1 Lorbeerblatt, 5 Pfefferkörner, 5 Gewürzkörner, 1/16 l Essig.*

Das Kalbsbeuschel und das halbe Kalbsherz gut wässern, in Salzwasser mit Wurzelwerk, Zwiebel, Lorbeerblatt, Pfefferkörnern, Gewürzkörnern und etwas Essig weich kochen. Im Kochsud erkalten lassen, danach zuerst dünnblättrig und dann feinnudelig schneiden, Kochsud seihen und beiseite stellen. Zwiebel, Essiggurke, 1 Teelöffel Kapern, grüne Petersilie, eine Knoblauchzehe, 2 Sardellen, Thymian und etwas Zitronenschale feinhacken.
In einer Rein aus 60 g Butter und 60 g Mehl und einem Würfel Zucker eine lichtbraune Einbrenn bereiten, die feingehackten Kräuter und Gewürze zufügen, kurz durchrösten und mit dem geseihten Beu-

schelsud aufgießen, mit einer Schneerute verrühren und 15–20 Minuten gut verkochen.
1/16 Liter Sauerrahm mit 1 Teelöffel Senf verrühren, mit Zitronensaft und Salz abschmecken und in die Soße geben, das feinnudelig geschnittene Beuschel und das Herz ebenfalls der Soße beifügen und noch eine Zeitlang kochen lassen.
Beilage: Grießstrudel, Semmelknödel.

KALBSKOPF, -ZUNGE UND -FÜSSE PUTZEN UND KOCHEN

Der geputzte Kalbskopf wird halbiert, das Hirn vorsichtig entfernt, die Zunge herausgelöst und über einer Flamme die feinen Haare abgesengt. Gut wässern und in Salzwasser mit etwas Essig, Wurzeln, Zwiebelringen, Thymian und einem Lorbeerblatt weich kochen. Das Fleisch von den Knochen lösen und entweder in schöne Portionen schneiden, mit gerissenem Kren und etwas Kochsud übergießen und servieren oder aber zum Weiterverarbeiten bereitlegen.
Die Kalbszunge wird ebenfalls gut gewaschen und im selben Kochsud wie der Kalbskopf zugestellt und weich gekocht. In kaltes Wasser legen und die Haut abziehen, am Schlund ist die Zunge gut zu putzen.
Kalbsfüße gut putzen und die Haare absengen, mit Wurzeln und in gesäuertem Salzwasser kochen.

KALBSKOPF MIT ESSIGGURKEN (4 Portionen)

1/2 Kalbskopf, 1/16 l Essig, 100 g Wurzelwerk, 1/2 Zwiebel, Salz, Thymian, Petersilie, Essigkren.

Ein halber Kalbskopf wird geputzt, in Salzwasser mit Essig, Wurzelwerk und Thymian weich gekocht und abgeseiht. Das Fleisch in beliebige Stücke schneiden und auf einer vorgewärmten Platte anrichten. Mit grüner Petersilie garnieren und Essigkren dazu reichen.

KALBSKOPF, GEBACKEN (4 Portionen)

1/2 Kalbskopf, Essig, 100 g Wurzeln, 1/2 Zwiebel, Thymian, 1 Lorbeerblatt, Salz, Pfeffer, Mehl, 2 Eier, Semmelbrösel, Fett.

Ein geputzter Kalbskopf wird nach Vorschrift fast weich gekocht und kurz in kaltes Wasser gelegt. Von den Knochen lösen, abtropfen und in fingerlange, zweifingerbreite Stücke schneiden. Mit Salz und Pfeffer würzen, in Mehl, versprudeltem Ei und Semmelbröseln panieren und in heißem Fett goldbraun backen.
Beilage: Erdäpfel- oder grüner Salat, Soße tatare.

KALBSFÜSSE, GEBACKEN (4 Portionen)

2 Kalbsfüße, Salz, 1/2 Zwiebel, 100 g Wurzelwerk, Mehl, 2 Eier, Semmelbrösel, Fett.

Die Kalbsfüße gut waschen und reinigen. In Salzwasser mit Zwiebel und Wurzelwerk weich kochen, noch warm von den Knochen lösen und in 4–6 möglichst gleichmäßige Stücke schneiden. In Mehl, versprudeltem Ei und Semmelbröseln panieren und in heißem Fett backen.
Beilage: Erdäpfel- oder Mayonnaisesalat.

KALBSZUNGE TATARE (4 Portionen)

2 Kalbszungen, Salz, 100 g Wurzelwerk, Zwiebelringe, Thymian, Pfeffer, Mehl, 2 Eier, Semmelbrösel, Öl, Petersilie, Soße tatare.

Die Zungen gut waschen, in Salzwasser kochen. Dem Kochwasser sind Wurzelwerk, Zwiebelringe sowie ein Thymianzweig beizugeben. Die Zunge nicht allzuweich kochen, in kaltes Wasser legen und die Haut abziehen.
Der Länge nach in vier Schnitten schneiden, mit Pfeffer und Salz würzen, mit Mehl, versprudeltem Ei und Semmelbröseln panieren und in heißem Öl goldgelb backen.
Man richtet die Zunge mit gehackter Petersilie an und reicht Soße tatare extra dazu.

KALBSZUNGE POLNISCH (4 Portionen)

3 Kalbszungen, 1 Eßlöffel Korinthen, 1 Eßlöffel Rosinen, 1 Teelöffel Essig, 1 gestoßene Nelke, etwas gestoßene Zimtrinde, 2 Eßlöffel Zucker, 30 g Butter, 20 g Mehl, 50 g abgezogene Mandeln, 1 Zitrone.

Man kocht die gewaschenen Kalbszungen sehr weich, legt sie kurz in kaltes Wasser und enthäutet sie. Der Länge nach in Scheiben schneiden. In der Zwischenzeit folgende Soße bereiten:
Korinthen und Rosinen mit 1/8 Liter Wasser, Essig, gestoßener Nelke und Zimtrinde sowie Zucker zustellen und so lange einkochen, bis der Saft dicklich wird.
In einer Rein aus 30 g Butter und 20 g Mehl eine dunkle Einbrenn bereiten, mit 1/4 Liter Suppe aufgießen und gestiftelte Mandeln, Zitronenschale und Zitronensaft dazugeben. Die Soße gut mit dem Rosinengemisch verkochen und über die angerichtete Zunge gießen.

KALBSNIERE, GEBRATEN (4 Portionen)

2 Kalbsnieren, Salz, Pfeffer, 1/2 Teelöffel Mehl, 1 Teelöffel Paradeismark, Suppe.

Die Kalbsnieren werden – ohne den Fettmantel zu entfernen – kalt gewaschen, abgetrocknet, mit Salz und Pfeffer rundum gut eingerieben. In einer Pfanne im heißen Rohr ohne Fett- oder Flüssigkeitszugabe gebraten. Wenn die Nieren durchgebraten sind, soll das Nierenfett an der Oberfläche schön resch sein. Nieren aus der Pfanne heben, den Großteil des Fettes abgießen, mit Mehl stauben, etwas Paradeismark zugeben, durchrösten, mit Suppe aufgießen und gut durchkochen. Die in Scheiben geschnittene angerichtete Kalbsniere mit der Soße umkränzen.
Beilage: Mandelreis.

SCHWEINEFLEISCH

Das Schwein zählt in Österreich noch immer zu den beliebtesten Fleischlieferanten. Es ist das fettreichste Schlachttier, wobei aber zwischen dem Fett- oder Fleischschwein, das immer mit abgezogener Schwarte verwendet wird, und dem Jungschwein, das mit der Schwarte verarbeitet wird, zu unterscheiden ist. Weniger Raum nimmt das Spanferkel oder Milchschwein ein, da es ja in seinem Alter von 6 bis 8 Wochen nur in kleineren Mengen angeboten wird. Das Spanferkel hat ein sehr zartes, von Liebhabern sehr geschätztes, jedoch nicht ausgereiftes Fleisch.
Die Innereien des Schweines werden zum Großteil wie die Kalbsinnereien zubereitet. Die Aufteilung des Schweines erfolgt, indem man es zuerst halbiert und dann vierteilt.

Braten, gekochte und gedünstete ganze Stücke vom Schwein

SURBRATEN (4 Portionen)

1 kg langes Schweinskarree, 20 g Pökelsalz, 2 Knoblauchzehen, Beifuß. Sur: *1/2 l Wasser, 1/2 Zwiebel, 1 Lorbeerblatt, 10 Pfefferkörner, 20 g Pökelsalz.* Zum Braten: *250 g Schweinsknochen, Fett, 10 g Mehl.*

Das Schweinskarree wird bratfertig zugerichtet, mit Pökelsalz, zerdrücktem Knoblauch und – wenn vorhanden – etwas Beifuß rundherum gut eingerieben. In ein passendes Geschirr schlichten und über Nacht stehen lassen.

Am nächsten Tag mit folgender Sur übergießen:
Kaltes Wasser mit Zwiebelringen, Lorbeerblatt, Pfefferkörnern und Pökelsalz zum Kochen bringen, abkühlen und seihen.
Das Fleisch läßt man nun eine Woche in der Sur liegen. Danach wird das Fleisch herausgenommen und auf einer Knochenunterlage – wie Schweinsbraten – gebraten.
Aufschneiden, anrichten und mit dem aus dem Bratenrückstand gewonnenen Bratensaft umkränzen.
Beilage: Erdäpfelroulade, Sauerkraut.

SCHWEINSBRATEN (4 Portionen)

1 kg Schweinefleisch (Karree, Schopfbraten, Schulter oder Schlegel), Schweinsknochen, Kümmel, 2 Knoblauchzehen, Salz, 1 Teelöffel Mehl.

Das Fleisch wird mit Kümmel und Knoblauch gut eingerieben und eine Stunde liegen gelassen. Dann wird das Fleisch gesalzen und mit der Speckseite nach unten in eine mit kleingehackten Schweinsknochen ausgelegte Bratpfanne gelegt. In die Pfanne etwas Wasser gießen und das Fleisch $1^1/_2$ bis 2 Stunden bei geringer Hitze braten. Nach halber Bratzeit den Schweinsbraten wenden und unter zeitweiligem Begießen und Glacieren mit dem eigenen Saft schön braun braten. Wenn der Braten fertig ist, aus der Pfanne nehmen, einen Teil des Fettes aus der Pfanne abgießen, mit Mehl stauben, durchrösten, mit der nötigen Wassermenge zu einem Saft verkochen, seihen und rund um den in Scheiben geschnittenen, angerichteten Schweinsbraten gießen.
Beilage: Krautsalat, Sauerkraut, Semmelknödel.

JUNGSCHWEINSBRATEN (4 Portionen)

1 Jungschweinskarree mit Schwarte, Schweinsknochen, Salz, Kümmel, Knoblauch, 1 Teelöffel Mehl, Wasser oder Suppe.

Ein Schweinskarree von einem jungen, weniger fetten Schwein wird mit der Schwarte gebraten.
Man legt das Karree mit der Schwarte nach unten in eine passende Pfanne. Der Boden der Pfanne wird mit kleingehackten Schweinsknochen ausgelegt. So viel siedendes Wasser dazugießen, daß die Schwarte darin zu liegen kommt. So lange kochen, bis die Schwarte glasig wird. Ist dies der Fall, nimmt man das Karree heraus, dreht die

Schwartenseite nach oben und schneidet mit einem scharfen Messer die Schwarte in halbzentimeter- bis zentimeterbreite Streifen, ohne jedoch zu tief in die darunterliegende Speckschicht zu schneiden. Das so eingeschnittene Jungschweinerne wird mit Salz, Kümmel und Knoblauch gut eingerieben und mit der Schwarte nach oben in die Pfanne zurückgelegt. Man beginnt das Fleisch mit dem eigenen Saft zu begießen, sobald das Wasser in der Pfanne verdunstet ist. Das Jungschweinskarree wird nun bei kleiner Hitze ohne weitere Flüssigkeitszugabe etwa $1^1/_2$ Stunden gebraten, es soll, wenn es gar ist, eine schöne lichtbraune Farbe aufweisen, und die Knochen in der Bratpfanne dürfen nicht zu dunkel werden, da der Saft sonst bitter schmeckt. Das Fleisch wird aus der Pfanne gehoben, das überschüssige Fett abgegossen und mit einem Teelöffel Mehl das restliche Bratfett gestaubt. Lichtbraun durchrösten und mit Wasser oder Suppe zu einem kurzen, dünnen Saft aufgießen, gut durchkochen, seihen und extra zum aufgeschnittenen Fleisch reichen.
Beilage: Gedünstetes Sauerkraut, Erdäpfel- oder Erbsenpürree, Krautsalat, Apfelkompott.

SCHWEINSSCHLEGEL MIT SENF (8–10 Portionen)

$2^1/_2$ kg Schweinsschlegel ohne Stelze, 50 g Speck, 2 Zwiebeln, 2 Knoblauchzehen, Zitronenschale, Koriander, Salz, 200 g Wurzelwerk, Wasser oder Suppe, $^1/_4$ l Sauerrahm, 2 Eßlöffel französischer Senf, 1 Eßlöffel Mehl.

Der Schweinsschlegel wird abgehäutet und ausgelöst. Das Fett wird klein geschnitten und mit Speck, einer feingehackten Zwiebel, zerdrückter Knoblauchzehe, geriebener Zitronenschale und zerstoßenem Koriander vermengt. Den Schlegel nun mit einem spitzen Messer dicht und tief durchstoßen und die Löcher mit obiger Mischung füllen, eventuell mit einem Kochlöffelstiel nachschieben. Das Fleisch auch außen mit dieser Mischung einreiben und über Nacht stehen lassen. Das Fleisch salzen.
Wurzelwerk und eine Zwiebel blättrig schneiden und in eine passende Pfanne schlichten, das Fleisch darauflegen und – unter öfterem Begießen mit Wasser oder Suppe – im Rohr etwa 2 bis $2^1/_2$ Stunden zuerst dünsten und dann braten, damit das Fleisch Farbe bekommt.
Sobald der Braten weich ist, herausnehmen, $^1/_4$ Liter Sauerrahm mit französischem Senf und 1 Teelöffel Mehl vermischen, den entfetteten Saft damit binden und aufkochen, passieren und den Saft über den aufgeschnittenen Schlegel leeren.
Beilage: Erdäpfelkroketten.

SCHINKEN IM ROHR GEBRATEN (8–10 Portionen)

1 kleiner Beinschinken etwa 2$^1/_2$ kg, $^1/_4$ Weißwein, Gewürznelken.

Ein mild gesalzener Schinken wird kalt gewaschen, mit der Schwarte nach unten in eine passende Pfanne gelegt, mit $^1/_4$ Liter Weißwein und einem $^3/_4$ Liter siedenden Wasser übergossen und 2 Stunden – unter öfterem Begießen mit Wasser – gebraten.
Dann wenden, mit einem scharfen, spitzen Messer die Schwarte zuerst der Länge nach in etwa zentimeterbreite Streifen und dann quer zu diesen ebenfalls zentimeterbreit einschneiden. Die Einschnitte sollen nicht zu tief sein. In jedes der so entstandenen Schwartenvierecke eine Gewürznelke stecken und so lange unter öfterem Begießen weiterbraten, bis sich beim Gabeleinstich der Schinken weich anfühlt und ein klarer Saft austritt.

SCHINKEN IN ROTWEIN GEDÄMPFT (10 Portionen)

1 kleiner Schinken, Wasser, 20 Schalotten, 500 g Karotten, 500 g Zeller, 2 Gewürznelken, 1 Flasche Rotwein, 1 Eßlöffel Zucker, 2 Eßlöffel Fleischglace.

Man kocht einen kleinen ganzen Schinken ungefähr 2 Stunden, bis er anfängt weich zu werden, und zieht ihm die Schwarte ab. Nun gibt man den Schinken in einen passenden Kochtopf nebst geschälten ganzen Schalottenzwiebeln, kugelig ausgestochenen Karotten und Zeller, 2 gestoßenen Gewürznelken und gießt eine Flasche Rotwein und einen Schöpflöffel Schinkensud über das Fleisch. Den Schinken zugedeckt etwa 1 Stunde dünsten. Nach einer halben Stunde etwas Zucker und Fleischglace in die Soße geben und den Schinken fleißig damit begießen.
Wenn das Fleisch weich ist, soll die Soße ganz kurz eingekocht sein und der Schinken einen schönen Glanz aufweisen.
Beim Anrichten die Schalotten, Karotten- und Zellerkugeln um den aufgeschnittenen Schinken legen und den Saft darübergießen.

SPANFERKEL, GEBRATEN

1 Spanferkel, Salz, Kümmel, Majoran, Schweineschmalz, Speck, Bier.

Ein ausgenommenes Spanferkel wird gewaschen, abgetrocknet, innen und außen mit Salz, gestoßenem Kümmel und etwas Majoran eingerieben, in der Bauchhöhle mit Holzspänen verspreizt, in eine flache Pfanne auf Kochlöffel oder Holzleisten legen, die Ohren und das Schweifchen mit Folie umwickeln und mit Schweineschmalz über-

gießen. Etwa 1½ Stunden im Rohr braten und dazwischen immer wieder mit Speck und Bier bestreichen. Wenn das Ferkel eine schöne, braune und resche Kruste hat, entfernt man die Folie von den Ohren und dem Schweifchen und läßt auch diese bräunen.
Das Spanferkel muß sofort serviert und gegessen werden, da die Kruste sonst wieder weich wird.
Beilage: gebratene Äpfel, Krautsalat.

SCHWEINSBRUST, GEFÜLLT (SALZBURGER BRATEN) (6–8 Portionen)

1 Jungschweinsbrust, Salz, Kümmel, Knoblauch. Fülle: *300 g Schweinsschulter, 100 g Speckwürfel, 50 g Schinkenwürfel, 50 g Pökelzungenwürfel, Pökelsalz, gestoßener Kümmel, Knoblauch, Majoran, ¼ gehackte, geröstete Zwiebel.*

Die Jungschweinsbrust wird ausgelöst, die Knorpel entfernt und untergriffen, indem man mit einem scharfen Messer von einer Schmalseite eine tiefe Tasche einschneidet, diese mit nachstehend beschriebener Fülle füllt und die Öffnung mit Spagat vernäht. Wie bei „Jungschweinsbraten" beschrieben, zuerst auf der Schwartenseite kochen, die Schwarte einschneiden, mit Salz, Kümmel und Knoblauch einreiben und etwa 2 bis 2½ Stunden braten.
Fülle: Das Fleisch von der Schweinsschulter wird zwei- bis dreimal feinst faschiert, mit in kochendem Wasser blanchierten Speckwürfeln, Schinkenwürfeln, Zungenwürfeln sowie der feinstgeschnittenen in Fett gerösteten Zwiebel gut vermischt. Pökelsalz oder Salz und die Gewürze in die Masse rühren, etwas rasten lassen und in die Schweinsbrust füllen.

SCHWEINSKARREE, GEFÜLLT (4 Portionen)

1 kg kurzes Schweinskarree, Salz, Kümmel, Knoblauch. Semmelfülle: *4 Schneidesemmeln, 50 g Butter, 2 Eier, ca. ¼ l Milch, Salz, Muskat, gestoßener Kümmel, gehackte Petersilie, gehackter Majoran, 1 Eßlöffel feingehackte Zwiebel, Butter.*

Das Schweinskarree vorsichtig von den Knochen lösen, der Länge nach einen Einschnitt machen, das Fleisch aufklappen und zu gleichmäßiger Dicke klopfen. Beidseitig mit etwas Salz, Kümmel und Knoblauch einreiben und mit nachstehend beschriebener Semmelfülle belegen. Das Fleisch über die Fülle schlagen und mit Spagat zu einer Rolle binden. Im Rohr auf einer Knochenunterlage wie „Schweinsbraten" braten.

Semmelfülle: Die Semmeln leicht entrinden, in kleine Würfel schneiden, Butter mit Eidotter schaumig rühren, lauwarme Milch einrühren und die Semmelwürfel damit übergießen. Gewürze daruntermischen, leicht zusammenpressen und 15 Minuten stehen lassen. 2 Eiklar zu Schnee schlagen, unter die Masse heben, eine Rolle formen und auf das ausgebreitete, gewürzte Schweinskarree legen.

Gebratene, gebackene und gedünstete Portionsgerichte vom Schwein

SCHWEINSKOTELETTS, GEBACKEN (4 Portionen)

4 Schweinskoteletts, Salz, Mehl, 1 Teelöffel Milch, 1 Teelöffel Öl, 2 Eier, Semmelbrösel, Fett, Petersilie, 1 Zitrone.

Die Schweinskoteletts am Rand einschneiden, etwas klopfen und salzen.
Koteletts in Mehl wenden. Eier mit etwas Milch und einem Teelöffel Öl versprudeln und die Koteletts durch dieses Gemisch ziehen. In Semmelbrösel andrücken. In einer Pfanne zumindest fingerhoch Fett erhitzen und die Koteletts zuerst auf einer Seite 4 bis 5 Minuten und dann auf der anderen Seite ebensolang goldbraun backen. Darauf achten, daß die Koteletts am Knochen nicht mehr blutig sind. Angerichtet mit Petersilie und Zitronenspalten garnieren.
Beilage: Mayonnaisesalat.

KÜMMELSCHWEINSKOTELETTS (4 Portionen)

4 Schweinskoteletts, Salz, Knoblauch, Kümmel, Mehl, Fett, Suppe oder Wasser.

Die Koteletts werden an den Rändern eingeschnitten, nur schwach geklopft, mit Salz und etwas Knoblauch eingerieben, auf der schönen Seite in Mehl getaucht und mit der bemehlten Seite zuerst in heißem Fett gebraten, umgedreht, mit Kümmel bestreut und langsam fertiggebraten. Das Bratfett zum Teil abgießen, mit Suppe oder Wasser aufkochen.

SCHWEINSKOTELETTS MIT KÄSE (4 Portionen)

4 Schweinskoteletts, Salz, Pfeffer, Mehl, 50 g Fett, Butter, 4 große Paradeiser, 2 Knoblauchzehen, Oregano, Salbei, 100 g Gorgonzola, 2 Eßlöffel Semmelbrösel, Petersilie.

Die Schweinskoteletts an den Rändern einschneiden, klopfen, mit

Salz und Pfeffer würzen, auf einer Seite in Mehl tauchen, mit dieser Seite zuerst in heißem Fett goldbraun braten, wenden und fertigbraten. Auf eine mit Butter ausgestrichene feuerfeste Platte schlichten, mit enthäuteten, in Scheiben geschnittenen Paradeisern belegen, mit einem Gemisch aus zerdrücktem Knoblauch, Oregano, Salbei und zerriebenem Rosmarin bestreuen, mit dem Bratfett übergießen, Gorgonzola darüber verteilen, mit Semmelbröseln bestreuen, mit zerlassener Butter beträufeln und im vorgeheiztem Rohr bei starker Hitze goldbraun überbacken. Mit Petersilie bestreut servieren.

SCHWEINSKOTELETTS AUF ZNAIMER ART (4 Portionen)

4 Schweinskoteletts, Salz, Kümmel, Mehl, 50 g Fett, 1/2 Zwiebel, Suppe oder Wasser, 4 Essiggurkerln, 1/8 l Sauerrahm.

Die Schweinskoteletts werden an den Rändern eingeschnitten, leicht geklopft, gesalzen, mit Kümmel bestreut, auf einer Seite in Mehl getaucht und mit der bemehlten Seite zuerst rasch angebraten.
Im Bratfett röstet man die feingeschnittene Zwiebel, stäubt mit etwas Mehl, röstet kurz durch und gießt mit etwas Suppe oder Wasser auf. Aufkochen, feingeschnittene Essiggurkerlstreifen beifügen, die Schweinskoteletts einlegen, mit versprudeltem Rahm übergießen und 1/2 bis 3/4 Stunde zugedeckt langsam dünsten lassen.

SCHWEINSKOTELETTS AUF UNGARISCHE ART (4 Portionen)

4 Schweinskoteletts, Salz, Pfeffer, Mehl, 50 g Fett, 1 Zwiebel, 2 Knoblauchzehen, 1 Eßlöffel edelsüßer Paprika, 1/2 l Suppe oder Wasser, 1/8 l Sauerrahm, 2 Teelöffel Mehl, 1 Bund Dille.

Die Schweinskoteletts an den Rändern einschneiden, leicht klopfen, mit Salz und Pfeffer einreiben, in Mehl wenden und in heißem Fett auf beiden Seiten kurz anbraten.
Im Bratenfett feingehackte Zwiebel goldgelb rösten, zerdrückten Knoblauch zugeben, kurz durchrösten und Paprika dazugeben, sofort mit der Suppe oder Wasser aufgießen und aufkochen. Die Koteletts in die Soße legen, 1/2 bis 3/4 Stunde zugedeckt dünsten. Auf einer vorgewärmten Platte anrichten. Saurer Rahm wird mit Mehl gut verrührt und in die kochende Soße mit der Schneerute eingeschlagen, 5 Minuten kochen. Das feingehackte Dillkraut hineingeben, abschmecken und die Koteletts damit übergießen.
Beilage: Tarhonya.

SCHWEINSKOTELETTS MIT KRÄUTERN
(4 Portionen)

4 Schweinskoteletts, Salz, Kümmel, Mehl, 50 g Fett, 1 Zwiebel, 50 g Champignons, Petersilie, Estragonblätter, 1 Zweig frischer Majoran, $^1/_2$ l Suppe oder Wasser, $^1/_8$ l Sauerrahm.

Die Koteletts werden an den Rändern mehrmals eingeschnitten, leicht geklopft, mit Salz und gestoßenem Kümmel eingerieben, in Mehl gewendet und auf beiden Seiten kurz goldbraun angebraten.
Aus der Pfanne heben und warm stellen. Im Bratfett wird feingeschnittene Zwiebel goldgelb geröstet, feingehackte Champignons, Petersilie, Estragonblätter und Majoran kurz mitrösten, mit Mehl stauben, anrösten und mit Suppe oder Wasser aufgießen.
Sauerrahm glattrühren und der Soße beifügen, aufkochen und über die angebratenen Schweinskoteletts gießen. $^1/_2$ bis $^3/_4$ Stunde zugedeckt fertigdünsten.
Beilage: Salzerdäpfel, Kohlsprossen mit Speck.

SCHWEINSKOTELETTS AUF BAUERNART (4 Portionen)

4 Schweinskoteletts, Salz, 2 Knoblauchzehen, gestoßener Kümmel, Mehl, 50 g Fett, 50 g Bauernspeck, 1 Zwiebel, 100 g Karotten, 100 g Zellerknollen, 8 Eierschwammerln, Suppe oder Wasser, 4 große Erdäpfel, 1 Teelöffel Kümmel, 100 g Erbsen, Petersilie.

Die Schweinskoteletts werden an den Rändern eingeschnitten, etwas geklopft, mit Salz, Knoblauch und gestoßenem Kümmel eingerieben, auf einer Seite in Mehl getaucht und mit dieser Seite zuerst in einer Rein, in welcher vorher Fett erhitzt wurde, goldbraun angebraten. Wenden und auch auf der anderen Seite braten.
Herausheben und warm stellen. Im Bratfett grobwürfelig geschnittenen Bauernspeck glasig rösten, würfelig geschnittene Zwiebel, Karotten, Zellerknollen und Eierschwammerln beigeben und durchrösten. Mit Suppe untergießen und die angebratenen Koteletts einlegen. Die in etwa 2 Zentimeter große Würfel geschnittenen, geschälten, rohen Erdäpfel darauf verteilen, mit Kümmel und Salz bestreuen und zugedeckt eine $^1/_2$ bis $^3/_4$ Stunde dünsten. Nach der halben Garzeit werden noch die grünen Erbsen beigefügt.
Die fertigen Koteletts werden auf einer vorgewärmten Platte angerichtet und mit der Garnitur umkränzt. Mit viel gehackter Petersilie bestreuen.

SCHWEINSSCHNITZEL ESTERHÁZY (4 Portionen)

$^1/_2$ Karotte, $^1/_4$ Zellerknolle, $^1/_2$ Petersilienwurzel, $^1/_2$ Zwiebel, 50 g Butter, 4 Schweinsschnitzel vom Schlegel, Salz, Mehl, $^1/_2$ Zwiebel, 1 Teelöffel Kapern, $^1/_2$ Zitrone, $^1/_{16}$ l Weißwein, $^1/_4$ l Suppe, 1 Teelöffel Senf, $^1/_8$ l Sauerrahm, Pfeffer, Petersilie.

Karotten, Zellerknolle, Petersilienwurzel und Zwiebel putzen, in feine, etwa 5 cm lange Streifen schneiden, 50 g Butter in einer Pfanne erhitzen, die Zwiebel- und Wurzelsteifen darin etwa 3 Minuten – ohne Farbe zu nehmen – rösten und beiseite stellen.
Die Schweinsschnitzel am Rand einschneiden, leicht klopfen, salzen, auf einer Seite in Mehl tauchen und mit der bemehlten Seite zuerst in heißem Fett anbraten. Herausheben und warm stellen.
Im Bratenrückstand $^1/_2$ feinstgeschnittene Zwiebel, 1 Teelöffel gehackte Kapern und etwas Zitronenschale licht rösten, mit 1 Teelöffel Mehl stauben, durchrösten und mit $^1/_{16}$ Liter Suppe aufgießen. 1 Teelöffel Senf mit dem Sauerrahm verrühren und in die Soße geben, mit Salz, Pfeffer und Zitronensaft würzen, die Schweinsschnitzel in die Soße legen, die angerösteten Wurzel- und Zwiebelstreifen darüberstreuen und 20 Minuten zugedeckt bei kleinem Feuer dünsten. Angerichtet mit gehackter Petersilie bestreuen.

SCHWEINSSCHNITZEL AUF ZIGEUNER ART
(4 Portionen)

4 Schweinsschnitzel vom Schlegel, Salz, Pfeffer, 30 g Fett, Mehl, 20 g Butter, $^1/_2$ Zwiebel, 2 Paprikaschoten, 1 Teelöffel Mehl, 1 Teelöffel Paradeismark, $^1/_{16}$ l Weißwein, $^1/_4$ l Suppe, Knoblauch, edelsüßer Paprika, 50 g Pökelzunge, 50 g Schinken, 2 Essiggurkerln.

Schweinsschnitzel klopfen, an den Rändern einschneiden, salzen und pfeffern. In einer Pfanne erhitzen, die Schnitzel auf einer Seite in Mehl tauchen und mit der bemehlten Seit zuerst goldbraun braten. Die Schnitzel sollen nur einmal gewendet werden. Auf einer vorgewärmten Platte zugedeckt warm stellen.
Im Bratenrückstand 20 g Butter aufschäumen und darin die in Streifen geschnittene Zwiebel glasig rösten, in Streifen geschnittene Paprikaschoten dazugeben und weiter rösten, mit Mehl stauben, durchrösten, Paradeismark dazugeben und mit etwas Weißwein ablöschen. Mit Suppe aufgießen, mit Knoblauch und Paprika würzen und die in feine Streifen geschnittene Pökelzunge, Schinken und Essiggurkerln beigeben. Die Soße kurz durchkochen und die angerichteten Schweinsschnitzel damit übergießen.

SCHWEINSJUNGFERNBRATEN IM NETZ
(4 Portionen)

2–3 Schweinslungenbraten, 600 g, Kümmel, Salz, Pfeffer, 50 g Butter, 1/2 Zwiebel, 100 g Champignons, 1 Zweig frischer Majoran, 1 Bund Petersilie, 1 Tasse Kresse, 1 Ei, eventuell Semmelbrösel, 1 Schweinsnetz, Suppe, 1/2 Teelöffel Mehl, 1/2 Teelöffel Paradeismark, 4 Eßlöffel Sauerrahm.

Die Schweinslungenbraten von Haut und Fett befreien. Mit Kümmel, Salz und Pfeffer gut einreiben. Die kleingeschnittene Zwiebel läßt man in Butter goldgelb rösten, gibt die feingehackten Champignons dazu und röstet, bis sie Farbe genommen haben und trocken sind. Gehackten, frischen Majoran, gehackte Petersilie und Kresse kurz mitrösten, vom Feuer nehmen, überkühlen, mit dem Ei verrühren und eventuell mit Semmelbröseln binden. Genügend große Stücke vom Schweinsnetz gut auswässern, abtropfen, auflegen und die gewürzten Lungenbraten darauflegen, mit den gerösteten Kräutern bestreichen, rollen und in einer passenden Bratpfanne im Rohr etwa 35–40 Minuten – unter zeitweiligem Begießen mit dem austretenden Saft und etwas Suppe – braten. Das fertiggebratene Fleisch herausheben, vor dem Aufschneiden etwa 10 Minuten warm stellen und rasten lassen. Inzwischen den Bratenrückstand einkochen, mit Mehl stauben, kurz durchrösten, Paradeismark zugeben, mitrösten, mit 4 Eßlöffel Sauerrahm und Suppe zu einem kurzen Saft aufgießen, verkochen.
Den Lungenbraten schräg in fingerdicke Tranchen schneiden und den Saft extra reichen.

SCHWEINSJUNGFERNBRATEN IN KOHL
(4 Portionen)

600 g Schweinslungenbraten, 1 Kohlkopf, Salz, Pfeffer, 50 g Fett, 1 Zwiebel, 100 g Champignons, Petersilie, 1 Eßlöffel Paradeismark, Suppe oder braune Grundsoße, 1 Schweinsnetz, 4 Speckscheiben, 1 Eßlöffel Butter.

Den Kohlkopf in einzelne Blätter zerlegen, die starken Rippen ausschneiden und die gewaschenen Kohlblätter in Salzwasser kurz überkochen (blanchieren).
Die Schweinslungenbraten enthäuten, das überflüssige Fett wegschneiden, mit Salz und Pfeffer einreiben und in Fett rundherum rasch goldbraun anbraten. Herausheben und zum Auskühlen stellen. Im Bratfett kleingeschnittene Zwiebel, Champignons und gehackte Petersilie rösten, Paradeismark, Salz und Pfeffer zugeben, mit etwas

Suppe oder brauner Grundsoße aufgießen und zu einer streichfähigen Konsistenz einkochen. Schweinsnetz gut auswässern, abtropfen, entsprechend große Stücke auflegen, die äußeren großen Kohlblätter in ein Viereck legen. Die verbleibenden Kohlblätter klein hacken und auf die ausgelegten Kohlblätter verteilen, mit Salz und Pfeffer bestreuen, in der Größe der Fleischstücke mit dem halben Kräutergemisch bestreichen, die angebratenen Lungenbraten darauflegen und fest in das Schweinsnetz einrollen. Jeder Lungenbraten soll einzeln in ein vorbereitetes Schweinsnetzstück gehüllt werden. Die Rouladen in eine passende Pfanne setzen, mit Speckscheiben abdecken und im nicht zu heißen Rohr etwa eine halbe Stunde braten. Herausheben, einen Teil des Bratfettes abgießen, 1 Eßlöffel Butter zugeben, das restliche Kräutergemisch beifügen, kurz durchrösten und mit $^{3}/_{8}$ Liter Suppe zu einer kurzen Soße aufgießen. Die Lungenbratenstücke in fingerdicke schräge Tranchen aufschneiden und mit der Soße umkränzen.

Ragoutgerichte

SCHWEINSGULASCH (4 Portionen)

600 g Schweinsschulter, 300 g Zwiebeln, 40 g Fett, 1 Eßlöffel Paprika, 1 Eßlöffel Essig, Salz, Kümmel, 1 Knoblauchzehe, 1 Eßlöffel Pardeismark, $^{1}/_{8}$ l Sauerrahm, 20 g Mehl.

Zwiebeln klein schneiden und in heißem Fett goldgelb rösten, Paprika zugeben und sofort mit etwas Essig und $^{1}/_{8}$ Liter Wasser ablöschen. Salz, Kümmel, zerdrückte Knoblauchzehe und 1 Eßlöffel Paradeismark beigeben. Die in große Würfel geschnittene Schweinsschulter in dem Saft weich dünsten, von Zeit zu Zeit aufgießen und wieder verkochen lassen. Wenn das Fleisch fast weich ist, soll die Flüssigkeit fast verdunstet sein.
Sauerrahm mit Mehl und etwas Wasser glatt rühren, das Gulasch damit binden, mit Wasser auf die nötige Soßenmenge auffüllen und langsam fertig dünsten.
Beilage: Salzerdäpfel, Erdäpfelknödel, Nockerln.

KRAUTFLEISCH – SZEGEDINER (4 Portionen)

600 g Schweinsschulter, 250 g Zwiebeln, 50 g Fett, 1 Eßlöffel Paprika, 1 Eßlöffel Essig, Salz, Kümmel, 1 Knoblauchzehe, 500 g Sauerkraut, 1 Erdäpfel, 4 Eßlöffel Sauerrahm.

Feingeschnittene Zwiebeln werden in Fett goldgelb angeröstet, Pa-

prika, etwas Essig und das grobwürfelig geschnittene Schweinefleisch, Salz, Kümmel und zerdrückten Knoblauch beigeben, unter Zugießen von etwas Wasser im eigenen Saft zugedeckt langsam dünsten. Nach der halben Garzeit das zwei- bis dreimal durchgeschnittene Sauerkraut dazugeben und weiter dünsten.
Kurz vor dem Garwerden gibt man einen rohen, geschälten und geriebenen Erdapfel und etwas Sauerrahm dazu, schmeckt mit Salz und Paprika ab und läßt alles zusammen fertigdünsten.

STEIRISCHES WURZELFLEISCH (4 Portionen)

600 g Bauchfleisch, Salz, 1 Gewürzsäckchen (1 Lorbeerblatt, 3 Neugewürzkörner, 4 Pfefferkörner, 1 Zweig Thymian, 1 Knoblauchzehe), 60 g Karotten, 60 g Petersilienwurzeln, 50 g Zellerknolle, 1 Zwiebel, 500 g Erdäpfel, 2 Eßlöffel Essig, Petersilie, 20 g Kren.

Das Bauchfleisch in große Würfel schneiden und in Salzwasser mit einem Gewürzsäckchen zum Kochen bringen.
Nach der halben Garzeit werden in feine Streifen geschnittene Karotten, Zellerknollen, Petersilienwurzeln, Zwiebel und die geschälten, in Würfel geschnittenen Erdäpfel zugegeben und weich gekocht.
Das Gewürzsäckchen entfernen, mit Essig abschmecken.
Angerichtet wird das Fleisch mitsamt der Suppe, den Wurzeln und den Kartoffeln. Vor dem Auftragen mit gehackter Petersilie und frisch geriebenem Kren bestreuen.

KRENFLEISCH (4 Portionen)

600 g Bauchfleisch, Salz, Essig, 1 Lorbeerblatt, 5 Pfefferkörner, 1 Knoblauchzehe, 1 Zwiebel, 300 g Wurzelwerk, 4 Eßlöffel Weißbrotbrösel, 4 Eßlöffel Kren.

Das Bauchfleisch wird in Salzwasser mit etwas Essig, den Gewürzen und nudelig geschnittener Zwiebel sowie feingeschnittenem Wurzelwerk gekocht.
Das Fleisch in Scheiben schneiden, mit dem geseihten Gemüsesud übergießen und mit gerösteten Weißbrotbröseln und geriebenem Kren überstreuen.
Beilage: Salzerdäpfel.

KLACHELFLEISCH (4 Portionen)

2 Schweinsstelzen, 500 g Wurzelwerk, 1 Zwiebel, Salz, 1 Lorbeerblatt, 6 Pfefferkörner, 4 Neugewürzkörner, 1 Zweig Thymian, 1/8 l Sauerrahm, 40 g Mehl, Petersilie.

Die Stelzen werden in Scheiben gehackt. Eine Rein wird mit blättrig geschnittenem Wurzelwerk und Zwiebel ausgelegt. Das Fleisch darauf schichten, mit Salz, Lorbeerblatt, Pfefferkörnern, Neugewürzkörnern und Thymian würzen, knapp mit Wasser bedeckt weich kochen. Sauerrahm mit Mehl gut verrühren und die Soße damit binden. Gut verkochen und über das in einer Schüssel angerichtete Fleisch passieren. Mit gehackter Petersilie bestreut servieren.
Beilage: geröstete Erdäpfel.

Innereien vom Schwein

Bei den Innereien vom Schwein werden im großen und ganzen die gleichen Zubereitungsarten wie bei den Kalbsinnereien angewendet. Die Innereien vom Schwein sind allerdings nicht ganz so fein und begehrt wie die vom Kalb.
Es empfiehlt sich, Schweinsleber und Schweinsnieren – nach dem Wegschneiden von Röhren und Fettresten – mindestens zwei Stunden vor der Zubereitung in Milch einzulegen, sie verlieren dadurch ihren scharfen Geschmack und werden überdies zarter.

UNGARISCHE LEBER (4 Portionen)

400 g Schweinsleber, 50 g Speck, 1 große Zwiebel, 1 grüne Paprikaschote, Salz, Pfeffer, Majoran, 1/2 Teelöffel Paprika, 1 Teelöffel Mehl, 3/8 l Suppe, 2 Eßlöffel Paradeismark, 4 Eßlöffel Sauerrahm.

Leber von Häuten und Röhren befreien und in Milch einlegen. Vor dem Zubereiten abtrocknen und in Streifen schneiden. Speckwürfel in einer Rein erhitzen, die kleingeschnittene Zwiebel mitrösten, Leberstreifen zugeben und rasch braten, sodann die in dünne Streifen geschnittene Paprikaschote zugeben und mitbraten, mit Salz, etwas Pfeffer, Majoran und Paprika würzen, mit Mehl stauben und mit Suppe aufgießen. Paradeismark und Sauerrahm zugeben und das Ganze 4 bis 5 Minuten bei kleinem Feuer ziehen lassen.
Sofort servieren, da die Leber sonst wieder hart wird.
Beilage: Tarhonya (Reibteig), Nockerln oder Erdäpfel.

NIERNDL MIT HIRN (4 Portionen)

3 Schweinsnieren, 1 Schweinshirn, Milch, 50 g Fett, 1 große Zwiebel, Salz, Pfeffer, Majoran, Suppe.

Die Schweinsnieren von den Häuten und Strängen befreien, 20 Minuten in Milch legen, in der Zwischenzeit das Schweinshirn in lauwarmes Wasser legen, die Haut abziehen und von Knochensplittern befreien. Nach dem Abtropfen wird das Hirn grob gehackt. Nieren trocken tupfen und feinblättrig schneiden.
In einer Pfanne Fett erhitzen, eine kleingeschnittene Zwiebel goldbraun rösten, Nieren dazugeben und rasch durchrösten. Das Hirn dazumengen, mit Salz, Pfeffer und Majoran würzen und rasch fertigrösten.
Vor dem Anrichten eventuell 2 Eßlöffel Suppe beifügen.

SCHWEINSZUNGEN IN SENFSOSSE (4 Portionen)

2 frische Schweinszungen, Salz, 250 g Wurzelwerk, 1 Zwiebel, 1 Lorbeerblatt, 6 Pfefferkörner, 40 g Butter, 40 g Mehl, 2 Eßlöffel Senf, 2 Eßlöffel Sauerrahm, Essig, Zucker, Worcestershiresoße.

Die Schweinszungen waschen, in Salzwasser mit Wurzelwerk, Lorbeerblatt, Pfefferkörnern und Zwiebelringen weich kochen.
Sobald die Zungen weich sind, in kaltes Wasser legen und die Haut abziehen. Jede Zunge der Länge nach in 3 bis 4 Schnitten schneiden und mit Kochsud knapp bedeckt erwärmen.
In der Zwischenzeit aus Butter und Mehl eine lichte Einbrenn bereiten, mit 1/2 Liter geseihtem Kochsud aufgießen und die Soße gut durchkochen.
Senf mit Sauerrahm und einem Spritzer Essig glattrühren und in die kochende Soße einrühren. Mit Zucker und Worcestershiresoße abschmecken. Sodann die Zungenschnitten auf einer vorgewärmten Platte anrichten und mit der Senfsoße übergießen.
Beilage: Petersilienerdäpfel oder Erdäpfelpüree.

HAMMEL ODER SCHÖPS

Junge Tiere haben ein hellrotes, von wenig Fett durchwachsenes Fleisch, das mit einer gelblichweißen, dünnen Fettschicht überzogen ist. Alte Tiere haben dunkleres Fleisch und eine gelbe Fettschicht. Von alten Tieren ist das Fleisch nicht mehr so saftig und wohlschmeckend wie von jungen Tieren. Masttiere im Alter von zirka einem Jahr liefern das beste und geschmackvollste Fleisch.

GEBRATENER SCHÖPSENSCHLEGEL (4 Portionen)

1 kg Hammelkeule (Schöpsenschlegel), Salz, Pfeffer, Knoblauch, 50 g Fett, Butter, 1/2 Teelöffel Mehl, 1/2 Teelöffel Paradeismark, etwas Suppe.

Ein kleiner Schöpsenschlegel – oder ein Stück davon – wird ausgelöst oder mit dem Knochen belassen. Mit Salz, Pfeffer und zerdrücktem Knoblauch fest einreiben, in einem passenden Geschirr anbraten und im Rohr – unter zeitweiligem Bestreichen mit Butter und Zugießen von wenig Wasser – braten. Mit dem sich bildenden Saft fleißig übergießen.
Wenn der Braten weich ist, was durch Einstechen mit einer Bratengabel oder langen Nadel festzustellen ist, das Fleisch herausheben. Den Bratenrückstand einkochen und bräunen. Das überschüssige Fett ableeren, den Saft mit etwas Mehl stauben, durchrösten, mit wenig Paradeismark versetzen und mit Suppe zu einem kurzen Saft aufgießen. Den Saft gut verkochen.
Den Braten in gleichmäßige Schnitten aufteilen und mit dem geseihten Saft umkränzen.
Beilage: gedünstete Kohlkugeln und Braterdäpfel.

SCHÖPSENSCHLEGEL MIT WURZELN (4 Portionen)

1 kg Schöpsenschlegel (Hammelkeule), Salz, Pfeffer, Knoblauch, Gewürzsäckchen (1 Lorbeerblatt, 5 Pfefferkörner, 1 Zweig Thymian), 1 Karotte, 1 Petersilienwurzel, 1 gelbe Rübe, 1/4 Zellerknolle, 1/2 Zwiebel, 500 g Erdäpfel, Essig.

Der Schöpsenschlegel wird abgehäutet, mit Salz, Pfeffer und Knoblauch gut eingerieben, mit einem Gewürzsäckchen in einer passenden Rein mit Wasser knapp bedeckt zum Kochen gebracht. Wenn das Fleisch halb weich ist, gibt man geputzte, in Streifen geschnittene Wurzeln, Zwiebelstreifen und rohe, geschälte und geviertelte Erdäpfel dazu, würzt mit etwas Essig und kocht alles gar. Nachdem das Fleisch und die Zutaten weich gekocht sind, wird das Gewürzsäckchen entfernt, das Fleisch in fingerdicke Scheiben geschnitten und mit den Wurzelstreifen und den Erdäpfeln bedeckt. Mit dem Kochsud übergießen und servieren.

SCHÖPSENSCHLEGEL BÜRGERLICH (4 Portionen)

1 kg Schöpsenschlegel, 1/2 Zwiebel, 1 Bund Petersilie, Salz, Pfeffer, 2 Knoblauchzehen, Thymian, 40 g Fett, 16 Schalotten, 4 Karotten, 60 Brustspeckstreifen.

Den Schöpsenschlegel auslösen, mit einer Fülle aus feingehackter

Zwiebel, Petersilie, Salz, frisch gemahlenem Pfeffer, zerdrücktem Knoblauch und zerriebenem Thymian bestreichen, einrollen und mit Spagat zu einer Rolle binden. Die Rolle außen mit Salz und Pfeffer einreiben, in einer Pfanne rundherum gut anbraten und im Rohr halbweich braten. Geschälte Schalotten, ausgestochene Karottenkugeln und kurze Speckstreifen zugeben und mit dem Fleisch unter oftmaligem Begießen mit dem eigenen Saft glacieren. Spagat entfernen, das Fleisch in kleinfingerdicke Scheiben schneiden und mit dem glacierten Gemüse und Speck umkränzen.
Beilage: Zwiebelerdäpfel.

GEBRATENER SCHÖPSENRÜCKEN (4 Portionen)

1 1/2 kg Schöpsenrücken (Hammelrücken), Salz, Pfeffer, Knoblauch, englischer Senf, 40 g Fett, 1/2 Teelöffel Mehl, 1/2 Teelöffel Paradeismark, etwas Suppe.

Das auf dem Schöpsenrücken befindliche Fett leicht einschneiden, die Bauchlappen einschlagen, mit Spagat festbinden, mit Salz, Pfeffer, Knoblauch und etwas englischem Senf einreiben. Mit der schönen Seite nach unten kurz anbraten, wenden und sodann mit der schönen Seite nach oben – unter zeitweiligem Begießen mit dem sich bildenden eigenen Saft – rosa (englisch) braten. Mit einem langen, scharfen Messer vorsichtig die Rückenfilets von den Knochen lösen, in schräge, etwa fingerdicke Scheiben schneiden, wieder auf das Knochengerüst setzen und mit separat gereichtem Saft auftragen.

SCHÖPSENRÜCKEN „METTERNICH" (4–6 Portionen)

1 Schöpsenrücken, Salz, Pfeffer, Knoblauch, 40 g Fett, 1/2 l Béchamelsoße, 1 Teelöffel Paprika, 150 g Champignons, 2 Eßlöffel Reibkäse, 30 g Butter.

Diese Zubereitungsart ist eine besondere Spezialität, welche auch mit einem Kalbsrücken hergestellt werden kann. Schöpsenrücken wie bei „Gebratener Schöpsenrücken" beschrieben zubereiten.
Nach dem Braten die Rückenfilets von den Knochen lösen, in Scheiben schneiden und das Gerippe mit 1/4 Liter Paprika-Béchamelsoße (der Paprika wird in die Béchamelsoße eingerührt), welche sehr stark mit gehackten Champignons versetzt und eingekocht wurde, dick einstreichen, die Fleischscheiben in ihrer ursprünglichen Form wieder aufsetzen, mit der restlichen Paprika-Béchamelsoße überziehen, mit Reibkäse bestreuen, mit flüssiger Butter beträufeln und bei starker Oberhitze goldbraun überbacken.
Mit Reis als Beilage servieren.

SCHÖPSENBRUST IN MAJORANSOSSE (4 Portionen)

1 kg Schöpsenbrust, Salz, 150 g Wurzelwerk, 1 Zwiebel, 5 Pfefferkörner, 1 Knoblauchzehe, 50 g Fett, 40 g Mehl, 1 Eßlöffel Majoran (frisch oder getrocknet), Senf, Zitronensaft, 2 Eßlöffel Sauerrahm, 400 g gekochte Erdäpfel.

Die Schöpsenbrust in etwa dreifingerbreite Stücke hacken und in einem Liter Salzwasser mit Wurzelwerk und Gewürzen kernig weich kochen. Die Fleischstücke herausheben und warm stellen.
Aus Fett und Mehl eine lichte Einbrenn bereiten, Majoran zufügen und mit dem Kochsud mitsamt den Wurzeln aufgießen, gut verkochen und sodann durch ein Sieb streichen, Senf, Zitronensaft und Sauerrahm glatt verrühren, die Soße damit vollenden, das Fleisch und blättrig geschnittene, gekochte Erdäpfel in die Soße geben, einmal aufkochen und in einer Schüssel servieren.

SCHÖPSENKOTELETTS, ÜBERBACKEN
(4 Portionen)

2 Zwiebeln, 30 g Butter, Salz, Pfeffer, 1 Messerspitze Zucker, 1/2 Teelöffel Mehl, 1/10 l Milch, 8 Schöpsenkoteletts à 80 g, 50 g Butter, 3 Eßlöffel Suppe, 2 Eßlöffel Parmesan, 20 g Butter.

Zwei Zwiebeln schneidet man in Streifen und läßt diese mit etwas Butter, Salz, Pfeffer und wenig Zucker dünsten. Wenn die Flüssigkeit verdampft ist, mit Mehl stauben, mit 1/10 Liter Milch aufgießen, gut durchrühren und verkochen. Das Ganze durch ein Sieb streichen und warm stellen.
Schön zugerichtete Schöpsenkoteletts leicht klopfen, salzen, in Butter kurz überbraten und auf eine feuerfeste Platte schlichten. Jedes Kotelett mit Zwiebelsoße dick bestreichen, mit Parmesan bestreuen und mit flüssiger Butter beträufeln.
Mit starker Oberhitze im Rohr kurz überbacken (gratinieren).
Mit aus dem Bratenrückstand und Suppe bereitetem Natursaft (Jus) umkränzen.

HAMMELRÜCKENSCHNITTE AUF ENGLISCHE ART (MUTTON-CHOP) (4 Portionen)

4 Hammelrückenschnitten à 180–200 g, Salz, Pfeffer, Knoblauch, englischer Senf, Petersilie, Mehl, 2 Eier, Semmelbrösel, Öl, 1 Tasse Kresse.

4 über den ganzen Rücken geschnittene Chops werden leicht geklopft, mit Salz, Pfeffer, Knoblauch, englischem Senf und feinge-

HUHN MIT PAPRIKAGEMÜSE

2 küchenfertige Hühner à 800 g, Salz schwarzer Pfeffer, 5 Eßlöffel Sonnenblumenöl, edelsüßes Paprikapulver, 2 Eßlöffel Paradeismark, 3/8 l heiße Würfelsuppe, 1 Lorbeerblatt, 200 g Champignons aus der Dose, 150 g Erbsen aus der Dose, 2 grüne Paprika, 4 Paradeiser, 1 kleine Zwiebel, 1 Eßlöffel Öl, 1 Eßlöffel Speisestärke.

Aus den Hühnern die Beutel mit den Innereien herausnehmen. Die Hühner innen und außen mit kaltem Wasser abspülen, vierteln, trokkentupfen und mit Salz und Pfeffer einreiben. Das Öl in einer Bratpfanne erhitzen und die Hühnerteile rundum darin anbraten. Mit dem Paprikapulver bestreuen. Das Paradeismark unter die Suppe rühren und die Hühner damit aufgießen. Zugedeckt bei mäßiger Hitze ca. 30 Minuten braten lassen. Inzwischen die Champignons und die Erbsen abtropfen lassen und dabei das Wasser auffangen. Die Paprika waschen, abtrocknen, halbieren, Kerne und weiße Teile entfernen und in Streifen schneiden. Die Paradeiser kreuzweise einschneiden, kurz mit kochendem Wasser überkochen, häuten, würfeln und die Kerne und Stengelansätze entfernen. Die Zwiebel schälen, klein hacken und im erhitzten Öl glasig werden lassen. Die Champignons und die Paprika dazugeben und kurz anbraten. Mit etwas Erben- und Champignonwasser aufgießen. Erbsen und Paradeiser zufügen, mit Salz und Pfeffer würzen und zugedeckt ca. 10 Minuten dünsten. Die Hühnerteile aus der Bratpfanne nehmen und warm stellen. Das Lorbeerblatt aus der Soße nehmen, mit der angerührten Speisestärke binden und mit den Gewürzen abschmecken. Die Soße getrennt reichen. Die Hühnerteile mit dem Gemüse und Mandelbällchen anrichten.

hackter Petersilie eingerieben, die Lappen eingeschlagen und mit einem Holzspieß festgesteckt. In Mehl wenden, durch mit englischem Senf und 1 Teelöffel Öl verschlagene Eier ziehen und mit Semmelbröseln panieren.
In heißem Öl schwimmend auf beiden Seiten goldbraun backen.
Anrichten und mit Kresse garnieren.

SCHÖPSENPÖRKÖLT (4 Portionen)

800 g Schöpsenschulter, 50 g Selchspeck, 40 g Fett, 300 g Zwiebeln, 1 Eßlöffel Paradeismark, 2 Teelöffel Paprika, 1 Teelöffel Essig, Salz, 2 Knoblauchzehen, 3 Paradeiser.

Die ausgelöste Schöpsenschulter in 40 bis 50 g schwere Würfel schneiden. Würfelig geschnittenen Speck in Fett glasig rösten, kleingeschnittene Zwiebeln beigeben, hell rösten, 1 Eßlöffel Paradeismark und 2 Teelöffel Paprika zugeben, sofort mit 1 Teelöffel Essig ablöschen, mit wenig Wasser aufgießen.
Das geschnittene Schöpsenfleisch zugeben, salzen, zerdrückten Knoblauch beifügen und langsam im eigenen Saft weich dünsten. Wenn das Fleisch fast weich ist, die enthäuteten, entkernten, kleingeschnittenen Paradeiser und die nötige Wassermenge zugeben und fertig dünsten.

IRISH-STEW (4 Portionen)

600 g Schöpsenschulter, Salz, 1 große Zwiebel, 2 Knoblauchzehen, 2 Karotten, 1/2 Zellerknolle, 4 große Erdäpfel, Pfeffer, Thymian, 1 kleiner Kohlkopf, Petersilie.

Die ausgelöste Schöpsenschulter wird von den Häuten befreit, würfelig geschnitten und in genügend Salzwasser halbweich gekocht.
Nun wird eine passende Rein mit einer Lage in Scheiben geschnittener Zwiebel ausgelegt, darüber zerdrückten Knoblauch, in Stäbchen geschnittene Karotten und Zellerstücke geschichtet. Darauf das in Würfel geschnittene Fleisch, eine Schicht in dicke Scheiben geschnittene, rohe Erdäpfel einlegen. Jede Schicht mit Salz, Pfeffer und Thymian würzen, mit dem Kochsud bis zur Erdäpfelhöhe auffüllen, mit geviertelten, gut gewaschenen Kohlstücken bedecken und zugedeckt, ohne umzurühren, langsam fertig dünsten.
In einer Schüssel – ohne die Schichten zu zerstören – anrichten und mit gehackter Petersilie bestreuen.

SCHÖPSENCURRY (4 Portionen)

600 g Schöpsenfleisch (Schulter), Salz, Pfeffer, Butter, 1 Zwiebel, 100 g Wurzelwerk, 1 kleiner Apfel, 1 Teelöffel Rosinen, 2 Teelöffel Curry, 1 Teelöffel Mehl, 1/8 l Sauerrahm, Suppe, 1/16 l Weißwein.

Das Schöpsenfleisch in Würfel schneiden, salzen, pfeffern und in Butter kurz anbraten. Aus der Pfanne heben und warm stellen. Im Bratenrückstand eine kleingeschnittene Zwiebel und gerissenes Wurzelwerk hell durchrösten, einen kleingeschnittenen Apfel, kleingehackte Rosinen und 2 Teelöffel Currypulver zugeben, mit Mehl stauben, kurz weiterrösten, mit Sauerrahm und Suppe aufgießen, mit Salz und Knoblauch würzen und 15 Minuten verkochen. Sodann das Fleisch in die Soße geben und langsam weich dünsten. Mit Weißwein abschmecken und am besten in einem Reisring anrichten.

LAMM UND KITZ

LAMMFLEISCH

Das junge Schaf wird als Lamm bezeichnet. Seine Aufteilung erfolgt wie beim Hammel, die Innereien, wie Lammhirn, Bries, Leber und Nieren, werden wie Kalbsinnereien zubereitet. Die Lammzunge wird meistens als Ragoutbestandteil verwendet. Besonders junge Lämmer werden als „Milchlamm" bezeichnet und meistens zur Osterzeit zubereitet.

KITZ – ZIEGENFLEISCH

Junges Ziegenfleisch wird, wie Lamm, meistens zur Osterzeit auf den Tisch gebracht.

LAMMRÜCKEN, GLACIERT (4 Portionen)

1 1/2 kg Lammrücken, 50 g Selchspeck, 4 Knoblauchzehen, Salz, Pfeffer, Thymian, 150 g Wurzelwerk, 1 kleine Zwiebel, 60 g Butter, 10 g Mehl, 3/8 l Knochensuppe, 1/16 l Weißwein.

Der Lammrücken wird von Häuten und Sehnen befreit, mit Speckstreifen und der Länge nach geviertelten Knoblauchzehen gespickt, mit Salz, Pfeffer und feingestoßenem Thymian gewürzt. In einer passenden Bratpfanne auf einer Unterlage von großwürfelig geschnittenem Wurzelwerk und Zwiebel wird das Fleisch, mit der schönen Seite nach unten, mit 30 g Butter und 1/16 Liter Wasser übergossen und

etwa eine halbe Stunde – unter zeitweiligem Begießen – goldbraun gebraten.
Umdrehen und unter öfterem Begießen mit dem eigenen Saft fertigbraten. Sollte der Saft beim Braten zu stark eingehen und es besteht die Gefahr des Anlegens, so muß noch etwas Wasser zugefügt werden.
Der Lammrücken kann, je nach Wunsch, innen rosig oder ganz durchgebraten werden.
Der fertiggegarte Lammrücken wird nun herausgehoben und warm gestellt.
Im Bratrückstand wird 30 g Butter aufgeschäumt, mit Mehl gestaubt und hellbraun geröstet, sodann mit 3/8 Liter Wasser oder Knochensuppe und 1/16 Liter Weißwein aufgegossen, gut verkocht und durch ein Sieb gestrichen. Die Lammrückenfilets werden vom Knochen gelöst, in Scheiben geschnitten und wieder zurückgelegt, mit etwas Saft überglänzt. Anrichten und den restlichen Saft extra reichen.
In Butter glacierte Schalotten, Zwiebel, Karotten, Champignons und Kohlsprossen werden im Bukett rund um den Lammrücken angerichtet.
Beilage: Annakartoffeln.

LAMMSCHLEGEL MIT ESTRAGON (4–6 Portionen)

1 kleiner Lammschlegel 1200–1500 g, 2 Eßlöffel Estragonblätter, Salz, Pfeffer, Knoblauch, 50 g Speckabschnitte, 150 g Wurzelwerk, 1 Zwiebel, Estragonstengel, 50 g Butter, 1 Teelöffel Mehl, Suppe.

Den Lammschlegel von den gröbsten Häuten befreien, hohl auslösen, mit grob gehackten Estragonblättern füllen und mit Spagat binden. Mit Salz, Pfeffer und wenig Knoblauch gut einreiben. In eine passende Bratpfanne die Häute, Speckabschnitte, grobblättrig geschnittenes Wurzelwerk, Zwiebelringe und Estragonstengel streuen, den gewürzten Lammschlegel darauflegen, mit flüssiger Butter übergießen und unter öfterem Begießen mit dem eigenen Saft goldbraun braten. Sollte der Saft zu stark verkochen, eventuell mit etwas Wasser ergänzen, um ein Bitterwerden des Saftes zu verhindern. Wenn der Schlegel fertig ist – er soll innen noch leicht rosa sein –, herausheben und warm stellen. Den Bratrückstand eingehen lassen, mit Mehl stauben, kurz durchrösten, mit Suppe aufgießen, durchkochen. Danach durch ein Sieb streichen und mit gehackten Estragonblättern vollenden. Vom Lammschlegel den Spagat entfernen, diesen dann in fingerdicke Schnitten teilen, auf eine vorgewärmte Platte legen und die Soße extra reichen.
Beilage: Reis oder verschieden zubereitete Erdäpfel.

GEFÜLLTE LAMMBRUST (4 Portionen)

1 Lammbrust, Salz, Pfeffer, Thymian, 100 g Wurzelwerk, Fett, 20 g Butter. Fülle: *Semmel-, Schinken-, Leber- oder Reisfülle.*

Die Lammbrust vorsichtig auslösen, untergreifen und mit einer Fülle wie bei „Kalbsbrust, gefüllt" beschrieben füllen. Mit Spagat vernähen, mit Salz, Pfeffer und etwas Thymian einreiben und auf einer Unterlage aus Knochen und Wurzelwerk langsam, wie die Kalbsbrust, unter öfterem Begießen braten.
Den Bratrückstand eingehen lassen, das Fett ableeren, durch 20 g Butter ersetzen, mit der nötigen Suppenmenge aufgießen, kurz durchkochen und geseiht zur aufgeschnittenen Lammbrust reichen.
Beilage: Reis und Salate.

LAMMKOTELETTS MIT CHAMPIGNONS
(4 Portionen)

8 Lammkoteletts à 80 g, Salz, Pfeffer, Fett, 20 g Butter, 100 g Champignons, Petersilie, Knoblauch, 3 Eßlöffel Sauerrahm, 1/16 l Suppe.

Die Lammkoteletts werden an den Rändern eingeschnitten, leicht geklopft, mit Salz und Pfeffer eingerieben. In einer entsprechend großen Pfanne wird ein wenig Fett erhitzt, und die Koteletts werden sodann langsam auf beiden Seiten goldbraun gebraten, aus dem Fett genommen und auf einer vorgewärmten Platte warm gestellt. Das Bratfett abgießen und durch 20 g Butter ersetzen, darin die feinblättrig geschnittenen Champignons rösten, feingehackte Petersilie und eine Spur Knoblauch zugeben, mit Sauerrahm und etwas Suppe aufgießen, kurz durchkochen und über die angerichteten Lammkoteletts gießen.

EPIGRAMME VOM LAMM (4 Portionen)

800 g verschiedene Stücke vom Lamm, wie Koteletts, Brust, Bries und Nieren, Salz, Pfeffer, Knoblauch, Thymian, Mehl, Ei, Semmelbrösel, Fett, Butter.

Dies ist ein Gericht, welches aus verschiedenen Zubereitungsarten derselben Fleischart zusammengesetzt wird.
Die Koteletts werden mit Salz, Pfeffer, Knoblauch eingerieben und gegrillt.
Die Brust in zweifingerbreite Stücke hacken, salzen, in Mehl, Ei und Semmelbröseln panieren und backen.
Das Lammbries blanchieren (überkochen), enthäuten, in Scheiben schneiden, salzen, pfeffern und in Butter braten.
Die Lammnieren ebenfalls mit Salz, Pfeffer und Thymian würzen und

rasch in Butter braten.
Auf einem Sockel von Mandelreis anrichten und mit grünen Fisolen als Beilage servieren.

EINGEMACHTES LAMMFLEISCH (4 Portionen)

600 g Lammfleisch (Hals, Schulter, Brust), Salz, 1/2 Zwiebel, Nelken, 1 Karotte, 1/4 Zellerknolle, 2 Kräutersträußchen (Petersilie, Zellerstiele, Lauch, 1 Lorbeerblatt), 40 g Butter, 40 g Mehl, Zitronensaft, Muskat, 20 g Butter, 60 g Champignons, 2 Eßlöffel Obers, 1 Eidotter, Petersilie.

Teile aus Hals, Schulter und Brust werden von den Knochen befreit, in schöne Stücke geschnitten, mit Wasser knapp bedeckt, mit Salz, einem Stück mit Nelken besteckter Zwiebel, geschälter unzerschnittener Karotte, Zeller sowie einem Kräutersträußchen weich gekocht.
Den Kochsud abseihen, die Wurzeln ausklauben und in gefällige Stückchen schneiden. Das Kräutersträußchen und die Zwiebel entfernen.
Aus Butter und Mehl eine lichte Einbrenn bereiten, mit dem Kochsud aufgießen, kurz verkochen, mit Zitronensaft und Muskat abschmecken, das gekochte Fleisch und die gekochten, geschnittenen Wurzeln sowie in Butter geröstete Champignonviertel beigeben, einmal aufkochen, mit in Obers verrührtem Eidotter binden. Angerichtet mit gehackter Petersilie bestreuen.
Beilage: Reis und Risipisi.

KITZ, GEBACKEN (4 Portionen)

800 g – 1 kg Kitz- oder Lammfleisch (Hals, Brust, Schulter oder Keule), Salz, Mehl, 2 Eier, Semmelbrösel, Öl zum Backen, 1 Zitrone, Petersilie.

Wenn Hals oder Brust verwendet wird, werden die Knochen im Fleisch belassen. Wenn man hingegen Schulter oder Keule verwendet, werden die Knochen ausgelöst.
Das Fleisch wird in etwa 50 bis 60 g schwere Stücke geteilt, so daß man pro Portion etwa 4 Stücke – und zwar 2 mit und 2 ohne Knochen – erhält.
Die Fleischstücke werden gesalzen, in Mehl gewendet, durch mit etwas Salz und einigen Tropfen Öl versprudeltes Ei gezogen, in Semmelbrösel leicht angedrückt.
In heißem Öl schwimmend etwa 15 Minuten lang goldbraun gebacken.
Auf Spitzenpapier oder einer Serviette anrichten, mit Zitronensechsteln und Petersilie garnieren.
Beilage: Salatplatte.

GEFLÜGEL

Unter der Bezeichnung Geflügel versteht man sämtliches Hausgeflügel wie Hühnergeflügel, Truthahn (Indian), Enten, Gans, Perlhuhn und Taube.
Bei Hühnergeflügel unterscheidet man zwischen *jungen Hühnern* für Brat- und Backhuhn sowie *Poularden,* gemästete Hühner, die meist zum Braten und Grillen verwendet werden, *Kapaun,* der gemästete, verschnittene Hahn, und *Suppenhühnern,* meistens alte Legehühner, die vollständig erwachsen sind, zähes und hartes Fleisch aufweisen, jedoch eine ausgezeichnete Suppe ergeben.
Truthühner (Indian oder Puter) sollen nicht älter als 6 bis 8 Monate sein, ein weißes Brustfleisch und dunkles Keulenfleisch aufweisen und einen weichen, noch nicht verhärteten Brustknorpel besitzen.
Junge *Enten und Gänse* erkennt man an den leicht einzureißenden Schwimmhäuten und am leicht zu brechenden Schnabel. Auch die Füße sollen noch leicht zu brechen sein. *Perlhühner* werden wie Poularden behandelt und zubereitet. *Tauben* werden nur bis zu einem Alter von höchstens 5 bis 6 Monaten verarbeitet. Besonders zart und saftig sind Tauben mit 5 bis 8 Wochen, sie werden meist gebraten oder gefüllt und gebraten.

VORBEREITEN VON GEFLÜGEL

Um das Geflügel küchenmäßig vorzubereiten, werden sämtliche noch vorhandene Federn und Stifterln (Stoppeln) sorgfältig entfernt. Sodann werden die feinen Härchen durch Drehen des Tieres über einer offenen Flamme abgesengt, ohne die Haut zu verbrennen. Flügel werden am zweiten Gelenk abgetrennt, die Füße knapp unterhalb des Kniegelenkes abgehackt und die Krallen durch Abschneiden oder Abhacken entfernt.
Die Halshaut wird längs der Rückseite bis zum Kopf aufgeschnitten, der Hals herausgezogen und knapp an der Brust abgehackt. Braucht man einen Ganshals zum Füllen, darf die Haut nicht aufgeschnitten werden, sondern muß im ganzen mit dem Hals abgetrennt werden.
Zum Ausnehmen das Tier durch einen kurzen Schnitt von der Afteröffnung gegen das Brustbein aufschneiden, danach an der Halsseite Luft- und Speiseröhre lockern und von der Afterseite mit Zeige- und Mittelfinger die Innereien, wie Gedärme, Magen, Leber, Herz und Lunge, vorsichtig herausziehen. Von der Leber sofort die Galle und die rundum eventuell vorhandenen grünen Teile wegschneiden. Der Magen wird vom Fett und der Speiseröhre befreit, mit einem scharfen Messer vorsichtig bis zur inneren Magenwand eingeschnitten und der Magensack mit seinem Inhalt entfernt.

DRESSIEREN (BINDEN) VON GEFLÜGEL

Geflügel wird vor dem Braten meist gebunden (dressiert), um ihm eine Form zu geben und diese beim Braten zu erhalten. Man kann Geflügel mittels einer Nadel (Dressiernadel) und Spagat oder aber nur mit Spagat binden.

DAS BINDEN MIT DER NADEL

Dazu die Schenkel auf beiden Seiten fest andrücken, um die Brust zu heben. Mittels einer mit Spagat eingefädelten Dressiernadel knapp unterhalb des Schenkelgelenkes derart einstechen, daß man beim anderen Gelenk an der gleichen Stelle wieder herauskommt. Das Huhn nun auf die Brust drehen, die Halshaut am Rücken fest anlegen, mit der Dressiernadel durch Flügel, Halshaut und Rückenhaut stechen und den Spagat durchziehen, straff spannen, fest verknoten und abschneiden. Ebenfalls mit der Dressiernadel ein Stück Spagat unterhalb der Beinenden durch die Bauchhaut stechen, den Spagat über die Beine ziehen und fest verknoten.

DAS BINDEN OHNE NADEL

Dazu werden wieder die Schenkel fest auf beiden Seiten angedrückt, damit die Brust schön herauskommt, sodann den Spagat unter Beine und Körper legen, die beiden Enden hochheben, über den Beinen kreuzen und unter dem Brustbein seitwärts nach hinten ziehen. Das Geflügel auf die Brust drehen und den Spagat so über den Halsstumpf ziehen, daß die Flügel darunterliegen. Fest verknoten.

GEBRATENES HUHN (BRATHUHN)

(2–4 Portionen)

1 junges Huhn, 1,2-1,4 kg, Salz, Fett, 20 g Butter, Suppe oder Wasser.

Ein junges Huhn wird küchenmäßig vorbereitet, gewaschen, abgetropft, innen und außen gesalzen und mit Spagat gebunden (dressiert). Im heißen Fett zuerst mit der Brust nach unten etwa 15 Minuten braten, dann wenden und unter häufigem Begießen mit dem eigenen Saft goldbraun fertigbraten. Das Zugeben von Flüssigkeit während des Bratens soll vermieden werden, um eine schöne knusprige Haut zu erhalten. Ist das Huhn fertiggebraten – was durch Einstechen mit einer Bratengabel oder Nadel am Schenkel festgestellt werden kann –, wird es herausgehoben und warm gestellt. Den Bratrückstand etwas entfetten, unter Rösten am Feuer bräunen, Butter zugeben, aufschäumen lassen. Mit Suppe zu einem kurzen Saft aufgießen, den Bratrückstand loskochen, seihen und noch einmal aufge-

kocht separat zum Huhn reichen. Vor dem Servieren wird das Brathuhn in vier Stücke – zwei Keulen und zwei Brusthälften – geteilt.
Beilage: gedünsteter Reis, Risipisi, Karotten, Erbsen, Salate, Kompotte.

GEFÜLLTES HUHN (2–4 Portionen)

1 junges Huhn, 1,2–1,4 kg, Salz Butter. Fülle: *30 g Butter, 1 Eidotter, Salz, Muskat, Petersilie, 1 Semmel, Milch, 1/4 Zwiebel, 1 Hühnerleber.*

Ein junges, zartes Huhn wird sauber geputzt und die Haut an der Brust – vorsichtig, ohne sie zu verletzen – untergegriffen. Den so entstandenen Hohlraum mit nachfolgend beschriebener Fülle füllen. Das Huhn innen und außen salzen, mit Spagat binden (dressieren) und wie „Brathuhn" – nur etwa eine Viertelstunde länger – unter Zugabe von etwas Butter langsam goldbraun braten. Den Bratensaft entfetten und die abgeleerte Butter über das aufgeschnittene Huhn geben. Den restlichen Saft mit etwas Suppe oder Wasser aufkochen, seihen und extra reichen.
Fülle:
20 g Butter werden mit einem Eidotter, Salz, Muskat und gehackter Petersilie gut schaumig gerührt, die abgerindete, in Milch geweichte, gut ausgedrückte, gehackte Semmel sowie in 10 g Butter geröstete, feingeschnittene Zwiebel und kleinwürfelig geschnittene Hühnerleber unterrühren.

WIENER BACKHUHN (2–4 Portionen)

1 junges Huhn mit Magen und Leber, Salz, Mehl, 2 Eier, 2 Eßlöffel Milch, 1 Eßlöffel Öl, Semmelbrösel, Öl zum Backen, Petersilie, Zitronen.

Ein zartes, junges Huhn wird sauber geputzt, ausgenommen, der Länge nach halbiert und jede Hälfte knapp oberhalb der Schenkel noch einmal geteilt, so daß man zwei vordere und zwei hintere Viertel erhält. Die Sehnen der Schenkelknochen werden durch einen Einschnitt durchtrennt. Der geputzte Magen wird von der Haut filetiert, die Hühnerleber mit einer Gabel einige Male eingestochen, um ein Spritzen beim Backen zu verhindern.
Alle Teile salzen, in Mehl wenden, durch 2 Eier, welche mit etwas Milch, Salz und Öl versprudelt wurden, ziehen und ohne Andrücken in lichten Semmelbröseln wälzen.
In einer tiefen Pfanne etwa dreifingerhoch Fett erhitzen und darin zuerst die Hühnerstücke mit der schönen Seite nach unten nicht zu rasch goldbraun backen. Wenden und auf der anderen Seite fertigbacken. Wenn die Hühner auf beiden Seiten gebacken sind, hebt man sie aus

der Pfanne und legt die Stücke auf stark saugendes Küchenpapier. Warm stellen. Nun die Magen- und Leberstücke, die eine kürzere Garzeit haben, backen.
Nachdem alles fertig gebacken ist, alle Teile auf einer Platte anrichten, die Backhühner mit viel – im Backfett gebackener – Petersilie bestreuen und mit Zitronenspalten garnieren.
Beilage: beliebige Salate, gedünstete Früchte.

SAUTIERTES HUHN MIT CHAMPIGNONS (2–4 Portionen)

1 junges Huhn, Salz, Pfeffer, 50 g Butter, 1/2 Zwiebel, 200 g Champignons, Suppe, 1/2 Teelöffel Mehl, Petersilie.

Ein junges, küchenfertiges Huhn wird roh geviertelt, gesalzen und leicht gepfeffert. In einer Rein in Butter, zuerst mit der Hautseite nach unten, auf beiden Seiten goldbraun braten, sodann eine feingeschnittene Zwiebel in Bratrückstand anrösten, die blättrig geschnittenen Champignons kurz miträsten, mit Suppe ablöschen, die angebratenen Hühnerstücke darauflegen und unter beständigem Schütteln am Feuer weich dünsten. Die Hühnerstücke anrichten, die Champignons mit etwas Mehl bestauben, mit Suppe vergießen, aufkochen und über die angerichteten Hühnerstücke gießen. Mit gehackter Petersilie bestreuen.

SAUTIERTES HUHN MIT PARADEISERN
(2–4 Portionen)

1 junges Huhn, Salz, weißer Pfeffer, 60 g Butter, 40 g Speckwürfel, 1/2 Zwiebel, 1/4 Zeller, 500 g Paradeiser, 1 Teelöffel Stärkemehl.

Ein junges Huhn wird küchenfertig vorbereitet, roh in 4 Stücke zerteilt, mit Salz und weißem Pfeffer eingerieben und in einer passenden Rein in Butter fast weich gedünstet, herausgehoben und warm gestellt.
In derselben Rein läßt man Speckwürfel glasig anlaufen, gibt feingeschnittene Zwiebel und etwas feingeriebenen Zeller dazu und läßt alles hell anlaufen. Sodann geschälte, entkernte, feingehackte Paradeiser beigeben, die Hühnerstücke wieder zugeben und noch etwa 10 bis 15 Minuten dünsten.
Die Hühnerstücke herausheben und in einer Schüssel anrichten. Die Soße durch ein feines Sieb passieren, aufkochen, mit Salz und Pfeffer abschmecken und mit etwas Stärkemehl – das man mit kaltem Wasser angerührt hat – binden.
Die Soße über die angerichteten Hühnerstücke gießen.
Beilage: Reis.

HÜHNERFRIKASSEE (2–4 Portionen)

1 junges Huhn, 20 g Butter, Salz, 1 Lorbeerblatt, 100 g Wurzelwerk, 1/4 Zwiebel, 40 g Butter, 40 g Mehl, 80 g Champignons oder Herrenpilze, Butter, Muskat, Zitronensaft, 3 Eßlöffel Obers, 2 Eidotter.

Ein küchenfertiges Huhn wird halbiert, in einem Liter Wasser mit 20 g Butter, etwas Salz, Lorbeerblatt, Wurzelwerk und Zwiebel langsam weich gekocht.
Herausheben, die Haut abziehen, jede Hälfte in Bruststücke und Schenkel teilen und warm stellen.
Aus 40 g Butter und 40 g Mehl eine lichte Einbrenn zubereiten, mit dem geseihten Kochsud aufgießen und zu einer sämigen Soße verkochen.
Blättrig geschnittene Champignons oder Herrenpilze in Butter weich dünsten, in die Soße geben, mit Muskat und Zitronensaft abschmecken.
Zum Schluß die nicht mehr kochende Soße mit in 3 Eßlöffel Obers glattgerührten Eidottern legieren und die Soße über die angerichteten Hühnerstücke gießen.
Beilage: Reis.

HÜHNERBRUST IN BLÄTTERTEIG (4 Portionen)

4 Hühnerbrüste à 200 g, Salz, Pfeffer, Butter, 4 Schalotten, 10 g Champignons, 4 Hühnerlebern, 1/16 l Sherry, 4 Scheiben gekochte Pökelzunge, 1 Ei, Blätterteig.

Die Hühnerbrüste von allen Knochen befreien, die Haut abziehen, mit Salz und Pfeffer einreiben und in Butter rundum goldbraun anbraten. Feingehackte Schalotten in Butter anrösten, gehackte Champignons miträsten, kleingeschnittene Hühnerleber zugeben, durchrösten, mit 1/16 Liter Sherry aufgießen und einkochen, mit Salz und Pfeffer würzen. 4 genügend große Stücke Blätterteig auflegen, in die Mitte eine Scheibe gekochte Pökelzunge legen, die Hühnerbrüste darauflegen, mit dem Champignon-Leber-Gemisch bestreichen, den Teig darüberschlagen und gut verschließen. Aus Teigresten Ornamente ausstechen und die Oberfläche damit verzieren. Mit versprudeltem Ei bestreichen und im heißen Rohr bei 220° kurz anbacken, auf 150° zurückschalten und 20 Minuten ausbacken.
Beilage: Blattsalate.

HÜHNERKEULEN, GEFÜLLT (4 Portionen)

4 Hühnerkeulen, Salz, Pfeffer, Butter, 1/2 Zwiebel, Petersilie, 3 Hühnerlebern, 1/8 l Madeira, Thymian, 3/8 l braune Grundsoße.

Die Hühnerkeulen werden an der Innenseite, entlang dem Knochen,

aufgeschnitten und die Knochen ausgelöst. Die so entstandenen Taschen werden mit nachstehend beschriebener Fülle bestrichen, zusammengeschlagen, die Haut darübergezogen und mit Spagat an den Rändern vernäht.
In einer entsprechenden Rein Butter erhitzen, die gefüllten Hühnerkeulen salzen und pfeffern und rundum langsam goldbraun anbraten, mit Madeira ablöschen, mit brauner Grundsoße aufgießen und zugedeckt langsam weich dünsten.
Fülle: Kleingehackte Zwiebel in 20 g Butter rösten, Petersilie, feingehackte Hühnerleber zugeben und kurz durchrösten, mit 2 Eßlöffel Madeira vergießen. Mit Salz, Pfeffer und Thymian würzen und gut einkochen.
Beilage: Champignonreis.

PAPRIKAHUHN (2–4 Portionen)

1 junges Huhn, Salz, 50 g Selchspeck, 1 Zwiebel, 2 Teelöffel Paprika, Essig, $^1/_2$ l Suppe oder Wasser, Knoblauch, 20 g Mehl, $^1/_8$ l Sauerrahm.

Ein küchenfertiges Huhn wird in 4 Teile geteilt, gesalzen und in Fett rundum angebraten. Im Bratrückstand wird kleinwürfelig geschnittener Speck glasig angeröstet, feingehackte Zwiebel beigegeben und goldgelb geröstet, papriziert und sofort mit Essig abgelöscht. Mit $^1/_2$ Liter Wasser oder Suppe aufgießen, die Hühnerstücke dazugeben, mit Salz und ein wenig Knoblauch würzen und zugedeckt weich dünsten. Dann die Hühnerstücke herausheben und warm stellen. Mehl mit Sauerrahm und etwas Suppe glattrühren und die Soße damit binden, durch ein feines Sieb streichen, die Stücke wieder in die Soße legen und noch etwa 10 Minuten ziehen lassen.
Beilage: Nudeln, Nockerln, Tarhonya.

HAHNENKÄMME

Hahnenkämme an den Spitzen etwas stutzen und in lauwarmem Wasser gut auswässern. Sodann in Salzwasser kochen, mit Zitronensaft würzen, die feine Haut abziehen und die so zubereiteten Hahnenkämme als Garnitur zu verschiedenen Gerichten oder als Zutat bei Ragoutgerichten reichen.

HÜHNERLEBER MIT MADEIRA (4 Portionen)

500 g Hühnerleber, 1 Zwiebel, 50 g Fett, Salz, Pfeffer, 2 Eßlöffel Madeira, Suppe, 300 g gedünsteter Reis für Reisring.

Im heißen Fett feinnudelig geschnittene Zwiebel leicht anrösten, die Hühnerleber zugeben und bei großer Hitze rasch rösten. Mit Salz und frischgemahlenem Pfeffer würzen, mit Madeira ablöschen, etwas Suppe zugeben, einmal kurz aufziehen lassen und sofort die Leber – um ein Austrocknen zu verhindern – nicht ganz durchbraten.

HÜHNERLEBERRISOTTO (4 Portionen)

300 g Rundkornreis, 60 g Öl, 1/2 Zwiebel, Rindsuppe, Salz, 20 g Butter, 1/4 Zwiebel, 100 g Hühnerleber, 1/2 Teelöffel Paradeismark, 4 Eßlöffel Parmesan, 20 g Butterflocken.

Feingehackte Zwiebel in heißem Fett hellgelb rösten, ungewaschenen Rundkornreis zugeben und glasig rösten. Mit Rindsuppe aufgießen, salzen und unter beständigem Rühren und zeitweiligem Nachgießen körnig weich kochen. Darauf achten, daß das Risotto eine suppige Konsistenz behält, ohne pappig zu werden.
In heißer Butter feingeschnittene Zwiebel goldgelb rösten. In kleine Stücke geschnittene Hühnerleber dazugeben und mitrösten, etwas Paradeismark zugeben, mit 3 Eßlöffel Suppe aufgießen und aufkochen. Mit 4 Eßlöffel Parmesan unter das Risotto mischen, in einer Schüssel anrichten und mit Butterflocken bestreut servieren.

INDIAN, GEBRATEN (6–8 Portionen)

1 junger Indian (Truthahn), etwa 2 bis 2 1/2 kg, Salz, 2 Äpfel, Fett, Butter, 1/2 Teelöffel Mehl, Knochensuppe oder Wasser.

Der Indian wird von allen feinen Härchen durch Absengen (Flambieren) befreit. Der Kopf, Hals, Flügel und die Füße werden abgetrennt und das Tier wird ausgenommen (dies kann zweckmäßigerweise schon beim Kauf geschehen). Kurz kalt waschen und mit Küchenpapier oder einem sauberen Tuch abtrocknen, sodann mit Salz von innen und außen gut einreiben und mit 2 Äpfeln füllen. Mit Spagat zubinden (dressieren). Nun wird der Indian in einer passenden Bratpfanne in heißem Fett etwa 20 Minuten – zuerst auf einer Brustseite und weitere auf der anderen Brustseite, unter häufigem Begießen mit dem sich bildenden Saft, gebraten. Sodann auf den Rücken drehen und bei mäßiger Hitze, unter wiederholtem Begießen, fertigbraten.
Wenn der Indian die gewünschte Weichheit erreicht hat, was durch einen Einstich mit der Bratengabel in eine der Keulen festgestellt wird, soll die ganze Flüssigkeit, die sich beim Braten gebildet hat, verdampft sein. Der Indian wird nun aus der Pfanne genommen und auf einem Tranchierbrett beiseite gestellt. Aus der Bratpfanne wird das überschüssige Fett abgegossen, durch ein nußgroßes Stück Butter er-

setzt, darin 1/2 Teelöffel Mehl kurz durchgeröstet und der Bratenrückstand mit Wasser oder Knochensuppe losgekocht. Es soll ein goldbrauner, dünner, leicht gebundener, glänzender Saft entstehen, den man seiht und warm stellt. Vom Indian werden nun mit einem scharfen Messer zuerst beide Keulen abgetrennt und halbiert, sodann wird die Brust durch einen Einschnitt entlang des Brustknochens vorsichtig mit den Fingern von den Knochen gelöst, schräg in Scheiben geschnitten und in einer gefälligen Form auf einer vorgewärmten Platte angerichtet.
Beilage: Gemüsegarnitur.

INDIAN MIT KASTANIENFÜLLUNG
(6–8 Portionen)

1 junger Indian, 2–2 1/2 kg, Salz, Butter, 1/2 Teelöffel Mehl, 2 Eßlöffel Madeira. Fülle: *500 g Kastanien (Maroni), 30 g Butter, Madeira, 150 g Schinken, 4 Eßlöffel Obers, 1 Eidotter, Salz, Pfeffer.*

Der küchenfertige Indian wird an der Brust untergriffen, indem man die Haut vorsichtig – ohne sie zu verletzen – vom Brustfleisch löst, und mit folgender Fülle zwischen Haut und Brust gefüllt.
Fülle: Die mit einem scharfen Messer eingeritzten Kastanien werden in einer Pfanne mit etwas Wasser besprengt und im heißen Rohr so lange gebraten, bis sich die Schalen leicht lösen lassen. Die geschälten Kastanien werden mit etwas Butter kurz geröstet, mit Madeira übergossen und kurz gedünstet, sodann fein faschiert, mit kleingehacktem Schinken, Obers, einem Eidotter, Salz und Pfeffer gut verrührt. Sobald der Indian gefüllt ist, wird er innen und außen leicht gesalzen, mit Spagat dressiert (gebunden) und wie bei „Indian, gebraten" beschrieben gebraten. Während des Bratens etwas Butter zugeben.
Aus dem Bratrückstand mit 20 g Butter, 1/2 Teelöffel Mehl, 2 Eßlöffel Madeira und etwas Wasser einen Saft bereiten, kurz verkochen und seihen.
Den Saft extra zum tranchierten Truthahn (Indian) reichen.
Beilage: Salate.

GANS, GEBRATEN (8 Portionen)

1 junge Gans, Salz, Majoran, Äpfel, 20 g Butter, 1 Teelöffel Mehl.

Der gerupften und ausgenommenen Gans Hals, Flügel und Füße abschneiden. Die Gans innen und außen gut mit Salz einreiben, innen außerdem mit Majoran einreiben und mit kleinen ungeschälten, gewaschenen Äpfeln füllen, mit Spagat dressieren (binden). In eine passende Bratpfanne etwa fingerhoch heißes Wasser füllen, die Gans mit der Brust nach unten einlegen und im Rohr bei mäßiger Hitze unter

oftmaligem Begießen zuerst am Rücken goldbraun braten. Nach der halben Garzeit wenden und unter weiterem Begießen mit dem ausgetretenen Eigenfett bei guter Hitze goldbraun fertigbraten. Eine weitere Zugabe von Flüssigkeit ist nun unbedingt zu vermeiden.
Einen Großteil des ausgebratenen Fettes abschöpfen.
Die Bratzeit beträgt bei einer jungen Gans etwa $1^1/_2$ bis 2 Stunden, größere und ältere Tiere können bis zu 3 Stunden Garzeit benötigen.
Die Gans ist fertig, wenn beim Hochheben nur mehr klarer, nicht mehr trüber Saft austritt.
Die Gans aus der Pfanne heben, Fett ableeren, ein frisches Stück Butter zugeben, aufschäumen, mit Mehl leicht stauben und gut durchrösten, mit Wasser zu einem dünnen Bratensaft (Jus) verkochen und zur tranchierten Gans extra reichen.
Beilage: warmer Krautsalat, Rotkraut, Weinkraut, Erdäpfelknödel, glacierte Kastanien, Kompotte.

GEFÜLLTER GANSHALS (4 Portionen)

2 Ganshälse, 50 g Gansfett, $^1/_2$ Teelöffel Mehl. Fülle: *300 g Gänsefleisch (Bügel), 60 g Gansfett, 2 Schneidesemmeln, Milch, 2 Zwiebeln, Salbeiblätter, Basilikum, Majoran, gestoßenes Neugewürz, Salz, Pfeffer, 2 Eßlöffel Obers, 2 Eier.*

Nicht zerschnittene oder eingerissene Ganshälse werden sauber geputzt, an einem Ende mit Spagat zugenäht, locker gefüllt (da sich die Haut beim Braten zusammenzieht), am anderen Ende zugenäht und in einer Bratpfanne mit Gansfett übergossen etwa 30 Minuten langsam rundum gebraten. Herausnehmen, den Bratrückstand entfetten, mit Mehl stauben, braun rösten und mit Wasser oder Suppe zu einem dünnen Saft verkochen.
Fülle: Zwiebeln feinst schneiden, in etwas Gansfett goldgelb rösten und überkühlen. Das von der Haut befreite Gänsefleisch wird fein faschiert, mit kleingeschnittenen in Milch geweichten, ausgedrückten und passierten Semmeln, Gansfett, den gerösteten und erkalteten Zwiebeln, zerriebenen Salbeiblättern, Basilikum, Majoran, Neugewürz, Salz und Pfeffer gut vermischt, mit Obers und Eiern gut verrührt.
Beilage: Ritscher, gedünsteter Reis.

GÄNSEBÜGEL MIT RITSCHER (4 Portionen)

2 Gansbügel, 200 g weiße Bohnen, 150 g gelbe Erbsen, 125 g Rollgerste, Salz, Pfeffer, Fett (Gansfett), 1 Zwiebel, Petersilie, 1 Teelöffel Paradeismark, 1 Teelöffel Paprika, 2 Knoblauchzehen.

Weiße Bohnen und gelbe Erbsen werden über Nacht in Wasser eingeweicht, sodann in Wasser ohne Salz zugestellt und weich gekocht. Die

Rollgerste wird in reichlich Salzwasser ebenfalls weich gekocht, kalt abgeschwemmt und gut abgetropft. Die Gansbügel werden gesalzen, gepfeffert und in heißem Fett gebraten. Im Bratfett wird feingehackte Zwiebel goldgelb angeröstet, feingehackte Petersilie und zerdrückter Knoblauch zugegeben, kurz durchgeröstet, mit den nur teilweise abgeseihten Bohnen und Erbsen vermischt, die abgetropfte Rollgerste (Graupen) zugeben, mit Salz, Pfeffer, Paradeismark und Paprika würzen. Die vorgebratenen Gansbügel hineindrücken und zugedeckt im Rohr weich dünsten. Fertig soll das Gericht eine dicke, nicht flüssige Konsistenz aufweisen.
In einer Schüssel angerichtet, mit gehackter Petersilie bestreut auftragen.

GANSELJUNGES (4 Portionen)

Ganseljunges von 2 Gänsen (Kopf, Hals, Magen, Herz, Flügel, Füße), 150 g Wurzelwerk, 1 Zwiebel, Fett, 1 1/2 l Suppe, 40 g Butter, 50 g Mehl, 100 g Champignons, 1/2 Karfiolrose, 100 g Erbsen, 3 Eßlöffel Obers, 1 Eidotter, Salz, Pfeffer, Muskat, Zitronensaft.

Das sogenannte Ganseljunge – Kopf, Hals, Flügel, Füße, Magen und Herz – wird geputzt und in gleichgroße Stücke geschnitten. Geputztes, grobblättrig geschnittenes Wurzelwerk und feingeschnittene Zwiebel in Fett hell anrösten, das Junge zugeben, mit Suppe aufgießen und weich kochen.
Aus 40 g Butter und 50 g Mehl eine lichte Einbrenn bereiten, mit dem geseihten, entfetteten Sud aufgießen und verkochen. Passieren. In die Soße blättrig geschnittene, in Butter geröstete Champignons, gekochte Karfiolröschen, gekochte Erbsen und das Gänseklein einlegen, mit Salz, Pfeffer, Muskat und Zitronensaft abschmecken, kurz ziehen lassen und vor dem Anrichten mit Obers und Eidotter legieren.
Beilage: Bröselknödel, Reis.

GANSLEBER MIT ÄPFELN UND ZWIEBELN
(4 Portionen)

Gansleber, 480 g, Mehl, 80 g Butter, 2 Zwiebeln, 2 Äpfel, Suppe oder Bratensaft, Salz, Pfeffer.

Die abgezogene Gansleber in 12 gleichmäßige Scheiben schneiden, in Mehl wenden und in heißer Butter auf beiden Seiten langsam goldbraun braten. Aus der Pfanne heben und warm stellen. Im Bratrückstand feinnudelig geschnittene Zwiebeln rasch anrösten, geschälte, entkernte, in zentimetergroße Würfel geschnittene Äpfel zugeben

und miträsten, mit Suppe oder Bratensaft aufgießen, die Leber einlegen, mit Salz und Pfeffer würzen und 2 Minuten – ohne zu kochen – darin ziehen lassen.
Die angerichtete Gansleber mit der Zwiebel-Apfel-Soße übergießen.
Beilage: gedünsteter Reis.

ENTE, GEBRATEN (4 Portionen)

1 Ente, Salz, gestoßener Kümmel, Majoran, Äpfel, Butter, 1/2 Teelöffel Mehl, Suppe oder Wasser.

Eine junge, gemästete Ente wird geputzt und bratfertig hergerichtet. Außen und innen mit Salz, Kümmel und Majoran einreiben. Mit ungeschälten, entkernten Äpfeln füllen, mit Spagat binden und in einer entsprechend großen Bratpfanne mit wenig Butter übergießen und zuerst mit der Brust nach unten braten. Nach der halben Garzeit wenden und unter fleißigem Begießen mit dem Eigenfett etwa 3/4 bis 5/4 Stunden – je nach Größe – fertigbraten. Die fertige Ente herausheben, den Bratrückstand entfetten, ein Stück Butter zugeben, leicht mit Mehl stauben, hellbraun durchrösten und mit Suppe oder Wasser zu einem dünnen Saft (Jus) verkochen.
Beilage: Rotkraut, Weißkraut, Weinkraut, Krautsalat, Knödel, Braterdäpfel, Kompotte.

ENTE MIT ORANGEN (4 Portionen)

1 junge Mastente, Salz, Pfeffer, Fett, 1 Teelöffel Mehl, Saft von 4 Orangen, Suppe, feine Streifen von 2 Orangenschalen und 1 Zitronenschale, beides ungespritzt, Butter, 1 Glas Curacao, 2 Orangen für Garnitur.

Eine junge küchenfertig vorbereitete Ente wird mit Salz und Pfeffer eingerieben, mit Spagat gebunden und wie bei „Ente gebraten" zubereitet.
Die gebratene Ente herausnehmen, im Bratrückstand Mehl hellbraun rösten, mit dem Saft von 4 Orangen und etwas Suppe aufgießen und gut verkochen lassen. Passieren, das Fett abschöpfen, die in etwas Butter weichgedämpften, in feine Streifen geschnittenen Orangen- und Zitronenschalen beifügen, mit Salz, Pfeffer und Curacao abschmecken. Die Ente tranchieren, anrichten und mit in Butter gebratenen, geschälten Orangenscheiben belegen. Mit der Soße übergießen.
Beilage: Birnenerdäpfel oder Mandelkroketten.

WILDSCHWEINGULASCH

750 g Wildschweingulasch

Für die Beize: *1 l Buttermilch, 2 Wacholderbeeren, 2 Pimentkörner, 2 Eßlöffel Weinessig.*

Außerdem: *70 g durchwachsener Speck, 30 g Margarine, 1 Zwiebel, 1 Teelöffel Salz, $^{1}/_{2}$ Teelöffel weißer Pfeffer, 1 Teelöffel rosenscharfen Paprika, $^{3}/_{8}$ l heiße Würfelsuppe, $^{1}/_{8}$ l Rotwein, 2 Eßlöffel Speisestärke, $^{1}/_{8}$ l Obers.*

Wildschweingulasch abspülen und auf Haushaltspapier trocknen. In eine Schüssel geben. Mit Buttermilch übergießen. Wacholderbeeren zerdrücken. Mit den Pimentkörnern und dem Weinessig in die Buttermilch rühren. Fleisch zugedeckt 24 Stunden beizen lassen.

Fleisch aus der Beize nehmen. Mit Haushaltspapier trockentupfen. Speck in Würfel schneiden, mit der Margarine in einem Topf erhitzen und 5 Minuten glasig braten. Das Fleisch darin 10 Minuten rundherum anbraten. Zwiebel schälen, würfeln, in den Topf geben und glasig braten. Mit Salz, Pfeffer und Paprika würzen. Heiße Suppe angießen. Zugedeckt 70 Minuten dünsten lassen.

Rotwein und Speisestärke in einem Becher verquirlen. Ins Gulasch rühren und aufkochen lassen. Gulasch mit Salz, Pfeffer und eventuell Paprika abschmecken. Das Obers unterrühren. Gulasch in einer vorgewärmten Schüssel servieren.

Dazu servieren wir Kohlsprossen und Erdäpfelknödel.

GEFÜLLTE TAUBEN (4 Portionen)

4 junge Tauben, 60 g Butter, 2 Eier, 2 Semmeln, Milch, 1/2 Zwiebel, 4 Hühnerherzen, 2 Hühnerlebern, Salz, Pfeffer, Majoran, Petersilie, 8 Salbeiblätter, 4 Speckscheiben.

Butter wird mit Eiern gut schaumig gerührt, die abgerindeten in kleine Würfel geschnittenen, mit etwas Milch angefeuchteten Semmeln dazugerührt. In etwas Butter angeröstete kleingehackte Zwiebel, Hühnerherzen und Hühnerlebern mitrösten, erkalten lassen und zu der Masse geben, mit Salz, Pfeffer, Majoran und gehackter Petersilie würzen, die inzwischen küchenfertig vorbereiteten Tauben mit dieser Fülle füllen, salzen und pfeffern, mit Salbeiblättern belegen, in größere Speckblätter hüllen, mit Spagat binden und etwa 20 Minuten – erhöhte Bratdauer durch die Fülle – braten.

PERLHÜHNER, GEBRATEN (4 Portionen)

2 Perlhühner, Salz, Speckstreifen, Fett, 1/4 l Rahm, 20 g Butter, 1/16 l Weißwein, Suppe.

Küchenfertig vorbereitete Perlhühner salzen, mit Speckstreifen an Brust und Schenkel reichlich spicken, mit Spagat dressieren, mit heißem Fett übergießen und im heißen Rohr unter zeitweiligem Begießen braten. Den Bratensaft entfetten, die Perlhühner mit Rahm übergießen, den Bratrückstand mit Butter, Weißwein und etwas Suppe loskochen.
Beilage: gedünstetes Sauerkraut, Rotkraut, Specklinsen, Erdäpfel, Kompotte.

WILDBRET

Unter Wildbret versteht man alle jagdbaren Tiere, welche für die menschliche Ernährung bestimmt sind. Es sind dies das *Haarwild, Schalen- oder Schwarzwild* und das *Federwild* (Wildgeflügel). Zum Haarwild zählen Hasen und Wildschwein.
Zum Federwild gehören Fasan, Rebhuhn, Wachtel, Schnepfe sowie Wildente und Wildgans. Wildfleisch ist feinfaseriger und dichter als das von Schlachttieren, es hat wenig Fett und zählt zum dunklen Fleisch. Wildfleisch muß ablagern, um mürbe und locker zu werden. Das Ablagern beim Wild wird als Abhängen bezeichnet und soll immer in der Decke, also im Fell oder Federkleid, erfolgen, wobei das Haar-, Schwarz- und Schalenwild immer aufgebrochen, das heißt

ohne Innereien, das Federwild aber mit den Innereien gelagert wird. Für die küchenmäßige Verarbeitung eignet sich am besten das Fleisch junger Tiere, welches zarter und wohlschmeckender ist als das zähe, weniger schmackhafte Fleisch älterer Tiere.
Alle Tiere verwendet man nur zum Dünsten.

Hirsch

Der zum Schalen- oder Schwarzwild zählende Hirsch wird nach der Lagerung wie Schlachtvieh abgezogen. Junge Tiere werden wie das Kalb, ältere Tiere werden wie das Rind aufgeteilt. Die besten Fleischteile liefern der Rücken und die Keulen, welche im ganzen gebraten oder ausgelöst für Portionsgerichte verwendet werden. Die Schulter wird meist ausgelöst, gerollt und zum Dünsten oder für Kleingerichte verwendet. Alle anderen Teile werden für Ragouts, Haschees oder Farcen für Pasteten verwendet.
Auf Grund seiner Fettarmut wird das Hirschfleisch vor dem Braten oder Dünsten meist mit Speckstreifen gespickt.
Gebeizt soll nur das Fleisch älterer Tiere werden, da ansonsten alle Nähr- und Geschmackstoffe verlorengehen. Die Beize soll beim Zubereiten mitverwendet werden.

HIRSCHBRATEN (4–6 Portionen)

1,2–1,5 g Hirschfleisch (Rücken oder Schlegel), Speckstreifen, Speckreste und Schwarten, Salz, Pfeffer, Wacholderbeeren, Rosmarin, Thymian, Lorbeerblatt, 150 g Wurzelwerk, 1 Zwiebel, Fett, 1 Teelöffel Mehl.

Der Hirschrücken oder -schlegel wird abgehäutet, mit Speckstreifen längs der Fleischfaser gespickt, mit Salz, Pfeffer, gestoßenen Wacholderbeeren und Rosmarin eingerieben.
In einer Bratpfanne auf einer Unterlage von Speck- und Hautresten grobgeschnittenes Wurzelwerk, Zwiebelstücke, Lorbeerblatt, Wacholderbeeren, Thymian und Rosmarin einlegen und das Fleisch mit wenig Wasser und Fett zuerst mit der schönen Seite nach unten braten. Nach der halben Garzeit wenden und unter öfterem Begießen mit dem eigenen Saft fertigbraten. Um ein Verbrennen der Wurzeln zu verhindern, werden von Zeit zu Zeit einige Spritzer Wasser zugegeben. Wenn das Fleisch weich ist, wird es herausgehoben. Bratunterlage entfetten, mit Mehl stauben, gut durchrösten, mit etwas Suppe aufgießen, gut verkochen und durch ein Sieb streichen.
Diesen molligen Saft noch einmal aufkochen und über den aufgeschnittenen Braten gießen.

Beilage: Rotkraut, Serviettenknödel, Preiselbeeren, gedünstete Birnen oder Äpfel.

HIRSCHSCHNITZEL IN WACHOLDERSOSSE
(4 Portionen)

4 Hirschschnitzel vom Schlegel à 160 g, Speckstreifen, Salz, Pfeffer, Mehl, 50 g Fett, 30 g Butter, 12 Wacholderbeeren, 2 Teelöffel Mehl, 1/8 l Obers, Suppe, 2 cl Wacholderbrand.

Aus dem gut abgehäuteten Fleisch vom Hirschschlegel werden 4 große Schnitzel geschnitten, an den Rändern leicht eingeschnitten und leicht geklopft, mit langen Speckstreifen kreuzweise gespickt, gesalzen, gepfeffert, auf einer Seite in Mehl getaucht und mit der bemehlten Seite nach unten in heißes Fett gelegt. Auf beiden Seiten rasch braten. Das Bratfett abgießen, 30 g Butter aufschäumen, feinst zerdrückte Wacholderbeeren anlaufen lassen, mit Mehl stauben, kurz durchrösten, mit 1/8 Liter Obers und etwas Suppe aufgießen, verkochen, mit Wacholderbrand abschmecken und die Hirschschnitzel 2 bis 3 Minuten, ohne zu kochen, darin ziehen lassen.
Beilage: Nudeln und Preiselbeeren.

HIRSCHSTEAK ST. HUBERTUS (4 Portionen)

4 Hirschsteaks vom Rückenfilet à 160 g, Speckstreifen, Salz, Pfeffer, 4 Wacholderbeeren, Öl, 20 g Butter, 50 g Hamburger Speck, 100 g Zwiebel, 150 g Eierschwammerln, 1 Teelöffel Mehl, 1/16 l Weißwein, 1/4 l Suppe oder Bratensaft, Worcestershiresoße, 1 Teelöffel Estragonblätter, Petersilie.

Aus dem ausgelösten, vollkommen abgehäuteten Hirschrückenfilet werden zweifingerdicke Steaks geschnitten und kreuzweise mit Speckstreifen gespickt. Mit Salz, Pfeffer und zerdrückten Wacholderbeeren einreiben. In einer Pfanne Öl erhitzen, die Steaks auf beiden Seiten rasch englisch braten, herausheben und warm stellen.
Einen Teil des Öls abgießen, durch Butter ersetzen und den in etwa 3 Zentimeter lange, halbzentimeterdicke Streifen geschnittenen Hamburger Speck darin glasig rösten. Geschälte, würfelig geschnittene Zwiebel zugeben und mitrösten. Die geputzten, in Scheiben geschnittenen Eierschwammerln zugeben und kräftig rösten, mit Mehl stauben, kurz weiterrösten und mit Weißwein und etwas Suppe oder Bratensaft aufgießen, mit Salz, Pfeffer, Worcestershiresoße und gehackten Estragonblättern abschmecken, kurz durchkochen, über die angerichteten Steaks gießen und mit gehackter Petersilie bestreut servieren.

Beilage: Erdäpfelkroketten, mit Preiselbeeren gefüllte, gedünstete Äpfel.

HIRSCHGULASCH (4 Portionen)

600 g Hirschschulter, 100 g Speck, 2 Zwiebeln, Öl, Salz, Pfeffer, Majoran, Thymian, 1 Eßlöffel Paprika, edelsüß, 1/2 Zitrone, 1 Teelöffel Kapern, 1/8 l Weißwein, 2 Eßlöffel Mehl, 1/4 l Sauerrahm, Suppe oder Wasser.

Die ausgelöste Schulter wird von den gröbsten Häuten und Sehnen befreit und in grobe Würfel geschnitten. Speck in kleine Würfel schneiden und mit Öl in einer Rein glasig rösten. Kleingeschnittene Zwiebeln zugeben und hellbraun anrösten, die Fleischwürfel zugeben, mit Salz, Pfeffer, Majoran und Thymian würzen und kurz mitrösten. Sodann Paprika, geriebene Zitronenschale, Zitronensaft und gehackte Kapern zugeben, mit Weißwein untergießen und zugedeckt langsam fast weich dünsten.
Wenn die Flüssigkeit fast verdunstet ist, mit Mehl stauben, den Sauerrahm dazurühren, mit Suppe oder Wasser zur nötigen Konsistenz aufgießen und das Fleisch langsam zugedeckt weich dünsten.
Beilage: Semmelknödel.

HIRSCHLEBER MIT SPECK UND ZWIEBELN
(4 Portionen)

700 g Hirschleber, 60 g Butter, Mehl, 8 Speckscheiben (Hamburger Speck), 2 mittlere Zwiebeln, Salz, Pfeffer.

Die Hirschleber von der Haut befreien, die Sehnen wegschneiden und für ein bis zwei Stunden in Milch legen. Abtrocknen, in 8 Scheiben schneiden. In einer Pfanne Butter erhitzen, die Hirschleber auf einer Seite in Mehl tauchen und mit der bemehlten Seite zuerst von beiden Seiten braten, salzen, pfeffern, warm stellen.
Im Bratrückstand die Speckscheiben recht knusprig braten, herausheben, Zwiebelringe glasig rösten.
Die gebratene Leber nun auf einer vorgewärmten Platte anrichten und mit gebratenen Speckscheiben und Zwiebelringen garnieren.
Beilage: gedünsteter Reis, grüner Salat.

Reh

Das Rehfleisch von jungen Tieren ist sehr zart und wohlschmeckend. Über drei Jahre alte Tiere werden grobfaseriger, trocken, dunkel und schwer verdaulich.

Da das Rehfleisch sehr fettarm ist, sollte es immer gespickt werden. Geteilt wird das Reh in den Rücken (im ganzen abgesetzt), 2 Schlegel, Schultern sowie Brust und Hals.
Zum Braten im ganzen oder geteilt werden Rücken und Schlegel verwendet. Schulter zum Braten und Dünsten, Brust und Hals für Ragouts und Farcen (Pasteten) verarbeitet.

REHRÜCKEN, GEBRATEN (6–8 Portionen)

1 Rehrücken, Speckstreifen, Salz, Pfeffer, Wacholderbeeren, 50 g Butter, 100 g Wurzelwerk, Speck, 1/2 Teelöffel Paradeismark, Suppe oder Wasser.

Der Rehrücken wird enthäutet und entsehnt, mit Speckstreifen reichlich gespickt, mit Salz, Pfeffer und feingestoßenen Wacholderbeeren eingerieben. Um ein Verformen beim Braten zu verhindern, wird ein Spieß durch den Rückenmarkkanal gestoßen.
In einer Bratpfanne wird etwas Butter mit Wurzeln, Speckstücken und Hautresten erwärmt, der Rehrücken mit der oberen, gespickten Seite nach unten daraufgelegt, mit 20 g heißer Butter und etwas Wasser übergossen und halb fertiggebraten. Dann den Rehrücken wenden und unter zeitweiligem Begießen mit dem eigenen Saft fertigbraten. Es ist darauf zu achten, daß das Fleisch noch etwas blutig bleibt. Den Bratrückstand entfetten, mit Mehl stauben, etwas Paradeismark zugeben und braun rösten, mit Wasser oder Suppe zu einem dünnen Saft aufgießen, rasch verkochen und geseiht zum schon aufgeschnittenen Rehrücken separat reichen.
Beilage: Erdäpfelkroketten, gebratene Apfelscheiben, Weichselkompott.

REHSCHLEGEL AUF BÖHMISCHE ART (6 Portionen)

1 1/2 kg Rehschlegel, Speckstreifen, Salz, Pfeffer, Wacholderbeeren, Zitronenschale, 80 g Fett, 1/4 l Sauerrahm, 1 Eßlöffel Mehl, Suppe.

Den gut abgelegenen, ausgelösten, enthäuteten Rehschlegel mit Speckstreifen reichlich spicken, mit Salz, Pfeffer und gestoßenen Wacholderbeeren einreiben, mit feingeriebener Zitronenschale bestreuen und mit Zitronensaft beträufeln.
In einer Bratpfanne in heißem Fett den Rehschlegel mit der schönen Seite nach unten, unter öfterem Begießen mit dem Bratensaft und etwas Wasser, halb braten, wenden und nun unter fleißigem Begießen mit Sauerrahm weich braten.
Die Oberfläche soll zum Schluß schön braun und der Speck resch sein.

Den Bratrückstand mit Mehl stauben und mit Suppe oder Wasser zu einer dicklichen Soße aufgießen, verkochen, passieren und in einem Soßengeschirr zum schön tranchierten Rehschlegel reichen.
Beilage: Herzoginnenerdäpfel, Blätterteigpastetchen mit Preiselbeerkompott, in Butter gebratene Orangenscheiben.

REHSCHULTER MIT RAHMSOSSE (4 Portionen)

1 1/2 kg Rehschulter mit Knochen, Speckstreifen, Salz, Pfeffer, 50 g Speckwürfel, 150 g Wurzelwerk, 1 Zwiebel, 50 g Butter, 30 g Mehl, 1/8 l Rotwein, 1/4 l Rahm, Suppe, 1 Lorbeerblatt, 5 Wacholderbeeren, 5 Neugewürzkörner, 1 Zweig Thymian, Koriander, Ingwer, 1/2 Orange, 1/4 Zitrone, 1 Eßlöffel Preiselbeeren, 1 Teelöffel Senf.

Die Rehschulter wird ausgelöst, enthäutet, mit Speckstreifen reichlich gespickt, mit Salz und Pfeffer eingerieben und mit Spagat gebunden.
In eine Bratpfanne gibt man die kleingehackten Rehknochen, die Häute, Speckstücke, grobgeschnittenes Wurzelwerk und grobwürfelig geschnittene Zwiebel, legt die Rehschulter darauf, übergießt mit 50 g zerlassener Butter und brät alles zusammen unter fleißigem Begießen mit dem eigenen Saft und etwas Wasser halb weich. Hierauf wird die Rehschulter herausgenommen, der Saft klar eingekocht, mit Mehl gestaubt und gut durchgeröstet, mit Rotwein abgelöscht und mit Rahm und Suppe vergossen. Dann fügt man 1 Lorbeerblatt, Wacholderbeeren, Neugewürzkörner, Thymian, Koriander, gestoßenen Ingwer, Orangen- und Zitronensaft, Preiselbeeren und Senf hinzu, gibt das Fleisch in diese Soße und läßt es fertigdünsten. Die fertige Rehschulter wird in gleichmäßige Scheiben geschnitten. Die Soße wird durch ein Sieb gedrückt, abgeschmeckt und die gedünstete Schulter damit überzogen.
Beilage: Nudeln, Knödel, Preiselbeeren, Ribiseln.

REHSCHNITZEL, GEBACKEN (4 Portionen)

8 Rehschnitzel vom Schlegel à 80 g, Pfeffer, 1/2 Lorbeerblatt, Thymian, 1/2 Zwiebel, Zitronensaft, Öl, Salz, 80 g Butter, feine Semmelbrösel, Backfett, 2 Orangen, Hagebuttengelee.

Vom enthäuteten Rehschlegel geschnittene Schnitzel werden an den Rändern leicht eingeschnitten und leicht geklopft, mit Pfeffer, feinzerriebenem Lorbeerblatt, Thymian, Zwiebelringen und Zitronensaft und 2 Eßlöffel Öl 20 Minuten gebeizt.
Aus der Beize nehmen, auf ein Sieb legen und abtropfen lassen. Salzen, in zerlassene Butter tauchen, in feinen Semmelbröseln wenden und in heißem Fett rasch auf beiden Seiten goldbraun

backen. Mit in Butter gebratenen, geschälten Orangenscheiben und Hagebuttengelee servieren.

REHFILET WIENERWALD (4 Portionen)

8 Rehschnitzel vom Schlegel à 80 g, Speckstreifen, Salz, Pfeffer, Mehl, 80 g Butter, 150 g Champignons, Zitronensaft, Koriander, 4 Eßlöffel Obers, Suppe oder Wasser, Kognak, Petersilie.

8 Rehschnitzel werden an den Rändern leicht eingeschnitten, geklopft und mit je 2 dünnen Speckstreifen kreuzweise gespickt, mit Salz und Pfeffer gewürzt, in Mehl gewendet und in Butter rasch auf beiden Seiten gebraten.
Im Bratrückstand geputzte, feinblättrig geschnittene Champignons rösten, mit Salz, Pfeffer, Zitronensaft und Koriander würzen. Mit Mehl stauben, kurz durchrösten, mit Obers und Suppe vergießen, kurz durchkochen, mit einem Spritzer Kognak abschmecken und die Rehfilets mit dieser Champignonsoße überziehen. Mit gehackter Petersilie bestreut servieren.
Beilage: Nudeln.

REHSTEAK MIT WEICHSELN (4 Portionen)

4 Rehsteaks vom Schlegel à 160 g, Speckstreifen, Salz, Pfeffer, 5 Wacholderbeeren, Zitronensaft, Öl, 30 g Butter, 250 g Weichseln, Kirschwasser.

Rehschlegel auslösen und daraus fingerdicke Steaks schneiden, leicht klopfen und kreuzweise mit langen Speckstreifen spicken. Mit Salz, Pfeffer, gestoßenen Wacholderbeeren, Zitronensaft und 2 Eßlöffel Öl 20 Minuten lang beizen.
In einer Pfanne Öl erhitzen, die Steaks darin von beiden Seiten sehr rasch braten. Darauf achten, daß sie innen blutig bleiben. Auf einer vorgewärmten Platte warm stellen. Bratfett ableeren, 30 g Butter in die Pfanne geben, aufschäumen und 250 g entkernte Weichseln darin 5 Minuten dünsten, mit einem Spritzer Kirschwasser abschmecken und über die angerichteten Steaks verteilen.
Beilage: Mandelkroketten.

REHJUNGES (4 Portionen)

1 kg Rehjunges aus Schulter, Hals und Brust, Knochen, Salz, Pfeffer, 60 g Fett, 150 g Wurzelwerk, 1 Zwiebel, 40 g Mehl, 1/2 Lorbeerblatt, Thymian, Zitrone, Rotwein, 1 Teelöffel Senf, 2 Eßlöffel Preiselbeeren, Zitronensaft.

Das Rehfleisch wird von den Knochen gelöst und in Würfel geschnitten, mit Salz und Pfeffer gewürzt und in sehr heißem Fett rasch braun geröstet und aus dem Fett genommen. Im Bratfett werden die kleingehackten Rehknochen und Parüren (Abschnitte), grobblättrig geschnittenes Wurzelwerk und Zwiebel braun geröstet, mit Mehl gestaubt und so lange weitergeröstet bis das Mehl ebenfalls braun ist. Mit Wasser aufgießen, mit Lorbeerblatt, Thymian, Schale 1/4 Zitrone würzen, das Fleisch in die Soße geben und weich dünsten. Die weichen Fleischstücke werden aus der Soße genommen und warm gestellt.
Die Soße mit in etwas Rotwein glattgerührtem Senf, Preiselbeeren und Zitronensaft abschmecken, noch kurz durchkochen, durch ein Sieb passieren und das Rehfleisch darin noch einmal kurz aufdünsten.
Beilage: Knödel, Nockerln oder Nudeln.

Hase und Wildkaninchen

Der im Balg (Fellkleid) abgehangene Hase wird erst vor dem Verbrauch abgebalgt und ausgeweidet. Zum Abhäuten hängt man ihn an den Hinterläufen auf. Mit einem scharfen Messer durchschneidet man das Fell rund um die Fußgelenke, macht an der Innenseite der Schenkel einen Schnitt bis zum After und von dort über den Brustkorb bis zum Hals, löst das Fell längs der Schnitte etwas los, faßt das losgelöste Fell und zieht es über die Blume (Schwanz) und den ganzen Körper, schneidet die herausgezogenen Vorderläufe beim Fußgelenk ab, zieht das Fell weiter bis zu den Löffeln (Ohren), schneidet diese kurz über der Schädeldecke ab und zieht das Fell herunter.
Dann wird der Hase ausgeweidet, indem man ihn längs des Bauches vorsichtig aufschneidet, die Innereien und das Blut auffängt und zur Bereitung von Hasenjungen bereit stellt. Die Galle sofort entfernen. Der Hase wird nun in den Rücken, die 2 Hinterläufe und das aus den 2 Schultern, Hals und Brust, Kopf, Lunge, Herz und Leber bestehende Hasenjunge geteilt. Die Aufbereitung und Verwendung des Wildkaninchens ist mit der des Hasen identisch.

HASENRÜCKEN, GEBRATEN (2 Portionen)

1 Hasenrücken, Speckstreifen, Salz, Pfeffer, Wacholderbeeren, 60 g Butter, 60 g Wurzelwerk, Speck, 1/2 Teelöffel Mehl, 1/2 Teelöffel Paradeismark, Suppe, Rotwein, Zitronensaft, 1 Orange, Preiselbeeren.

Der Hasenrücken wird von den feinen Häutchen befreit, mit dünnen Speckstreifen reichlich gespickt, mit Salz, Pfeffer und zerdrückten

Wacholderbeeren eingerieben und wie bei „Rehrücken" gebraten. Der Bratrückstand wird mit Mehl gestaubt, Paradeismark zugegeben, mit etwas Suppe, Rotwein und einem Spritzer Zitronensaft losgekocht und getrennt zum angerichteten Hasenrücken gereicht.
Mit auf Orangenscheiben gesetzten Preiselbeeren garnieren.

HASENLAUF IN RAHMSOSSE (4 Portionen)

4 Hasenläufe, 100 g Speck, Salz, Pfeffer, 5 Wacholderbeeren, 150 g Wurzelwerk, 1/2 Zwiebel, 1 Lorbeerblatt, 5 Pfefferkörner, 5 Neugewürzkörner, 1 Zweig Thymian, Ingwer, 50 g Fett, 30 g Mehl, 1/4 l Sauerrahm, 1/16 l Rotwein, 1/2 Teelöffel Senf, 1/2 Zitrone, Preiselbeeren, Wasser oder Knochensuppe.
Garnitur: *1 Orange, Preiselbeerkompott oder Hagebuttengelee.*

Die Hasenläufe werden von den feinen Häutchen befreit und mit Speckstreifen gespickt, gesalzen, gepfeffert und mit feinstzerdrückten Wacholderbeeren eingerieben. Sodann auf einer Unterlage von im Fett angerösteten Häuten grobblättrig geschnittenem Wurzelwerk, Zwiebel, einem Lorbeerblatt, Pfefferkörnern, Neugewürzkörnern, Thymian und etwas Ingwer im Rohr unter öfterem Begießen mit dem eigenen Saft – rundherum schön braun gebraten. Wenn nötig, von Zeit zu Zeit etwas Wasser oder Suppe nachgießen. Die fertiggebratenen Hasenläufe werden herausgenommen, der Saft klar eingekocht, die Wurzeln mit Mehl gestaubt und durchgeröstet. Sodann mit Sauerrahm und Rotwein aufgießen und gut verrühren, mit der nötigen Menge Wasser oder Knochensuppe verlängern und mit etwas Senf, Zitronensaft und Preiselbeeren würzen. Die Hasenläufe wieder in die Soße legen und langsam weich dünsten. Die garen Hasenläufe herausheben und auf einer tiefen Platte anrichten und mit der passierten Soße übergießen.
Mit geschälten Orangenscheiben und Preiselbeerkompott oder Hagebuttengelee garnieren.
Beilage: Erdäpfelkroketten, Nudeln, Knödel.

HASENJUNGES (4 Portionen)

1 Hasenjunges (Schulter, Vorderläufe, Brust, Kopf, Herz, Leber und Lunge), Hasenblut, 1/16 l Weinessig, 150 g Wurzelwerk, 1/2 Zwiebel, Salz, 1/4 Zitronenschale, 4 Pfefferkörner, 4 Neugewürzkörner, 1 Zweig Thymian, 1 Lorbeerblatt, 40 g Fett, 1 Teelöffel Zucker, 40 g Mehl, 1/4 Zwiebel, 1/8 l Sauerrahm, 1/2 Teelöffel Senf, 1 Eßlöffel Preiselbeeren, Petersilie.

Das sogenannte „Junge" vom Hasen wird kalt gewaschen, in Stücke

geschnitten und mit kaltem Wasser knapp bedeckt, mit Essig gewürzt, mit blättrig geschnittenem Wurzelwerk, Zwiebelringen, Salz, Zitronenschale, Pfeffer- und Neugewürzkörnern, Thymian und Lorbeerblatt zum Kochen gebracht und langsam weich gekocht. Danach wird das Fleisch aus dem Sud gehoben und dieser geseiht. In heißem Fett Zucker hellbraun rösten, etwas Mehl zugeben und braun rösten, feingeschnittene Zwiebel mitrösten, mit dem geseihten Sud und Sauerrahm aufgießen. Etwas geriebene Zitronenschale, Senf, Preiselbeeren, gehackte Petersilie und das mit etwas Weinessig verrührte Hasenblut dazugeben und die Soße 20 Minuten lang kochen. Danach durch ein Sieb streichen und das gekochte Hasenjunge noch eine Viertelstunde in der Soße dünsten. Die Soße soll einen pikanten süßsauren Geschmack haben.
Beilage: Semmelknödel.

UNGARISCHES HASENRAGOUT (4 Portionen)

750 g Hasenläufe, 40 g Fett, 100 g Selchspeck, 1 große Zwiebel, 2 rote Paprikaschoten, 2 grüne Paprikaschoten, Salz, Pfeffer, Thymian, 2 Eßlöffel Paprika, 1/4 l Suppe, 1/4 l Sauerrahm.

Die Hasenläufe werden ausgelöst und in etwa dreizentimetergroße Würfel geschnitten. In einer Rein wird Fett erhitzt und der in Würfel geschnittene Selchspeck darin glasig geröstet. Das Fleisch zugeben und rundum anbraten. Gewürfelte Zwiebel, je 2 entkernte, in zentimetergroße Würfel geschnittene rote und grüne Paprikaschoten zugeben und mitbraten, mit Salz, Pfeffer, Thymian und Paprika würzen, mit Suppe und Sauerrahm aufgießen und langsam weich dünsten.
Beilage: Nockerln, Nudeln, Salat.

Wildschwein

Das auch als Schwarzwild bezeichnete Wildschwein wird wie das Schwein zerlegt und auf Art des Wildbrets zubereitet. Es empfiehlt sich, Wildschwein vor dem Zubereiten zu beizen und dann gekocht oder gedünstet zuzubereiten.
Das junge Wildschwein, Frischling genannt, wird von Kennern sehr geschätzt. Es hat ein wohlschmeckendes, sowohl nach Schweinefleisch wie nach Wild schmeckendes, zartes, saftiges Fleisch, welches auch gebraten zubereitet wird.

WILDBEIZE

$1^1/_2$ l Wasser, $^1/_8$ l Weinessig, $^1/_2$ Karotte, $^1/_2$ Petersilienwurzel, $^1/_4$ gelbe Rübe, $^1/_4$ Zeller, 1 kleine Zwiebel, 5 Wacholderbeeren, 5 Neugewürzkörner, 10 Pfefferkörner, Thymian, Salbeiblätter, Koriander, Basilikum.

Das Wasser wird mit dem Essig und den geputzten, blättrig geschnittenen Wurzeln und der Zwiebel sowie den leicht gestoßenen Gewürzen zum Kochen gebracht und etwa eine halbe Stunde langsam gekocht.
Das zu beizende Wildfleisch wird nun in ein passendes Geschirr geschlichtet, mit der vollständig erkalteten Beize übergossen und zugedeckt über Nacht stehen gelassen.

WILDSCHWEIN – SCHWARZWILD, GEKOCHT
(4 Portionen)

1 kg Wildschweinschlegel, $^1/_2$ l Rotwein, 1 l Wasser, Weinessig, 100 g Wurzelwerk, $^1/_2$ Zwiebel, Pfefferkörner, Thymian, Lorbeerblatt, Salz.
Garnitur: *$^1/_2$ Karotte, $^1/_2$ Petersilienwurzel, $^1/_4$ Zeller, $^1/_4$ gelbe Rübe, $^1/_4$ Zwiebel, Zitronenschale, 4 Pfefferkörner, 2 Würfelzucker, 1 Teelöffel Weinessig, Zitronensaft, Orangensaft, Worcestershiresoße.*

Das Fleisch des Wildschweinschlegels wird mit einer Bürste gewaschen, abgeschwemmt und in einer entsprechend großen Rein mit $^1/_2$ Liter Rotwein, 1 Liter Wasser und etwas Essig, unter Beigabe von in Scheiben geschnittenem Wurzelwerk, Zwiebel, Pfefferkörnern, Thymian, Lorbeerblatt und Salz weich gekocht.
In einer zweiten Rein läßt man feinnudelig geschnittenes Wurzelwerk, etwas geriebene Zitronenschale, 4 feinzerdrückte Pfefferkörner, 2 Stück Würfelzucker, etwas Essig und $^1/_4$ Liter Wildschweinsud dünsten, etwas Zitronen- und Orangensaft dazugeben, mit Worcestershiresoße abschmecken.
Das gekochte, in Scheiben geschnittene Fleisch wird in einer Schüssel angerichtet, das gedünstete Wurzelwerk darübergestreut und mit der geseihten Wildschweinsuppe übergossen.
Beilage: Serviettenknödel, Soße Cumberland.

WILDSCHWEINRÜCKEN AUF FÖRSTER ART (4 Portionen)

1 kg Wildschweinrücken vom Frischling, Salz, Pfeffer, 4 Wacholderbeeren, 50 g Schmalz zum Braten, 80 g Speck, 150 g Eierschwammerln, 1 mittelgroße Zwiebel, 2 Birnen, 2 Eßlöffel Preiselbeeren.

Der Wildschweinrücken wird gut abgeschabt, gewaschen, die gröb-

sten Häute und Sehnen weggeschnitten, mit Salz und Pfeffer sowie gestoßenen Wacholderbeeren gut eingerieben und im heißen Rohr mit Schmalz und etwas Wasser zuerst mit der Oberseite nach unten gebraten. Nach der halben Garzeit wenden und unter zeitweiligem Begießen mit dem eigenen Saft fertigbraten. Das Fleisch herausheben und warm stellen.
Im Bratrückstand wird in Streifen geschnittener Speck, geputzte Eierschwammerln und Zwiebel gebraten, mit Salz und Pfeffer gewürzt und über den aufgeschnittenen Wildschweinrücken verteilt.
Halbierte, gedünstete mit Preiselbeeren gefüllte Birnen und Erdäpfelkroketten dazu reichen.

FRISCHLINGSBRATEN (4 Portionen)

1 kg Frischlingsfleisch vom Schlegel, 1/2 l Beize, Salz, Pfeffer, Gewürznelken, Butter, 1 Teelöffel Mehl, 1 Teelöffel gehackte Kapern, Rotwein.

Das Fleisch des Frischlings wird über offener Flamme abgesengt, sauber geputzt und über Nacht gebeizt. Gut abgetrocknet, mit Salz, gestoßenen Nelken und Pfeffer gut eingerieben. In mit Butter bestrichener Alu-Folie (glänzende Seite innen) locker einschlagen und im Rohr etwa 45 Minuten braten. Sodann die Folie entfernen und das Fleisch unter zeitweiligem Begießen mit Butter und etwas Beize zu einer schönen, braunen Farbe fertigbraten. Den Bratensaft läßt man eingehen, bis er klar wird, staubt mit etwas Mehl, röstet kurz durch, gibt gehackte Kapern dazu und gießt mit der geseihten Beize oder Rotwein zu einem dünnen Saft auf.
Beilage: Kroketten, Knödel, gedünstete Früchte.

Wildgeflügel oder Federwild

Frische Fasane, Rebhühner und Schnepfen läßt man abhängen, das heißt, sie bleiben einige Tage im Federkleid hängen, bis sich die Bauchdecke leicht grünlich färbt – ohne aber Geruch anzunehmen. Diese Lagerung soll 5 bis 8 Tage nicht überschreiten. In dieser Zeit entwickeln die Wildvögel ihren typischen Wildgeschmack.
Alle übrigen Wildgeflügelarten werden frisch verwendet.

VORRICHTEN VON FEDERWILD

Federwild wird von hinten nach vorne gerupft, indem man zuerst das Gefieder der Brust und dann vom übrigen Vogel in kleinen Partien entfernt. Nach dem Rupfen werden Federreste und feine Härchen über einer offenen Flamme abgesengt. Sodann auf der Bauchseite durch einen kurzen Schnitt geöffnet und wie Hausgeflügel ausgenommen. Hals abtrennen, Flügelknochen stutzen und die Zehen von den Füßen hacken. Damit das Fleisch beim Braten saftig bleibt, wird es vorher in große Speckscheiben gewickelt, welche mit Spagat befestigt werden.

FASAN

Junge Fasane sind zarter und saftiger und werden daher meist gebraten, ältere Tiere dagegen dünstet man. Junge Fasane erkennt man an ihren kleinen, schwach ausgebildeten runden Sporen und an einem weichen, biegsamen Brustknorpel. Der Hahn besitzt ein farbenprächtiges Federkleid, die Henne dagegen ist graubraun und unscheinbar. Kenner ziehen Hähne den Hennen vor.

FASAN, GEBRATEN (2 Portionen)

1 Fasan, Salz, Pfeffer, 1 Speckscheibe, Fett, 20 g Butter, Suppe.

Ein gerupfter, ausgenommener Fasan wird abgesengt, der Hals mit dem Kopf abgetrennt, der meist mit Körnern gefüllte Kropf herausgelöst, die Flügel gestutzt und die Zehen abgehackt. Innen waschen, abtrocknen, mit Salz und Pfeffer innen und außen gut einreiben, mit Spagat wie „Brathuhn“ binden, die Brust mit einer dünnen Speckscheibe belegen und mit Spagat befestigen.
In einer kleinen Pfanne Fett erhitzen und den Fasan zuerst mit der Brust nach unten braten. Von Zeit zu Zeit mit dem eigenen Saft begießen. Wenden und unter öfterem Begießen weiterbraten. Vor Ende der Bratzeit – die insgesamt etwa 35 bis 45 Minuten beträgt – wird die Speckscheibe von der Brust abgenommen, damit auch diese etwas Farbe nehmen kann. Das Bratfett wird zum Teil abgegossen. Ein frisches Stück Butter zugeben und nach dem Aufschäumen mit etwas Suppe zu einem dünnen Saft aufgießen. Zum angerichteten Fasan den Saft extra reichen.
Beilage: Serviettenknödel, Rotkraut, Ananaskraut, Preiselbeeren, Kompotte, glasierte Weintrauben.

FASAN IN RAHMSOSSE (2 Portionen)

1 Fasan, Salz, Pfeffer, Wacholderbeeren, 100 g Selchspeck, 100 g Wurzelwerk, 1 Zwiebel, 30 g Butter, Suppe, 20 g Mehl, 1/8 l Rahm.

Der küchenfertig vorbereitete Fasan wird innen und außen mit Salz

und Pfeffer gewürzt, mit etlichen Wacholderbeeren ausgestreut und gebunden. In einer Rein Speckwürfel, würfelig geschnittenes Wurzelwerk und Zwiebel kurz anrösten, den Fasan darauflegen, mit Butter übergießen und unter zeitweiligem Begießen mit etwas Suppe und dem sich bildenden Bratensaft etwa 50 Minuten goldbraun braten. Wenn der Fasan fertig ist, wird er herausgehoben. Die Wurzeln so lange einkochen, bis der Saft klar ist. Mit Mehl stauben, gut verrösten, mit Sauerrahm und Suppe aufgießen.
Die so entstandene Soße gut verkochen, mit den Wurzeln durch ein Sieb passieren und den in der Zwischenzeit zerteilten Fasan darin noch 5 Minuten ziehen lassen.
Beilage: Knödel, Rotkraut.

FASAN MIT KASTANIENFÜLLE (2–3 Portionen)

1 Fasan, Salz, Pfeffer, 1 Messerspitze Pastetengewürz, 15 Kastanien (Maroni), 20 g Butter, 1 Teelöffel Zucker, Suppe, Weinbrand.

Den Fasan küchenfertig vorbereiten. Mit Salz, Pfeffer und Pastetengewürz innen und außen einreiben, mit geschälten Kastanien füllen, mit Spagat binden und wie „Fasan, gebraten“ zubereiten.
Nach dem Braten werden die Kastanien herausgenommen. Im Bratrückstand läßt man Butter aufschäumen, gibt Zucker dazu und läßt ihn hellbraun werden, die Kastanien beifügen, mit etwas Suppe aufgießen und 15 Minuten dünsten lassen, sodann mit einem Schuß Weinbrand (Kognak) würzen. Beim Anrichten wird der zerteilte Fasan mit den gedünsteten Kastanien umkränzt.
Kastanien schälen:
Die Kastanien werden mit einem spitzen Messer auf der gerundeten Seite eingeritzt, auf ein befeuchtetes Backblech gelegt und im heißen Rohr so lange gebraten, bis sie aufspringen und man sie leicht aus der äußeren Schale und der inneren Haut lösen kann.

REBHUHN

Junge Tiere erkennt man an den gelben Füßen, dem leicht biegsamen Brustknorpel und den spitzen Schwungfedern. Alte Tiere haben graue Füße, eine harte Brustbeinspitze, abgerundete Schwungfedern und einen stumpfen Schnabel.
Junge Rebhühner werden gebraten, alte Tiere werden gedünstet oder zu Pasteten verarbeitet.

REBHUHN IM SPECKHEMD (4 Portionen)

4 junge Rebhühner, Salz, Pfeffer, 4 große Selchspeckscheiben, Fett, 1 Teelöffel Butter, Knochensuppe oder Wasser.

Die jungen Rebhühner werden gerupft, abgesengt, ausgenommen,

ausgewaschen, mit Küchenkrepp abgetrocknet, innen und außen mit Salz und Pfeffer eingerieben, ganz in eine große Selchspeckscheibe eingewickelt und mit Spagat gebunden. In heißem Fett 25 bis 30 Minuten braten. Während der Garzeit wiederholt mit dem Bratfett und eventuellem Zusatz von Wasser begießen. Nach dem Braten Rebhühner herausnehmen, Spagat entfernen und die Rebhühner vierteln.
Das überschüssige Fett aus der Bratpfanne ableeren, durch etwas Butter ersetzen, den Bratrückstand mit etwas Wasser oder Suppe verkochen und über die angerichteten Rebhühner seihen.
Beilage: Rotkraut, Specklinsen, Linsensalat, Preiselbeeren- oder Hagebuttengelee.

REBHUHN IN KOHL (4 Portionen)

2 große Rebhühner, Salz, Pfeffer, Fett, 1 Kohlkopf, Majoran, 100 g Selchspeck, 1 Zwiebel, 1 Teelöffel Paradeismark, Wildsuppe oder Wasser.

Die küchenfertig vorbereiteten Rebhühner waschen, innen und außen mit Salz und Pfeffer einreiben. In einer passenden Rein in wenig Fett rundum gut anbraten, mit 1/16 Liter Wasser oder Wildsuppe aufgießen und zugedeckt, im eigenen Saft, 15 bis 20 Minuten im Rohr dünsten.
In der Zwischenzeit von einem Kohlkopf die großen Blätter ablösen, den Rest vierteln und vom Strunk befreien. In wenig kochendem Salzwasser fast weich kochen, herausheben, mit kaltem Wasser abfrischen und abtropfen lassen.
Mit Salz, Pfeffer und etwas Majoran würzen. Die Rebhühner werden halbiert, die Brust- und Beckenknochen ausgebrochen und je ein halbes Rebhuhn mit einem Kohlviertel in ein Kohlblatt eingeschlagen. Den restlichen Saft in der Rein einkochen, bis das Fett klar ist. Kleinwürfelig geschnittenen Speck und kleingeschnittene Zwiebel darin glasig rösten, mit Paradeismark würzen und mit 1/4 Liter Kohlsud aufgießen, sodann die in Kohlblätter eingewickelten Rebhühner einschlichten und zugedeckt langsam weich dünsten. Mit dem Kochgeschirr zu Tisch bringen.

SCHNEPFE

Wir unterscheiden zwischen der etwas größeren Waldschnepfe und der zierlichen, kleineren Sumpfschnepfe oder Bekasine. Die Schnepfe läßt man einige Tage im Federkleid abhängen, danach wird sie säuberlich gerupft, wobei auch Hals, Kopf und Flügel gut geputzt und nicht abgehackt werden. Die Federrückstände und Härchen absengen und die Tiere ausnehmen. Die Innereien werden für Schnepfen-Croutons aufgehoben, es wird nur der Magen entfernt. Vom Kopf die Augen, den unteren Teil des Schnabels sowie Kropf, Speise- und Luftröhre entfernen. Von den Füßen die Krallen abschneiden. Zum Braten wird die Schnepfe mit dem eigenen Schnabel dressiert, indem man den Kopf über die Flügel zurückbiegt und den Schnabel durch die Schenkel und quer durch den Körper – wie eine Dressiernadel – steckt. Die so dressierte Schnepfe wird mit Speck umwickelt.

SCHNEPFE MIT CROUTONS (SCHNEPFENDRECK) (4 Portionen)

4 Schnepfen, 4 große Speckscheiben, 40 g Fett. Croutons: *2 Semmeln, Schnepfeninnereien, 2 Stück Hühnerleber, 1/4 Zwiebel, Petersilie, Butter, Rotwein, Suppe, 2 Eidotter, Salz, Pastetengewürz.*

Die Schnepfen werden – wie vorher beschrieben – vorgerichtet, leicht mit Salz und Pfeffer eingerieben, mit den eigenen Schnäbeln dressiert und in je eine große Speckscheibe gewickelt. Mit Zugabe von Fett unter zeitweiligem Begießen mit dem eigenen Saft etwa 20 Minuten braten. Etwa 5 Minuten vor Ende der Bratzeit werden die Speckscheiben entfernt, damit die Schnepfen gebräunt werden können.
Der Saftrückstand wird entfettet, mit 20 g Butter aufgeschäumt und mit etwas Suppe verkocht. Für die Croutons werden die Schnepfeneingeweide (ohne Magen und Galle) mit der Hühnerleber feinst gehackt. In Butter wird feinstgehackte Zwiebel und Petersilie angeröstet, die feingehackten Innerein (Schnepfendreck) und die Leber dazugeben und licht durchrösten. Mit einem Spritzer Rotwein und etwas Suppe aufgießen, mit Salz und Pastetengewürz abschmecken, eindünsten, etwas überkühlen, mit Eidotter binden und sodann auf entrindeten, etwa kleinfingerdick zu dreieckigen Croutons geschnittenen, in Butter gebackenen Semmelschnitten aufstreichen und im heißen Rohr kurz überbacken. Die Schnepfen anrichten, mit Schnepfencroutons umlegen und den Bratensaft extra reichen.

SCHNEPFE, GEFÜLLT (4 Portionen)

4 Schnepfen, 4 Speckscheiben, Salz, Butter, Weinbrand, Suppe. Fülle: *Schnepfeninnereien, 4 Stück Hühnerleber oder 100 g Gansleber, 4 Champignons oder 20 g Trüffeln, Salz, Pfeffer, Muskat.*

Die Schnepfen werden gerupft, abgesengt, Hals mit Kopf, Flügel und

Füße weghacken. Innereien ausnehmen, Magen und Galle entfernen und die Innereien aufheben. Die Schnepfen ausbeinen.
Die Halshaut straff spannen und mit der Küchenschere vor dem Körper abschneiden. Vom Hals weg die Haut so weit wie möglich zurückschieben und das Fleisch mit kleinen Schnitten vom Skelett lösen. Die Schnepfe drehen und die Haut langsam weiter zurückschieben. Sodann die Knochen aus den Schenkeln lösen. Es ist dabei zu beachten, daß das Fleisch sowenig wie möglich zerschnitten wird und die Haut nicht zerreißt. Die so ausgebeinten Schnepfen werden gefüllt und zu ihrer ursprünglichen Form gebunden. Leicht salzen, in je eine Speckscheibe wickeln, in ein feuerfestes Geschirr schichten, mit Butter übergießen und langsam zugedeckt etwa 30 Minuten braten. In der Zwischenzeit werden die Schnepfenknochen, der geputzte Hals, Kopf und Flügel klein zerhackt, in Butter langsam braun geröstet und mit Weinbrand (Kognak) abgelöscht. Mit Suppe vergießen und gut verkochen. Abseihen und über die von den Speckscheiben und dem Spagat befreiten, gebratenen Schnepfen gießen.
Fülle:
Schnepfeninnereien (ohne Magen, Galle und Darmenden) fein hacken, Hühnerleber oder Gansleber in kleine Würfel schneiden, Champignons oder Trüffel fein hacken und alles zusammen gut vermischen, mit Salz, Pfeffer und Muskat würzen und die Schnepfen damit füllen.

WACHTELN, GEBRATEN (4 Portionen)

4 Wachteln, Salz, Pfeffer, Butter, 4 große Weinblätter, 4 Speckscheiben, 4 zweifingerdicke Weißbrotscheiben, Weinbrand, Suppe oder Bratensaft.

Die Wachteln sind das kleinste und zarteste Wildgeflügel und werden fast immer gebraten oder wie die Schnepfe gefüllt und gebraten, wobei man entsprechend weniger Fülle bereitet und die Wachteln nicht entbeint.
Wachteln küchenfertig herrichten, ausnehmen, salzen, pfeffern, in je ein mit Butter bestrichenes großes Weinblatt wickeln und in eine entsprechend große Rein schlichten. Mit je einer Speckscheibe belegen, mit Butter übergießen und 10 bis 15 Minuten im mittelheißen Rohr braten. Zweifingerdicke, entrindete Weißbrotscheiben in Butter braten, auf eine Platte legen und die gebratenen Wachteln daraufsetzen.
Bratrückstand mit Weinbrand (Kognak) ablöschen und mit wenig Suppe oder Bratensaft loskochen. Der Saft wird extra gereicht.

WILDENTE, GEBRATEN (3–4 Portionen)

1 Wildente, Salz, Pfeffer, 1/2 Zitrone, 1 Speckscheibe, 1 Teelöffel Mehl, Suppe oder Bratensaft.

Junge Wildenten sind erkennbar an ihren hellgrauen Beinen, schwachen Flügeln und leicht einreißbaren Schwimmhäuten.
Wildente rupfen, wie eine Hausente küchenfertig vorbereiten, mit Salz, Pfeffer und geriebener Zitronenschale einreiben und mit einer Speckscheibe belegen und mit dieser nach unten in einer Bratpfanne, mit etwas Butter übergossen, die Ente bei mäßiger Hitze braten. Nach halber Garzeit wenden und unter häufigem Begießen mit dem sich bildenden Eigensaft fertigbraten. Die Wildente soll nicht ganz durchgebraten werden, sondern innen noch rosa sein. Den Bratrückstand leicht mit Mehl stauben, mit Suppe oder Bratensaft aufgießen, mit Zitronensaft und frisch gemahlenem Pfeffer würzen und extra zur schön tranchierten Wildente reichen.

WILDENTE IN RAHMSOSSE (4 Portionen)

1 Wildente, Salz, Pfeffer, 1 Speckscheibe, 80 g Selchspeck, 1 Eßlöffel Mehl, 1/4 l Sauerrahm, 1 Teelöffel Kapern. Beize: *1/4 l Wasser, 1/16 l Essig, 1/8 l Rotwein, 1/2 Zwiebel, 1/2 Karotte, 1/2 Petersilienwurzel, 1/4 Zellerwurzel, 1 Lorbeerblatt, Thymian, 4 Pfefferkörner, 2 Gewürznelken, 1 Messerspitze Ingwer.*

Die küchenfertig vorbereitete Wildente wird 5 bis 6 Tage gebeizt. Danach aus der Beize nehmen, gut abtropfen, mit Salz und Pfeffer innen und außen einreiben. In einer passenden Rein Speckwürfel und das abgetropfte Wurzelwerk der Beize sowie in grobe Würfel geschnittene Zwiebel goldgelb rösten, die mit einer Speckscheibe belegte Ente daraufsetzen und unter zeitweiligem Begießen mit Beizflüssigkeit im Rohr nicht zu braun braten. Herausheben und warm stellen. Das Wurzelwerk wird mit Mehl gestaubt, gut durchgeröstet, mit Sauerrahm und der Beizflüssigkeit aufgegossen. Gehackte Kapern zugeben und die Wildente darin langsam weich dünsten. Die tranchierte Wildente mit der gut abgeschmeckten, fein passierten Rahmsoße übergießen.
Beize:
Wasser mit Essig, Rotwein, blättrig geschnittenen Wurzeln, Zwiebelringen und den Gewürzen eine Viertelstunde kochen. Erkaltet über die Wildente leeren.
Beilage: Erdäpfelkrapfen, Preiselbeeren.

GRILLGERICHTE

Zum Grillen eignet sich nur zartes, saftiges Schlachtfleisch von erstklassiger Qualität, diverse Innereien, zartes Geflügel, Wild und Fische. Hierzu einige Anregungen:

vom Kalb:
Kalbskoteletts
Kalbsfilet (Lungenbraten)
Steaks und Schnitzel aus dem Kalbsschlegel
Kalbsstelze
Kalbsnieren
Kalbsbries
Kalbsleber

vom Rind:
Lungenbraten für Tournedos
Beefsteaks
Chateaubriand (doppeltes Beefsteak)
Beiried für Entrecôte

vom Schwein:
Schweinskoteletts
Schweinsfilet (Lungenbraten)
Schweinssteak aus dem Rückenfilet oder Schlegel
Schweinsstelze
Schweinsleber
Schweinsnieren

vom Lamm und Hammel:
Koteletts vom Lamm oder Hammel
Schnitzel, Steaks, Medaillons aus dem Schlegel

vom Geflügel:
Hühnerbrust
Hühnerkeule
ganze und halbe Hühner
Hühnerleber
Truthahn
Truthahnbrust als Steak
Schnitzel oder Medaillons

vom Wild:
Rehsteak
Hirschsteak
zartes Wildgeflügel

vom Fisch:
Portionsfische, halbe Fische, Fischsteak

Das Grillen ist ein Braten von Speisen auf leicht mit Öl bestrichenen Grillstäben (Rost) über offener Glut. Durch die Grillstäbe erhält das Grillgut die dafür typische Musterung. Es gibt aber auch zahlreiche andere Grillgeräte, welche genau denselben Zweck erfüllen. Zu beachten ist nur ein schnelles Verkrusten bei nur einmaligem Wenden des Grillgutes, um seine Saftigkeit zu bewahren. Grillspeisen werden immer ohne Saft aufgetragen, aber dafür mit diversen Buttermischungen und kalten Grillsoßen und diversen kalten und warmen Garnituren serviert.

FISCHE, GEGRILLT (4 Portionen)

4 Portionsfische à 250–350 g oder 800 g beliebiger Fisch, Salz, Zitronensaft, beliebige Gewürze, Öl, Semmelbrösel.

Zum Grillen eignen sich am besten Portionsfische, wie Forellen, Rheinanke, Blaufelchen, Saibling, kleiner oder portionierter Zander, Hecht oder Lachs.
Auch Seefische, wie Kabeljau, Dorsch, Makrele, Seezunge, Scholle, Steinbutt und Heilbutt, sind gegrillt sehr schmackhaft.
Die Fische werden bratfertig vorbereitet, etwa 15 Minuten vor dem Grillen mit Salz, Zitronensaft und – nach Belieben – mit sonstigen Gewürzen mariniert. Die heißen Grillstäbe oder -platte mit Öl bestreichen, den Fisch mit Öl bepinseln, auf beiden Seiten in Semmelbrösel andrücken und zuerst mit der schönen Seite nach unten grillen. Nach der halben Garzeit wenden und fertiggrillen.
Mit einer Bratengabel oder Nadel kontrollieren, ob der Fisch – vor allem an den Gräten (bei ganzen Fischen) – durch ist.
Mit einer dicken Scheibe einer geeigneten Buttermischung belegen und sofort servieren.
Beilage: Salz-, Butter- oder Petersilienerdäpfel; Salat und Soßen, wie Tatarensoße, Remouladensoße, Tiroler Soße, grüne Soße usw.

FLEISCH, GEFLÜGEL, WILD UND INNEREIEN
(4 Portionen)

600 g Fleischstücke ohne Knochen und Innereien oder 800 g Fleischstücke mit Knochen und Geflügel, Salz, Pfeffer, diverse Gewürze, Öl.

Das vorgesehene Stück Schlachtfleisch, Geflügel oder Wild wird roh portioniert, wie beim Braten in der Pfanne hergerichtet und nach Belieben unmittelbar vor der Zubereitung gewürzt. Durch Öl ziehen und mit der schönen Seite nach unten auf die Grillstäbe (Rost) oder Grillplatte legen. Nach der halben Garzeit wenden und rasch fertiggrillen.

Schwarzes Fleisch – wie Rind und Wild – wird innen noch blutig, aber zumindest rosa gehalten, da es sonst leicht trocken wird.
Gegrilltes Fleisch mit Kräuterbutter, Hofmeisterbutter oder Senfbutter belegen und mit Bearnersoße, Gewürzgurken, Pickles usw. garnieren.
Beilage: diverse gebackene Erdäpfel oder Reis, verschiedene nur in Butter geschwenkte oder am Grill gebratene Gemüse und Salate.

RUMPSTEAK AUF TIROLER ART (4 Portionen)

4 Rumpsteaks aus der Rose oder Beiried à 160 g, Salz, Pfeffer, Worcestershiresoße, Öl, 1 große Zwiebel, 2–4 Paradeiser, 4 Schnitten Kräuterbutter.

Die Rumpsteaks werden an den Rändern eingeschnitten, mit Salz, frisch gemahlenem Pfeffer und einigen Tropfen Worcestershiresoße gewürzt, mit Öl bepinselt und auf dem vorgeheizten Grill bei starker Hitze unter einmaligem Wenden rasch gebraten. Das Fleisch soll innen noch blutig sein.
Etwas dicker geschnittene Zwiebelringe und halbe Paradeiser werden mit Salz und Pfeffer gewürzt, geölt und zuerst mit der Schnittfläche nach unten mitgegrillt.
Steaks auf vorgewärmter Platte anrichten, mit je einer dicken Schnitte Kräuterbutter belegen, mit Zwiebelringen bestreuen, mit Paradeisern umlegen.
Beilage: Braterdäpfel, Salate.

HÜHNERBRUST AUF RÖMISCHE ART (4 Portionen)

4 Hühnerbrüste, 4 Scheiben Rohschinken, Salbeiblätter, Salz, weißer Pfeffer, Öl.

Die von allen Knochen und Haut befreiten Hühnerbrüste werden der Länge nach so aufgeschnitten, daß man sie aufklappen kann. Mit je einer Scheibe Rohschinken und 2 bis 3 frischen oder getrockneten Salbeiblättern belegen, zusammenklappen, mit Zahnstochern zusammenstecken, mit Salz und weißem Pfeffer würzen, durch Öl ziehen und rasch auf beiden Seiten grillen.
Beilage: Safranreis, Radicciosalat.

WILDSTEAK (4 Portionen)

4 Wildsteaks vom Hirsch, Reh oder Frischling, Speckstreifen, Öl, Pfeffer, 4 Wacholderbeeren, 1 Zweig Thymian, Rosmarin, 1/4 Zitrone, Worcestershiresoße, Salz, 2 Äpfel, 4 Teelöffel Preiselbeeren.

Die roh portionierten Steaks werden mit Speckstreifen gespickt und

über Nacht – jedoch mindestens 2 Stunden – in Öl mit Pfeffer, zerdrückten Wacholderbeeren, Thymian, Rosmarin, Zitronensaft und einigen Tropfen Worcestershiresoße gebeizt. Abtropfen, salzen und rasch auf beiden Seiten – innen noch blutig – grillen.
Anrichten, mit gegrillten fingerdicken Apfelscheiben, in deren Mitte Preiselbeeren gesetzt werden, umlegen.
Beilage: Erdäpfelkroketten und in Butter gedünstete Eierschwammerln.

KALBSNIERE VOM GRILL (4 Portionen)

2 Kalbsnieren, Salz, Pfeffer, Öl, Semmelbrösel, 4 Scheiben Kräuterbutter.

Die Kalbsniere wird von einem Teil des Fettkranzes befreit, in etwa fingerdicke Scheiben geschnitten, mit Salz, Pfeffer gewürzt, mit Öl beträufelt und beidseitig leicht in Semmelbrösel angedrückt und rasch am Grill gebraten. Angerichtet mit Kräuterbutter belegen.
Beilage: Champignonreis und gegrillte Paradeiser.

Spieße

Pro Person wird ein Holz- oder Metallspieß mit verschiedenen Variationen von kleinen Fischstücken, Speck, Innereien, Gemüse, Pilzen oder sonstigen Zutaten besteckt. Das Ganze wird dann gewürzt, manchmal auch gebeizt und auf dem heißen Grill rasch unter einmaligem Wenden gebraten. Das Fleisch für Spieße wird in etwa fingerdicke, 30 g schwere Stücke geschnitten. Eine Zwiebel wird der Länge nach je Größe geviertelt oder geachtelt und Gemüse in etwa zentimeterdicke Scheiben geschnitten, Speck etwas dünner.

KALBSSPIESS (4 Portionen)

200 g Kalbsfilet (Lungenbraten), 1 Kalbsniere, 1 überkochtes Bries, Salz, weißer Pfeffer, Öl, 2 Äpfel.

Das Kalbsfilet, die von einem Großteil des Fettes befreite und der Länge nach halbierte Kalbsniere und das 10 Minuten überkochte (blanchierte) Bries in kleinfingerdicke Scheibchen schneiden.
Abwechselnd ein Filetstück, eine Kalbsnieren- und Briesscheibe aufspießen, mit Salz und weißem Pfeffer würzen, mit Öl bepinseln. Angerichtet mit gegrillten Apfelscheiben belegen.
Beilage: gedünsteter Reis.

HÜHNERLEBERSPIESSCHEN (4 Portionen)

400 g Hühnerleber, 120 g Selchspeck, 200 g Champignons, Salz, Pfeffer, Majoran, Öl.

Die halbierten Hühnerlebern werden abwechselnd mit Speck und Champignonscheibchen aufgespießt, mit Salz, Pfeffer und gestoßenem Majoran gewürzt, mit Öl beträufelt und nicht zu heiß gegrillt.

NIERENSPIESS (4 Portionen)

4 Schweinsnieren oder 400 g Hammel- oder Lammnieren oder 2 Kalbsnieren, 200 g Selchspeck, 2 kleine Zwiebeln, Öl, Salz, Pfeffer.

Die feine Haut abziehen und die Harnstränge von der Schweinsniere entfernen. Wenn Kalbs- oder Hammelnieren verwendet werden, den Fettkranz wegnehmen. Die Niere für eine halbe Stunde in Milch legen, danach in Scheiben schneiden und abwechselnd mit Speck und Zwiebelstücken aufspießen, mit Öl beträufeln und schnell am Grill braten. Danach salzen und pfeffern.

RASNJICI (4 Portionen)

600 g Schweinefleisch vom Schlegel, 4 Eßlöffel Öl, 12 Lorbeerblätter, 2 Zwiebeln, Zitronensaft, Zitronenschale, Salz.

Das magere Schweinefleisch in 3 bis 4 Zentimeter große Würfel schneiden und in Öl mit Zwiebelringen, Lorbeerblättern, frisch gemahlenem Pfeffer, Zitronensaft und einem Stück Zitronenschale über Nacht marinieren. Das Fleisch mit Zwiebeln und Gewürzen auf ein Sieb leeren und gut abtropfen lassen. Abwechselnd ein Stück Fleisch und ein halbes Lorbeerblatt auf den Spieß stecken, bis alles aufgebraucht ist. Rundum gut salzen und unter Bepinseln mit dem Marinadeöl grillen. Die Zwiebelringe aus der Marinade rösten und zum angerichteten Spießchen reichen.

SCHASCHLIK (4 Portionen)

500 g Hammel- oder Lammfleisch, 200 g Hamburger Speck, 2 Zwiebeln, 4 Paradeiser, Salz, Pfeffer, Knoblauch, Thymian, Öl.

Das Hammelfleisch in kleine Scheibchen schneiden und abwechselnd mit einem Speckstück, roher Zwiebel und einem Paradeiserviertel auf einen Spieß stecken. Mit Salz, Pfeffer, zerdrücktem Knoblauch und etwas Thymian würzen, mit Öl beträufeln und nicht zu rasch grillen.

JÄGERSPIESS (4 Portionen)

400 g Wildfleisch, 200 g Selchspeck, 20 Champignons, 2 Zwiebeln, 2 rote Paprikaschoten, Salz, Pfeffer, Wacholder, Rosmarin.

Abwechselnd Wildfleischstückchen, Selchspeckscheibchen, Champignons, Zwiebel- und Paprikastückchen aufspießen, mit Salz, Pfeffer, gestoßenem Wacholder und Rosmarin würzen, mit Öl bepinseln und rasch grillen.

CEVAPČIČI (4 Portionen)

300 g Rindfleisch, 300 g Hammelfleisch, 1 Eßlöffel gehackte Zwiebel, 1 Knoblauchzehe, Salz, Pfeffer, 1 Messerspitze Paprika, edelsüß, Öl.
Garnitur: *4 Eßlöffel geschnittene Zwiebel, 2 Eßlöffel französischer Senf.*

Vorderes Rind- und Hammelfleisch wird mittelfein faschiert, mit einem Eßlöffel fein gehackter, gerösteter Zwiebel, Knoblauch, Salz, Pfeffer, Paprika und 1/16 Liter Wasser gut abgearbeitet. Dann mit den Händen oder mit einem Dressiersack etwa daumendicke 4–5 Zentimeter lange Würstchen formen, diese auf Spieße stecken oder einzeln auf dem Grill mit Öl beträufelt braten.
Zur Garnitur wird nicht zu klein geschnittene Zwiebel mit Senf vermischt gereicht.

Braten am Spieß

Wie das Braten im Rohr wird auch das Braten am Spieß für größere Stücke angewendet. Man kann ganze Tiere, wie z. B. Fische, Geflügel, junge Lämmer und Spanferkel sowie bei entsprechendem Anlaß auch ganze Rinder am Spieß braten. Das am Spieß zu bratende Stück wird wie zum Braten im Rohr hergerichtet und gewürzt, eventuell gefüllt (Geflügel) und auf einen Bratenspieß gesteckt; entweder mit Spießklemmen befestigt oder festgebunden, so daß es beim Drehen nicht durchrutscht und einseitig verbrennt. Ein oftmaliges Bestreichen mit Öl beschleunigt das Verkrusten und verhindert das Austrocknen des Bratens.

FASCHIERTES

FASCHIERTES – Grundrezept (4 Portionen)

500 g Faschiertes, bestehend aus 2/3 Rindfleisch und 1/3 fettem Schweinefleisch, 1 Semmel, 1 Ei, Salz, Pfeffer, Zwiebel, Fett, Knoblauch, Majoran, Petersilie.

Kleingeschnittene Zwiebel und Petersilie werden in wenig Fett goldgelb geröstet. Auf ein halbes Kilogramm Fleisch weicht man eine Semmel und faschiert diese – leicht ausgedrückt – mit dem Fleisch, der Zwiebel und der Petersilie. Mit Ei, Salz, Pfeffer, Majoran und zerdrücktem Knoblauch gut durcharbeiten. Wenn die Masse zu fest wird, etwas Wasser zugeben und wieder gut durchkneten.

FASCHIERTE LAIBCHEN (4 Portionen)

500 g Faschiertes, 1 Semmel, 1 Ei, Salz, Pfeffer, Zwiebel, Fett, Knoblauch, Majoran, Petersilie, Semmelbrösel, Fett zum Backen.

Faschiertes, wie im Grundrezept angegeben, zubereiten. Laibchen formen und in Semmelbrösel andrücken. In einer Pfanne das Fett erhitzen, und die Laibchen auf beiden Seiten goldbraun backen.
Beilage: Erdäpfelsalat.

JÄGERBRATEN (4 Portionen)

500 g Faschiertes nach Grundrezept, Schweinsnetz, Fett, Rindsuppe, 20 g Butter, 150 g Champignons, 1/8 l Sauerrahm.

Aus magerem Rindfleisch und fettem Schweinefleisch wird Faschiertes laut Angabe zubereitet.
Auf einem Brett mit nassen Händen eine Rolle formen. Wenn vorhanden, in ein Stück Schweinsnetz einrollen und in eine leicht gefettete Form (Pfanne) legen. Im mittelheißen Rohr ungefähr 45 Minuten unter öfterem Begießen mit dem eigenen Saft braten. Sobald der Braten Farbe angenommen hat, etwas Wasser oder Rindsuppe zugießen.
Den Bratrückstand entfetten und ein Stück Butter darin aufschäumen. Blättrig geschnittene Champignons werden mitgeröstet. Rahm zugeben und mit Suppe auffüllen. Kurz durchkochen und den in Scheiben geschnittenen, angerichteten Braten damit übergießen.

GEFÜLLTE PAPRIKA (4 Portionen)

8 Paprikaschoten, 400 g Faschiertes (2/3 Schwein, 1/3 Rind), 50 g gedünsteter Reis, 1 Ei, Salz, Pfeffer, Zwiebel, Petersilie, Knoblauch, 1/2 l Paradeissoße.

Von den gewaschenen grünen Paprikaschoten schneidet man den Deckel knapp unter dem Stiel ab, nimmt alle Samen und Kerne heraus, übergießt sie mit kochendem Wasser und läßt sie etwa 10 Minuten stehen. Herausheben und mit dem Faschierten, welches aus $^2/_3$ Schweinefleisch, $^1/_3$ Rindfleisch und kaltem, gedünstetem Reis (ohne Semmel) hergestellt wurde, füllen. Die gefüllten Paprikaschoten werden in ein gebuttertes, passendes Reindel geschlichtet und im Rohr langsam gebraten. Sodann mit Paradeissoße übergießen und zugedeckt langsam dünsten, bis die Paprikaschoten weich sind.

GEFÜLLTES KRAUT (4 Portionen)

1 Krautkopf, 500 g Faschiertes (siehe Grundrezept), 8 Selchspeckscheiben, 50 g Selchspeckwürfel, 1 Zwiebel, Salz, Pfeffer, $^1/_2$ Teelöffel Paprika, $^1/_8$ l Sauerrahm, Rindsuppe.

Den Krautkopf – nachdem der Strunk entfernt wurde – 10 Minuten im Salzwasser kochen, herausheben, die großen Blätter (8 Stück) ablösen und diese wieder in Salzwasser halbweich kochen. Abseihen, ausbreiten, die starken Blattrippen flachklopfen, mit Salz und Pfeffer würzen. Auf jedes Kohlblatt ein Achtel des Faschierten legen und das Kohlblatt einrollen. Ein Reindel wird mit kleingeschnittenem Speck und dem restlichen, in Streifen geschnittenen Kraut und kleingeschnittener Zwiebel ausgestreut. Die Krautröllchen eng darüberschlichten, Salz und Pfeffer darüberstreuen, mit je einer Speckscheibe abdecken und im heißen Rohr braten. Sobald die Röllchen Farbe genommen haben, mit Suppe übergießen, mit etwas Paprika verrührten Sauerrahm darübergeben, und alles zusammen noch etwa 15 bis 20 Minuten dünsten.
Beilage: Salzerdäpfel.

BEILAGEN

Erdäpfel (Kartoffeln)

Man unterscheidet zwischen den frühen, gelben, speckigen Sorten – zu denen auch die Kipfler gehören –, die zum Kochen und für Salate bestens geeignet sind, sowie den weißen, mehligen Sorten, die für die Teigherstellung, Püree und Suppen Verwendung finden.
Heurige Erdäpfel werden vorzeitig geerntet und zumeist in der Schale oder nur mit dem Messer geschabt und nicht geschält gekocht.

IN DER SCHALE GEKOCHTE ERDÄPFEL
(4 Portionen)

800–1 kg Erdäpfel, Salz.

Zum Kochen in der Schale werden die Erdäpfel zuerst in kaltem Wasser gereinigt und dann mit kaltem Wasser bedeckt zugestellt, leicht gesalzen – um ein Aufspringen der Schale zu verhindern – zum Kochen gebracht und zugedeckt bei kleiner Hitze langsam weich gekocht. Mit einer Gabel oder Nadel durch Anstechen prüfen, ob die Erdäpfel durchgehend weich sind. Sodann abseihen, noch warm schälen und am selben Tag weiterverarbeiten.

SALZERDÄPFEL (4 Portionen)

750 g Erdäpfel, Salz.

Die Erdäpfel werden kalt gewaschen, roh dünn geschält – unmittelbar unter der Schale liegen die meisten Vitamine und Mineralstoffe –, geviertelt, kurz kalt gewaschen und in Salzwasser aufgekocht. Dabei den Schaum von der Oberfläche abschöpfen und zugedeckt bei kleiner Hitze langsam weich kochen, abseihen und zugedeckt 5 Minuten im eigenen Dampf ziehen lassen. Zu manchen Speisen wird das Salzwasser noch mit etwas Kümmel versetzt.
Serviert zu Fisch und gekochtem Fleisch.

BUTTERERDÄPFEL (4 Portionen)

750 g speckige Erdäpfel, Salz, 50 g Butter.

Salzerdäpfel werden in frischer Butter geschwenkt.

PETERSILIENERDÄPFEL (4 Portionen)

750 g speckige Erdäpfel oder Kipfler, Salz, 50 g Butter, Petersilie.

Salzerdäpfel werden in frischer Butter und feingehackter Petersilie geschwenkt.

POLNISCHE ERDÄPFEL (4 Portionen)

750 g mehlige Erdäpfel, Salz, 60 g Speck, 2 Eßlöffel Semmelbrösel, Petersilie.

Rohe, geschälte Erdäpfel werden geviertelt, in Salzwasser gekocht, abgeseiht, angerichtet und mit kleinwürfelig geschnittenem Speck, der mit Semmelbröseln geröstet wurde, übergossen und mit Petersilie bestreut.
Beilage zu gebratenem Fisch.

BOUILLONERDÄPFEL (4 Portionen)

750 g Erdäpfel, Rindsuppe, Salz, weißer Pfeffer, 50 g Porree, 1/2 Teelöffel Kümmel, Zellergrün, Schnittlauch.

Mehlige Erdäpfel werden roh geschält, geviertelt, gewaschen und mit Rindsuppe bedeckt; mit Salz, weißem Pfeffer, feinnudelig geschnittenem Porree, Kümmel und feingehacktem Zellergrün sehr weich gekocht, mit der teilweise aufgesogenen Suppe angerichtet und mit Schnittlauch bestreut.
Beilage zu gekochtem Rindfleisch.

GERÖSTETE ERDÄPFEL (4 Portionen)

750 g Erdäpfel, 40 g Fett (Schweineschmalz), Zwiebel, Salz, Pfeffer.

Die gekochten, geschälten, erkalteten Erdäpfel werden auf einem Erdäpfelreißer gerieben. In einer genügend großen Pfanne wird Fett erhitzt und eine kleingeschnittene Zwiebel goldgelb geröstet. Die Erdäpfel werden dazugegeben, mit Salz und wenig Pfeffer gewürzt und unter zeitweiligem Wenden knusprig braun geröstet.

GESTÜRZTE ERDÄPFEL (4 Portionen)

750 g Erdäpfel, 40 g Fett (Schweineschmalz), Zwiebel, Salz, Pfeffer, Butter, Semmelbrösel.

Die vorher beschriebenen gerösteten Erdäpfel werden in einer mit Butter bestrichenen und mit Semmelbröseln ausgestreuten Pfanne goldgelb gebacken und auf eine Platte gestürzt.
Klassische Beilage zum Tafelspitz.

BRATERDÄPFEL (4 Portionen)

750 g Erdäpfel, Fett, Salz.

In der Schale gekochte, geschälte, ausgekühlte Erdäpfel werden der Länge nach geviertelt, in wenig heißem Fett goldbraun gebraten und gesalzen.
Beilage für Rostbraten.

ERDÄPFEL IN DER FOLIE (4 Portionen)

8 große mehlige Erdäpfel, 160 g Butter oder Kräuterbutter, Salz.

Gleichmäßig große, runde Erdäpfel werden mit der Schale peinlichst sauber gewaschen, jeder in ein genügend großes Stück Alu-Folie eingewickelt und auf einem Backblech im Rohr 45 bis 60 Minuten, je

nach Größe, gebacken. Beim Anrichten die Folie auf der Oberseite kreuzweise aufschneiden und aufklappen, ebenso die Schale der Erdäpfel. Schließlich das Ganze salzen und mit einem Stück frischer Butter oder Kräuterbutter belegen.
Beilage zu Braten und gedünsteten Gerichten.

HOLZHACKERERDÄPFEL (4 Portionen)

4 große Erdäpfel, 4 Eßlöffel Sauerrahm, Butter. Fülle: *1 kleine Zwiebel, Petersilie, 20 g Fett, 100 g Selchfleisch, 2 Eßlöffel Sauerrahm, 1 Eidotter, Salz, Pfeffer, Majoran.*

Große, mehlige Erdäpfel werden gut gewaschen, auf ein Blech mit einer Unterlage aus Salz gelegt und 45 Minuten gebacken. Vom noch heißen Erdapfel ein Drittel abschneiden, mit einem Löffel vorsichtig den verbleibenden Teil aushöhlen und mit nachfolgender Fülle füllen. Sodann mit Sauerrahm übergießen, mit Butter beträufeln und mit starker Oberhitze überbacken.
Fülle: Feingeschnittene Zwiebel und Petersilie in Fett anrösten, kleinwürfelig geschnittenes Selchfleisch zugeben, mit den mit einer Gabel fein zerdrückten Erdäpfeln, Sauerrahm, Eidotter, Salz, Pfeffer vermischen und die ausgehöhlten Erdäpfel damit füllen.
Beilage zu Pökelzunge und Selchfleisch.

ERDÄPFELKROKETTEN (4 Portionen)

750 g Erdäpfel, 1 Eßlöffel Butter, 2 Eidotter, Salz, Muskatnuß, Mehl, 2 Eier, Semmelbrösel, Backfett.

Die Erdäpfel werden wie Salzerdäpfel gekocht und abgeseiht. Auf dem Herd das restliche Wasser verdampfen lassen, durch ein Sieb passieren, mit Butter, Eidotter, eventuell etwas Salz und Muskat rasch vermischen.
Auf einem mit Semmelbröseln bestreuten Brett daumendicke, 5 Zentimeter lange Röllchen formen, in Mehl, versprudeltem Ei und Semmelbröseln panieren und in heißem Fett goldgelb backen.

HERZOGINNENERDÄPFEL (4 Portionen)

750 g Erdäpfel, 1 Eßlöffel Butter, 2 Eidotter, Salz, Muskatnuß, Butter, Eidotter zum Bestreichen.

Die vorher beschriebene Erdäpfelkrokettmasse wird noch heiß in einen Dressiersack gefüllt. Mit diesem werden kleine Krapfen oder Brioches auf ein leicht gebuttertes Blech dressiert, mit versprudeltem Eidotter bestrichen und im heißen Rohr goldgelb gebacken.

ZÜNDHOLZERDÄPFEL (4 Portionen)

500 g Erdäpfel, Fett, Salz.

Die rohen, geschälten Erdäpfel werden in zündholzgroße Stäbchen geschnitten, in kaltem Wasser geschwemmt, gut abgetropft und in heißem Fett schwimmend bei etwa 180° C unter öfterem Auflockern mit einer Gabel goldbraun gebacken. Sodann vom Fett abgetropft und leicht gesalzen. Beilage zu Grillgerichten, gebratenen Pfannegerichten, gebratenem Lamm.

WAFFELERDÄPFEL (4 Portionen)

500 g mehlige Erdäpfel, Öl oder Backfett, Salz.

Dafür benötigt man einen Spezialhobel mit gewellter Schneide, auf dem die geschälten, mehligen Erdäpfel gerissen werden. Wenn man nach jedem Schnitt den Erdapfel um 90 Grad dreht, erhält man nach genauer Einstellung der Schneidestärke somit ein gitterförmiges, waffelähnliches Muster. Die so geschnittenen Erdäpfel werden in sehr heißem Fett (etwa 180° C) unter Auflockern mit einer Gabel knusprig braun gebacken, abgetropft und gesalzen serviert.
Beilage zu Braten und Grillgerichten.

ERDÄPFELSPIRALEN (4 Portionen)

8 mittelgroße, längliche Erdäpfel, Öl, Salz.

Die Erdäpfel werden roh geschält, gewaschen, mittels eines speziellen Sprialenmessers – ähnlich einem Rettichschneider – von der Spitze weg aufgeschnitten, in fließendem Wasser gewässert, abgetropft und in heißem Fett schwimmend goldbraun knusprig gebacken, herausgehoben, abgetropft und gesalzen.

MAJORANERDÄPFEL (4 Portionen)

600 g Erdäpfel (Kipfler), 40 g Fett, 30 g Mehl, Zwiebel, Rindsuppe, Salz, Pfeffer, Essig, Knoblauch, 1 Lorbeerblatt, Majoran.

Aus Fett und Mehl wird eine hellbraune Einbrenn bereitet, darin feinst geschnittene Zwiebel mitgeröstet, mit Rindsuppe aufgegossen, mit Salz, Pfeffer, Essig, zerdrücktem Knoblauch, feingehacktem Lorbeerblatt und Majoran gewürzt und gut verkocht. Die in der Schale gekochten, dann geschälten und blättrig geschnittenen Erdäpfel zugeben und kurz durchkochen.
Als Beilage zu Rindfleischgerichten oder mit Wurst verbessert als Hausmannskost.

EINGEBRANNTE ERDÄPFEL (4 Portionen)

600 g Erdäpfel, 40 g Schweineschmalz, 30 g Mehl, 1/4 Zwiebel, Petersilie, Rindsuppe, 2 Eßlöffel Sauerrahm, Salz, weißer Pfeffer, 1 Eßlöffel Essig, gemahlener Kümmel, 1/2 Lobeerblatt, Thymian.

Aus Schweineschmalz und Mehl wird eine braune Einbrenn bereitet und darin feingeschnittene Zwiebel und Petersilie kurz geröstet. Das Ganze mit Rindsuppe aufgießen, den Sauerrahm einrühren, mit Salz, Pfeffer, etwas gemahlenem Kümmel, feingehacktem Lorbeerblatt und Thymian würzen und die Soße gut verkochen.
In der Zwischenzeit in der Schale gekochte, geschälte Erdäpfel in Scheiben schneiden, unter die fertige Soße mischen und kurz durchkochen.
Als Beilage zu gekochtem Rindfleisch oder mit Essiggurkerln und Wurst verbessert als Hausmannskost servieren.

DILLERDÄPFEL (4 Portionen)

600 g Erdäpfel, 40 g Fett, 30 g Mehl, 1/2 Zwiebel, Rindsuppe, 1/4 l Sauerrahm, Salz, weißer Pfeffer, Zitronenschale, 1 Eßlöffel Essig, 1 Bund Dille.

Aus Fett und Mehl eine lichte Einbrenn bereiten, feingeschnittene Zwiebel darin kurz rösten, mit halb Suppe, halb Sauerrahm aufgießen, mit Salz, Pfeffer, Zitronenschale, Essig und gehackter Dille würzen und gut verkochen. In der Schale gekochte, geschälte Erdäpfel zufügen, das Ganze kurz aufkochen und einige Minuten ziehen lassen.

GURKENERDÄPFEL (4 Portionen)

600 g Erdäpfel, 40 g Fett, 30 g Mehl, 1/2 Zwiebel, Rindsuppe, Salz, weißer Pfeffer, Zitronenschale, 1 Eßlöffel Gurkenessig, 100 g Essiggurkerln, 1 Eßlöffel gehackte Dille.

Werden wie „Dillerdäpfel" zubereitet. Man verwendet jedoch weniger Dillkraut und kocht dafür in der fertigen Soße feinblättrig geschnittene, eingelegte saure Gurkerln mit.

ERDÄPFELNUDELN, GEWUZELT (4–6 Portionen)

500 g mehlige Erdäpfel, 100 g griffiges Mehl, 80 g Stärkemehl, 50 g Grieß, 2 Eidotter, 25 g Butter, Salz, Fett zum Abschmalzen (Butter oder Schweineschmalz).

Aus einem Erdäpfelteig – wie bei „Erdäpfelknödel" – werden

daumendicke Rollen geformt, diese in kleine Stückchen geschnitten und auf einem bemehlten Brett mit der Hand zu runden, an den Enden spitz zulaufenden Nudeln gerollt. In kochendem Salzwasser langsam kochen, bis sie an der Oberfläche schwimmen (8 bis 10 Minuten). Sodann abseihen, kalt abspülen und abtropfen, entweder in heißer Butter oder in Schmalz schwenken.

ERDÄPFELKNÖDEL (4–6 Portionen)

500 g mehlige Erdäpfel, 100 g griffiges Mehl, 80 g Stärkemehl, 50 g Grieß, 2 Eidotter, 25 g Butter, Salz.

Dieser Erdäpfelteig kann sowohl für ungefüllte wie auch für gefüllte Knödel verwendet werden. Die am Vortag in der Schale gekochten und geschälten Erdäpfel werden fein gerieben oder fein faschiert, mit Mehl, Stärkemehl, Grieß, Eidotter und flüssiger Butter kurz glatt abgearbeitet. Ein kleines Knöderl wird geformt und als Probe gekocht. Sollte es zu weich werden, gibt man noch etwas Mehl dazu. Ist es zu fest, kommt noch etwas zerlassene Butter in den Teig. Danach werden nicht zu große Knödel geformt und in kochendem Salzwasser zirka 15 Minuten bei kleiner Hitze nicht zugedeckt langsam gekocht.

WALDVIERTLER ERDÄPFELKNÖDEL
(4–6 Portionen)

750 g Erdäpfel, 1 Eßlöffel Schmalz, 1–2 Eßlöffel Stärkemehl, Salz.

250 g Erdäpfel werden am Vortag gekocht, geschält und am nächsten Tag fein gerieben oder faschiert. 500 g rohe, geschälte Erdäpfel werden in Wasser gerissen und leicht ausgedrückt, dann mit den gekochten Erdäpfeln und mit dem Schmalz vermengt und gesalzen, mit der im Wasser abgesetzten Erdäpfelstärke mit 1–2 Eßlöffel Stärkemehl gebunden und daraus Knödel geformt. Diese in kochendes Salzwasser einlegen und 20 Minuten langsam kochen, vom Feuer nehmen und noch 10 Minuten ziehen lassen.
Als Beilage zum Schweinsbraten.

ERDÄPFELROULADE (4–6 Portionen)

Erdäpfelteig: *500 g gekochte, mehlige Erdäpfel, 100 g griffiges Mehl, 50 g Stärkemehl, 50 g Grieß, 2 Eidotter, 25 g Butter, Salz.* Fülle: *250 g Speck, 1 Zwiebel, 1 Eßlöffel gehackte Petersilie, 1/2 Teelöffel frische, gehackte Majoranblätter.*
1 Stoffserviette, Butter zum Einstreichen, 20 g zerlassene Butter, gehackte Petersilie.

FASCHIERTER BRATEN

1 Semmel, 2 Zwiebeln, 2 Knoblauchzehen, 500 g gemischtes Faschiertes 150 g gehackte Schweineleber, 2 Eier, Salz, schwarzer Pfeffer, edelsüßes Paprikapulver, 1 Teelöffel Senf, 100 g durchwachsener Speck in dünnen Scheiben, 1/4 l heiße Würfelsuppe, 1 gestrichener Teelöffel Speisestärke, 1/8 l Sauerrahm.

Die Schneidesemmel in kaltem Wasser einweichen. Die Zwiebeln und Knoblauchzehen schälen und hacken. Das Faschierte mit der ausgedrückten Semmel, Zwiebeln, Knoblauch, der Leber, den Eiern und den Gewürzen vermengen und abschmecken. Zu einem länglichen Laib formen. Einen Bräter mit den Speckscheiben auslegen. Das Faschierte darauflegen und mit den restlichen Speckscheiben bedecken. Im vorgeheizten Backofen bei 220–225 Grad ca. 45 Minuten braten. Nach und nach mit der Suppe aufgießen und ab und zu mit dem Fond beschöpfen. Das fertige Faschierte herausnehmen und warm stellen. Den Fond loskochen. Die Speisestärke mit etwas kaltem Wasser anrühren und die Soße damit binden. Vom Herd nehmen, den Rahm unterrühren und abschmecken. Getrennt reichen. Das Faschierte auf einer vorgewärmten Platte mit Fisolen, Bratparadeiser und Herzoginerdäpfeln anrichten.

HERZOGINERDÄPFEL

1 kg Erdäpfel, 200 g Butter oder Margarine, Salz, geriebene Muskatnuß, 6 Eidotter, Butter oder Margarine für das Blech.

Die Erdäpfel schälen, in Salzwasser gar kochen, abgießen, durch die Erdäpfelpresse drücken und die Butter oder Margarine unterrühren. Mit Salz und Muskat abschmecken. 5 Eidotter zugeben und die Masse gut schaumig rühren. In einen Spritzbeutel mit Sterntülle füllen und kleine Rosetten auf ein gefettetes Backblech spritzen. Den restlichen Eidotter verquirlen und die Rosetten damit bestreichen. Im vorgeheizten Backofen bei 220 Grad 10 Minuten backen. Sofort servieren.

Die am Vortag gekochten und geschälten Erdäpfel werden passiert, fein faschiert oder gerieben, mit Mehl, Stärkemehl, Grieß, Eidottern, zerlassener Butter und Salz rasch zu einem glatten Teig verarbeitet und zum Rasten gestellt. In der Zwischenzeit bereitet man die Fülle wie folgt.
Fülle:
Der Speck wird in kleine Würfel geschnitten, in einer Pfanne glasig geröstet, die feingeschnittene Zwiebel zugegeben und goldgelb weitergeröstet. Gehackte Petersilie und Majoran untermischen und etwas überkühlen.
Der vorbereitete Erdäpfelteig wird auf einem bemehlten Brett mit dem Nudelwalker zu einem fingerdicken Rechteck ausgerollt, mit der Fülle bestrichen und gerollt. Das Ganze in eine gut mit Butter bestrichene Serviette einrollen und an den Enden mit Bindfaden zubinden. In kochendes Salzwasser einlegen und 30–35 Minuten langsam kochen. Herausheben, kurz in kaltes Wasser tauchen, auswickeln, in Scheiben schneiden, mit zerlassener Butter beträufeln und mit gehackter Petersilie bestreut servieren.

Reis

Man unterscheidet im großen und ganzen zwischen Hartkornreis (Langkornreis) und Weichkornreis (Rundkornreis), wobei zum Dünsten und Kochen meist Langkornreis verwendet wird und der runde, weiche Reis mehr für Süßspeisen, Milchreis und Suppen genommen wird.
Wichtig bei der Reisbereitung ist die richtige Zubereitung. So kommt Reis zum Kochen immer in kochende Flüssigkeit, und gedünsteter Reis wird immer mit kochender Flüssigkeit aufgegossen. Gedünsteten Reis immer mit nur einer Gabel auflockern, damit die Körner nicht zerstört werden. Ob man Reis vor der Zubereitung wäscht oder nicht, ist nicht von Bedeutung. Es bleibt ganz dem Wunsch und dem Gefühl überlassen, jedoch ist Reis heute schon so hygienisch verpackt, daß ein Waschen entfallen kann.

REIS, GEKOCHT (4 Portionen)

250 g Reis, Salz, Butter.

Zum Kochen wird der Reis in zirka der 10fachen Wassermenge (2½ Liter kochendes Wasser für 250 g Reis) 14 Minuten langsam gekocht, abgeseiht, lauwarm abgespült, gut abgetropft und in einer Pfanne mit zerlassener Butter langsam, am besten im Rohr, erhitzt.

REIS, GEDÜNSTET (4 Portionen)

250 g Langkornreis (Siam, Patna, Kardina u. a.), 30 g Butter, 1/2 Zwiebel, 2–3 Gewürznelken, Salz.

Der ungewaschene Reis wird in einem Reindel in aufgeschäumter Butter unter fortwährendem Rühren so lange geröstet, bis er glasig erscheint, sodann mit doppelt soviel kochendem Wasser (250 g Reis/ 1/2 l Wasser) aufgegossen. Eine halbe geschälte und mit 2–3 Nelken gespickte Zwiebel und genügend Salz zugeben, einmal aufkochen und zugedeckt, ohne den Deckel zu heben oder umzurühren, 20 Minuten bei kleiner Hitze weich dünsten. Der fertige Reis wird, um die Körner nicht zu zerstören, mit einer Gabel aufgelockert und die Zwiebel vor dem Anrichten entfernt.

PILAWREIS (4 Portionen)

250 g Langkornreis, 70 g Butter, 1 kleine Zwiebel, Salz, 1/2 l Knochensuppe.

Feinst gehackte Zwiebel wird in 40 g Butter hellgelb geröstet, der trockene, ungewaschene Reis beigefügt und so lange geröstet, bis er ein glasiges Aussehen hat. Mit 1/2 Liter kochender weißer Knochensuppe aufgießen, salzen, einmal kräftig aufkochen lassen und zugedeckt bei kleiner Hitze 20 Minuten dünsten. Den fertigen Reis mit einer Gabel leicht auflockern, 30 g frische Butter darüberflocken; noch 10 Minuten stehen lassen, noch einmal auflockern und anrichten.

SAFRANREIS (4 Portionen)

250 g Pilawreis, 1 Messerspitze Safran.

1/2 Liter Wasser oder Bouillon wird mit Safran zum Kochen gebracht und der zu dünstende Reis damit aufgegossen.

CHAMPIGNONREIS (4 Portionen)

250 g Pilawreis, 150 g Champignons, 30 g Butter, Salz, Muskat.

Unter den fertiggedünsteten Pilawreis mischt man geputzte, feinblättrig geschnittene, in Butter gedünstete, mit Salz und Muskat gewürzte Champignons.

MANDELREIS (4 Portionen)

250 g gedünsteter Reis, 60 g gestiftelte Mandeln, 30 g Butter.

Abgezogene, gestiftelte Mandeln werden in aufgeschäumter Butter goldgelb geröstet und unter den fertiggedünsteten Reis gemengt.

ERBSENREIS (RISIPISI) (4 Portionen)

250 g gedünsteter Reis, 80 g grüne Erbsen, 2 Eßlöffel Parmesan.

In Salzwasser gekochte grüne Erbsen werden abgetropft und unter den mit Butter gedünsteten Reis gemengt. Beim Anrichten mit Parmesan bestreuen.

PARADEISREIS (4 Portionen)

250 g gedünsteter Reis, 200 g Paradeiser, 20 g Butter, Salz, Pfeffer, Petersilie.

Fertiggedünsteter Reis wird mit geschälten, entkernten, kleinwürfelig geschnittenen, in Butter gedünsteten und mit Salz, Pfeffer und feingehackter Petersilie gewürzten Paradeisern vermischt.

GEMÜSEREIS (4 Portionen)

250 g gedünsteter Reis, 120 g Gemüse, und zwar: Karfiol, Karotten, Zeller, Maiskörner, grüne Erbsen, Champignons und Petersilie, Butter.

Gekochte, kleingeschnittene Stücke von Karfiol, Karotten, Zeller sowie Maiskörner und grüne Erbsen werden mit kleingeschnittenen Champignons in Butter gedünstet, sodann gehackte Petersilie zugeben und mit fertiggedünstetem Reis vermengen.

SCHINKENREIS (4 Portionen)

250 g gedünsteter Reis, 80 g gekochter Schinken, 20 g Butter.

In fertiggedünsteten Reis wird kleingeschnittener, in 20 g Butter kurz angerösteter Schinken gemischt.

Teigwaren

Teigwaren sind heute in allen Variationen als Fertigprodukte erhältlich. Es ist aber keine Hexerei, Teigwaren selbst herzustellen. Dazu benötigt man nur Mehl, Ei und etwas Salz, um ohne jede Wasserzugabe gute, schöne, gelbe Eierteigwaren herzustellen, die als Suppeneinlagen, Beilagen und sogar für Süßspeisen Verwendung finden. Man rechnet bei Fertigprodukten als Beilage 40 bis 50 g trockene Teigwaren, bei selbstgemachten Teigwaren 40 bis 50 g Mehl pro Person. Teigwaren, egal welcher Art, werden immer in zehnmal soviel kochendem Salzwasser als Teigwaren sind gekocht und nachher

sofort abgeseiht und kalt geschwemmt. Selbstgemachte Teigwaren haben eine kürzere Kochzeit als Fertigprodukte.
Auf Vorrat gekochte Teigwaren werden bei Bedarf kurz in heißem Wasser erwärmt und abgetropft in heißer Butter geschwenkt. Alle Teigwaren sollen nur so lange gekocht werden, daß sie beim Durchbeißen innen noch leicht kernig (al dente) sind.
Wenn man etwas Öl in das Kochwasser gibt, verhindert man ein Zusammenkleben der Teigwaren.

NUDELTEIG (4 Portionen)

200 g Mehl, 3 Eier, Salz, Öl, Mehl zum Stauben.

Das Mehl auf ein Nudelbrett sieben, in der Mitte eine Grube machen, Salz und Eier hineingeben, mit einem Messer vermengen und dann mit der Hand zu einem festen, glatten Teig kneten. Sodann zu einer Kugel formen und mit Öl bestrichen kurze Zeit rasten lassen. Danach auf einem mit wenig Mehl bestreuten Brett so dünn wie möglich ausrollen. Die Teigflecke kurz übertrocknen lassen, in 10–15 Zentimeter breite Streifen schneiden, diese übereinanderlegen und in etwa $^1/_2$ Zentimeter breite Bandnudeln schneiden.
Aus diesem Teig werden auch Suppennudeln und rechtwinkelige oder schiefwinkelige Fleckerln geschnitten. Die Teigwaren mit den Fingern auflockern und auf einem bemehlten Brett trocknen lassen oder auch sofort verwenden. Die Nudeln werden in reichlich kochendes Salzwasser eingelegt und 5–10 Minuten, je nach Stärke und Trockenheit des Teiges, gekocht und abgseiht, mit kaltem Wasser abgeschwemmt und abgetropft in heißer Butter geschwenkt.

TARHONYA (TEIGREIS) (4 Portionen)

200 g Tarhonya, 50 g Selchspeck, 1 Zwiebel, Salz, 20 g Butter.

Tarhonya wird meist fertig gekauft. Es ist dies eine reiskorngroße, vollkommen trockene Teigware, die wie Reis gedünstet oder wie Teigwaren gekocht werden kann.
Kleinwürfelig geschnittener Selchspeck wird glasig geröstet, feingeschnittene Zwiebel darin hellbraun geröstet, Tarhonya eingestreut und mitgeröstet, dann mit Wasser oder Suppe aufgegossen, gesalzen, flott aufgekocht und zugedeckt langsam wie Reis gedünstet. Ab und zu mit einer Gabel auflockern, und zum Schluß 20 g frische Butter zugeben und aufsaugen lassen.
Beilage zu Gulasch, Pörkölt und Soßenfleisch.

MEHLNOCKERLN (4 Portionen)

250 g Mehl, 70 g Butter, 2 Eier, Salz, Muskat, ca. $^3/_{16}$ l Milch.

Das Mehl wird mit 50 g flüssiger Butter, Eiern, Salz, Muskat und Milch nach Bedarf zu einem weichen Teig verarbeitet und nur so lange abgeschlagen, bis sich der Teig vom Rührlöffel löst. Dieser Teig wird nun mit einem Kaffeelöffel oder vom Nockerlbrett mit dem Messerrücken in kochendes Salzwasser eingelegt und etwa 10 Minuten gekocht. Die Nockerln dürfen innen nicht mehr teigig sein. Dann das Ganze abseihen, mit kaltem Wasser kurz abschrecken, abtropfen und in 20 g zerlassener Butter schwenken und salzen.

WASSERSPATZEN (4 Portionen)

250 g Mehl, 40 g Butter, Salz, Muskat, Wasser.

Wasserspatzen werden wie Mehlnockerln zubereitet. Man nimmt jedoch weniger Fett, keine Eier und statt Milch Wasser. Sie werden nur ganz kurz abgeschlagen und sofort in kochendes Salzwasser eingelegt. Wenn die Spatzen fertig sind, abseihen, abtropfen und in 20 g zerlassener Butter schwenken.

ZWIEBELNOCKERLN (4 Portionen)

200 g Mehl, 1 Zwiebel, 40 g Butter, 2 Eier, Salz, weißer Pfeffer, ca. 1/8 l Milch.

Die kleingeschnittene Zwiebel wird in Butter goldbraun geröstet, mit dem Mehl, 2 Eiern, Salz, Pfeffer und der Milch zu einem glatten Teig verrührt. Mit einem in heißes Wasser getauchten Löffel kleine Nokkerln ausstechen, diese in kochendes Salzwasser einlegen und kochen.

BIERNOCKERLN (4 Portionen)

250 g Mehl, 70 g Butter, 2 Eier, Salz, Muskat, ca. 3/16 l Bier.

Mehlnockerln anstatt mit Milch mit hellem Bier verrühren.

Knödel

SEMMELKNÖDEL (4 Portionen)

4 Semmeln, Zwiebel, Petersiliengrün, 50 g Butter, 2/16 – 3/16 l Milch, 1 Ei, Salz, Muskat, 2 Eßlöffel Mehl.

Die Semmeln werden in kleine Würfel geschnitten, in 50 g Butter, feingeschnittener Zwiebel und gehackter Petersilie geröstet, bis sie trocken sind. Milch wird mit Ei, Salz und Muskat abgesprudelt und über die in eine Schüssel geleerten Semmelwürfel gegossen. Das Ganze rasten lassen, bis die Masse angezogen hat. Danach mit 2 Eßlöffel Mehl gut vermischen und anziehen lassen, mit nassen Händen unter festem Zusammenpressen 4 Knödel formen und in kochendem Salzwasser 15–20 Minuten kochen.

SERVIETTENKNÖDEL (4 Portionen)

5 Semmeln, 2 Eier, 1/8 l Milch, 50 g Butter, Petersilie, Salz, Muskat, Butter für die Serviette, 20 g Butter, 1 Eßlöffel Semmelbrösel.

Teilweise dünn abgerindete Semmeln werden kleinwürfelig geschnitten. Eier mit Milch, 50 g zerlassener Butter, fein gehackter Petersilie, Salz und Muskat versprudeln, über die Semmelwürfel leeren und gut durchmischen. Wenn die Semmeln nach einer Rastzeit die Flüssigkeit aufgesogen haben, wird eine dicke Rolle geformt, diese in eine angefeuchtete, stark mit Butter bestrichene Serviette eingerollt und an den Enden mit Spagat zugebunden. In kochendem Salzwasser 25 Minuten langsam kochen und danach noch 5 Minuten ziehen lassen. Die Rolle kurz in kaltes Wasser tauchen, den Knödel auswikkeln, in fingerdicke Scheiben schneiden und angerichtet mit heißer Butter oder mit 1 Eßlöffel Semmelbröseln, die in 20 g Butter geröstet wurden, übergießen.
Werden Serviettenknödel als Mehlspeise mit Zwetschken- oder Marillenröster serviert, wird bei der Zubereitung Petersilie und Muskat weggelassen.

GRIESSKNÖDEL (4 Portionen)

1/2 l Milch, 1 Eßlöffel Butter, 120 g Grieß, 2 Semmeln, 2 Eier, Salz.

1/2 Liter Milch mit einem Eßlöffel Butter und Salz aufkochen, unter ständigem Rühren den Grieß einfließen lassen und am Feuer so lange rühren, bis der Grieß aufgequollen und sehr dick ist. Nach dem Erkalten rührt man 2 Eier und kleinwürfelig geschnittene, in Butter goldbraun geröstete Semmelwürfel unter die Masse. Das Ganze anziehen lassen und daraus Knödel formen, die man in kochendes Salzwasser einlegt und im offenen Geschirr 15 Minuten langsam kocht.

POLENTAKNÖDEL (4 Portionen)

50 g Selchspeck, 1/4 l Milch, 100 g Maisgrieß (Polenta), Salz, 1 Ei.

Kleinwürfelig geschnittener Selchspeck wird in einer Rein goldgelb geröstet, mit Milch aufgegossen und gesalzen. In die kochende Milch

unter ständigem Rühren den Maisgrieß einfließen lassen und so lange unter weiterem Rühren ausdünsten, bis sich die Masse vom Geschirr löst. Erkaltet mit dem Ei vermengen und Knödel formen.
Sollte sich die Masse nicht formen lassen, 1–2 Eßlöffel heißes Wasser untermischen.
Die Knödel in siedendes Salzwasser einlegen und nicht zugedeckt 15 Minuten langsam kochen lassen.

Gemüse

Gemüse sollte bei unserer Ernährung einen unentbehrlichen Bestandteil darstellen. Es ist durch Vitamingehalt, Mineralstoffe, Spurenelemente und nicht zuletzt seine Geschmacksstoffe eine sehr große Bereicherung unserer Kost.
Sehr wichtig ist daher eine sorgfältige Behandlung bei der Vor- und Zubereitung, um alle Bestandteile zu erhalten. So sollte Gemüse nach Möglichkeit nur unzerkleinert gewaschen werden, nie im Wasser liegen bleiben und so frisch wie möglich verarbeitet werden. Es sollen überdies kurze Garzeiten gewählt werden – das Dünsten und Dämpfen ist dem Kochen nach Möglichkeit vorzuziehen. Beim Kochen sollte der Kochsud mit verwendet werden.

BROKKOLI MIT SCHINKEN (SPARGELKOHL)
(4 Portionen)

750 g frische Brokkoli (600 g Tiefkühlware), Salz, Pfeffer, 50 g Butter, 100 g Schinken.

Brokkoli von den Blättern befreien, waschen und in kochendem Salzwasser mit einer Prise Pfeffer nur knapp bedeckt 20–30 Minuten langsam weich kochen, danach aus dem Wasser heben und anrichten. Butter aufschäumen lassen, feinnudelig geschnittenen Schinken kurz rösten und über die Brokkoli verteilen.

BROKKOLI MIT MANDELN (4 Portionen)

750 g frische Brokkoli (600 g Tiefkühlware), Salz, weißer Pfeffer, Muskat, 80 g Butter, 50 g Hobelmandeln.

Brokkoli werden in Salzwasser, welches mit Pfeffer und Muskat gewürzt wurde, gekocht, herausgehoben und angerichtet. Butter aufschäumen lassen und darin geschälte Hobelmandeln goldbraun rösten und über die Brokkoli leeren.

ENGLISCHE ZUCKERERBSEN (4 Portionen)

600 g Erbsen, Salz, 1/2 Teelöffel Zucker, 40 g Butter.

Zarte, junge grüne Erbsen werden in Salzwasser mit etwas Zucker nicht zugedeckt gekocht. Dann abseihen, abtropfen, anrichten und pro Portion mit einem frischen Stück Butter belegen.

GRÜNE ERBSEN MIT BUTTER (4 Portionen)

600 g grüne Erbsen, Salz, 50 g Butter, Petersilie.

Die grünen Erbsen werden in Salzwasser weich gekocht und abgeseiht. In einer Pfanne Butter aufschäumen, feingehackte Petersilie und die Erbsen hineingeben und kurz durchschwenken.

GRÜNE ERBSEN, EINGEBRANNT AUF WIENER ART (4 Portionen)

500 g Erbsen, Salz, 60 g Butter, 30 g Mehl, Petersilie, Zucker.

Die Erbsen werden in kochendem Salzwasser weich gekocht und abgeseiht. Aus Butter und Mehl wird eine lichte Einbrenn zubereitet, feingehackte Petersilie beigefügt und mit Erbsenkochwasser aufgegossen. Mit Salz und Zucker würzen, die gekochten Erbsen dazugeben und alles zusammen noch kurz kochen.

FENCHEL, GEDÜNSTET (4 Portionen)

4 Fenchelknollen, 50 g Frühstücksspeck, 50 g Zwiebel, 1 Karotte, 1/4 Zellerknolle, 1/4 l Rindsuppe, Salz, Pfeffer.

Der Fenchel wir gut gewaschen, geputzt, eventuell unschöne Außenblätter entfernt, das Grüne abgezupft und aufgehoben. Bei Verwendung werden die Fenchelknollen der Länge nach geviertelt und in kochendem Salzwasser einige Minuten überkocht, herausgehoben und abgetropft.
In einer passenden Rein wird kleinwürfelig geschnittener Frühstücksspeck glasig geröstet. Sodann feingeschnittene Zwiebel beifügen und kurz durchrösten lassen, kleinwürfelig geschnittene Karotte und Zellerwurzel dazugeben und kurz weiterrösten. Das Ganze mit Rindsuppe aufgießen. Die Fenchelviertel einschichten, mit Salz und Pfeffer würzen – am besten nimmt man frisch gemahlenen weißen Pfeffer – und zugedeckt im Rohr weich dünsten.
Auf einer vorgewärmten Schüssel anrichten, mit dem Speck und den Wurzeln übergießen und mit frischem, gezupftem Fenchelgrün bestreuen.

DILLFISOLEN AUF WIENER ART (4 Portionen)

500 g Fisolen, Salz, 30 g Fett, 30 g Mehl, $^{1}/_{2}$ Zwiebel, Petersilie, $^{1}/_{16}$ l Sauerrahm, Pfeffer, 1 Teelöffel Essig, Knoblauch, 1 Eßlöffel Dillkraut.

Die Fisolen putzen, waschen und in Rhomboide schneiden, dann in wenig Salzwasser weich kochen. Aus Fett und Mehl eine hellbraune Einbrenn bereiten, feinst gehackte Zwiebel mitrösten, gehackte Petersilie zugeben, mit Sauerrahm und dem Kochsud zu einer dicklichen Soße aufgießen, mit Salz, Pfeffer, Essig und einer Spur Knoblauch würzen. Die abgeseihten Fisolen und das feingehackte Dillkraut zugeben und kurz durchkochen.

FISOLEN MIT SPECK (4 Portionen)

500 g grüne junge Fisolen (Prinzeßbohnen), 150 g Hamburger Speck, $^{1}/_{2}$ Zwiebel, Salz, Pfeffer.

Die Fisolen werden geputzt, gewaschen und in Salzwasser gekocht, danach abtropfen lassen. In einer Pfanne wird kleinwürfelig geschnittener Hamburger Speck glasig geröstet, feinst geschnittene Zwiebel zugegeben, hellgelb geröstet, die Fisolen darin geschwenkt und mit Salz und Pfeffer gewürzt.
Als Beilage zu Lammbraten.

GURKEN IN DILLSOSSE (4 Portionen)

1 kg Salatgurken, 40 g Butter, 30 g Mehl, $^{1}/_{2}$ Zwiebel, Petersilie, $^{1}/_{8}$ l Sauerrahm, Salz, Pfeffer, Zucker, 1 Teelöffel Weinessig, 1 Bund Dillkraut.

Die gewaschenen Gurken werden geschält, der Länge nach halbiert und mit einem Löffel die Kerne herausgenommen. Dann werden die Gurken in etwa halbzentimeterbreite Streifen geschnitten. Das Ganze in kochendem Salzwasser kurz überkochen (blanchieren) und abseihen. In einem Reindel bereitet man aus Fett, Mehl, feinst gehackter Zwiebel und Petersilie eine helle Einbrenn, gießt mit Sauerrahm auf, würzt mit Salz, Pfeffer, etwas Zucker und Weinessig und läßt die Gurken darin langsam weich dünsten. Zum Schluß fügt man das feingehackte Dillkraut bei.

GURKEN, GLASIERT (4 Portionen)

1 kg junge Gurken, 60 g Butter, Salz, Petersilie.

Die geschälten, entkernten Gurken in halbzentimeterbreite Streifen schneiden. In kochendem Salzwasser 2 Minuten überkochen und abseihen. In einer Rein die Butter zergehen lassen, die Gurken zugeben und zugedeckt, unter zeitweiligem Schütteln des Geschirrs, dünsten und glasieren. Zum Schluß mit Salz und gehackter Petersilie würzen.

KARFIOL, EINGEBRANNT (4 Portionen)

1 große Rose Karfiol, Zitronensaft, 40 g Butter, 30 g Mehl, 1 Teelöffel Zwiebel, Milch, Salz, Muskatnuß, Petersiliengrün.

Die Karfiolrose wird geputzt, gewaschen und in Salzwasser, dem etwas Zitronensaft beigefügt wurde, kernig weich gekocht, sodann herausgehoben. Aus Butter, Mehl, feinst gehackter Zwiebel eine lichte Einbrenn bereiten, mit halb Karfiolsud und halb Milch aufgießen, durchkochen, mit Salz, Muskat und Zitronensaft würzen. Den zu kleinen Röschen zerpflückten Karfiol beigeben, den Rest (Stiele) kleinhacken und zugeben. Das Ganze langsam weich kochen und mit zarten, gehackten Karfiolblättern und Petersilie bestreuen.

KARFIOL MIT BUTTER UND BRÖSELN (POLONAISE) (4 Portionen)

1 große Rose Karfiol, Zitronensaft, 100 g Butter, 4 Eßlöffel Semmelbrösel, Salz, Petersilie.

Die gekochte Karfiolrose wird mit in Butter gerösteten Semmelbröseln, die leicht gesalzen und mit kleingehacktem Karfiolgrün und Petersilie vermischt wurden, übergossen.

KARFIOL, ÜBERBACKEN (4 Portionen)

1 kleine Karfiolrose, Milch, 200 g Champignons, 1 kleine Zwiebel, 1 Bund Petersilie, 1 Bund Schnittlauch, 1 Zweig frischer Thymian, Oregano, 1/4 l Sauerrahm, 2 Eier.

Karfiol in Salzwasser mit Milch weich kochen. Champignons putzen, waschen und blättrig schneiden. Zwiebel, halben Bund Petersilie und halben Bund Schnittlauch fein schneiden und in aufgeschäumter Butter mit den Champignons dünsten.
Karfiol abseihen und die Röschen abpflücken. Sauerrahm mit den Eidottern vermengen. Auflaufform ausbuttern und abwechselnd eine Schicht Kräuter-Champignongemisch und Rahm und Karfiol hinein-

geben. Eiklar zu festem Schnee verschlagen, salzen, und den Auflauf mit dem Schnee abdecken. Im heißen Rohr gratinieren.
Vor dem Servieren mit den feingehackten, restlichen frischen Kräutern (Petersilie, Schnittlauch, Thymian, Oregano) bestreuen.

EINGEBRANNTE KAROTTEN (4 Portionen)

600 g Karotten, Salz, Zucker, 50 g Butter, 40 g Mehl, 1/8 l Milch, Muskat, Petersiliengrün.

Karotten werden gewaschen, geschält, dünnblättrig geschnitten, mit Wasser knapp bedeckt und unter Zugabe von Salz, Zucker und 10 g Butter kernig weich gekocht.
In der Zwischenzeit bereitet man aus 40 g Butter und Mehl eine lichte Einbrenn, füllt mit Milch und abgeseihtem Karottensud zu einer sämigen Soße auf, würzt mit Salz, Zucker, Muskat. Man verkocht alles kurz, gibt die Karotten zu und läßt sie weich dünsten. Angerichtet mit gehackter Petersilie bestreuen.

JUNGE KAROTTEN, GLASIERT (4 Portionen)

600 g junge Karotten, 60 g Butter, Salz, Zucker, Petersilie.

Die jungen, etwa 4–5 Zentimeter großen Karotten werden gewaschen, geschabt, mit Wasser halbhoch aufgegossen, Butter, Salz und Zucker zugegeben und langsam zugedeckt weich gedämpft. Wenn die Karotten weich sind, soll die Flüssigkeit verdampft sein, und die Karotten werden durch den Eigensaft, Butter und Zucker eine schöne glänzende Oberfläche aufweisen.
Angerichtet mit feingehackter Petersilie bestreuen.
Ältere, größere Karotten werden entweder mit dem Pariser Löffel rund oder olivenförmig ausgestochen oder zu bleistiftstarken Stoppeln geschnitten.

KOCHSALAT, EINGEBRANNT (4 Portionen)

600 g Kochsalat, 40 g Fett, 30 g Mehl, 1/2 Zwiebel, Petersilie, Salz, Pfeffer, Muskat.

Der Kochsalat wird von unansehnlichen Blättern befreit und der Länge nach halbiert. Der Strunk wird etwas ausgeschnitten, unter fließendem Wasser gut gewaschen und in kochendem Salzwasser so lange nicht zugedeckt gekocht, bis die Blattrippen halb weich sind. Sodann herausheben, kalt abspülen, abtropfen und gut ausdrücken, auf einem Brett grob hacken.
Aus Butter oder Schweineschmalz, feingehackter Zwiebel, Petersilie

und Mehl wird eine lichte Einbrenn bereitet. Diese mit Kochsud oder Rindsuppe zu einer etwas dickeren Soße aufgießen, verkochen lassen, den gehackten Kochsalat zugeben, mit Salz, Pfeffer und etwas Muskat abschmecken, eventuell noch verdünnen und aufkochen.

KOCHSALAT MIT ERBSEN (4 Portionen)

500 g Kochsalat, 100 g grüne Erbsen, 40 g Fett, 30 g Mehl, 1/2 Zwiebel, Petersilie, Salz, Pfeffer, Muskat, Zucker.

Eingebrannter Kochsalat wird mit weichgekochten grünen Erbsen vermischt, zusätzlich mit etwas Zucker abgeschmeckt und aufgekocht.

KOCHSALAT, GEDÜNSTET (4 Portionen)

2 Häuptel fleischiger Kochsalat, Salz, Pfeffer, 4 Speckscheiben (Hamburger Speck), 50 g Selchspeck, 1 kleine Zwiebel, 1 Karotte, Rindsuppe, Petersilie.

Der Kochsalat wird geputzt, gewaschen, der Länge nach halbiert, der Strunk herausgeschnitten und in kochendem Salzwasser halb weich gekocht. Nun herausheben, abfrischen, abtropfen, jede Hälfte mit Salz und Pfeffer würzen, von außen nach innen halb zusammenschlagen und in eine Speckscheibe einwickeln.
In der Zwischenzeit in einer passenden Rein kleingeschnittenen Speck, ebenso geschnittene Zwiebel und Karotte glasig anrösten, den Kochsalat daraufschlichten, mit wenig Suppe aufgießen und zugedeckt im Rohr weich dünsten. Angerichtet mit dem Speck-, Zwiebel-, Karottengemisch übergießen und mit Petersilie bestreuen.

KOHL, EINGEBRANNT (4 Portionen)

1–2 Kohlköpfe, etwa 800 g, 40 g Schweineschmalz, 30 g Mehl, 1/2 kleine Zwiebel, 1 Knoblauchzehe, Petersilie, Rindsuppe, Salz, Pfeffer, gestoßener Kümmel, Majoran.

Die Kohlköpfe werden halbiert, die Strünke herausgeschnitten, gewaschen und grobnudelig geschnitten. In kochendem, leicht gesalzenem Wasser dann halb weich kochen, abseihen und abfrischen. Schweineschmalz erhitzen, das Mehl darin hellbraun rösten, feingeschnittene Zwiebel kurz mitrösten, zerdrückten Knoblauch und gehackte Petersilie zugeben, mit Suppe zu einer nicht zu dicken Soße aufgießen und gut verkochen. Den abgetropften Kohl beigeben, mit

Salz, Pfeffer, gestoßenem Kümmel und etwas Majoran abschmecken und noch 15 Minuten langsam kochen.

GEDÜNSTETER KOHL (4 Portionen)

1 großer Kohlkopf, 50 g Selchspeck, 1 kleine Zwiebel, Salz, Pfeffer, Rindsuppe, 4 Speckscheiben.

Ein großer Kohlkopf wird geviertelt, vom Strunk befreit, unter fließendem Wasser gewaschen, in leicht gesalzenem Wasser halb weich gekocht, abgeseiht, kalt abgeschwemmt und abgetropft. Unterdessen läßt man in einer Rein kleingeschnittenen Speck und Zwiebel hellgelb rösten, legt die mit Salz und Pfeffer gewürzten Kohlviertel darauf, gießt mit etwas Suppe auf und läßt den Kohl zugedeckt weich dünsten. Zum Anrichten den eingedünsteten Kochfond mit Speck darüberleeren und jedes Kohlviertel noch zusätzlich mit einer knusprig gebratenen Speckscheibe belegen.

KOHLRABI (KOHLRÜBEN) GEDÜNSTET
(4 Portionen)

4 junge Kohlrabi, 20 g Butter, Salz, Zucker.

Von jungen Kohlrüben werden die kleinen Blätter abgezupft und beiseite gelegt. Nun werden die Kohlrabi dünn geschält, halbiert, dünnblättrig geschnitten, mit 20 g Butter, wenig Wasser, etwas Salz und einer Prise Zucker zugedeckt weich gedünstet. Zum Schluß die feingehackten Kohlrabiblätter einstreuen und nach kurzem Ziehenlassen anrichten.

EINGEBRANNTE KOHLRABI (4 Portionen)

4 Kohlrabi, 40 g Butter, 30 g Mehl, Zucker, 1 Teelöffel Zwiebel, Salz, weißer Pfeffer, Petersilie.

Jeder Kohlrabi wird dünn geschält, halbiert, in dünne Blätter geschnitten und mit Salzwasser knapp bedeckt fast weich gekocht. Inzwischen bereitet man aus Butter und Mehl eine lichte Einbrenn, fügt eine Prise Zucker, feinst gehackte Zwiebel und in feine Streifen geschnittene junge Kohlrabiblätter zu. Röstet kurz durch, gießt mit dem geseihten Kochsud auf, so daß eine mollige Soße entsteht und läßt sie gut verkochen. Dann gibt man die gekochten Kohlrabi in die Soße, schmeckt mit etwas Salz und Pfeffer ab, läßt einmal aufkochen und bestreut sie angerichtet mit gehackter Petersilie.

KOHLSPROSSEN MIT BUTTER (4 Portionen)

500 g Kohlsprossen, 50 g Butter, Petersilie, Salz, Pfeffer.

Die Kohlsprossen werden an der Unterseite glatt geschnitten, mit einem Kreuzeinschnitt versehen, von unansehnlichen, äußeren Blättern befreit, kalt gewaschen und in kochendem Salzwasser weich gekocht und abgeseiht. In einer Pfanne wird Butter aufgeschäumt, die abgetropften Kohlsprossen werden darin geschwenkt, mit gehackter Petersilie, Salz und Pfeffer abgeschmeckt.

KÜRBISKRAUT AUF UNGARISCHE ART (4 Portionen)

1–1 1/2 kg Kürbis, Salz, Kümmel, 50 g Fett, 1 große Zwiebel, 2 Eßlöffel Paradeismark, 1 Teelöffel Paprika, Suppe, 1 Knoblauchzehe, Dille, 1 Teelöffel Essig, 1/16 l Sauerrahm, 30 g Mehl.

Der Kürbis wird geschält und der Länge nach halbiert. Mit einem Löffel werden die Kerne entfernt, und dann wird er feinnudelig geschnitten. In der Folge einsalzen, Kümmel daraufstreuen und 30 Minuten stehen lassen. Inzwischen das Fett erhitzen, die feingeschnittene Zwiebel darin hellgelb anlaufen lassen, Paradeismark und Paprika dazugeben, das ausgedrückte Kürbiskraut, etwas Suppe, Knoblauch, feingehacktes Dillkraut und Essig beigeben und alles weich dünsten. Sauerrahm mit Mehl glatt verrühren, das Kürbiskraut damit binden und kurz durchkochen.

KÜRBISKRAUT MIT PARADEISERN (4 Portionen)

1–1 1/2 kg Kürbis, Salz, 40 g Fett, 30 g Mehl, 1 kleine Zwiebel, Petersilie, Suppe, 500 g Paradeiser, Pfeffer, Essig, 1 Knoblauchzehe, 1/16 l Sauerrahm.

Kürbis schälen, halbieren, entkernen, in feine Streifen schneiden, einsalzen und eine halbe Stunde zugedeckt stehen lassen. In der Zwischenzeit aus Fett, Mehl, etwas feingehackter Zwiebel und Petersilie eine lichte Einbrenn bereiten, mit etwas Suppe aufgießen und gut durchkochen. Die Paradeiser vom Strunkansatz befreien, in kochendes Wasser tauchen, herausheben, abziehen, halbieren, entkernen und in Streifen schneiden. Mit dem ausgedrückten Kürbisgemüse in die Soße geben, mit Salz, Pfeffer, Essig und zerdrückter Knoblauchzehe würzen und weich dünsten. Zum Schluß mit 1/16 Liter versprudeltem Sauerrahm vollenden.

GEDÜNSTETES KRAUT (4 Portionen)

1 Weißkraut, etwa 1 kg, Salz, Pfeffer, Zitronensaft, Kümmel, 60 g Fett, 1 Zwiebel, 1 Teelöffel Zucker, 1 Eßlöffel Essig, Suppe, 1 Eßlöffel Mehl.

Weißkraut wird halbiert, feinnudelig geschnitten, mit Salz, Zitronensaft, Pfeffer und Kümmel vermischt. In Fett wird feinnudelig geschnittene Zwiebel hell geröstet, 1 Teelöffel Zucker zugegeben, mit Essig abgelöscht, das marinierte Kraut darin zugedeckt und, wenn möglich, im eigenen Saft gedünstet. Nach Bedarf etwas Suppe zugießen. Wenn das Kraut weich ist, soll die gesamte Flüssigkeit verdampft sein. Nun wird Mehl darüber gestaubt und mit dem Kraut durchgeröstet, mit Suppe aufgießen und kurz weiterdünsten.

WEINKRAUT (4 Portionen)

1 kg Weißkraut, 60 g Fett, 1 kleine Zwiebel, 1 Eßlöffel Zucker, 2 Eßlöffel Weinessig, Salz, Pfeffer, Kümmel, Suppe, 10 g Mehl, 1/8 l Weißwein.

Das halbierte Weißkraut wird feinnudelig geschnitten, in kochendem Wasser kurz abgebrüht und abgeseiht. Feingehackte Zwiebel wird in Fett hellgelb geröstet, 1 Eßlöffel Zucker zugegeben und ohne Farbe geschmolzen, mit Weinessig abgelöscht, das abgetropfte Kraut zugegeben, mit Salz, Pfeffer und Kümmel gewürzt. Mit etwas Suppe aufgießen und weich dämpfen. Mit Mehl das eingedämpfte Kraut stauben, kurz durchrösten, mit Weißwein aufgießen und 15 Minuten weiterdünsten.

WIENER SAUERKRAUT (4 Portionen)

500 g Sauerkraut, 4 Wacholderbeeren, 1 Lorbeerblatt, Kümmel, 50 g Schweineschmalz, 1 große Zwiebel, 20 g Mehl, 1 großer Erdapfel, Suppe, Salz.

Das Sauerkraut wird zuerst – falls es zu sauer ist – kalt abgeschwemmt und abgetropft. Mit Wasser bedeckt mit Wacholderbeeren, Lorbeerblatt und Kümmel weich kochen. In heißem Schweineschmalz wird feinnudelig geschnittene Zwiebel hell geröstet, mit Mehl gestaubt und goldgelb geröstet. Das weichgedünstete Sauerkraut samt Kochsud hineingeben, einen rohen Erdapfel dazureißen und, wenn nötig, mit Suppe oder Wasser aufgießen. Gut durchkochen und abschmecken.

SPECKKRAUT, GEDÜNSTET (4 Portionen)

500 g Sauerkraut, 120 g Selchspeck, 1 Zwiebel, Salz, gestoßener Kümmel.

Das Sauerkraut wird, wenn nötig, 2–3 mal durchgeschnitten und in einem Reindel mit wenig Wasser zugestellt. Zugedeckt weich dämpfen. In einer zweiten Rein wird kleinwürfelig geschnittener Selchspeck kurz angeröstet, feinnudelig geschnittene Zwiebel mitgeröstet und das Kraut mit dem restlichen Kochsud zugegeben. Mit Salz und gestoßenem Kümmel abschmecken und kurz weiterdünsten.

UNGARISCHES SAUERKRAUT (4 Portionen)

500 g Sauerkraut, 100 g Selchspeck, 1 Zwiebel, Suppe oder Wasser, 1/2 grüner Paprika, 1 Eßlöffel gehacktes Dillkraut, 1 Teelöffel Paprika, edelsüß, Kümmel, 1 Knoblauchzehe, 20 g Mehl, 4 Eßlöffel Sauerrahm, Salz.

Feinwürfelig geschnittener Selchspeck wird glasig geröstet, feinnudelig geschnittene Zwiebel zugegeben und beides goldgelb geröstet. Das 2–3mal durchgeschnittene Sauerkraut zugeben, mit wenig Wasser oder Suppe aufgießen und halb weich dünsten. Nun wird eine halbe, in feine Streifen geschnittene Paprikaschote, gehacktes Dillkraut, 1 Teelöffel Paprika, Kümmel und zerdrückter Knoblauch zugegeben. Sodann den mit dem Mehl verrührten Sauerrahm hineinrühren und zugedeckt fertigdünsten. Wenn nötig, etwas Wasser zugießen.

ROTKRAUT, GEDÜNSTET (4 Portionen)

1 Rotkraut, etwa 3/4–1 kg, Salz, Pfeffer, gestoßener Kümmel, 1/2 Zitrone, 1/2 Orange, 2 Äpfel, 50 g Fett, 1 Eßlöffel Zucker, 1 Zwiebel, 20 g Mehl, 1/8 l Rotwein, 1 Eßlöffel Weinessig.

Das Rotkraut wird geputzt, halbiert und feinnudelig geschnitten. Mit Salz, Kümmel, Pfeffer, dem Saft einer halben Zitrone und einer halben Orange sowie geschälten, entkernten, dünnblättrig geschnittenen Äpfeln vermischen und zugedeckt 20 Minuten stehen lassen. In einer Rein läßt man in heißem Fett Zucker schmelzen, fügt 1 feinnudelig geschnittene Zwiebel bei und röstet mit dem Zucker goldgelb. Das marinierte Rotkraut hineingeben und weich dünsten. Mit Mehl stauben, durchrösten, mit Rotwein und Essig aufgießen und alles zusammen noch 10 Minuten dünsten.

KIRSCHENMICHEL

750 g Kirchen, 6 Schneidesemmeln, 3/8 l Milch, 100 g Butter oder Margarine, 100 g Zucker, 1 Prise Salz, 4 Eidotter, 1 Teelöffel Zimt, 50 g gehackte Mandeln, 4 Eiklar, Margarine für die Form, 1 Eßlöffel Staubzucker.

Die Kirschen waschen, abtropfen lassen, entstielen und entsteinen. Die Schneidesemmeln würfeln, mit der Milch übergießen und durchziehen lassen. Die Butter oder Margarine mit Zucker und Salz schaumig rühren. Die Eidotter und den Zimt zugeben und gut unterrühren. Die eingeweichten Semmeln und die Kirschen untermischen. Das Eiklar steifschlagen und unterziehen. Eine feuerfeste Form gut ausfetten und die Semmel-Kirschen-Masse einfüllen. Im vorgeheizten Backofen bei 200 Grad 50–60 Minuten backen. Den fertigen Kirschenmichel mit Staubzucker bestreuen und sofort servieren. Dazu Vanillesoße reichen.

GEDÜNSTETER RETTICH (4 Portionen)

500 g Rettiche (Eiszapfen), 40 g Butter, Rindsuppe, Salz, Pfeffer.

Die Eiszapfenrettiche werden gewaschen, geputzt, in dünne Blättchen geschnitten, in Butter mit etwas Rindsuppe gedünstet, mit Salz und Zucker gewürzt.

MELANZANI (EIERFRÜCHTE) MIT PARADEISERN, GEDÜNSTET (Eierfrüchte), (4 Portionen).

600 g Melanzani, Salz, 60 g Olivenöl, 1 mittlere Zwiebel, 1 Knoblauchzehe, 4 Paradeiser, Pfeffer, Oregano, Salbei, Zitronensaft, Petersilie.

Melanzani werden dünn geschält, in etwa 2 Zentimeter große Würfel geschnitten und mit Salz bestreut. In einem Reindel Öl erhitzen, kleingeschnittene Zwiebel goldgelb rösten, zerdrückten Knoblauch und die etwas ausgedrückten Melanzaniwürfel sowie abgezogene, entkernte, in fingernagelgroße Würfel geschnittene Paradeiser zugeben. Mit Salz, Pfeffer, Oregano, Salbei und Zitronensaft würzen und im eigenen Saft weich dämpfen. Angerichtet mit gehackter Petersilie bestreuen.

ZELLER, GEBRATEN (4 Portionen)

2 Zellerknollen, Salz, Zitronensaft, Öl.

Die Zellerknollen werden gewaschen, dünn geschält, in fingerdicke Scheiben geschnitten, gesalzen, mit Zitronensaft beträufelt und etwa 20 Minuten zugedeckt beiseite gestellt. In einer Pfanne Öl erhitzen und die Zellerscheiben darin langsam beidseitig braten. Junges Zellergrün fein hacken und die gebratenen Zellerscheiben damit bestreuen.

SPARGEL IN BUTTERSOSSE (4 Portionen)

500 g Spargel, Milch, 40 g Butter, 30 g Mehl, Petersilie, 1/16 l Obers, Zitronensaft, Salz, Zucker.

Der Spargel wird geschält, in kurze Stücke geschnitten, mit halb Wasser, halb Milch bedeckt, gesalzen, gezuckert und langsam 20 Minuten gekocht. Inzwischen aus Butter und Mehl eine lichte Einbrenn bereiten, mit dem Spargelsud aufgießen und die Soße gut verkochen. Die Spargelstücke, gehackte Petersilie und Obers dazugeben, mit Zitronensaft abschmecken, und alles zusammen einmal aufkochen.

SPINAT, EINGEBRANNT (4 Portionen)

600 g Spinat, 60 g Butter, 30 g Mehl, Zwiebel, Knoblauch, 3/8 l Suppe, 1/8 l Obers, Salz, Pfeffer.

Frischer Spinat wird verlesen, von den groben Stielen befreit und in kaltem Wasser gut gewaschen. In kochendem Salzwasser nicht zugedeckt 10 Minuten kochen, abseihen, abfrischen, gut ausdrücken, feinst hacken, passieren oder faschieren. In 40 g aufgeschäumter Butter feinst gehackte Zwiebel rösten, Mehl zugeben, fein zerdrückten Knoblauch hineingeben und hellgelb rösten. Mit etwas Suppe zu einer dickeren Soße aufgießen, gut durchkochen, den passierten Spinat in die Soße geben und das Obers hineinrühren. Kurz aufkochen, mit Salz und Pfeffer abschmecken und 20 g braungebrannte Butter über den angerichteten Spinat gießen.

SPINAT, GEDÜNSTET (4 Portionen)

600 g Spinat, 50 g Butter, 3 Schalottenzwiebeln, Salz, Pfeffer.

Der Spinat wird von den dicken Stengeln befreit, gut gewaschen, abgetropft und in feine Streifen geschnitten. In aufgeschäumter Butter feinst gehackte Schalottenzwiebeln goldgelb rösten, Spinatstreifen dazugeben, mit Salz und Pfeffer würzen, den Spinat zugedeckt weich dünsten, wobei darauf zu achten ist, daß er seine grüne Farbe nicht verliert. Angerichtet mit einem frischen Stück Butter belegen.

SCHWARZWURZELN IN BUTTERSOSSE (4 Portionen)

600 g Schwarzwurzeln, Milch, 50 g Butter, 30 g Mehl, 1/8 l Obers, Salz, Muskat, Zitronensaft, Petersilie.

Die Schwarzwurzeln werden mittels einer Bürste in kaltem Wasser gut gewaschen, dünn geschält, in zwei Zentimeter lange Stücke geschnitten und in halb Wasser, halb Milch mit etwas Salz und 10 g Butter gekocht. Aus 40 g Butter und 30 g Mehl bereitet man eine lichte Einbrenn, gießt mit 1/8 Liter Obers und dem Kochsud zu einer dicklich gehaltenen Soße auf, würzt diese mit Salz, Muskat, Zitronensaft und gehackter Petersilie, gibt die Schwarzwurzeln dazu und dünstet zusammen noch 10 Minuten.

SAUTIERTE PARADEISER (4 Portionen)

4 Paradeiser, Salz, Pfeffer, Öl.

Vier große Fleischparadeiser werden gewaschen, vom Stielansatz befreit, der Quere nach halbiert, die Kerne ausgeschüttelt, gesalzen, gepfeffert und zuerst mit der Schnittfläche nach unten und danach gewendet rasch in heißem Öl gebraten. Angerichtet mit gehackter Petersilie bestreuen.

GEFÜLLTE PARADEISER (4 Portionen)

4 große Paradeiser, 80 g Butter, 1 Zwiebel, 1 Bund Petersilie, 1 Teelöffel frischer Thymian, Salz, Pfeffer, 2 Eßlöffel Semmelbrösel, 4 Eßlöffel Parmesan.

Die Paradeiser werden gewaschen, der Stielansatz entfernt, halbiert, mit einem Löffel ausgehöhlt und in eine mit Butter ausgestrichene, feuerfeste Form gesetzt. In 50 g Butter röstet man kleingehackte Zwiebel und Petersilie kurz an, vermischt mit Thymian, Pfeffer, Salz, 2 Eßlöffel Semmelbröseln und 4 Eßlöffel geriebenen Parmesan, füllt die Paradeiser mit diesem Gemisch und bäckt sie 10–15 Minuten im heißen Rohr.

TOPINAMBUR ODER ERDARTISCHOCKEN
(4 Portionen)

1 kg Topinambur, 40 g Butter, 20 g Mehl, 3/8 l Milch, Salz, Pfeffer, Zitronensaft, Petersilie.

Die Topinamburs werden gewaschen, in kaltem, leicht gesalzenem Wasser zugestellt und langsam gekocht. Sodann geschält und feinblättrig geschnitten. Aus Butter und Mehl eine lichte Einbrenn bereiten, mit Milch zu einer Milcheinmachsoße aufgießen, mit Salz, Pfeffer und etwas Zitronensaft würzen. Dann mischt man die Topinamburs darunter, gibt gehackte Petersilie dazu und läßt alles zusammen kurz verkochen.

KASTANIEN, GLASIERT (4 Portionen)

500 g Edelkastanien (Maroni), 50 g Butter, 1 Eßlöffel Zucker, Suppe, Salz.

Die Edelkastanien werden an der gerundeten Seite eingeschnitten, auf ein leicht befeuchtetes Blech gelegt und im Rohr so lange gebraten, bis die Schale aufspringt und man sie leicht schälen kann. In Butter läßt man Zucker hellbraun werden, gibt die Kastanien und etwas Suppe dazu und dünstet sie zugedeckt fast weich. Dabei ist darauf zu achten, daß immer etwas Flüssigkeit dabei ist. Wenn die Kastanien weich sind, soll die Flüssigkeit verdunstet sein, und die Kastanien erscheinen schön glänzend glasiert.

KASTANIENPÜREE (4 Portionen)

500 g Edelkastanien (Maroni), 50 g Butter, 3 Eßlöffel Obers, Salz, Zucker, Weinbrand (Kognak).

Kastanien werden wie bei „Glasierten Kastanien“ geschält und in leicht gesalzenem Wasser, knapp bedeckt, weich gekocht. Abseihen, passieren. In einem Reindel läßt man Butter zerschmelzen, gibt die passierten Kastanien dazu und verrührt sie mit Obers und Kochsud zu einem dicklich gehaltenen Püree. Mit Salz, Zucker und Weinbrand abschmecken.

SCHALOTTENZWIEBELN, GEDÜNSTET

(4 Portionen)

400 g Schalotten, 40 g Butter, 1 Eßlöffel Zucker, Salz, Pfeffer, Essig, Suppe.

Die Schalotten werden mit kochendem Wasser abgebrüht und geschält. Sodann in Butter mit Zucker, Salz, Pfeffer, einem Spritzer Essig und wenig Suppe oder Wasser langsam weich gedünstet. Am Ende der Garzeit soll die Flüssigkeit verdampft sein, und die Zwiebeln werden unter Schwenken des Geschirrs mit dem Butter-Zucker-Saft glasiert.

LETSCHOGEMÜSE (4 Portionen)

100 g Selchspeck, 2 Zwiebeln, 2 Zehen Knoblauch, 2 Eßlöffel Paradeismark, 1 Eßlöffel Paprika, 500 g grüne Paprikaschoten, 500 g Paradeiser, Salz, Pfeffer.

In einer passenden Rein wird kleingeschnittener Speck glasig geröstet, darin werden feingehackte Zwiebeln goldgelb angeröstet. Zerdrückten Knoblauch zugeben, kurz nachrösten, Paradeismark und Paprika dazurühren. Nun werden die halbierten, entkernten, gewaschenen und in etwa ein Zentimeter große Würfel geschnittenen grünen Paprikaschoten und die enthäuteten, entkernten, geviertelten Paradeiser – Salz und Pfeffer beifügen – 20 bis 30 Minuten bei kleinem Feuer zugedeckt weich gedünstet.
Als Beilage zu Braten oder Fisch.

Hülsenfrüchte

BOHNENPÜREE (4 Portionen)

300 g weiße Bohnen, Kräutersträußchen (Petersilienstengel, Zellerstengel und Lauch), 1/2 Lorbeerblatt, 1 Zweig Thymian, Speckschwarte oder Selchknochen, 100 g Selchspeck, 1 kleine Zwiebel, 20 g Mehl, Petersilie, Salz, Essig, 20 g Butter.

Die Bohnen werden verlesen, gewaschen und über Nacht in kaltem

Wasser eingeweicht. Am nächsten Tag mit dem Einweichwasser zum Kochen zustellen und mit einem Kräutersträußchen, Lorbeerblatt, Thymian, Speckschwarte oder Selchknochen langsam sehr weich kochen. Kleingeschnittener Speck wird glasig geröstet, kleingeschnittene Zwiebel und Mehl darin goldgelb geröstet, gehackte Petersilie zugeben, und die Bohnen mitsamt dem Kochsud aufgießen, mit Salz und Essig würzen und gut verkochen. Schließlich das Ganze durch ein Sieb drücken und angerichtet mit hellbrauner Butter übergießen.

ERBSENPÜREE (4 Portionen)

300 g Erbsen, Kräutersträußchen, 1/2 Lorbeerblatt, 1 Zweig Thymian, Speckschwarte oder Selchknochen, 100 g Selchspeck, 1 kleine Zwiebel, Petersilie, Salz, Essig, 30 g Butter, Zwiebelringe.

Die über Nacht eingeweichten Erbsen werden mit dem Einweichwasser knapp bedeckt weich gekocht und wie das Bohnenpüree zubereitet.
Angerichtet mit in Butter goldbraun gerösteten Zwiebelringen bestreuen.

SPECKLINSEN (4 Portionen)

300 g Linsen, 140 g Selchspeck, 20 g Mehl, 1 kleine Zwiebel, Zitronenschale, 4 Kapern, Salz, Pfeffer, 1/2 Lorbeerblatt, Thymian, Essig, 1 Teelöffel Senf.

Verlesene, eingeweichte Linsen werden am nächsten Tag mit frischem Wasser, ohne Salz, weich gekocht.
80 g kleinwürfelig geschnittener Selchspeck wird glasig geröstet, mit Mehl gestaubt und braun geröstet. Feingehackte Zwiebel, feingehackte Kapern und Zitronenschale zugeben und mit dem Linsensud aufgießen. Salz, Pfeffer, feingehacktes Lorbeerblatt, Thymian, Essig und Senf zugeben und aufkochen. Die Linsen darin noch eine Weile kochen lassen. Angerichtet mit 60 g braungerösteten Speckwürfeln übergießen.

ABGESCHMALZTE LINSEN (4 Portionen)

300 g Linsen, 30 g Schmalz, 1 kleine Zwiebel, Salz, Pfeffer, Essig, 50 g Selchspeck, Petersiliengrün.

Die verlesenen, über Nacht eingeweichten Linsen werden mit frischem Wasser zugestellt und ohne Salz weich gekocht.
Zwiebelringe in Schmalz braun rösten und die Linsen mit diesen ab-

schmalzen. Mit Salz, Pfeffer und einem Spritzer Essig würzen, und angerichtet mit braungerösteten Speckwürfeln und feingehackter Petersilie übergießen.

Pilze

Frische Pilze sollen binnen 24 Stunden verarbeitet werden. Pilze erst knapp vor der Zubereitung putzen und waschen. Beim Waschen darauf achten, daß die Pilze immer aus dem Wasser gehoben werden, damit der zu Boden sinkende Sand nicht wieder auf die Pilze geleert wird. Nie im Wasser liegen lassen! Fertige, nicht aufgegessene Pilze nie aufheben oder gar einfrieren! Die nachstehend beschriebenen Zubereitungsarten können für alle Pilzsorten Anwendung finden.

SAUTIERTE CHAMPIGNONS (4 Portionen)

500 g Champignons, 50 g Butter, Salz, Pfeffer, Zitronensaft, Petersilie.

Weiße, an der Unterseite geschlossene Champignons werden fein säuberlich geputzt, mehrmals rasch gewaschen und trockengetupft. Sodann die Pilze in gleichmäßige Scheiben schneiden und in aufgeschäumter Butter rasch unter zeitweiligem Schwingen der Pfanne rösten. Zuletzt Salz, Pfeffer, wenig Zitronensaft und feingehackte Petersilie dazugeben.

CHAMPIGNONS MIT RAHM (4 Portionen)

500 g Champignons, 50 g Butter, 2 Schalotten, 1 Eßlöffel Mehl, 1/8 l Sauerrahm, Salz, Pfeffer, Zitronensaft, Petersilie.

Die geputzten und gut gewaschenen Champignons werden je nach Größe geviertelt oder halbiert. In 50 g aufgeschäumter Butter läßt man gehackte Schalotten anlaufen, gibt die Champignons dazu und röstet auf starker Hitze gut durch. Mit Mehl stauben, mit Sauerrahm aufgießen, mit Salz, Pfeffer, Zitronensaft und gehackter Petersilie würzen. Noch einmal 5 Minuten dünsten und sofort servieren.

EIERSCHWAMMERLN, SAUTIERT (4 Portionen)

500 g Eierschwammerln, 50 g Butter, 1 kleine Zwiebel, Salz, Pfeffer, Petersilie.

Die Eierschwammerln werden geputzt und gründlich gewaschen.

Kleine Schwammerln im ganzen lassen, größere halbieren oder vierteln. Butter aufschäumen, feingeschnittene Zwiebel darin glasig rösten, sodann die Eierschwammerln zugeben und in starker Hitze rösten. Mit Salz, Pfeffer und gehackter Petersilie würzen und sofort servieren.

EIERSCHWAMMERLN MIT EI (4 Portionen)

Eierschwammerln, sautiert, 2 Eier, Petersilie.

Über fertige, sautierte Eierschwammerln werden unmittelbar vor dem Anrichten 2 Eier geschlagen, kurz verrührt und stocken gelassen. Angerichtet mit gehackter Petersilie bestreuen.

EIERSCHWAMMERLN MIT RAHM AUF WIENER ART (4 Portionen)

500 g Eierschwammerln, 50 g Butter, 1 kleine Zwiebel, Salz, Pfeffer, Kümmel, Majoran, Petersilie, 1 Eßlöffel Mehl, 1/8 l Sauerrahm.

In 50 g Butter wird feingehackte Zwiebel goldgelb geröstet. Die geputzten, halbierten Eierschwammerln dazugeben und bei starker Hitze gut durchrösten. Mit Salz, Pfeffer, gestoßenem Kümmel, Majoran und feingehackter Petersilie würzen. Mit Mehl stauben und kurz durchrösten. Mit Sauerrahm vergießen, und die Schwammerln langsam zugedeckt weich dünsten.

STEINPILZE AUF UNGARISCHE ART (4 Portionen)

500 g Steinpilze, 50 g Fett, 1 kleine Zwiebel, 1 Teelöffel Paradeismark, 1 Teelöffel Paprika, Essig, 3/8 l Sauerrahm, 1 Knoblauchzehe, Kümmel, Salz, Pfeffer.

Feste, geschlossene Stein- oder Herrenpilze an den Stielenden putzen, bei größeren, schon offenen Pilzen die Lamellen (Bart) entfernen und die feste Oberfläche der Stiele abschaben. Gut waschen. In heißem Fett kleingeschnittene Zwiebel goldgelb rösten, Paradeismark und Paprika dazugeben, mit einem Spritzer Essig würzen, Sauerrahm hineinrühren, mit Knoblauch, Kümmel, Salz und Pfeffer abschmecken, und darin die blättrig geschnittenen Steinpilze dünsten.

SALATE

So einfach die Zubereitung von Beilagensalaten eigentlich ist, erfordert sie doch viel Aufmerksamkeit. Grüne und andere Blattsalate

sollen junge und zarte Blätter sowie schöne sogenannte Herzen haben und so frisch wie nur möglich sein. Diese Salate sollen immer erst unmittelbar vor der Zubereitung und immer nur ganz kurz gewaschen werden und nie im Wasser liegen bleiben, sondern am besten in einem Salatkorb oder auf einem Sieb abtropfen. Grüne und Blattsalate immer erst im letzten Moment durch die Marinade ziehen, da sie sonst „zusammenfallen" und unansehnlich werden.
Zur Bereitung von Marinaden nur besten Essig und bestes Salatöl verwenden. Für verschiedene Marinaden können auch Spezialessige und -öle, wie Olivenöl und verschiedene Kernöle, verwendet werden. Auch kann man beliebig im Geschmack passende, frische Kräuter verwenden.
Gemüsesalate aus rohem und gekochtem Gemüse müssen länger in der Marinade ziehen. Einige Gemüse werden in der Marinade gekocht.

SALATMARINADEN UND -SOSSEN

Hier werden einige Marinaden angeführt, die man für nachstehend angegebene Blatt- und Gemüsesalate verwenden kann.
Zur Zubereitung werden immer zuerst die Gewürze mit Essig und Wasser aufgelöst, und erst dann wird das Öl eingerührt. Nach Bedarf den Essig mit Wasser verdünnen oder Salatsoßen auf die nötige Konsistenz bringen.

Marinade I:
2 Eßlöffel Weinessig
1 Eßlöffel Wasser
2 Eßlöffel Salatöl
$^1/_2$ Teelöffel Zucker
Salz

Marinade II:
Wie in Marinade I beschrieben,
jedoch zusätzlich 1 Eßlöffel feingehackte Zwiebel.

Marinade III:
Wie Marinade II, zusätzlich 1 Teelöffel Senf.

Marinade IV:
2 Eßlöffel Weinessig
1 Eßlöffel Wasser
2 Eßlöffel Öl
Salz, Pfeffer, Zucker
1 Teelöffel feingeriebener Kren

Obersmarinade:
2 Eßlöffel Obers
Saft einer halben Zitrone
2 Eßlöffel Öl
Salz
weißer Pfeffer
1 Teelöffel Zucker

Rahmmarinade:
3 Eßlöffel Sauerrahm
1/2 Eßlöffel Weinessig
2 Eßlöffel Öl
Salz
Pfeffer
1 Prise Zucker

Joghurtmarinade:
4 Eßlöffel Joghurt
Saft einer halben Zitrone
Salz
1 Teelöffel Traubenzucker

Eiersalatsoße:
2 gekochte, gehackte Eidotter
2 Eßlöffel Essig
4 Eßlöffel Öl
1/2 Teelöffel Senf
Salz, Pfeffer
1 Prise Zucker

Roquefortsalatsoße:
60 g passierter Roquefort
1 Eßlöffel Weinessig
2 Eßlöffel Öl
1 Spritzer Worcestershiresoße
Salz, weißer Pfeffer
1 Eßlöffel Wasser

Französische Salatsoße:
1 Eidotter
1 Eßlöffel französischer Senf
5 Eßlöffel Öl
2 Eßlöffel Weinessig
Salz, weißer Pfeffer
Knoblauch
Wasser zum Verdünnen

Mayonnaisesalatsoße:
3 Eßlöffel Mayonnaise
1 Teelöffel Paradeismark
2 Eßlöffel Joghurt
Salz, Pfeffer
1 Prise Cayennepfeffer

BLATTSALATE

Von Blattsalaten die Blätter ablösen, äußere welke Blätter entfernen, unter fließendem Wasser, wenn möglich Blatt für Blatt, waschen. Wenn größere Salatmengen benötigt werden, in reichlich Wasser, ohne zu drücken, waschen. Sodann aus dem Wasser heben, damit Sand- und Erdreste zu Boden sinken können. Gut abtropfen, da auf nassen Salatblättern die Salatsoße nicht haften bleibt, und erst unmittelbar vor dem Auftragen marinieren.

HÄUPTELSALAT (4 Portionen)

2 Salatköpfe, Marinade I oder Eiersalatsoße oder Roquefortsoße oder französische Salatsoße.

Äußere, große, dunkelgrüne oder welke Blätter entfernen, Strunk kürzen, kreuzweise tief einschneiden und in vier Teile auseinanderlösen. Unter reichlich fließendem kalten Wasser gut waschen, abtropfen und in die Salatschüssel legen. Unmittelbar vor dem Auftragen mit der Marinade übergießen und locker durchmengen.

MIMOSASALAT (4 Portionen)

2 Salatköpfe, Marinade I, 2 hartgekochte Eier, Schnittlauch.

Häuptelsalat wird wie bereits beschrieben vorbereitet, mit Marinade übergossen und durchgemengt. Ein hartes Ei hacken, den Salat damit bestreuen, mit Eispalten gefällig belegen und mit Schnittlauch bestreuen.

SPECKSALAT (4 Portionen)

2 Salatköpfe, $^{1}/_{16}$ l Weinessig, Salz, 80 g Räucherspeck.

Gewaschener Häuptelsalat wird gut abgetropft. $^{1}/_{16}$ Liter verdünnten Weinessig mit Salz verrühren und über den in einer Schüssel angerichteten Salat leeren. Kleinwürfelig geschnittener, geräucherter, goldgelb gerösteter Speck wird unmittelbar vor dem Servieren über den Salat gegossen.

CHINAKOHLSALAT (4 Portionen)

400 g Chinakohl, Marinade II oder Marinade III oder französische Salatsoße.

Chinakohl putzen, die Blätter ablösen, gut waschen, in Streifen schneiden, abtropfen und die gewählte Marinade dazugeben.

JÄGERSALAT (4 Portionen)

400 g Chinakohl, Marinade II, 1/2 Teelöffel Kümmel, Petersilie.

Chinakohl wird gewaschen, in feine Streifen geschnitten, mit Marinade II, der etwas Kümmel zugegeben wurde, mariniert und mit gehackter Petersilie bestreut serviert.

ENDIVIENSALAT (4 Portionen)

1 Kopf gekrauste Endivie, Marinade I oder Marinade II oder Sahnemarinade, oder französische Salatsoße.

Von gekrauster Endivie die Blätter ablösen, gut waschen, in halbzentimeterbreite Streifen schneiden, gut abtropfen. Vor dem Auftragen marinieren.

BELGISCHER ENDIVIENSALAT (4 Portionen)

400 g Endivien, Marinade IV oder französische Salatsoße oder Roquefortsoße oder Mayonnaisesalatsoße.

Endiviensalat putzen, waschen, von kleinen Endivien die Blätter ablösen und im ganzen belassen, größere in etwa zentimeterbreite Streifen schneiden. In einer Schüssel mit der gewählten Salatsoße marinieren und vermischen.

RADICCIOSALAT (4 Portionen)

300 g Radiccio, Sahnemarinade oder französiche Salatsoße, oder Mayonnaisesalatsoße.

Radiccio vom Stiel befreien, die einzelnen Blätter vorsichtig ablösen und unter fließendem Wasser gut waschen. Nicht mehr knackige äußere Blätter aussortieren. In einer Schüssel mit der gewählten Marinade übergießen.

LÖWENZAHNSALAT (4 Portionen)

300 g Löwenzahnblätter, Marinade I.

Zarte, junge Löwenzahnblätter werden gewaschen, in feine Streifen geschnitten und mit Salatmarinade übergossen.

SPINATSALAT (4 Portionen)

300 g junger Spinat, Marinade I oder Marinade II.

Zarte, junge Spinatblätter werden gut gewaschen, entweder roh in Streifen geschnitten und vor dem Auftragen mariniert oder in kochendem, leicht gesalzenem Wasser 2 Minuten überbrüht und gut abgetropft noch warm mariniert.

VOGERLSALAT (4 Portionen)

300 g Vogerlsalat (Feldsalat), Marinade I, Schnittlauch.

Vogerlsalat wird von den Wurzelteilen geschnitten, die welken Blätter werden aussortiert, in reichlich Wasser gewaschen, herausgehoben, gut abgetropft, in einer Salatschüssel mit Marinade I übergossen und mit Schnittlauch bestreut.

ERDÄPFELSALAT (4 Portionen)

500 g speckige Erdäpfel, Salz, weißer Pfeffer, Zucker, 4 Eßlöffel Essig, 3 Eßlöffel Rindsuppe, Zwiebel, 3 Eßlöffel Öl.

Die Erdäpfel werden in der Schale weich gekocht, noch warm geschält, in dünne Scheiben geschnitten. Salz wird mit weißem Pfeffer, einer Prise Zucker, Essig, warmer Rindsuppe, kleingeschnittener Zwiebel und Öl gut verrührt und über die Erdäpfel gegossen. Vorsichtig durchmischen und angerichtet mit Schnittlauch bestreuen.

MAYONNAISESALAT (4 Portionen)

500 g speckige Erdäpfel, 2 Eßlöffel Essig, Salz, Pfeffer, Zucker, 1/4 Zwiebel, 4 Eßlöffel Mayonnaise.

In der Schale gekochte speckige Erdäpfel oder Kipfler werden noch heiß geschält, dünnblättrig geschnitten und in eine Salatschüssel geschlichtet. Essig mit Salz, weißem Pfeffer, Zucker und feinst geriebener Zwiebel verrühren, die Erdäpfel damit marinieren und ausgekühlt mit der glattgerührten Mayonnaise vermengen.

FISOLENSALAT (4 Portionen)

500 g Fisolen, Marinade II oder Marinade III.

Von den Fäden befreite grüne Fisolen werden gewaschen, in schräge, dünne Streifen geschnitten, knapp bedeckt mit kochendem Salzwasser weich gekocht, abgetropft und noch heiß mit der Marinade übergossen. Sodann erkalten lassen.

GURKENSALAT (4 Portionen)

2 Salatgurken, Salz, 1/2 Knoblauchzehe, Marinade I, Paprika, edelsüß.

Nicht zu große Salatgurken werden geschält, eventuell werden die bitteren Spitzen weggeschnitten. Große Feldgurken entkernen, auf dem Gurkenhobel in dünne Blättchen reißen, mit Salz und feinzerdrücktem Knoblauch vermengen und zugedeckt 20–30 Minuten stehen lassen. Leicht ausdrücken, mit Marinade vermischen, anrichten und mit Paprika bestreuen.

GURKENSALAT MIT RAHM (4 Portionen)

2 Salatgurken, Salz, Knoblauch, 1/8 l Sauerrahm, weißer Pfeffer, 1 Eßlöffel gehacktes Dillkraut.

Die auf dem Gurkenhobel gerissenen Salatgurken werden mit Salz und einer Spur Knoblauch vermischt. Nach einer halben Stunde leicht ausdrücken, mit Sauerrahm, der mit weißem Pfeffer und gehacktem Dillkraut glattgerührt wurde, vermischen.

KARFIOLSALAT (4 Portionen)

1 Rose Karfiol, Marinade I, weißer Pfeffer, Petersilie.

Die Karfiolrose wird in kleine Röschen zerpflückt, gewaschen, knapp bedeckt mit Salzwasser kernig weich gekocht. Mit Marinade I, die mit gehackter Petersilie, weißem Pfeffer und Karfiolsud verbessert wurde, übergießen und gut durchziehen lassen. Vor dem Servieren eventuell noch nachwürzen.

KAROTTENSALAT (4 Portionen)

500 g Karotten, Marinade I, Petersilie.

Karotten werden gewaschen, geschält, in Salzwasser weich gekocht, erkaltet feinblättrig geschnitten, mit Marinade I und etwas gehackter Petersilie abgeschmeckt.

KRAUTSALAT (4 Portionen)

1 Kopf Weißkraut, etwa 500 g, 1/16 l Essig, mit Wasser verdünnt, Salz, Kümmel, 1 Würfelzucker, 3 Eßlöffel Öl.

Das Kraut wird halbiert, vom Strunk befreit und feinnudelig geschnitten. Die Marinade aus Essig, Wasser, Salz, Kümmel und Würfelzucker wird aufgekocht und über das Kraut geleert. Das Kraut fest zusammendrücken und etwa eine Stunde stehen lassen, sodann das Öl daruntermischen.

WARMER KRAUTSALAT (4 Portionen)

500 g Weißkraut, 1/16 l Weinessig, Wasser, Salz, weißer Pfeffer, Kümmel, Zucker, 100 g Selchspeck.

Das geputzte Kraut wird feinnudelig geschnitten, in der Marinade aus gewässertem Essig, Salz, Pfeffer, Kümmel und Zucker kräftig aufgekocht. Angerichtet mit kleinwürfelig geschnittenem, goldgelb geröstetem Selchspeck und dem ausgebratenen Fett heiß abbrennen.

ROTKRAUTSALAT (4 Portionen)

500 g Rotkraut, 1/16 l Essig, Wasser, Salz, weißer Pfeffer, Zucker, Kümmel, 4 Eßlöffel Öl, Rotwein.

Rotkraut wird halbiert, der Strunk und starke Blattrippen ausgeschnitten; das Kraut wird feinnudelig geschnitten. Verdünnter Essig wird mit Salz, weißem Pfeffer, einem Teelöffel Zucker und Kümmel aufgekocht und heiß über das Kraut geleert. Das Kraut zusammenpressen und eine Stunde marinieren. Mit Öl vermischen und mit einem Spritzer Rotwein abschmecken.

PAPRIKASALAT (4 Portionen)

4–6 grüne und/oder rote Paprikaschoten, Marinade II.

Paprikaschoten werden gewaschen, halbiert, Stiele und Kerne entfernen; Paprikaschoten innen auswaschen und feinstreifig schneiden. In der Marinade etwa eine Stunde ziehen lassen.

PARADEISERSALAT (4 Portionen)

600 g feste, reife Paradeiser, Marinade II, Schnittlauch.

Von den Paradeisern wird der Strunkansatz ausgeschnitten. Die Paradeiser etwa 5 Sekunden in kochendes Wasser halten, bis sich die Haut zu lösen beginnt. Herausheben, in kaltes Wasser legen und die Haut abziehen. In Scheiben schneiden, die Kerne entfernen, in eine Schüssel schlichten, mit Marinade übergießen und mindestens eine halbe Stunde ziehen lassen. Angerichtet mit Schnittlauch bestreuen.

RADIESCHENSALAT (Rettichsalat)
(4 Portionen)

500 g Radieschen oder Rettich, Salz, Marinade I, Schnittlauch.

Radieschen werden gewaschen, und Rettich wird geschält. Radieschen oder Rettich in dünne Scheiben schneiden, leicht einsalzen, nach 10 Minuten das ausgetretene Wasser ableeren. Mit der Marinade vermischen und angerichtet mit Schnittlauch bestreuen.

ROTE-RÜBEN-SALAT (4 Portionen)

500 g rote Rüben, Marinade IV, Kümmel.

Gut gewaschene rote Rüben werden kalt zugestellt, weich gekocht, in kaltes Wasser gelegt, die Schale abgezogen und die Rüben in dünne Scheiben geschnitten. Marinade IV mit etwas Kümmelzugabe aufkochen und heiß über die roten Rüben gießen. Am besten über Nacht stehen lassen.

SPARGELSALAT (4 Portionen)

600 g Spargel, Salz, 1 Teelöffel Zucker, 2 Eßlöffel Weinessig, 2 Eßlöffel Öl, Schnittlauch.

Sorgfältig geschälter Spargel wird in 2 Zentimeter lange Stücke geschnitten, holzige Enden entfernen, in Salzwasser mit einer Prise Zucker weich kochen, noch warm mit Essig, Öl und feingschnittenem Schnittlauch marinieren.

ZELLERSALAT (4 Portionen)

2 Zellerknollen, Salz, 1/2 Zitrone, 1 Teelöffel Weinessig, weißer Pfeffer, 1 Teelöffel Zucker, 2–3 Eßlöffel Öl.

Nicht zu große Zellerknollen werden gewaschen, dünn geschält, halbiert und dünnblättrig geschnitten. Mit Salzwasser, welches mit Zitronensaft, Essig, weißem Pfeffer und Zucker gewürzt wurde, knapp bedeckt weich kochen, erkalten lassen, eventuell nachwürzen und mit Öl vermischen.

CHAMPIGNON-SPINAT-SALAT (4 Portionen)

150 g Champignons, 200 g junger Spinat, 2 Eßlöffel Mayonnaise, 3 Eßlöffel Sauerrahm, Salz, weißer Pfeffer, Zitronensaft, Worcestershiresoße, Schnittlauch.

Feste, geschlossene Champignons werden geputzt, gewaschen, die Haut abgezogen und feinblättrig geschnitten. Zarter, junger Spinat wird von eventuell vorhandenen Stielen befreit, gut gewaschen, abgetropft und in feine Streifen geschnitten. Mit den Champignons in einer Schüssel vermischen.
Die Mayonnaise wird mit Sauerrahm, Salz, Pfeffer, Zitronensaft und Worcestershiresoße vermengt. Der Champignon-Spinat-Salat wird hiermit mariniert und mit Schnittlauch bestreut.

ROHKOST

Bei Rohkost werden Gemüse und Obst nur frisch und von erstklassiger Qualität verwendet. Je frischer die Gemüse verarbeitet werden, umso vitaminreicher sind sie. Die Produkte werden keiner küchenmäßigen Zubereitung – wie kochen oder dünsten – unterzogen, sondern nur unzerteilt gewaschen, und dann entweder so belassen oder geschnitten, gehackt, gerissen oder geschabt. Man kann Rohkost entweder ganz natur oder mit Salz, Zitronensaft und frischen Kräutern oder auch mit verschiedenen Marinaden wie Joghurt- und Essig-Öl-Marinaden gewürzt reichen. Rohkost wird ebenso aus Körnerfrüchten und verschiedenen Mahlprodukten zubereitet.

ROHKOSTPLATTE (4 Portionen)

1/2 Chinakohl, 1 Salatgurke, 1/2 Rose Karfiol, 1 Paprikaschote, 1 Bund Radieschen, 1 Rettich, 1 Fenchelknolle, 1/4 Weißkraut, 2 junge Karotten, 1 Kohlrübe, 1 Tasse Kresse, Zitronensaft, Salz, Pfeffer, Kräuteressig, Weinessig, Zucker, Petersilie. Joghurtdressing: *1/4 l Joghurt, 1 Eßlöffel Mayonnaise, 1 Eßlöffel Zitronensaft, Salz, 1 Prise Zucker, Pfeffer.*

Für eine Rohkostplatte gibt es nur wenig Gemüsesorten, die man nicht verwenden kann. Hier soll eine kleine Auswahl von geeigneten Gemüsen aufgezeigt werden.
Chinakohl in feine Streifen schneiden, mit Salz und etwas Kräuteressig würzen.
Salatgurke ungeschält dünnblättrig schneiden und salzen.
Karfiolröschen fein reißen, mit Salz, Zitronensaft und gehackter Petersilie würzen.
Paprikaschote in dünne Streifen schneiden und salzen.
Radieschen hobeln, Rettich mit dem Rettichschneider schneiden und mit Salz und Zitronensaft marinieren.
Fenchel in feinste Streifen schneiden, mit Salz, Pfeffer und Zitronensaft marinieren.

Weißkraut fein hobeln, Salz, Zucker und Weinessig beifügen.
Karotten reißen, mit Salz, Zucker und Zitronensaft marinieren.
Kohlrübe in feine Streifen schneiden, einsalzen.
Kresse abzupfen.
Alle Salate auf einer passenden Platte farblich abwechselnd anrichten, und ein Joghurtdressing extra dazustellen.
Joghurtdressing:
Joghurt und Mayonnaise mit der Schneerute gut verrühren, dann mit Zitronensaft und den Gewürzen kräftig aufschlagen.

BIRCHER-BENNER-MÜSLI

pro Portion: 1 Eßlöffel Haferflocken, 3 Eßlöffel Milch, Zitronensaft, 2 Eßlöffel Obers, 1 Eßlöffel Honig (oder Traubenzucker), 2 kleine Äpfel, 1 Eßlöffel Nüsse.

Pro Portion werden die angegebenen Mengen verwendet. Haferflocken einige Stunden oder über Nacht in Milch oder Wasser einweichen. Mit Zitronensaft, ungesüßtem Obers, Honig und ungeschälten, geriebenen Äpfeln und geriebenen Nüssen vermischen.

GEMÜSESÄFTE

Für Gemüsesäfte werden rohe, gut gewaschene Gemüse, wie Radieschen, Rettich, rote Rüben, Zeller, Karotten, Gurken und Paradeiser, geschält verwendet. In der Saftzentrifuge oder durch feines Reiben und Auspressen entsaften, und je nach Geschmack mit Obers, Joghurt, Kefir oder Sauerrahm, Zitronensaft, Zucker oder Traubenzucker, frischen Kräutern, Zwiebel, Salz und Pfeffer würzen. Spinat, Sauerampfer, Spitzwegerich, junge Brennesseln und Löwenzahnblätter können ebenfalls ausgepreßt und mit Rahm, Zucker und Zitronensaft verrührt werden.

WARME MEHLSPEISEN

Strudel

STRUDELTEIG

250 g glattes Mehl, 1 Teelöffel Öl, 1 Ei, Salz, ca. 1/8 l lauwarmes Wasser.

Das Mehl wird auf ein Brett gesiebt, in der Mitte eine Grube gemacht, das Öl, Ei, Salz und ein Teil des lauwarmen Wassers dazugegeben.

Nun verarbeitet man alles zu einem weichen Teig, den man mit der Hand so lange knetet, bis er seidig glatt geworden ist. Man legt den Teig auf eine mit Mehl bestaubte Stelle des Brettes, bestreicht ihn mit etwas Öl, bedeckt ihn mit einer vorher erwärmten Schüssel und läßt ihn 30 Minuten rasten. Hierauf wird über einen Tisch ein Tuch ausgebreitet und stark mit Mehl bestaubt. In die Mitte wird der Strudelteig gelegt; zunächst mit dem Nudelwalker (Rollholz) etwas ausgewalkt, mit Öl bestrichen und mit bemehlten Händen zuerst über eine Tischkante gezogen. Dann mit dem bemehlten Handrücken unter den Teig greifen und von der Mitte weg nach außen hin langsam so lange ziehen, bis der Teig dünn und durchsichtig ist. Die dickbleibenden Teigränder wegschneiden. Die Fülle auf zwei Drittel des Teiges verteilen und von der mit der Fülle bestrichenen Seite durch Hochheben des Tuches, bei gleichzeitigem langsamen Vorziehen, zur freien Teigseite rollen. Durch Hochheben des Tuches rollt man den Strudel auf ein leicht befettetes Backblech, bestreicht ihn gut mit zerlassener Butter und bäckt ihn je nach Größe 30–45 Minuten im geschlossenen Rohr.

APFELSTRUDEL (10 Portionen)

Strudelteig aus 250 g Mehl. Fülle: *60 g Butter, 60 g Semmelbrösel, $1^1/_2$ kg Äpfel, 50 g Rosinen, 2 Eßlöffel gehackte Nüsse, Zucker, Zimt, Zitronensaft, Staubzucker.*

Ein nach dem Grundrezept hergestellter Strudelteig wird auf einem bemehlten Tuch recht dünn in rechteckiger Form ausgezogen. Zwei Drittel des Teiges mit zerlassener Butter beträufeln, mit in Butter gerösteten Semmelbröseln bestreuen. Darüber werden geschälte, entkernte und blättrig geschnittene Äpfel verteilt und mit Rosinen, gehackten Nüssen, Zucker und Zimt bestreut. Mit Zitronensaft beträufeln und nach Anleitung einrollen. Auf ein befettetes Blech heben und, je nach Dicke, 30–45 Minuten backen. Warm, mit Zucker bestreut, servieren.

MOSTVIERTLER STRUDEL (4 Portionen)

Strudelteig: *250 g Mehl, ca. $^1/_8$ l lauwarmes Wasser, 1 Teelöffel Öl, Salz.*
Butter zum Beträufeln, 100 g gehackte Nußkerne. Fülle: *50 g Butter, 60 g Zucker, 2 Dotter, 150 g trockener Topfen, $^1/_{16}$ l Rahm, 400 g Äpfel, 400 g Birnen, 50 g Rosinen, Zitronenschale.*
Staubzucker, Vanillezucker.

Der Strudelteig wird laut Anleitung hergestellt, auf einem bemehlten Tuch ausgezogen, mit flüssiger Butter beträufelt und mit gehackten Nüssen bestreut. Mit nachstehend angegebener Fülle wird er zu zwei

Dritteln bestrichen, eingerollt und auf ein leicht befettetes Blech gelegt, sodann mit flüssiger Butter bepinselt und zirka 40 Minuten im Rohr gebacken.
Noch warm mit Staubzucker, welchen man mit etwas Vanillezucker vermischt hat, bestreuen und servieren.
Fülle:
Die Butter wird mit Zucker und Eidottern gut schaumig gerührt, sodann mit zerbröseltem Topfen und Sauerrahm vermengt. Zum Schluß mit geschälten, entkernten, blättrig geschnittenen Äpfeln und Birnen sowie Rosinen und der geriebenen Schale einer halben Zitrone vermischen.

ŻWETSCHKENSTRUDEL (10 Portionen)

Strudelteig aus 250 g Mehl. Fülle: *Butter, 1 1/2 kg Zwetschken, 100 g Zucker, 70 g abgezogene, geriebene Mandeln, 60 g Semmelbrösel, Zimt, Zitronenschale, 3 Eßlöffel Rum, Staubzucker.*

Dünn gezogener Strudelteig wird mit zerlassener Butter bestrichen. Zucker, geriebene Mandeln und Semmelbrösel werden vermischt auf den Teig gestreut. Entkernte, halbierte, mit etwas Zimt, Zitronenschale und Rum abgeschmeckte Zwetschken werden darauf verteilt. Der Strudel wird gerollt und mit Butter bestrichen. Wie Apfelstrudel backen und angezuckert warm servieren.

WEINTRAUBENSTRUDEL (10 Portionen)

Strudelteig aus 250 g Mehl. Fülle: *1 1/2 kg Weintrauben, 3 Eidotter, 40 g Staubzucker, 100 g Magertopfen, Zitronenschale, Zimt, 3 Eiweiß, 40 g Staubzucker, 50 g abgezogene, geriebene Mandeln, 30 g Mehl, Butter.*

Weintrauben waschen, abzupfen, gut abtropfen. Die Eidotter mit Staubzucker, Topfen, Zitronenschale und Zimt gut schaumig rühren. Die Eiweiß mit 40 g Staubzucker zu Schnee schlagen, abwechselnd mit geriebenen, geschälten Mandeln und Mehl unter den Abtrieb ziehen. Gezogenen Strudelteig mit zerlassener Butter beträufeln, mit dieser Mandelmasse bestreichen, Weintrauben einstreuen und wie Apfelstrudel einrollen.
Auf gefettetem Backblech etwa 1/2 Stunde flott backen, öfters mit Butter bestreichen.

KIRSCHENSTRUDEL (10 Portionen)

Strudelteig von 250 g Mehl. Fülle: *150 g Butter, 80 g Semmelbrösel, 750 g helle Kirschen, 750 g dunkle Kirschen, 60 g Schokolade, Zucker, Zimt.*

Ein dünn gezogener Strudelteig wird mit zerlassener Butter beträufelt, mit in Butter gerösteten Semmelbröseln zu $^2/_3$ bestreut und mit den entkernten Kirschen belegt. Sodann mit geriebener Schokolade, Zucker und Zimt überstreuen und wie einen Apfelstrudel rollen und backen.

WEICHSELSTRUDEL (10 Portionen)

Strudelteig aus 250 g Mehl. Fülle: *$1^1/_2$ kg Weichseln, 140 g abgezogene Mandeln, 140 g Staubzucker, 60 g Biskuitbrösel, Zitronenschale, Butter, Staubzucker.*

Weichseln werden entkernt und auf einem Sieb abgetropft. Feingeriebene, abgezogene Mandeln werden mit Staubzucker und Bröseln von feingeriebenem Biskuit vermischt, etwas geriebene Zitronenschale zugeben.
Ein gezogener Strudelteig wird mit zerlassener Butter bestrichen und mit der Hälfte des Mandelgemisches bestreut, die entkernten Weichseln werden darüber verteilt, das restliche Mandelgemisch darübergestreut.
Wie im Grundrezept beschrieben einrollen. Auf einem gebutterten Blech, mit Butter bestrichen, backen. Noch warm anzuckern.

RHABARBERSTRUDEL (10 Portionen)

Strudelteig aus 250 g Mehl, Butter. Fülle: *120 g Butter, 100 g Semmelbrösel, 1 kg Rhabarber, 180 g Zucker, Zimt, 60 g Rosinen, Staubzucker.*

Auf einem bemehlten Tuch wird Strudelteig dünn ausgezogen. Den Teig mit flüssiger Butter bestreichen, mit in Butter gerösteten Semmelbröseln bestreuen, mit geschälten, in etwa zentimergroße Stücke geschnittenen Rhabarbern belegen. Zucker und Rosinen darüberstreuen, einrollen und auf einem befetteten Blech im Rohr backen. Noch warm anzuckern.

MILCHRAHMSTRUDEL (10 Portionen)

Strudelteig aus 250 g Mehl. Fülle: *5 Semmeln, Milch, 100 g Butter, 150 g Staubzucker, $^1/_2$ Zitrone, 4 Eidotter, Salz, $^3/_{16}$ l Sauerrahm, 4 Eiklar, Butter, 50 g Rosinen, Staubzucker.* Kanarienmilch: *2 Dotter, $^1/_2$ l Milch, 1 Vanilleschote, 60 g Zucker.*

Die abgerindeten, in Milch geweichten Semmeln werden ausgedrückt und passiert. Butter wird schaumig gerührt. Nach und nach Zucker, Zitronensaft und etwas geriebene Zitronenschale, Eidotter, die passierten Semmeln sowie eine Prise Salz und den Sauerrahm einrühren.

Eiklar zu steifem Schnee schlagen und zum Schluß unter die Masse ziehen.
Strudelteig wie beschrieben zubereiten, mit flüssiger Butter bestreichen und die Semmelmasse auftragen. Mit Rosinen bestreuen, einrollen und in eine mit Butter ausgestrichene Rein, Pfanne oder feuerfeste Form legen. Mit zerlassener Butter bestreichen und im Rohr langsam mindestens 45 Minuten backen. Nach der halben Zeit mit 1/4 Liter kochender Milch übergießen und fertigbacken. Mit Kanarienmilch extra servieren.
Kanarienmilch: Milch wird mit Dotter verrührt, mit einem Stück Vanille und Zucker am Feuer schaumig geschlagen.

TOPFENSTRUDEL (10 Portionen)

Strudelteig aus 250 g Mehl. Fülle: *120 g Butter, 80 g Zucker, 20 g Vanillezucker, 4 Dotter, 500 g Topfen, 1/8 l Sauerrahm, Zitronensaft, Zitronenschale, 4 Eiklar, 50 g Rosinen, Butter zum Beträufeln, Staubzucker, Kanarienmilch.*

Ein dünn gezogener Strudelteig wird mit folgender Fülle bestrichen.
Fülle: Butter wird mit Zucker und Vanillezucker flaumig gerührt, nach und nach die Dotter, passierten Topfen, Sauerrahm, etwas Zitronensaft und Zitronenschale einrühren und mit dem steifgeschlagenen Eiklarschnee vermischen. Diese Masse auf den mit Butter bestrichenen Strudelteig fingerhoch auftragen, mit Rosinen bestreuen, nach Anleitung einrollen und in eine gebutterte Pfanne (feuerfestes Geschirr) einlegen, mit Butter beträufeln und langsam goldgelb backen. Warm überzuckern. Mit Kanarienmilch auftragen.

GRIESS-STRUDEL (10 Portionen)

Strudelteig aus 250 g Mehl, Butter. Fülle: *150 g Butter, 5 Eidotter, 2/10 l Sauerrahm, 250 g Grieß, Salz, 5 Eiklar.*
100 g Butter, 60 g Semmelbrösel, Staubzucker.

Strudelteig wird gezogen, mit zerlassener Butter beträufelt und mit folgender Fülle zur Hälfte bestrichen.
Fülle: In schaumig gerührter Butter werden nach und nach die Eidotter eingerührt, sodann der Sauerrahm und der Grieß dazugerührt und zum Schluß der mit einer Prise Salz steifgeschlagene Schnee untergemischt. Der Strudelteig wird nun eingerollt. Sodann mit einem bemehlten Kochlöffelstiel 5–6 Zentimeter breite Stücke abdrücken und mit einem Messer abschneiden. Die Ränder mit der Hand fest zusammendrücken und diese Stücke im leicht kochenden Salzwasser 20–25 Minuten langsam kochen. Nach 10 Minuten wenden. Die Stru-

delstücke gut abtropfen. Mit in Butter gerösteten, leicht gezuckerten Semmelbröseln übergießen, kräftig anzuckern und mit Zwetschkenröster servieren.

REISSTRUDEL (10–12 Portionen)

Strudelteig aus 250 g Mehl. Fülle: *3/4 l Milch, 120 g Rundkornreis, 50 g Butter, 2 Eier, Salz, 100 g Zucker, 50 g Rosinen.*
Butter, Staubzucker, Marillensoße.

Ein 3/4 Liter Milch wird aufgekocht und der Reis darin weich gekocht. 50 g Butter mit 2 Eiern, einer Prise Salz und Zucker schaumig rühren; mit den Rosinen in den Reis rühren. Strudelteig dünn ausziehen, mit Butter bestreichen und die Reismasse auftragen. Dann zusammenrollen und in eine gebutterte Pfanne oder feuerfeste Form legen. Mit zerlassener Butter bestreichen und schön braun backen. Anzuckern und mit Marillensoße servieren.

Aufläufe, Koche, Puddings

AUFLÄUFE

GRIESSAUFLAUF (6 Portionen)

100 g Grieß, 1/2 l Milch, Zitronenschale, 50 g Butter, 80 g Zucker, Salz, 3 Eidotter, 3 Eiklar, Butter für die Form, 200 g Kompottfrüchte.

Man kocht 100 g Grieß in 1/2 Liter Milch ein, gibt feingeriebene Zitronenschale dazu und läßt die Masse dick einkochen. Das Ganze auskühlen lassen, 50 g Butter mit 60 g Zucker und einer Prise Salz schaumig rühren, 3 Eidotter nach und nach dazurühren und unter die Grießmasse rühren. Zuletzt den mit 20 g Zucker steifgeschlagenen Eiklarschnee darunterziehen. Eine gebutterte Backform wird am Boden mit Kompottfrüchten ausgelegt. Die Grießmasse darüberfüllen und im mittelheißen Rohr eine 3/4 Stunde backen. In Würfel geschnitten und mit Kompottsaft umkränzt zu Tisch bringen.

ZITRONENAUFLAUF (6 Portionen)

6 Dotter, 140 g Staubzucker, 1/2 Zitrone, 6 Eiklar, Butter für die Form, Staubzucker.

6 Dotter und 140 g Staubzucker werden gut schaumig gerührt, bis eine dicke Masse entsteht. Saft und Schale einer halben Zitrone in diese rühren. 6 Eiklar werden zu festem Schnee geschlagen und locker untergezogen. Diese Masse in eine gebutterte, mit Staubzucker ausgestaubte Auflaufform füllen, zirka 25 Minuten bei mäßiger Hitze backen und sofort angezuckert servieren.

REISAUFLAUF (6 Portionen)

100 g Rundkornreis, 3/4 l Milch, Salz, 60 g Butter, 40 g Staubzucker, 1/2 Zitrone, 3 Eidotter, 30 g Rosinen, 3 Eiklar, 20 g Kristallzucker, Butter für die Form, Semmelbrösel, Staubzucker, 1/4 l Himbeersaft.

100 g Rundkornreis werden in der Milch mit einer Prise Salz langsam weich gekocht und kalt gestellt. Inzwischen werden 60 g Butter mit 40 g Staubzucker und Zitronenschale schaumig gerührt. Nach und nach 3 Eidotter zufügen und mit 30 g Rosinen in die Reismasse mischen. Zum Schluß 3 Eiklar, die mit 20 g Zucker steifgeschlagen wurden, unterziehen und in eine gebutterte und mit Semmelbröseln ausgestreute Auflaufform füllen. 45 Minuten im mäßig heißen Rohr goldbraun backen. Mit Zucker bestreut servieren. Himbeersaft dazu reichen.

TOPFENAUFLAUF (6 Portionen)

500 g Topfen, 6 Eidotter, 100 g Staubzucker, Zitronenschale, 40 g Mehl, 20 g Vanillezucker, 6 Eiklar, Butter für die Auflaufform, Staubzucker.

Die Eidotter werden mit Staubzucker, Topfen und Zitronenschale gut schaumig gerührt. Sodann das Mehl einrühren, und zum Schluß den mit Vanillezucker steif ausgeschlagenen Schnee darunterziehen. Die Masse in einer gebutterten Auflaufform bei mittlerer Hitze im Rohr 25 Minuten backen. Sofort mit Zucker bestreuen und auftragen.

KOCHE

sind Aufläufe nach Wiener Art, die ähnlich einer Tortenmasse hergestellt und im Rohr gebacken werden. Sie eignen sich zum Heiß- und Kaltservieren.

KIPFELKOCH (4–6 Portionen)

5 Semmelkipferln, 70 g Butter, 50 g Staubzucker, 1 Paket Vanillezucker, 4 Eidotter, 4 Eiklar, 30 g Rosinen, Butter für die Form, Semmelbrösel, Staubzucker, Marillensoße.

Zu einem Abtrieb von Butter, Staubzucker, einem Packerl Vanillezucker und Eidottern mischt man den festen Schnee der Eiklare, die in dünne Scheiben geschnittenen und mit 1/8 Liter Milch befeuchteten Kipferln sowie Rosinen; füllt diese Masse in eine mit Butter ausgestrichene und mit Semmelbröseln ausgestreute Form und bäckt sie im Rohr etwa 45 Minuten.

Fertiggebacken wird das Koch auf eine Platte gestürzt, in Portionen geschnitten, angezuckert und mit Marillensoße umkränzt.

FRITTATENKOCH (4–6 Portionen)

Frittaten: *1/4 l Milch, 2 Eier, 60 g Mehl, Butter zum Backen.*
70 g Butter, 70 g Staubzucker, 3 Eidotter, 70 g abgezogene, geriebene Mandeln, 3 Eiklar.
Weinchaudeau.

Aus 1/4 Liter Milch, 2 Eiern und Mehl wird ein Teig bereitet. In Butter daraus dünne Palatschinken backen. Erkaltet feinnudelig schneiden. Butter wird mit Staubzucker und 3 Eidottern sehr gut schaumig gerührt. Abgezogene, geriebene Mandeln dazurühren und den festen Schnee von 3 Eiklar unterziehen. Die Frittatennudeln dazumischen. Die Masse in eine mit Butter ausgestrichene Dunstmodel füllen und im Dunst 30 Minuten kochen. Stürzen und mit Weinchaudeau servieren.

APFELKOCH (6 Portionen)

5 Semmeln, 1/4 l Milch, 80 g Butter, 80 g Zucker, Zitronenschale, 4 Eidotter, 2 Eßlöffel Rum, 40 g Mehl, 4 Eiklar, Vanillezucker, 4 mittlere Äpfel, Butter und Semmelbrösel zum Backen, Staubzucker.

Die Semmeln werden abgerindet, in Scheiben geschnitten und in Milch geweicht. Butter wird mit Zucker, geriebener Zitronenschale und nach und nach 4 Eidottern und Rum schaumig gerührt. Das Mehl und die Semmeln einrühren, mit Vanillezucker steifgeschlagenen Schnee von 3 Eiklar darunterziehen.
In einer gebutterten, mit Bröseln ausgestreuten Pfanne lagenweise geschälte, entkernte, dünnblättrig geschnittene Äpfel, wieder Semmelmasse, wieder Äpfel usw. einschichten. Mit Semmelmasse abschließen, glattstreichen und im mittelheißen Rohr backen. Mit Zucker bestreut servieren.

MANDELKOCH (4–6 Portionen)

70 g Butter, 50 g Staubzucker, Zimt, Zitronenschale, 4 Eidotter, 4 Eiklar, 20 g Kristallzucker, 1 Packerl Vanillezucker, 80 g geschälte, geriebene Mandeln, 20 g Semmelbrösel, Butter für die Pfanne, Staubzucker, Mandelcremesoße.

Küchenwarme Butter wird mit Staubzucker, Zimt, Zitronenschale und nach und nach 4 Eidottern gut schaumig gerührt. Schnee von 4 Eiklar mit 20 g Kristallzucker und 1 Packerl Vanillezucker steifschlagen und dann mit 80 g geschälten, geriebenen Mandeln und 20 g Semmelbröseln und dem Butterabtrieb vermischen. Eine Pfanne mit Butter ausstreichen, die Mandelmasse einfüllen und langsam 40–50 Minuten backen. Mandelcremesoße extra reichen.

NUSSKOCH

Rezeptur wie bei Mandelkoch, jedoch statt Mandeln Nüsse verwenden.

Nußkoch wird wie Mandelkoch zubereitet. Nußcreme extra reichen.

PUDDINGS

sind Auflaufmassen, die im Gegensatz zu den Aufläufen im Dunst gebacken werden. Die Massen sind großteils identisch. Zum Kochen werden die Puddigformen in ein Geschirr gestellt, das höher als die Formen ist und bis zur Dreiviertelhöhe der Puddigformen mit Wasser gefüllt wird. Nicht ganz zugedeckt etwa 35 Minuten kochen.

VANILLEPUDDIG (PUDDINGGRUNDMASSE)

(8–10 Puddingformen)

70 g Butter, 90 g Mehl, 1/4 l Milch, 4 Eidotter, 4 Eiklar, Salz, 20 g Kristallzucker, 20 g Vanillezucker, Butter und Staubzucker für die Formen.
Vanillesoße.

In zerlassener Butter wird das Mehl kurz durchgeröstet, mit Milch aufgegossen und die Masse bei schwacher Hitze so lange gerührt, bis sie sich vom Geschirr löst. Noch heiß nach und nach die Eidotter einrühren. Eiklar mit einer Prise Salz, Kristallzucker und Vanillezucker steifschlagen und vorsichtig unter die Masse ziehen. In vorbereitete, leicht gebutterte und mit Staubzucker ausgestreute Puddingformen die Masse zu 3/4 Höhe einfüllen und im Wasserbad langsam eine 3/4 Stunde kochen.
Zum Anrichten stürzen und mit Vanillesoße überziehen.

HIMBEERPUDDING (8–10 Puddingformen)

Vanillepuddig (Grundmasse), 3 Eßlöffel fein passierte Himbeeren, Himbeersoße.

In die Grundmasse werden, vor Zugabe des Eiklarschnees, die fein passierten Himbeeren gemischt.
Wie bei der Grundmasse beschrieben in die Puddingformen füllen, und im Dunst ganz langsam 50–60 Minuten kochen. Stürzen und mit Himbeersoße umkränzen.

SCHOKOLADEPUDDING (8–10 Puddingformen)

Vanillepudding (Grundmasse), 80 g Schokolade, Schokoladesoße.

Der Vanillepuddingmasse wird vor Zugabe der Eidotter 80 g erweichte oder geriebene Schokolade beigemischt und dann der Pudding wie beim Grundrezept fertig zubereitet. Der Pudding wird gestürzt, mit Schokoladesoße überzogen und serviert.

MOHR IM HEMD (6–8 Puddingformen)

100 g Butter, 80 g Staubzucker, 5 Eidotter, 100 g Schokolade, 2 Semmeln, 80 g Nüsse, 60 g Semmelbrösel, 20 g Kristallzucker, 5 Eiklar, Butter und Staubzucker für die Formen.
Schokoladesoße 1/4 l Schlagobers.

Butter wird mit Staubzucker und nach und nach 5 Eidottern und erweichter Schokolade verrührt. Entrindete, in Milch geweichte Semmeln werden gut ausgedrückt und passiert in die Masse gerührt. Nun mischt man geriebene Nüsse, Semmelbrösel sowie den mit Kristallzucker steif ausgeschlagenen Schnee von 5 Eiklar darunter, füllt gut ausgebutterte und mit Staubzucker ausgestaubte Puddigformen 3/4 voll und kocht den Pudding im Wasserbad ganz langsam 30–35 Minuten lang. Gestürzt mit Schokoladesoße überziehen und mit geschlagenem Obers garnieren.

Omeletten

BISKUITOMELETTE (4 Portionen)

4 Eidotter, 50 g Staubzucker, Zitronenschale, 4 Eiklar, 30 g Kristallzucker, 60 g Mehl.
40 g Butter für die Pfanne, 60 g Marillenmarmelade, 1 Teelöffel Rum, Staubzucker.

Die Eidotter werden mit Staubzucker und Zitronenschale sehr schaumig gerührt. Das Eiklar wird zu Schnee geschlagen, mit Kristallzucker steif ausgeschlagen und mit dem Mehl vorsichtig unter die Dottermasse gezogen. In einer großen Omelettenpfanne wird Butter erhitzt, der Teig etwa zweifingerdick hineingefüllt und im mittelheißen Rohr gebacken. Aus dem Ofen genommen, wird sie in der Mitte mit einem Messer eingeritzt, gestürzt und mit Marillenmarmelade, die mit etwas Rum abgeschmeckt wurde, gefüllt. Das Ganze zusammenklappen, mit Staubzucker bestreuen und sofort servieren.

OMELETTE MIT FRÜCHTEN (4 Portionen)

Biskuitomelette, Marillenmarmelade, 100 g Kompottfrüchte, Maraschino, Staubzucker.

Eine Biskuitomelette wird mit heißer Marillenmarmelade (ohne Rum) bestrichen, mit kleingeschnittenen, in wenig Kompottsaft erwärmten Kompottfrüchten, die mit etwas Maraschino abgeschmeckt wurden, gefüllt, zusammengeklappt und mit Staubzucker bestreut.

BÉCHAMELOMELETTE „JOHANN STRAUSS" (6–8 Portionen)

80 g Butter, 100 g Mehl, 1/4 l Milch, 6 Eidotter, 6 Eiklar, 80 g Kristallzucker, 100 g geklärte Butter, 3 Orangen, Orangensoße.

Butter zerschmelzen, das Mehl darin kurz rösten, mit der Milch aufgießen, und unter ständigem Rühren so lange rösten, bis sich die Masse vom Geschirr löst. Die Eidotter werden in die noch heiße Masse einzeln eingerührt. Eiklar mit Zucker zu Schnee steifschlagen und in die überkühlte Masse einrühren. In geklärter Butter in einer Omelettenpfanne schwach fingerdicke, kleine Omeletten beidseitig backen, mit dünnen Orangenscheiben belegen und mit heißer Orangensoße übergießen.

SALZBURGER NOCKERLN (4 Portionen)

5 Eiklar, 100 g Staubzucker, 3 Eidotter, Vanille, Zitronenschale, 30 g Mehl, 20 g Butter, 1/8 l Milch, Vanille, Staubzucker.

5 Eiklar werden zu Schnee geschlagen, 100 g Zucker dazugeben und nochmals steif ausgeschlagen. Sodann 3 Eidotter, Vanille, feingeriebene Zitronenschale und 30 g Mehl vorsichtig unter die Masse ziehen. In einer vorbereiteten, feuerfesten Schüssel 20 g Butter, 1/8 Liter Milch und Vanille erhitzen, darauf 3 große Nockerln setzen, und im Rohr bei starker Hitze 8–10 Minuten goldbraun backen. Die Nokkerln sollen innen noch leicht cremig sein. Sofort angezuckert servieren.
Man kann etwas Erdbeermark dazu reichen.

Palatschinken

PALATSCHINKEN (4 Portionen)

200 g Mehl, 2 Eier, 3/8 l Milch, 1 Dotter, 1 Prise Salz, 100 g Butter oder Fett zum Backen, Marmelade, Staubzucker.

In einer Schüssel Mehl, Milch, Eier, Eidotter und Salz zu einem glatten Teig verquirlen. Eventuell noch etwas Milch zugeben, so daß ein dünnflüssiger Teig entsteht. zugedeckt eine halbe Stunde ruhen lassen.

In einer Pfanne wenig Fett erhitzen und so viel Teig eingießen, daß der Boden der Pfanne dünn bedeckt ist; dabei die Pfanne bewegen, so daß der Teig gleichmäßig verteilt wird. Bei mäßiger Hitze auf beiden Seiten hellbraun backen. Die fertigen Palatschinken auf einen warmen Teller geben.

Sobald der Teig aufgebraucht ist, werden die Palatschinken mit verdünnter Marmelade bestrichen, zusammengerollt und vor dem Auftragen leicht überzuckert.

TOPFENPALATSCHINKEN (4 Portionen)

Palatschinkenteig: *100 g Mehl, 1 Ei, Salz, Zucker, Butter zum Backen.* Fülle: *30 g Butter, 40 g Staubzucker, 3 Eidotter, 250 g trokkener Topfen, 50 g Rosinen, 1/16 l Sauerrahm, 3 Eiklar, 20 g Vanillezucker.*

Butter für die Pfanne, Überguß, 1/8 l Milch, 1 Ei, 1 Teelöffel Zucker, Staubzucker.

Aus Mehl, Ei, Salz, Zucker und Milch wird ein dünnflüssiger Palatschinkenteig hergestellt, und daraus werden dünne Palatschinken gebacken.

30 g Butter werden mit Staubzucker und Eidotter gut schaumig verrührt, passierter Topfen, Rosinen, Zitronenschale und Sauerrahm dazugerührt und zum Schluß der mit etwas Vanillezucker steif ausgeschlagene Eiklarschnee von 3 Eiern daruntergezogen. Diese Topfenmasse wird nun auf die gebackenen, erkalteten Palatschinken aufgeteilt, jede einzelne zusammengerollt und halbiert in eine gebutterte Pfanne dachziegelartig eingeschlichtet. Im heißen Rohr kurz anbacken, mit 1/8 Liter Milch, das mit 1 Ei und 1 Teelöffel Zucker versprudelt wurde, übergießen und 25 Minuten langsam fertigbacken. Angezuckert in der Pfanne auftragen.

SCHOKOLADEPALATSCHINKEN (4 Portionen)

12 Palatschinken, Butter, 150 g Schokolade, 50 g Rosinen, 40 g Staubzucker, 50 g geriebene Nüsse, Rum, 1/16 l Schlagobers.

Man bäckt schöne, gleichmäßige Palatschinken, füllt sie mit folgender Mischung, rollt sie zusammen und erwärmt sie rasch in geklärter Butter, richtet an und serviert sie sofort leicht überzuckert.

Fülle: Schokolade wird gerieben, mit Rosinen, Staubzucker, geriebenen Nüssen vermischt, mit Rum befeuchtet und mit geschlagenem Obers verrührt.

KAISERSCHMARREN (4–6 Portionen)

4 Dotter, 150 g Mehl, ca. 1/4 l Milch, Salz, 4 Eiklar, 30 g Zucker, 70 g Butter, 50 g Rosinen, Staubzucker.

Die Dotter werden mit Milch, Mehl und einer Prise Salz zu einem glatten Teig gerührt, der mit Zucker steif ausgeschlagene Eiklarschnee daruntergezogen. In einer großen Omelettenpfanne läßt man 50 g Butter aufschäumen, gießt die Teigmasse ein, streut Rosinen darüber und bäckt den Schmarren auf einer Seite goldbraun. Wendet und bäckt ihn auf der zweiten Seite, bis er innen fast durch ist, und zerreißt den Schmarren mit zwei Gabeln in nicht zu kleine Stücke. 20 g frische Butter zugeben, den Schmarren bei starker Hitze kurz durchschwingen. Der goldbraun gebackene Kaiserschmarren wird angerichtet, mit Staubzucker bestreut und mit Zwetschkenröster serviert.

KIRSCHENSCHMARREN

3 Eidotter, ca. 3/16 l Obers, 120 g Mehl, Salz, 40 g Zucker, 3 Eiklar, 250 g Kirschen, Zimt, Staubzucker.

Die Eidotter werden mit Obers, Mehl und etwas Salz zu einem glatten nicht zu dünnen Teig verrührt; Eiklarschnee mit Zucker steif ausschlagen; Kirschen abzupfen und entkernen und mit dem Schnee in die Masse mischen.
Wie bei „Kaiserschmarren“ zubereiten.
Angerichtet mit Zimtzucker bestreuen.

GRIESS-SCHMARREN

1/2 l Milch, 60 g Butter, Salz, 200 g grober Grieß, 50 g Rosinen, 1 Eidotter, 50 g Butter zum Backen, Staubzucker.

Die Milch wird mit Butter und einer Prise Salz aufgekocht, den groben Grieß einlaufen lassen und langsam dick verkochen, vom Feuer nehmen, Rosinen und 1 Eidotter einrühren. In einer Pfanne läßt man die Butter heiß werden, gibt die Grießmasse hinein und läßt sie im Rohr unter öfterem Zerkleinern goldbraun und körnig backen. Angerichtet mit Staubzucker bestreuen, mit Zwetschkenröster oder Fruchtsaft servieren.

SEMMELSCHMARREN (4 Portionen)

5 Semmeln, ca. 1/4 l Milch, 2 Eier, 1 Eßlöffel Staubzucker, Zitronenschale, 50 g Rosinen, 60 g Butter, Staubzucker, Zimt.

Die Semmeln dünn abrinden und blättrig schneiden. 1/4 Liter Milch mit 2 Eiern, 1 Eßlöffel Zucker und Zitronenschale versprudeln; die geschnittenen Semmeln damit übergießen. Rosinen darüber streuen und das Ganze etwa 10 Minuten stehen lassen. In einer Pfanne die Butter erhitzen und die Semmelmasse einfüllen, im Rohr unter öfterem Zerkleinern braunkrustig backen. Beim Anrichten mit Zucker und Zimt bestreuen.

TOPFENSCHMARREN (4 Portionen)

250 g trockener Topfen, 4 Eidotter, 3/16 l Sauerrahm, Prise Salz, 80 g Mehl, 20 g Zucker, 4 Eiklar, 60 g Butter, Staubzucker.

Zerriebener Topfen wird nach und nach mit 4 Eidottern, Salz und Sauerrahm verrührt. Mehl einrühren und zum Schluß Zucker und steifgeschlagenen Eiklarschnee darunterziehen. In einer Pfanne Butter erhitzen und die Masse eingießen. Im Rohr lichtbraun backen, mit der Backschaufel zerstechen und kurz nachbacken. Der Schmarren soll schön saftig bleiben und wird beim Auftragen angezuckert. Dazu kann man eine Fruchtsoße reichen.

Knödel und Nudeln

ERDÄPFELTEIG

Etwa 10 Knödel, 400 g mehlige Erdäpfel, 125 g Mehl, 25 g Butter, 1 Eidotter, Salz.

Die am Vortag in der Schale gekochten Erdäpfel werden geschält, fein gerissen oder zerdrückt, mit Mehl, flüssiger Butter, Eidotter und Salz zu einem nicht zu festen Teig geknetet. Nur kurz abarbeiten, da der Teig sonst in der Konsistenz nachläßt. Vor dem Weiterverarbeiten einen Probeknödel in kochendes Salzwasser legen. Ist er zu weich, dem Teig noch etwas Mehl oder Grieß zufügen. Ist der Teig zu fest, etwas Butter einkneten.

TOPFENTEIG ZUM FÜLLEN

Etwa 10 Knödel, 250 g 10 %iger Topfen, 1 Ei, 60 g Butter, 125 g Mehl, 2 Eßlöffel Grieß.

Passierter Topfen wird nach und nach mit flüssiger Butter, dem Ei, einer Prise Salz, Mehl und Grieß zu einem Teig vermischt, 20–30 Minuten kalt stellen. Sodann ein Probeknöderl anfertigen, welches man im Salzwasser 7 bis 8 Minuten kocht. Ist der Teig zu weich, fügt man noch etwas Mehl bei, ist er zu fest, muß man noch flüssige Butter einrühren.

BRANDTEIG FÜR GEFÜLLTE KNÖDEL

Etwa 10 Knödel, 3/8 l Milch, 20 g Butter, Salz, 250 g Mehl, 2 Eier.

Milch wird mit Butter und einer Prise Salz aufgekocht. Das Mehl unter kräftigem Rühren mit einem Kochlöffel hineinschütten und bei kleiner Hitze so lange rühren, bis sich der Teig von Geschirr und Löffel löst. Danach die Eier einrühren, und zwar so, daß das nächste Ei erst dann zugegeben wird, wenn der Teig wieder glatt ist. Erkalten lassen und auf dem Brett kurz durchkneten. Zu einer dicken Rolle formen, dünne Scheiben abschneiden, die vorbereitete Frucht einwickeln, den Teig rundum gut verschließen, Knödel formen und in kochendem Salzwasser etwa 5–8 Minuten langsam kochen.

MARILLENKNÖDEL

Erdäpfelteig oder Topfenteig oder Brandteig, 10–15 Marillen, Würfelzucker, 80 g Butter, 80 g Semmelbrösel, Staubzucker.

Der gewählte Teig wird zu einer dicken Rolle geformt und in Scheiben geschnitten. Von den Marillen wird mit einem Kochlöffelstiel der Kern herausgestoßen und durch einen halben Würzelzucker ersetzt. Jede Marille in ein Stück Teig einschlagen und gut verschlossen geformt in leicht kochendem Salzwasser, bei nicht ganz geschlossenem Deckel, kochen. Aus dem Wasser heben und abtropfen. Butter und geriebene Semmelbrösel rösten und die Knödel darin rollen. Angezuckert servieren.

ZWETSCHKENKNÖDEL

Erdäpfelteig oder Topfenteig oder Brandteig, 10–15 Zwetschken, Würfelzucker, 80 g Butter, 100 g Semmelbrösel, Staubzucker.

Werden wie Marillenknödel hergestellt. Bei süßen Zwetschken kann man den Würfelzucker weglassen, bei sehr sauren Früchten ein ganzes Stück hineingeben.

KIRSCHENKNÖDEL

Erdäpfelteig oder Topfenteig oder Brandteig, 1/2 kg abgezupfte Kirschen, 80 g Butter, 80 g Semmelbrösel, Staubzucker.

Abgezupfte, gewaschene Kirschen werden zu mehreren Stücken mit dem gewählten Teig zu Knödeln geformt und wie Marillenknödel behandelt.

TOPFENKNÖDEL (4–6 Portionen)

120 g entrindete Semmeln, 500 g 10%iger Topfen, 50 g Butter, 4 Eier, Salz, Vanille, Zitronenschale, 60 g Butter, 60 g Semmelbrösel oder 100 g trockener, zerbröselter Topfen oder 50 g geriebener Mohn und Staubzucker.

Semmeln entrinden, 120 g abwiegen, kleinwürfelig schneiden. Mit dem passierten Topfen, flüssiger Butter und ganzen Eiern, einer Prise Salz, etwas Vanille und geriebener Zitronenschale vermischen und 20 Minuten rasten lassen. Mit befeuchteten Händen kleine Knödel formen und in leicht kochendem Salzwasser, nicht ganz zugedeckt, 7 Minuten kochen. Sodann herausheben und entweder in mit Butter gerösteten Semmelbröseln vorsichtig wälzen und anzuckern oder angerichtet mit zerbröseltem Topfen bestreuen und zuckern oder mit geriebenem, mit Staubzucker vermischtem Mohn bestreuen.

GERMKNÖDEL

250 g Mehl, etwa 1/16 l Milch, 10 g Germ, Salz, 10 g Zucker, 1 Eidotter, 25 g Butter, 100 g Powidl, Rum, Zimt, 50 g Mohn, Staubzucker, 80 g Butter.

Mehl in einen Kessel sieben und warm stellen. Die auf Handwärme gebrachte Milch mit Zucker, zerbröselter Germ und etwas Salz verrühren und zum Mehl geben. Ei und zerlassene Butter beigeben und mit einem Kochlöffel so lange abschlagen, bis sich der Teig vom Löffel löst. Der Teig soll ziemlich fest gehalten werden. Zugedeckt etwa eine Viertelstunde an einem warmen Ort rasten lassen. Dann in zwölf gleichgroße Stücke teilen, jedes zu einer Kugel formen und mit dem Nudelwalker handtellergroß ausrollen. Powidl mit Rum und Zimt abschmecken und je einen Teelöffel davon in die Mitte des Teiges geben. Den Teig über den Powidl schlagen und fest zusammendrücken. Mit der Naht nach unten auf ein bemehltes Brett legen und mit einem Tuch bedecken. An einem warmen Ort etwa um die halbe Größe aufgehen lassen. In der Zwischenzeit einen genügend großen Topf mit Salzwasser zum Kochen bringen. Germknödel so einlegen, daß jeder Knödel genügend Platz hat, nicht ganz zugedeckt 5 Minuten kochen. Umdrehen, mit einer Nadel 2–3mal einstechen und in leicht kochendem Wasser fertigkochen. Mit einem Nadeleinstich probieren, ob die Knödel fertig sind, wenn kein Teig mehr

GEBACKENE HOLLUNDERBLÜTEN

10 Hollunderblütendolden, 250 g Mehl, 1 Teelöffel Backpulver, 1 Prise Salz, 4 Eigelb, 3 Eßlöffel Olivenöl, 1 1/2 Tassen helles Bier, 4 Eiweiß, Fett zum Backen.

Die Hollunderblütendolden gut waschen und abtropfen lassen. Das Mehl mit dem Backpulver in eine Schüssel sieben und mit dem Salz, den Eigelb und dem Öl glattrühren. Nach und nach das Bier unterrühren. Die Eiweiß steif schlagen und unterheben. Das Fett in der Friteuse auf 175 Grad erhitzen. Die Hollunderblütendolden in den Teig tauchen und in dem heißen Fett goldgelb backen. Herausheben und auf Küchenkrepp abtropfen lassen. Sofort servieren. Dazu mit Zimt gemischten Zucker reichen.

haften bleibt, sind die Knödel gar. Sofort herausheben, abtropfen, mit feingeriebenem, mit Staubzucker vermischtem Mohn dicht bestreuen und mit heißer Butter übergießen.
Germknödel können auch auf einem Sieb im Dampf gekocht werden, hier braucht man die Knödel nicht wenden.

MOHNNUDELN (4 Portionen)

Erdäpfelteig, 100 g geriebener Mohn, Staubzucker, 50 g Butter.

Erdäpfelteig wird in daumendicke Rollen geformt, mit einem bemehlten Messer werden nußgroße Stücke abgetrennt und mit der Handfläche auf leicht bemehltem Brett zu länglichen, an den Enden dünneren und in der Mitte bauchigen Nudeln gerollt. In leicht kochendem Salzwasser 4–5 Minuten kochen, herausheben, abtropfen und anrichten. Geriebenen Mohn mit Staubzucker vermischen, über die Nudeln streuen und mit flüssiger Butter übergießen.

BRÖSELNUDELN (4 Portionen)

Erdäpfelteig, 60 g Brösel, 60 g Butter, Staubzucker.

Wie Mohnnudeln herstellen, abtropfen und in mit Butter gerösteten Semmelbröseln wälzen. Mit Staubzucker bestreuen.

NUSSNUDELN

Erdäpfelteig, 50 g Butter, 60 g Nüsse, Staubzucker.

Werden wie Mohnnudeln vorbereitet und abgetropft in flüssiger Butter geschwungen. Angerichtet mit geriebenen Nüssen und mit Staubzucker bestreut.

In Fett gebackene Mehlspeisen

BACKTEIG FÜR MEHLSPEISEN

MILCHTEIG

1/8 l Milch, 120 g Mehl, Salz, 2 Eidotter, 1 Eßlöffel Öl, 1/2 Eßlöffel Rum, 2 Eiklar, 10 g Zucker.

Milch wird mit Mehl, Salz, Eidottern, Öl und Rum zu einem dickflüssigen, glatten Teig verrührt und 20 Minuten zum Rasten gestellt. Eiklar wird mit Zucker zu festem Schnee geschlagen und unter den Teig gezogen, wieder etwa 5 Minuten stehen lassen und dann rasch verarbeiten.

WEINTEIG

1/8 l Wein, 120 g Mehl, Salz, 2 Eidotter, 1 Eßlöffel Öl, Zitronenschale, 2 Eiklar, 10 g Zucker.

Wird mit den obenstehenden Zutaten wie Milchbackteig zubereitet.

GEBACKENE APFELSPALTEN (4–6 Portionen)

Backteig für Mehlspeisen, 3/4 kg Äpfel, 1/2 Zitrone, Zimt, Zucker, 1/2 Teelöffel Rum, Backfett, Staubzucker.

Die Äpfel werden geschält, das Kerngehäuse ausgestochen und in fingerdicke Scheiben geschnitten. Dann mariniert man mit Zitronensaft, Zimt, Zucker und Rum für 10 Minuten. Sodann Apfelspalten in den Backteig tauchen und in heißem Fett schwimmend auf beiden Seiten goldbraun backen.
Abgetropft mit Zucker bestreut servieren.

WÄSCHERMÄDELN (4 Portionen)

Backteig, 12 Marillen, 120 g Marzipan, Zucker, 1 Eßlöffel Rum, Backfett, Staubzucker.

Frische Marillen in kochendes Wasser legen, nach 5–10 Sekunden herausnehmen, kurz in kaltes Wasser legen und die Haut abziehen. Die Marillen aufschneiden, den Kern herausnehmen und durch ein Stück Marzipan ersetzen. Mit Zucker und etwas Rum marinieren, kurz ziehen lassen. Die Marillen in den Backteig tauchen und in heißem Fett schwimmend goldbraun backen. Abtropfen, anrichten und mit Staubzucker bestreuen.

SCHLOSSERBUBEN (4 Portionen)

Backteig, 24 gedörrte Zwetschken, 24 Mandeln, Zucker, Zimt, Zitronensaft, 80 g Schokolade, 50 g Staubzucker.

Gedörrte Zwetschken über Nacht einweichen. Abtropfen, den Kern entfernen und durch eine abgezogene Mandel ersetzen. Mit Zucker, Zimt und Zitronensaft leicht marinieren. Einzeln in den Backteig tauchen und in heißem Fett schwimmend rasch goldbraun backen, herausheben, vom Fett abtropfen und noch heiß in geriebener Schokolade mit Zucker vermischt wälzen. Sofort servieren.

GEBACKENE ZWETSCHKEN (4 Portionen)

Backteig, 20 Zwetschken, 20 Mandeln, Backfett, 20 g Zucker, 10 g Vanillezucker.

Frische Zwetschken werden geschält, entkernt und in die Kernhöhle wird eine abgezogene Mandel gegeben. Dann in den Backteig tauchen und in heißem Fett rasch goldbraun backen. Abgetropft mit Zucker und Vanille bestreuen.

POWIDLPOFESEN (4 Portionen)

4 Semmeln, 50 g Powidl, 1/2 Teelöffel Rum, Zitronenschale, 1/8 l Milch, 10 g Vanillezucker, 2 Eier, Backfett, Zucker, Zimt.

Die Semmeln werden dünn geschält, in fingerdicke Scheiben geschnitten, wobei man immer zwei und zwei zusammenhängen läßt. Man bestreicht diese zusammenhängenden Scheiben mit Powidl, der mit etwas Rum und Zitronensaft abgeschmeckt wurde, und drückt sie zusammen. Die Semmelschnitten in vanillierter Milch etwas weichen lassen, herausheben, durch die versprudelten Eier ziehen und in heißem Fett rasch goldgelb backen. Angerichtet mit Kristallzucker und Zimt bestreuen.

ARME RITTER (4 Portionen)

4 Semmeln, 20 g Zucker, Zimt, 1/8 l Milch, 1 Ei, Semmelbrösel, Backfett, Staubzucker.

Semmeln werden in fingerdicke Scheiben geschnitten und in mit Zimt und Zucker gewürzter Milch, in die ein Ei gesprudelt wird, geweicht. In Semmelbröseln wenden und in heißem Backfett goldbraun backen. Anrichten, anzuckern und Himbeersaft dazu reichen.

SPITZKRAPFEN ODER STRAUBEN (4 Portionen)

1/8 l Milch, 20 g Butter, Salz, 120 g Mehl, 2 Eier, 1 Eidotter, Backfett, Staubzucker.

Die Milch wird mit Butter und einer Prise Salz aufgekocht, das Mehl eingerührt und unter fortwährendem Rühren auf kleiner Hitze geröstet, bis es sich vom Geschirr löst. Noch heiß die Eier und den Eidotter nach und nach einrühren. In einen Spritzsack mit gesternter Tülle einfüllen und auf ein leicht geöltes Pergamentpapier Ringe mit einem Durchmesser von etwa 5 Zentimetern dressieren. Sodann das Backfett erhitzen und die Spritzkrapfen mit dem Papier nach oben ins heiße Fett einlegen. Sobald sie sich lösen, das Papier abziehen und die Krapfen auf jeder Seite 4–5 Minuten backen. Abtropfen, überzukkern und mit Himbeersaft umkränzen.

GEBACKENE MÄUSE

Germteig, 300 g Mehl, 15 g Germ, 3/16 l Milch, 25 g Zucker, 3 Dotter, 50 g Butter, 1 Teelöffel Rum, Backfett, Staubzucker.

Mehl wird in einem Weitling gesiebt und leicht erwärmt. Die Germ wird zerbröselt, mit 1/16 Liter lauwarmer Milch, etwas Mehl und Zucker verrührt und zugedeckt an einem warmen Ort zum Aufgehen gestellt. Wenn das Dampfl um das Doppelte des Volumens aufgegangen ist, mit dem Mehl, der restlichen lauwarmen Milch, zerlassener Butter, Zucker, Dotter und Rum zu einem nicht zu festen Teig vermengen und so lange abschlagen, bis sich dieser vom Kochlöffel löst. Nach einer halben Stunde Rasten mit einem in Öl getauchten Löffel aus dem Teig Nockerl ausstechen und diese in heißem Fett schwimmend von allen Seiten goldbraun backen.
Abgetropft anzuckern.

POLSTERZIPF

280 g Mehl, 140 g Butter, 3 Dotter, Salz, 1/16 l Sauerrahm, 10 g Zucker, 1 Teelöffel Rum, Marillenmarmelade, Backfett, Staubzucker.

Aus Mehl, Butter, Dotter, Salz, Sauerrahm, Zucker und Rum wird ein fester glatter Teig geknetet und 10 Minuten kühl gestellt. Auf einem Brett etwa halbfingerhoch ausrollen, auf drei Teile zusammenschlagen, wieder ausrollen und das Ganze noch zweimal wiederholen. Dann 10 Minuten rasten lassen. Sodann zweimillimeterdick ausrollen, große Vierecke ausradeln, etwas Marmelade in die Mitte setzen und die Ränder mit Ei bestreichen. Zusammenklappen in heißem Fett goldgelb backen. Abgetropft fest überzuckern.

KALTE MEHLSPEISEN

Germspeisen

Germteigzubereitung

Die Bereitung von Germteig zerfällt in drei Arten, und zwar in geschlagenen, gerührten und gekneteten Germteig.

GEDAMPFELTER GERMTEIG

Am häufigsten wird die geschlagene Art verwendet. Diese erfordert die meiste Aufmerksamkeit, da der Teig mit einem Dampfl oder sogenannten Vorteig hergestellt wird.

DAMPFL ODER GÄRPROBE

Germ wird in eine kleine Schüssel gebröselt, mit etwas Zucker, einigen Eßlöffeln lauwarmer Milch und Mehl zu einem weichen Teig verrührt, mit Mehl dick bestaubt und an einem warmen Platz (nicht über 35°C) so lange stehen gelassen, bis das Dampfl aufgegangen ist und die Oberfläche starke Risse im darübergestreuten Mehl aufweist.

TEIGBEREITUNG

Das Mehl wird in einem Weitling gesiebt und angewärmt. Butter zergehen lassen (darf nicht heiß werden), mit Ei, Eidotter, Salz und sonstigen Gewürzen schaumig rühren, mit der Milch und der Gärprobe (Dampfl) zum Mehl geben und mit einem Kochlöffel so lange schlagen, bis sich der Teig vom Geschirrand und Löffel löst. Teig zudecken. An einen warmen Ort stellen. So lange gehen lassen, bis sich das Teigvolumen um ein Drittel vermehrt hat. Mit dem Kochlöffel oder der bemehlten Hand zusammenstoßen und zugedeckt wieder gehen lassen. Wenn in der Rezeptur darauf hingewiesen wird, ist dieser Vorgang noch einmal zu wiederholen. Am Schluß zusammenschlagen, ausarbeiten, noch einmal um ein Drittel aufgehen lassen und nach der Rezeptur backen.

BÖHMISCHER GERMTEIG

Hierbei werden alle Zutaten mit einer um 30°C liegenden Temperatur verarbeitet und gut geknetet. Danach wie gedampfelten Teig zudecken, zum Aufgehen stellen, zusammenstoßen und nach Rezeptur weiterverarbeiten.

GERMGUGELHUPF

500 g Mehl, 30 g Germ, 20 g Zucker, ca. 1/8 l Milch, 100 g Butter, 1 Eßlöffel Rum, 3 Eidotter, Zitronenschale, 20 g Rosinen, Salz, 50 g Mandeln, Butter und Mehl für die Form.

Eine Gugelhupfform wird mit Butter dünn ausgefettet, mit Mehl ausgestaubt und mit geschälten, ganzen Mandeln am Boden kranzförmig ausgelegt. Aus den obenstehend angeführten Zutaten wird nach Anleitung ein gedampfelter Germteig bereitet, die Rosinen zugegeben und der weichgehaltene Teig etwa dreiviertelvoll in die vorbereitete Gugelhupfform gefüllt. Zum Aufgehen an einen mäßig warmen Ort stellen und sodann bei mäßiger Hitze etwa 1 Stunde backen. Es ist ratsam, die ersten 10 Minuten die Türe des Backrohres einen Spalt geöffnet zu lassen. Durch Nadeleinstiche feststellen, ob der Gugelhupf durchgebacken ist. Schließlich auf ein Gitter stürzen und mit Zucker bestreuen.

FASCHINGSKRAPFEN (20–25 Stück)

Germteig, 500 g Mehl, 30 g Germ, 40 g Zucker, 1/8 l Milch, 60 g Butter, 4 Dotter, 1 Eßlöffel Rum, Salz, Vanille, Zitronenschale, Marillenmarmelade, Mehl zum Stauben, Backfett, Staubzucker.

Aus den obenstehenden Zutaten wird ein mittelfester gedampfelter Germteig, wie in der Anleitung beschrieben, hergestellt. Mit einem Tuch bedecken und an einem warmen Ort einmal gehen lassen. Den Teig auf einem bemehlten Brett etwa fingerdick mit einem Nudelwalker ausrollen, mit einem runden, glatten Ausstecher (5–6 Zentimeter Durchmesser) Scheiben ausstechen. Teigreste zusammenkneten und wieder ausrollen. Teigscheiben ausstechen. Die Hälfte der Teigscheiben in der Mitte mit etwas Marillenmarmelade belegen, mit einer zweiten Teigscheibe – die unbemehlte Seite nach innen – bedecken und die Ränder leicht zusammendrücken. Man sticht mit dem Krapfenausstecher noch einmal aus und legt die Krapfen verkehrt auf ein stark bemehltes Blech, überdeckt sie mit einem mit Mehl bestaubten Tuch und läßt die Krapfen um die Hälfte ihrer Größe aufgehen. Inzwischen in einer Rein etwa 3 Fingerhoch Fett erhitzen, die aufgegangenen Krapfen mit der nach oben gekehrten Seite nach unten ins heiße Fett legen und zugedeckt von einer Seite goldbraun backen. Mit einem Löffelstiel wenden und nicht zugedeckt auf der zweiten Seite backen, so daß in der Mitte ein schöner weißer Rand entsteht. Herausheben, auf einem Gitter abtropfen, anzuckern, warm und kalt servieren.

MARILLENKUCHEN

Germteig, 250 g Mehl, 20 g Germ, ca. 1/8 l Milch, 50 g Zucker, 1 Eidotter, 1 Ei, 80 g Butter, Salz, Zitronenschale, 500 g Marillen, Staubzucker.

Aus obenstehenden Zutaten wird ein gedämpfelter Germteig zubereitet. Dieser wird mit dem Nudelwalker ausgerollt, auf ein leicht befettetes Backblech gelegt und mit den in Mehl getauchten Händen dünn auseinandergedrückt. Sodann das Ganze dicht mit abgezogenen, halbierten Marillen belegen, zum Aufgehen stellen und dann im mittelheißen Rohr backen. Noch warm mit Zucker bestreuen.

MOHNSTRUDEL

Germteig, 400 g Mehl, 25 g Germ, ca. $^3/_{16}$ l Milch, 80 g Butter, 60 g Zucker, 1 Ei, 1 Eidotter, Salz, Zitronenschale, Fett fürs Backblech, 1 Ei zum Bestreichen. Mohnfülle: *250 g Mohn, fein gerieben, $^1/_4$ l Milch, 50 g Butter, 50 g Zucker, 20 g Rosinen, Zimt, Zitronenschale, 1 Eßlöffel Honig, 1 Eßlöffel Rum.*

Die Zutaten werden mit der Gärprobe zu einem festeren Teig vermengt und gut abgeschlagen. Nach dem Rasten fingerdick ausrollen, mit der vorbereiteten Mohnfülle besteichen, einrollen und auf ein leicht gefettetes Blech legen. Mit einem Tuch bedeckt gehen lassen, mit zersprudeltem Ei bestreichen und bei mäßiger Hitze backen.
Mohnfülle:
Milch wird mit Butter, Zucker, Rosinen, Zimt, Zitronenschale, Honig und Rum aufgekocht, der feingemahlene Mohn wird darin weich gekocht. Vor dem Einfüllen kalt stellen.

NUSS-STRUDEL

Germteig wie bei Mohnstrudel, 1 Ei zum Bestreichen, Fett fürs Backblech.
Nußfülle: *200 g geriebene Nüsse, 50 g Semmelbrösel, $^1/_4$ l Milch, 30 g Zucker, 20 g Butter, 1 Eßlöffel Rum, 40 g Rosinen, Zitronenschale, 1 Eßlöffel Honig.*

Wie für Mohnstrudel einen Germteig vorbereiten. Den Teig mit der Nußfülle bestreichen und einrollen. Nach dem Aufgehen etwa eine $^3/_4$ Stunde langsam backen.
Nußfülle: Milch wird mit Zucker, Butter, Rum, Rosinen, Zitronenschale und Honig zum Kochen gebracht, die geriebenen Nüsse und die Semmelbrösel einrühren und kalt stellen.

ERDÄPFELBROT

30 g Germ, 70 g Zucker, 500 g Mehl, $^3/_{16}$ l Milch, 70 g Butter, 1 Ei, Salz, Zitronen- und Orangenschale, fein gerieben, 200 g gekochte, passierte Erdäpfel, 40 g Rosinen, 1 Ei zum Bestreichen.

Aus der zerbröselten Germ wird mit einer Prise Zucker, 100 g Mehl und $^1/_{16}$ Liter lauwarmer Milch ein Dampfl angesetzt. Inzwischen wird aufgelöste Butter mit dem restlichen Zucker, Ei, einer Prise Salz, Zitronen- und Orangenschale gut schaumig gerührt. Das erwärmte Mehl auf ein Brett sieben. Die am Vortag gekochten, fein passierten Erdäpfel, den Butterabtrieb, das Dampfl und Rosinen mit dem Mehl zu einem glatten Teig kneten. Teilen und zwei Brotlaibe formen, auf ein leicht befettetes Blech legen und zum Gehen stellen. Wenn sich die Brotlaibe um ihr halbes Volumen vergrößert haben, im mittelheißen Rohr, nachdem sie mit zersprudeltem Ei bestrichen wurden, backen.

Plunder- oder Germbutterteig

GERMBUTTERTEIG (PLUNDERTEIG)

Butterziegel: *300 g Butter, 50 g Mehl.* Germteig: *350 g Mehl, 40 g Germ, 40 g Zucker, ca. 1/8 l Milch, 40 g Butter, 2 Eidotter, 5 g Salz, Zitronenschale.*

Gekühlte Butter mit Mehl rasch zu einer glatten Masse verarbeiten. Zu einem zweifingerhohen Ziegel formen und kalt stellen. Aus obenstehenden, nicht erwärmten Zutaten einen seidig glatten Teig kneten. Nicht gehen lassen! Sternförmig ausrollen, den Butterziegel in der Mitte auflegen und die vier Seiten darüberschlagen. Den Teig fingerdick ausrollen, die beiden Enden zur Mitte hin einschlagen und wie ein Buch zusammenklappen. Im Kühlschrank kurz rasten lassen, wieder ausrollen und wie vorher behandeln. Kalt rasten lassen. Messerdick ausrollen und nach nachstehend angeführten Rezepten behandeln. Schließlich auf ein befettetes Blech legen, aufgehen lassen und bei starker Hitze (etwa 200°C) backen.

TOPFENGOLATSCHEN

Germbutterteig (Grundrezept). Topfenfülle: *250 g Topfen, 50 g Butter, 100 g Zucker, 1 Dotter, 20 g Rosinen, 2 Eiklar, Zitronenschale, 1 Ei zum Bestreichen, Fett fürs Backblech.*

Germbutterteig wird messerrückendick ausgerollt und in zwölfmal 12 Zentimeter große Vierecke geschnitten. Mit je einem gehäuften Eßlöffel Topfenfülle belegen, die vier Ecken übereinanderschlagen und leicht zusammendrücken. Auf ein leicht befettetes Blech setzen, mit einem Tuch bedecken, aufgehen lassen, mit zersprudeltem Ei bestreichen und im mittelheißen Rohr backen.
Topfenfülle:
Butter mit Eidotter gut schaumig rühren, passierten Topfen, Rosinen, Zitronenschale und mit Zucker ausgeschlagenen Eiklarschnee darunterziehen.

MOHNGOLATSCHEN

Germbutterteig (Grundrezept), Mohnfülle wie für Mohnstrudel, 1 Ei zum Bestreichen, Fett fürs Backblech.

Wie Topfengolatschen herstellen.

NUSSGOLATSCHEN

Germbutterteig, Nußfülle wie für Nußstrudel, 1 Ei zum Bestreichen, Fett fürs Backblech.

Wie Topfengolatschen herstellen.

NUSSROLLEN

Germbutterteig, Nußfülle wie beim Nußstrudel, 1 Ei zum Bestreichen, Fett fürs Backblech, Zitronenglasur.

Germbutterteig in etwa 20 Zentimeter breite Streifen auswalken, mit Nußfülle bestreichen, einrollen, in 4–5 Zentimeter große Stücke schneiden, auf ein gefettetes Blech setzen, aufgehen lassen, mit Ei bestreichen und im mittelheißen Rohr backen.
Mit Zitronenglasur bestreichen.

MOHNKIPFERLN

Germbutterteig, Mohnfülle wie beim Mohnstrudel, 1 Ei zum Bestreichen, Fett fürs Backblech, 50 g Marillenmarmelade, Rumglasur.

Aus ausgerolltem Germbutterteig spitze Dreiecke schneiden. An der breiten Seite 1 Teelöffel Mohnfülle auflegen, zur Spitze hin einrollen. Kipferln formen, auf ein leicht befettetes Blech setzen, gehen lassen, mit Ei bestreichen und im mittelheißen Rohr backen. Mit heißer Marillenmarmelade bestreichen und mit Rumglasur glasieren.

Butter- oder Blätterteig

BUTTERTEIG – BLÄTTERTEIG

250 g Mehl, 250 g Butter (Margarine), 1 Eidotter, 1 Teelöffel Essig, Salz, kaltes Wasser.

Butterteig wird mit Butter, Blätterteig hingegen mit Margarine hergestellt.
Der Butterteig (Blätterteig) besteht aus einem Butterziegel (Margarineziegel) und einem sogenannten Vorteig.
Butterziegel (Margarineziegel): 250 g Butter (Margarine) werden mit 2 Eßlöffel Mehl zu einem glatten Ziegel verknetet. Mit einem Messer die unebenen Ränder glatt schneiden und kalt stellen.
Vorteig: Restliches Mehl wird auf ein Brett gesiebt, mit den von dem Butterziegel geschnittenen Resten, Eidotter, Essig, Salz und kaltem

Wasser nach Bedarf zu einem seidig glatten, nicht zu festen Teig geknetet. Das Ganze zu einer Kugel formen, kreuzförmig einschneiden und zugedeckt 20 Minuten rasten lassen.
Einschlagen des Butterziegels: Der gerastete Vorteig wird von der Mitte ausgehend ausgerollt, so daß ein vierteiliger Stern entsteht, der in der Mitte etwas dicker bleiben soll. Nun wird der Butterziegel in die Mitte gesetzt und die vier Teigflügel werden über diesen zusammengeschlagen, so daß der Butterziegel völlig eingeschlossen ist. Nun von der Mitte nach außen, ohne zu drücken, mit dem Nudelwalker fingerdick zu einem Rechteck ausrollen. Das Mehl abkehren, ein Drittel des Teiges zur Mitte hin einschlagen, das freie Drittel darüberschlagen und im Kühlschrank 20 Minuten zugedeckt rasten lassen. Nach dieser Rastzeit den Teig auf leicht bemehltem Brett wieder fingerdick ausrollen und abkehren. Von beiden Seiten zur Mitte hin einschlagen und wie ein Buch zusammenlegen, wieder rasten lassen. Noch je einmal dreifach und einmal vierfach zusammenlegen, und danach jeweils 20 Minuten ruhen lassen.
Nun ist der Butterteig (Blätterteig) zur weiteren Verarbeitung fertig.

BUTTERTEIG-APFELSTRUDEL

Butter- oder Blätterteig, 1/2 kg Äpfel, Zucker, Wasser, Zitronensaft, Rosinen, 1 Ei.

Die Äpfel werden geschält, entkernt, geviertelt, dickblättrig geschnitten, in wenig Wasser mit Zucker, Zitronensaft und Rosinen fast weich gedünstet und kalt gestellt.
Butterteig wird stark messerrückendick in Form eines Rechteckes ausgerollt. Von den Längsseiten je einen fingerbreiten Streifen schneiden und zum Verzieren beiseite legen. In die Mitte des Teiges die Apfelfülle legen, die Seitenteile des Teiges werden über die Fülle geschlagen und mit zersprudeltem Ei aneinandergeklebt. Sodann mit der Naht nach unten auf ein befettetes Blech legen, mit den Teigstreifen kreuzweise verzieren, mit Ei bestreichen und bei 200°C anbacken, die Hitze zurücknehmen und langsam ausbacken.

ÄPFEL IM SCHLAFROCK

Butter- oder Blätterteig, 8 kleine Äpfel, Zitronensaft, Zimt, Rosinen, Nüsse, Ribiselmarmelade, Nelken, 1 Ei zum Bestreichen.

Stark messerrückendick ausgerollter Butterteig wird in zwölfmal 12 Zentimeter große Teigstücke geschnitten. Entkernte, geschälte Äpfel mit Zitronensaft und Zimt marinieren, in die Mitte der Teigquadrate setzen, in die Kerngehäusehöhlung Rosinen, gehackte Nüsse und Ribiselmarmelade füllen. Die Ecken des Teiges über den Äpfeln zusammenschlagen, mit Nelken feststecken und auf einem leicht befeuchteten Blech, mit Ei bestrichen, zuerst im heißen Rohr anbacken und dann bei mäßiger Hitze ausbacken.

CREMESCHNITTEN

Butter- oder Blätterteig, Staubzucker. Vanillecreme: *1/4 l Milch, 5 Eidotter, 1 Ei, 50 g Kristallzucker, 20 g Vanillezucker, 20 g Stärkemehl, 3 Blatt Gelatine, 1/8 l Schlagobers.*

Butterteig wird messerrückendick ausgerollt, in zwei gleichgroße Hälften geschnitten, auf ein leicht befeuchtetes Backblech gelegt und mit einer Messerspitze etliche Male angestochen. Sodann zuerst bei starker Hitze angebacken und dann mäßig heiß ausgebacken. Ausgekühlt eine Fläche mit Vanillecreme bestreichen, die zweite Teighälfte in Portionen schneiden und mit der Oberseite nach unten auf die Vanillecreme setzen. Stark angezuckert servieren.
Vanillecreme: In einem Schneekessel wird Milch mit Eidotter, Ei, Zucker und Stärkemehl über Dunst dick schaumig geschlagen, die in kaltem Wasser erweichte, ausgedrückte Gelatine unterrühren und danach kalt rühren. Kurz vor dem Stocken steifgeschlagenes Obers unterziehen.

Torten, Kuchen und Schnitten

BISKUITROULADE

150 g Zucker, 150 g Mehl, 5 Eier, Vanille, Salz, Marillenmarmelade, Staubzucker.

Die ganzen Eier werden mit dem Zucker, Vanille und einer kaum spürbaren Prise Salz über Dunst warm aufgeschlagen, bis sie dickflüssig und zumindest doppelt so hoch geworden sind. Vom Dunst wegnehmen, und im kalten Wasserbad so lange weiterschlagen, bis die Masse ausgekühlt ist. Vorsichtig das gesiebte Mehl unterziehen. Die Masse auf einen Bogen Papier streichen und bei starker Hitze flott backen. Sofort auf ein bemehltes Papier von gleicher Größe stürzen, Papier abziehen. Das fertige Biskuit mit erwärmter Marmelade bestreichen, einrollen und in Papier gewickelt auskühlen lassen. Überzuckern und in fingerdicke Schnitten teilen.

MARMORGUGELHUPF

200 g Butter, 150 g Staubzucker, 20 g Vanillezucker, 4 Eidotter, Zi-

trone, $^1/_{16}$ l Milch (70° C), 30 g Kristallzucker, 4 Eiklar, 220 g Mehl, 20 g Kakao, Butter und Mehl für die Form, Staubzucker.

Butter wird mit Staubzucker, Vanillezucker und nach und nach den Eidottern, etwas Zitronensaft und -schale gut schaumig gerührt. Sodann die heiße Milch in den Abtrieb rühren und den mit Kristallzucker steif ausgeschlagenen Eiklarschnee unter die Masse rühren. Das gesiebte Mehl vorsichtig unterziehen. Ein Drittel dieser Masse mit gesiebtem Kakao mischen. Eine gebutterte, mit Mehl ausgestaubte Gugelhupfform mit der halben hellen Masse, dann mit der Kakaomasse und darüber wieder hellen Masse füllen und im mittelheißen Rohr etwa 60 Minuten backen. Stürzen und anzuckern.

WIENER GUGELHUPF (12 Portionen)

100 g Öl, 4 Eidotter, 240 g Zucker, $^1/_{10}$ l Wasser, $^1/_2$ Zitrone, 30 g Backpulver, 240 g Mehl, 4 Eiklar, 50 g abgezogene Mandeln, Butter und Mehl für die Form, Staubzucker.

Öl wird mit Eidotter und Zucker gut 20 Minuten verrührt, dann $^1/_{10}$ Liter Wasser, Saft und Schale einer halben Zitrone und das mit Backpulver versiebte Mehl darunterrühren. Steifgeschlagenen Eiklarschnee und 50 g nicht zu fein gehackte abgezogene Mandeln darunterheben. In eine bebutterte, mit Mehl ausgestaubte Gugelhupfform füllen und etwa 60 Minuten bei mittlerer Hitze backen. Noch heiß stürzen und mit Staubzucker bestreuen.

FRÜCHTEKUCHEN (12 Portionen)

200 g Butter, 150 g Staubzucker, 5 Eidotter, Zitronenschale, 5 Eiklar, 50 g Kristallzucker, 200 g Mehl, 20 g Rosinen, 20 g Arancini, 20 g kandierte Kirschen, 20 g Zitronat, 20 g Nüsse, 50 g Schokolade, 1 Eßlöffel Rum oder Maraschino.

Butter, Staubzucker und nach und nach 5 Eidotter mit der Zitronenschale sehr schaumig rühren. 5 Eiweiß mit Kristallzucker zu einem steifen Schnee ausschlagen und unter den Abtrieb mischen. Das gesiebte Mehl mit den kleingeschnittenen in Rum oder Maraschino gebeizten Früchten, gehackten Nüssen und der in Würfel geschnittenen Schokolade verrühren. In einer mit Papier ausgelegten Kuchenform etwa 1 Stunde langsam backen, stürzen und mit Zucker bestreuen.

KIRSCHENKUCHEN

125 g Butter, 125 g Staubzucker, 2 Eidotter, 1 ganzes Ei, Zitronenschale, 90 g Mehl, 500 g Kirschen.

Butter mit Staubzucker, 2 Eidottern und einem ganzen Ei gut schaumig rühren, etwas Zitronenschale und 90 g Mehl gut vermischen und in die Masse rühren. Auf ein Backblech streichen mit frischen Kirschen belegen und im Rohr backen. Noch warm anzuckern.

BIENENSTICH (12 Portionen)

100 g Butter, 100 g Staubzucker, ½ Paket Vanillezucker, 1 Ei, 250 g Mehl, ½ Paket Backpulver, 6 Eßlöffel Milch. Belag: *100 g Butter, 100 g Zucker, ½ Paket Vanillezucker, 100 g Mandelsplitter, 2 Eßlöffel Milch.*

100 g Butter mit Staubzucker, Vanillezucker und 1 Ei gut verrühren. Die Masse soll schaumig sein. 250 g Mehl, ½ Packerl Backpulver und 6 Löffel Milch unterziehen und den Teig einen Fingerhoch auf ein gefettetes Backblech streichen.

100 g zerlassene Butter, 100 g Zucker, 10 g Vanillezucker, 10 g geschälte Mandelsplitter und 2 Eßlöffel Milch durchkochen und erkalten lassen. Die Masse mit diesem Belag bestreichen und alles im Rohr etwa 35 Minuten backen.

REHRÜCKEN (12 Portionen)

200 g Staubzucker, 200 g geschälte Mandeln, Zimt, gestoßene Nelken, Zitronenschale, 8 Eidotter, 60 g Kakaopulver, 8 Eiweiß, Marillenmarmelade, Schokoladeglasur, Pignoli oder Mandeln zum Bestecken.

150 g Zucker mit rohen geriebenen Mandeln, Zimt, gestoßenen Nelken, Zitronenschale und nach und nach 8 Eidotter gut rühren, gesiebtes Kakaopulver zugeben und die Masse sehr schaumig rühren. 8 Eiklarschnee werden mit 50 g Zucker sehr steif ausgeschlagen und unter die Masse gehoben, in eine gefettete und gestaubte Rehrückenform gefüllt und langsam etwa 5/4 Stunden gebacken. Sodann das Ganze stürzen, ausgekühlt einmal quer durchschneiden und mit Marillenmarmelade füllen. Den Rehrücken mit dicker Schokoladeglasur überziehen und mit Pignoli oder gestiftelten, abgezogenen Mandeln spicken.

LINZER TORTE, WEISS (gerührter Teig)

280 g Butter, 140 g Zucker, 140 g abgezogene Mandeln, 2 Eidotter, Zitronenschale, 320 g Mehl, 1 weiße Backoblate, Ribiselmarmelade, Staubzucker.

Butter wird mit Zucker, abgezogenen und feingeriebenen Mandeln nach und nach verrührt. Sodann Eidotter und Zitronenschale langsam zugeben und die Masse sehr schaumig rühren. Das Mehl einrühren und die halbe Masse in eine Tortenform füllen. Mit einer weißen Backoblate abdecken, mit Ribiselmarmelade bestreichen und die restliche Masse mittels Dressiersackes gitterförmig darüberspritzen. Im mittelheißem Rohr bei fingerbreit offener Ofentür anbacken und eine Stunde fertigbacken. Nicht stürzen! Erkalten lassen. Anzuckern.

KAISERTORTE (12 Portionen)

180 g Butter, 250 g Zucker, 6 Eidotter, 50 g Kakaopulver, 140 g geriebene Mandeln, 50 g Stärkemehl, 6 Eiklar für Schnee. Füllcreme: *100 g Butter, 50 g Zucker, 30 g Kakaopulver.* Überguß: *200 g weißes Fondant, 30 g Kakao, 1 Eiklar, 1/2 Teelöffel Rum. Marillenmarmelade.*

Butter mit 200 g Zucker und nach und nach 6 Eidotter 20 Minuten lang schaumig rühren. Gesiebten Kakao, rohe geriebene Mandeln und Stärkemehl beigeben. Den mit 50 g Zucker ausgeschlagenen Eiklarschnee unter die Masse heben. Die Masse in eine am Boden gefettete oder mit Papier ausgelegte Tortenform füllen und etwa 50–60 Minuten mittelheiß (Nadelprobe) backen. Über Nacht erkalten lassen, glatt aus der Form schneiden und in drei gleichdicke Blätter teilen. Für die Creme werden 100 g Butter mit Zucker und gesiebtem Kakaopulver gut schaumig gerührt, die Torte damit gefüllt. Rundum mit Marillenmarmelade einstreichen und mit Kakaoglasurmasse überziehen.

Überguß: Weißes Fondant erwärmen, Kakao und Rum einrühren; ein Eiklar unterziehen.

DOBOSTORTE

Dobosblätter: *4 Eier, 90 g Zucker, 50 g Butter, 90 g Mehl, Vanille.* Doboscreme: *150 g Butter, 50 g Staubzucker, 50 g flüssige Schokolade, 20 g Nougat. Karamelglasur.*

Eier mit Zucker und Vanille über Dunst warm aufschlagen. Wieder kalt schlagen, Mehl unterziehen und zum Schluß vorsichtig die flüssige Butter einrühren. Mit einem Tortenreifen zeichnet man 5 Ringe auf ein gefettetes, bemehltes Backblech und streicht die Masse dünn in der Tortenform auf. Im heißen Rohr rasch goldgelb backen. Noch heiß vom Blech lösen, mit Tortenreifen zu gleicher Größe ausstechen. Das schönste Blatt mit Karamelglasur (Dobosglasur) überziehen und sofort mit einem vor jedem Schnitt gefetteten Messer in Tortenstücke

portionieren. Die übrigen vier Teile mit der nachstehend beschriebenen Schokoladecreme füllen, aufeinandersetzen, rundum glatt verstreichen und den geschnittenen, glasierten Oberteil aufsetzen.
Creme: Butter mit Zucker und Nougat schaumig rühren, die erweichte Schokolade dazugeben und diese Masse stark schaumig rühren.

ELISABETHTORTE

140 g Zucker, 4 Dotter, 1 1/2 Zitronenschalen, Zimt, 140 g geriebene, ungeschälte Mandeln, 30 g Brösel, Zitronensaft, 25 g Arancini, 25 g gestiftelte, geschälte Mandeln, Pistazien, 4 Eiklar. Zitronenglasur.

Zucker mit Dottern, geriebenen Zitronenschalen, Zimt, geriebenen braunen Mandeln, Bröseln, Zitronensaft und kleingeschnittenen Aranini sowie gestiftelten weißen Mandeln verrühren. 4 Eiklarschnee steif ausschlagen und unter die Masse heben. Etwa eine Stunde bei mittlerer Hitze backen. Über Nacht erkalten lassen und mit Zitronenglasur überziehen. Einen Kranz aus Pistazien stecken.

Teegebäck

LINZER AUGEN

150 g Butter, 230 g Mehl, 80 g Staubzucker, 2 Eidotter, 60 g Mandelsplitter, 1 Ei zum Bestreichen, Marillenmarmelade.

Butter wird mit Mehl auf ein Brett gebröselt, mit Staubzucker und Eidotter rasch zu einem Teig geknetet, der nach kurzem Rasten etwa 3–4 Millimeter dick ausgerollt und rund ausgestochen wird. Es sollen Scheiben von einem Durchmesser von 8–10 Zentimeter entstehen. Die Hälfte der ausgestochenen Teigscheiben mit einem Loch versehen. Diese Oberteile mit Ei bestreichen und mit abgezogenen, gehobelten Mandeln bestreuen. Ober- und Unterteile auf ein Blech setzen und licht backen. Die Unterteile mit Marillenmarmelade bestreichen und die mit Mandeln bestreuten Ringe obenauf setzen.

VANILLEKIPFERLN

250 g Mehl, 210 g Butter, 100 g geriebene Nüsse, 60 g Staubzucker, 20 g Vanillezucker. 30 g Vanillezucker, 50 g Staubzucker.

Aus Mehl, Butter, feingeriebenen Nüssen, Staubzucker und Vanillezucker rasch einen Teig kneten und für eine Weile kalt stellen. Zweifingerdicke Schlangen formen, in keine Teilchen schneiden und mit der Hand kleine Kipferln formen. Auf ein Backblech setzen. Bei mittlerer Hitze hell backen, etwas überkühlen und vom Blech nehmen. Vanillezucker mit Staubzucker mischen und die Kipferln darin wälzen.

KLOSTERKIPFERLN

210 g Mehl, 140 g in der Schale geriebene Mandeln, 100 g Schokolade, 50 g Staubzucker, 2 Dotter, 150 g Butter. Fertige Schokoladeglasurmasse. 50 g Pistazien.

Mehl wird mit braunen, geriebenen Mandeln, geriebener Schokolade, Zucker, Eidottern und Butter rasch zu einem Teig verknetet und etwas kalt gestellt. Schlangen formen, nußgroße Teile schneiden und mit der Hand zu bauchigen Kipferln formen. Auf ein Backblech setzen, vorsichtig licht backen. Erkaltet mit Schokoladeglasurmasse überziehen und mit gehackten Pistazien bestreuen.

HUSARENKRAPFERLN

210 g Mehl, 140 g Butter, 70 g Staubzucker, 10 g Vanillezucker, Zitronenschale, 2 Eidotter, 30 g Mandeln, 1 Ei zum Bestreichen, 100 g Marillenmarmelade.

Aus Butter, Staubzucker, Vanillezucker, Zitronenschale, Mehl und Eidottern wird auf dem Brett rasch ein Teig verarbeitet. Nach kurzem Rasten kleine Kugeln formen, auf ein nicht befettetes Blech setzen, mit dem Daumen in der Mitte eindrücken. Diese Krapferln mit gewässertem Ei bestreichen, mit gehackten Mandeln bestreuen und bei mäßiger Hitze im Rohr goldgelb backen. Überkühlt wird jede Vertiefung mit glatter gerührter Marillenmarmelade gefüllt.

SCHOKOLADENUSSKUGELN

100 g geriebene Nüsse, 3 Rippen Schokolade, 200 g Staubzucker, 20 g Vanillezucker, 1 Eßlöffel Rum, 1 Eiweiß, Hagelzucker.

Geriebene Nüsse, geriebene Schokolade, Staubzucker, Vanillezucker, Rum und Eiweiß gut verkneten. Kleine Kugeln formen, in Hagelzucker wälzen und lufttrocknen.

Glasuren

ZITRONENGLASUR

250 g Staubzucker, 1 Zitrone, 1 Eiklar, Wasser.

PRINZREGENTENTORTE

500 g Butter, 350 g Zucker, 1 Päckchen Vanillinzucker, 4 Eier, 1 Prise Salz, 200 g Weizenmehl, 50 g Speisestärke, 1 Teelöffel Backpulver, Butter oder Margarine zum Einfetten, 1 Päckchen Puddingpulver, 10 g Kakao, 1/2 l kalte Milch, 75 g Kokosfett, 100 g Schokolade, Schokoladestreusel zum Bestreuen.

Die Hälfte der Butter schaumig rühren. Nach und nach 250 g Zukker einrieseln lassen, bis die Masse weiß-cremig ist. Dann Vanillinzucker, Eier und Salz zufügen. Mehl mit Backpulver und Speisestärke vermischen, sieben und eßlöffelweise unterrühren. Aus dem Teig 6 Böden herstellen. Dazu jeweils einen Springformboden von 26 Zentimeter Durchmesser einfetten und 2 Eßlöffel Teig darauf verstreichen. Er muß gleichmäßig verteilt sein. Im vorgeheizten Backofen bei 180–200 Grad jeden Boden etwa 8–10 Minuten backen. Dann abkühlen lassen. Für die Füllung Puddingpulver mit Kakao, Zucker und 6 Eßlöffel Milch verrühren. Übrige Milch aufkochen, das Puddingpulver einrühren, einmal aufkochen lassen und vom Herd nehmen. 50 g Kokosfett zufügen und so lange rühren, bis die Masse erkaltet ist. Die restliche Butter schaumig rühren und löffelweise unter den Pudding rühren. Pudding und Fett müssen dabei die gleiche Temperatur haben, da die Masse sonst gerinnt. Die Böden mit der Masse bestreichen und zusammensetzen. Den obersten Boden nicht bestreichen. Schokolade mit restlichem Kokosfett im Wasserbad auflösen. Die Torte damit überziehen und den Rand mit Schokoladestreusel bestreuen.

Gesiebter Staubzucker wird mit Zitronensaft, einem Eiklar und etwas Wasser dickflüssig angerührt. Zum Bestreichen oder Überziehen leicht erwärmen.

RUMGLASUR

250 g Staubzucker, 3 Eßlöffel Rum, 1 Eiklar, Wasser.

Gesiebter Staubzucker wird mit Rum, Eiklar und etwas Wasser dickflüssig angerührt und vor dem Glasieren leicht erwärmt.

FONDANT

250 g Kristallzucker, 1/8 l Wasser, einige Tropfen Essig.

Zucker mit Wasser auflösen und bei kleiner Hitze langsam – unter zeitweiligem Abschäumen – kochen. Zwischendurch die Ränder des Geschirres mit einem Pinsel, der in kaltes Wasser getaucht wurde, immer wieder reinigen. Einige Tropfen Essig zufügen und so lange kochen, bis der Zucker die Probe „schwacher Flug" erreicht hat, das heißt, man taucht in den Zucker eine Drahtschlinge mit kleiner Öffnung ein, hebt sie heraus und bläst darauf. Sobald kleine Bläschen wegfliegen, wird das Geschirr vom Feuer genommen und in ein kaltes Wasserbad oder auf Eis gestellt und überkühlt, sodann mit einem Kochlöffel oder einer Spachtel so lange rühren, bis die Zuckermasse eine gleichmäßige weiße Farbe und geschmeidige Konsistenz hat. Nun die Zuckermasse mit nassen Handballen zusammendrücken und mit wenig kaltem Wasser benetzen oder mit feuchtem Tuch bedeckt aufbewahren. Sobald man das Fondant zum Glasieren benötigt, wird es im Wasserbad unter ständigem Rühren auf Lippenwärme gebracht, mit dem nötigen Farb- oder Geschmackstoff versetzt und sofort verarbeitet.

SCHOKOLADEGLASUR

250 g fertige Fondantmasse, 50 g Schokolade, 1 Eiklar, Maraschino.

Fertige Fondantmasse im Wasserbad auf Lippenwärme erwärmen, mit erweichter Schokolade färben, 1 Eiklar einrühren und mit Maraschino abschmecken.

PUNSCHGLASUR

250 g fertige Fondantmasse, konzentrierter Himbeersaft, 1 Eiklar, Rum.

Die Fondantmasse im Wasserbad erwärmen, mit konzentriertem

Himbeersaft färben, so daß eine dickflüssige Masse entsteht, 1 Eiklar einrühren und mit Rum abschmecken.

KARAMELGLASUR

200 g Staubzucker.

Staubzucker wird in einer kleinen Pfanne auf schwacher Hitze langsam geschmolzen. Mit einem Kochlöffel die Klümpchen zerdrücken und so lange erhitzen, bis der Zucker eine schöne goldbraune (Karamel)Farbe erreicht.

KALTE SÜSS-SPEISEN

Kalte Puddings

KALTER REIS

1 l Milch, 150 g Rundkornreis, Salz, Vanille, 3 Gelatineblätter, 1/4 l Schlagobers, Fruchtsoße.

Reis wird mit Milch, Vanille und etwas Salz sehr weich gekocht. Noch heiß 3 kalt eingeweichte, ausgedrückte Gelatineblätter und Zucker zugeben, erkaltet kurz vor dem Stocken mit 1/4 Liter geschlagenem Obers vermischen. In genäßte Formen füllen, kalt stellen. Nach dem Erstarren stürzen und mit Fruchtsoße überziehen.

KALTER GRIESSPUDDING

70 g Grieß, 1/2 l Milch, Salz, Zitronenschale, Butter, 1 Eidotter, 2 Eiklar, 80 g Staubzucker, Himbeersaft.

Milch, Salz, Zitronenschale und Butter aufkochen lassen; Grieß darin einkochen, noch warm einen Eidotter einrühren und den mit Staubzucker steif geschlagenen Schnee von 2 Eiklar daruntermischen. In mit kaltem Wasser ausgespülte Puddingformen füllen, für mindestens 2 Stunden kalt stellen. Stürzen und mit Himbeersaft umkränzen.

Creme- und Fruchtdesserts

ORANGENOBERSCREME

3 Orangen, 50 g Kristallzucker, 1 ganzes Ei, 1 Eidotter, 3 Stk. Würfelzucker, 2 Blatt Gelatine, 1/4 l Schlagobers. Schlagobers, 1 Orange.

Die Orangen werden gut gewaschen, mit dem Würfelzucker die Schale abgerieben. In einem Schneekessel Würfelzucker, Kristallzucker, Ei, Eidotter und 1/8 Liter Orangensaft im Wasserbad über

Dunst dick schaumig schlagen. Im kalten Wasser eingeweichte, gut ausgedrückte Gelatineblätter zugeben, kalt rühren und vor dem Stocken das steifgeschlagene Obers unterrühren. In Gläser füllen, gut kühlen, mit Schlagobers und Orangenspalten garnieren.

TOPFENCREME

125 g Topfen, 80 g Staubzucker, 2 Eidotter, 2 Blatt Gelatine, 1/4 l Obers, Salz, Zitrone, Vanille, Fruchtsoße, 1/8 l Obers zum Garnieren.

Passierter Topfen wird mit Staubzucker, Eidotter, Salz, Zitronenschalen und Vanillezucker glatt gerührt. In kaltem Wasser geweichte, ausgedrückte und erwärmte Gelatine wird eingerührt und das geschlagene Obers untergezogen. In ausgespülte Formen füllen und erkalten lassen. Stürzen, mit Fruchtsoße umkränzen und mit Schlagobers verzieren.

HIMBEERSCHAUM

1/2 l Himbeeren, 125 g Staubzucker, 1 Teelöffel Himbeergeist, 4 Blatt Gelatine, 1/2 l Obers. Himbeeren zum Garnieren.

Himbeeren werden durch ein Sieb gestrichen und mit Staubzucker und Himbeergeist gut verrührt. Kalt eingeweichte, ausgedrückte erwärmte Gelatine wird untergerührt. Das Ganze in das steifgeschlagene Obers einrühren, kühlen.
Bergartig anrichten und mit Himbeeren dicht bestecken.

ERDBEERSCHAUM

1/2 l Erdbeeren, 125 g Staubzucker, 1 Teelöffel Maraschino, 4 Blatt Gelatine, 1/2 l Obers. Schöne Erdbeeren zum Garnieren.

Wie Himbeerschaum zubereiten.

ZITRONENSULZE

2 Würfel Zucker, 2 Zitronen, 1/10 l Weißwein, 2 Gelatineblätter, 140 g Zucker, 1/4 l Wasser.

Mit einem Stückchen Zucker wird eine gut gewaschene Zitronenschale abgerieben. Den Zucker mit dem Saft der Zitronen und Weißwein auflösen. Wasser und Zucker aufkochen, eingeweichte, ausgedrückte Gelatineblätter zugeben und zum Zitronensaft leeren. Abseihen und in Gläser füllen.

WEINCHAUDEAU

1/8 l Wein, 2 Eier, 1 Dotter, 50 g Zucker.

Wein wird mit den Eiern, Dotter und Zucker über Dunst dickschaumig geschlagen und entweder im Glas serviert oder als Überguß für Puddings gegeben.

MANDELCREMESOSSE

100 g Mandeln, 6 Eidotter, 200 g Staubzucker, 1/2 l Milch.

Eidotter werden mit Staubzucker schaumig gerührt und mit feingeriebenen Mandeln vermischt. Mit kochender Milch nach und nach über Dunst gut verschlagen, bis die Soße dicklich wird.

NUSSCREMESOSSE UND PISTAZIENCREMESOSSE

Werden wie die Mandelcremesoße zubereitet.

ERDBEERSOSSE

250 g Erdbeeren, 1/2 Zitrone, 50 g Staubzucker.

Die Früchte werden passiert, mit dem Saft einer halben Zitrone und so viel Staubzucker gut verrührt, bis die Soße die gewünschte Konsistenz hat.
Himbeer- und Heidelbeersoßen werden ebenso zubereitet.

ORANGENSOSSE

250 g Orangenmarmelade, 125 Marillenmarmelade, 1/2 Orange, 50 g Staubzucker, Kirschwasser.

Orangen- und Marillenmarmelade werden fein passiert, mit Orangensaft, Staubzucker und Kirschwasser verrührt.

MARILLENSOSSE

250 g Kompottmarillen, 50 g Staubzucker, Zitronensaft, Marillenbrand.

Marillenkompott wird passiert und mit Staubzucker und Zitronensaft innig verrührt. Mit Marillenbrand abschmecken.

SCHOKOLADESOSSE

100 g Schokolade, $^1/_4$ l Milch, 50 g Staubzucker, 1 Eßlöffel Weinbrand (Kognak), $^1/_{16}$ l Obers.

Schokolade wird mit Milch und Zucker aufgekocht, glatt gerührt, mit Weinbrand abgeschmeckt und mit Obers auf die gewünschte Dicke gerührt.

Fruchtsalat, Kompotte, Röster

FRUCHTSALAT

Je 100 g Äpfel, Birnen, Bananen, Orangen, Erdbeeren, Kiwis, Ananas und Weintrauben, Zitronensaft, Zucker, Maraschino, gehackte Nüsse oder Mandeln.

Früchte waschen, wenn nötig schälen und entkernen. Äpfel und Birnen in kleine Stücke schneiden und mit Zitronensaft beträufeln. Bananen in kleine Rädchen schneiden. Orange schälen und filetieren. Kiwis dünn schälen und das Fruchtfleisch in gefällige Stücke schneiden. Weintrauben schälen, halbieren und entkernen. Zitronensaft mit Zucker und Wasser aufkochen (läutern). Sämtliche Früchte in eine Glas- oder Porzellanschüssel legen und mit der Zuckermischung übergießen. 1 Stunde ziehen lassen. Kalt stellen und vor dem Servieren mit gehackten Nüssen oder Mandeln bestreuen.

APFELKOMPOTT

1 kg säuerliche Äpfel, 250 g Zucker, Zitronensaft, Gewürznelken, Vanilleschoten, Wasser.

Äpfel schälen, entkernen und in Spalten schneiden. Mit Zitronensaft beträufeln. Wasser mit Zucker und den Gewürzen aufkochen und die Äpfel darin weich dünsten.

BIRNENKOMPOTT

1 kg Birnen, 120 g Zucker, Zitronensaft, Wasser.

Die reifen Birnen schälen, halbieren, Kerngehäuse ausschneiden und die Birnen in Zuckerwasser mit wenig Zitronensaft weich dünsten.

FRISCHES HIMBEERKOMPOTT

1 kg Himbeeren, 150 g Zucker, Wasser.

Die ausgesuchten Beeren gibt man in heißen, geläuterten Zucker, läßt sie darin aufkochen und stellt sie kalt.

FRISCHES HOLLERKOMPOTT (HOLLUNDER)

1 kg Holunderbeeren, 125 g Zucker, Zitronensaft, Wasser.

Die ganz reifen Beeren werden abgezupft. Sodann Zucker mit Wasser und Zitronensaft aufkochen und die Beeren mit dem Läuterzucker weich dünsten.

QUITTENKOMPOTT

1 kg Quitten, 250 g Zucker, Wasser, Zitronensaft.

Die Früchte werden geschält, in Spalten geschnitten und in Wasser überkocht. Wasser mit dem Zucker und etwas Zitronensaft aufkochen, Quitten einlegen und weich dünsten.

MARILLENRÖSTER

1 kg entkernte Marillen, 1/2 l gesponnener Zucker (2/3 Zucker, 1/3 Wasser), Rum.

Marillen entkernen, in dick gesponnenem Zucker ein paarmal aufkochen und herausnehmen, Zucker dicker einkochen lassen, mit Rum abschmecken, Früchte wieder zugeben und den Röster 20 Minuten im Dunst kochen.

ZWETSCHKENRÖSTER

1 kg entkernte Zwetschken, 200 g Staubzucker, Gewürznelken, Zimtrinde als Gewürzsäckchen.

Zwetschken entkernen, mit Staubzucker bestreuen und so lange kochen, bis sich die Haut der Früchte einrollt. Dies ist ein Zeichen, daß die Zwetschken schon weich sind. Man kann ein Gewürzsäckchen mitkochen, welches nach dem Kochen entfernt wird.

Fruchtmark

Es sind dies kalt gerührte, passierte Früchte. Es können verschiedene Früchte verwendet werden. Es werden gleichschwer Zucker und Früchte verwendet. Die Früchte werden gewaschen, gewogen und mit dem Zucker gerührt, bis eine dickliche Soße entsteht.
Besonders schmackhaft sind Erdbeermark, Marillenmark und Weichselmark.

REGISTER

Reihenfolge der Abbildungen mit den dazugehörenden Rezepten